"十四五"职业教育国家规划教材

高职高专创新创业教育课程群系列教材

大学生创新创业基本能力训导（第2版）

主　编　杨兆辉　陈　晨　夏　静

副主编　张　杰　唐亚南　杨立梅

编　委　邹春雷　李英奇　荆　雷

　　　　孟安琪

主　审　孙百鸣

电子工业出版社

Publishing House of Electronics Industry

北京·BEIJING

内 容 简 介

本书遵循高等职业院校创新创业教育教学规律,从辨识创新创业、塑造创业团队、选择创业项目、新创企业、实施创业计划五个方面入手,带领学生学习体验创新创业基本流程。全书划分为 5 个单元 14 个任务,主要内容包括认识创新、理解创业、开启创新创业思维、勇做创业者、组建创业团队、带好创业团队、选择项目、把握创业机会、分析市场需求、运用创业政策、开办企业、保障企业权益、编制创业计划书和开展商业路演。本书坚持理论与实践相结合,通过引入大量案例,激发学习兴趣、提高教学效率,从而提升教学效果。

本书适合作为高等职业院校创新创业课程教材,也可作为创新创业教育培训用书以及创业自学参考书。

未经许可,不得以任何方式复制或抄袭本书之部分或全部内容。
版权所有,侵权必究。

图书在版编目(CIP)数据

大学生创新创业基本能力训导 / 杨兆辉,陈晨,夏静主编. —2 版. —北京:电子工业出版社,2023.5
ISBN 978-7-121-45418-9

Ⅰ.①大… Ⅱ.①杨… ②陈… ③夏… Ⅲ.①大学生-创业-高等职业教育-教材 Ⅳ.①G717.38

中国国家版本馆 CIP 数据核字(2023)第 063266 号

责任编辑:魏建波
印　　刷:三河市鑫金马印装有限公司
装　　订:三河市鑫金马印装有限公司
出版发行:电子工业出版社
　　　　　北京市海淀区万寿路 173 信箱　邮编 100036
开　　本:787×1 092　1/16　印张:17.25　字数:438.4 千字
版　　次:2020 年 8 月第 1 版
　　　　　2023 年 5 月第 2 版
印　　次:2025 年 8 月第 7 次印刷
定　　价:49.80 元

凡所购买电子工业出版社图书有缺损问题,请向购买书店调换。若书店售缺,请与本社发行部联系,联系及邮购电话:(010)88254888,88258888。
质量投诉请发邮件至 zlts@phei.com.cn,盗版侵权举报请发邮件至 dbqq@phei.com.cn。
本书咨询联系方式:(010)88254609,hzh@phei.com.cn。

前　言

党的二十大报告指出："必须坚持科技是第一生产力、人才是第一资源、创新是第一动力，深入实施科教兴国战略、人才强国战略、创新驱动发展战略，开辟发展新领域新赛道，不断塑造发展新动能新优势。"在"大众创业，万众创新"时代浪潮下，本教材的编写基于高校深化创新创业教育改革实际，结合职业院校创新创业基础课程改革需求，从教、学、做三个层面发力，力求提高课程教学质量，提升实践育人水平，以期鼓励青年学生把握好时代脉搏，努力将个人的小我融入祖国的大我，奋力走在创新创业创造前列，投身创业热潮，以聪明才智和青春光热服务人民、推动发展、贡献国家。

教材以创新创业实践过程为指引，从辨识创新创业、塑造创业团队、选择创业项目、新创企业、实施创业计划五个方面，带领读者学习体验创新创业全流程，并设置14项任务和38项子任务，使读者在任务执行过程中强化认识、提升能力、实施创业。总体来看，教材坚持思创融合，挖掘创新创业蕴含的首创精神、创造意识、企业家精神等思政元素，通过教材任务思政要点设计、典型经验案例分析、创业优惠政策解读等方式，落实双创教育要点，贯彻课程思政要求；坚持三教改革，促进形式创新、内容丰富，在任务设置上符合创业基础课程教学设计要求，在实践指导上满足企业初创过程体验；坚持学生主体，以提高创业实践能力和成功率为核心，结合学生学习规律、实践需要，展开内容设计，丰富教学资源，强化实操实训，以任务引导学生边练、边思考、边突破；坚持校企合作，吸纳行业企业专家，引进企业资源平台，开展中小微企业创业知识需求调研，以需求为导向进行教材设计，更好地发挥创新创业实践的指导性、引领性。

教材编写团队关注对职业院校学生创新创业理论学习和实操实践规律的研究，在内容设计上避免单一的理论输出，注重将理论融入案例中，将知识点转化为任务点，通过任务执行实施过程，帮助学习者吸收理论知识。同时，教材更加重视创新创业实践过程的完整体验，任务点设计覆盖了创新创业实践的全过程，保证各任务环环相扣、各内容节节相联，强化了教材整体的实用性和实效性，能够为教师使用者开展创新创业基础课程建设提供完整的内容体系和可借鉴的设计思路，为学生使用者提供可浏览、可练习的指导性读本和自测练习册，为继续教育、创业培训、企业内训使用者提供了教学参考资源。

教材编写团队主要由哈尔滨职业技术学院创业学院就业创业教研室的创新创业通识课程主讲教师构成；第1单元由杨兆辉编写，第2单元由唐亚南编写，第3单元由夏静编写，第4单元由杨立梅编写，第5单元由陈晨编写；全书由孙百鸣教授进行审阅和校对，邹春雷、李英奇、孟安琪、荆雷等对章节习题、实践训练、引入案例等进行设计和整理，并参与数字资源的开发和推广。在编写过程中，教材得到黑龙江省大学生创新创业教育指导委员会的指导和帮助，得到了电子工业出版社、北京超星尔雅教育科技有限公司的大力支持，同时借鉴运用了大量优秀企业和人物案例，编写组在此表示诚挚的谢意。

目录

第1单元 辨识创新创业 ⋯⋯⋯⋯⋯⋯⋯⋯⋯⋯⋯⋯⋯⋯⋯⋯⋯⋯⋯⋯⋯⋯⋯⋯⋯⋯⋯⋯⋯⋯⋯⋯⋯⋯ 1

任务1 认识创新 ⋯⋯⋯⋯⋯⋯⋯⋯⋯⋯⋯⋯⋯⋯⋯⋯⋯⋯⋯⋯⋯⋯⋯⋯⋯⋯⋯⋯⋯⋯⋯⋯⋯⋯ 2

子任务1.1 掌握创新含义 ⋯⋯⋯⋯⋯⋯⋯⋯⋯⋯⋯⋯⋯⋯⋯⋯⋯⋯⋯⋯⋯⋯⋯⋯⋯⋯⋯ 4
1.1.1 创新的内涵 ⋯⋯⋯⋯⋯⋯⋯⋯⋯⋯⋯⋯⋯⋯⋯⋯⋯⋯⋯⋯⋯⋯⋯⋯⋯⋯⋯⋯ 4
1.1.2 创新的特征 ⋯⋯⋯⋯⋯⋯⋯⋯⋯⋯⋯⋯⋯⋯⋯⋯⋯⋯⋯⋯⋯⋯⋯⋯⋯⋯⋯⋯ 5
1.1.3 创新的分类 ⋯⋯⋯⋯⋯⋯⋯⋯⋯⋯⋯⋯⋯⋯⋯⋯⋯⋯⋯⋯⋯⋯⋯⋯⋯⋯⋯⋯ 7
1.1.4 创新与创造 ⋯⋯⋯⋯⋯⋯⋯⋯⋯⋯⋯⋯⋯⋯⋯⋯⋯⋯⋯⋯⋯⋯⋯⋯⋯⋯⋯ 10

子任务1.2 培养创新意识 ⋯⋯⋯⋯⋯⋯⋯⋯⋯⋯⋯⋯⋯⋯⋯⋯⋯⋯⋯⋯⋯⋯⋯⋯⋯⋯ 12
1.2.1 创新意识的概念 ⋯⋯⋯⋯⋯⋯⋯⋯⋯⋯⋯⋯⋯⋯⋯⋯⋯⋯⋯⋯⋯⋯⋯⋯⋯ 12
1.2.2 创新意识的培养 ⋯⋯⋯⋯⋯⋯⋯⋯⋯⋯⋯⋯⋯⋯⋯⋯⋯⋯⋯⋯⋯⋯⋯⋯⋯ 13

子任务1.3 提升创新能力 ⋯⋯⋯⋯⋯⋯⋯⋯⋯⋯⋯⋯⋯⋯⋯⋯⋯⋯⋯⋯⋯⋯⋯⋯⋯⋯ 15
1.3.1 创新能力的含义 ⋯⋯⋯⋯⋯⋯⋯⋯⋯⋯⋯⋯⋯⋯⋯⋯⋯⋯⋯⋯⋯⋯⋯⋯⋯ 15
1.3.2 创新能力的构成 ⋯⋯⋯⋯⋯⋯⋯⋯⋯⋯⋯⋯⋯⋯⋯⋯⋯⋯⋯⋯⋯⋯⋯⋯⋯ 16
1.3.3 学习创新的方法 ⋯⋯⋯⋯⋯⋯⋯⋯⋯⋯⋯⋯⋯⋯⋯⋯⋯⋯⋯⋯⋯⋯⋯⋯⋯ 18

实践训练 ⋯⋯⋯⋯⋯⋯⋯⋯⋯⋯⋯⋯⋯⋯⋯⋯⋯⋯⋯⋯⋯⋯⋯⋯⋯⋯⋯⋯⋯⋯⋯⋯⋯⋯⋯ 19
课后习题 ⋯⋯⋯⋯⋯⋯⋯⋯⋯⋯⋯⋯⋯⋯⋯⋯⋯⋯⋯⋯⋯⋯⋯⋯⋯⋯⋯⋯⋯⋯⋯⋯⋯⋯⋯ 19
延伸阅读 重要的是弄清楚什么是"创新" ⋯⋯⋯⋯⋯⋯⋯⋯⋯⋯⋯⋯⋯⋯⋯⋯⋯⋯⋯ 20

任务2 理解创业 ⋯⋯⋯⋯⋯⋯⋯⋯⋯⋯⋯⋯⋯⋯⋯⋯⋯⋯⋯⋯⋯⋯⋯⋯⋯⋯⋯⋯⋯⋯⋯⋯⋯ 21

子任务2.1 理解创业含义 ⋯⋯⋯⋯⋯⋯⋯⋯⋯⋯⋯⋯⋯⋯⋯⋯⋯⋯⋯⋯⋯⋯⋯⋯⋯⋯ 22
2.1.1 创业的内涵与意义 ⋯⋯⋯⋯⋯⋯⋯⋯⋯⋯⋯⋯⋯⋯⋯⋯⋯⋯⋯⋯⋯⋯⋯ 23
2.1.2 创业的要素与类型 ⋯⋯⋯⋯⋯⋯⋯⋯⋯⋯⋯⋯⋯⋯⋯⋯⋯⋯⋯⋯⋯⋯⋯ 24
2.1.3 创业的过程与阶段 ⋯⋯⋯⋯⋯⋯⋯⋯⋯⋯⋯⋯⋯⋯⋯⋯⋯⋯⋯⋯⋯⋯⋯ 25

子任务2.2 树立创业精神 ⋯⋯⋯⋯⋯⋯⋯⋯⋯⋯⋯⋯⋯⋯⋯⋯⋯⋯⋯⋯⋯⋯⋯⋯⋯⋯ 26
2.2.1 创业精神的内涵 ⋯⋯⋯⋯⋯⋯⋯⋯⋯⋯⋯⋯⋯⋯⋯⋯⋯⋯⋯⋯⋯⋯⋯⋯⋯ 26
2.2.2 创业精神的作用 ⋯⋯⋯⋯⋯⋯⋯⋯⋯⋯⋯⋯⋯⋯⋯⋯⋯⋯⋯⋯⋯⋯⋯⋯⋯ 28
2.2.3 创业精神的培育 ⋯⋯⋯⋯⋯⋯⋯⋯⋯⋯⋯⋯⋯⋯⋯⋯⋯⋯⋯⋯⋯⋯⋯⋯⋯ 29

子任务2.3 把握创业时机与途径 ⋯⋯⋯⋯⋯⋯⋯⋯⋯⋯⋯⋯⋯⋯⋯⋯⋯⋯⋯⋯⋯⋯ 31
2.3.1 大学生创业的时机 ⋯⋯⋯⋯⋯⋯⋯⋯⋯⋯⋯⋯⋯⋯⋯⋯⋯⋯⋯⋯⋯⋯⋯ 31
2.3.2 大学生创业的途径 ⋯⋯⋯⋯⋯⋯⋯⋯⋯⋯⋯⋯⋯⋯⋯⋯⋯⋯⋯⋯⋯⋯⋯ 33

实践训练 ⋯⋯⋯⋯⋯⋯⋯⋯⋯⋯⋯⋯⋯⋯⋯⋯⋯⋯⋯⋯⋯⋯⋯⋯⋯⋯⋯⋯⋯⋯⋯⋯⋯⋯⋯ 34
课后习题 ⋯⋯⋯⋯⋯⋯⋯⋯⋯⋯⋯⋯⋯⋯⋯⋯⋯⋯⋯⋯⋯⋯⋯⋯⋯⋯⋯⋯⋯⋯⋯⋯⋯⋯⋯ 36
延伸阅读 创业投资护航"独角兽" ⋯⋯⋯⋯⋯⋯⋯⋯⋯⋯⋯⋯⋯⋯⋯⋯⋯⋯⋯⋯⋯⋯ 36

任务3 开启创新创业思维 ⋯⋯⋯⋯⋯⋯⋯⋯⋯⋯⋯⋯⋯⋯⋯⋯⋯⋯⋯⋯⋯⋯⋯⋯⋯⋯⋯⋯ 37

子任务3.1 建立创新思维 ⋯⋯⋯⋯⋯⋯⋯⋯⋯⋯⋯⋯⋯⋯⋯⋯⋯⋯⋯⋯⋯⋯⋯⋯⋯⋯ 38
3.1.1 创新思维的内涵 ⋯⋯⋯⋯⋯⋯⋯⋯⋯⋯⋯⋯⋯⋯⋯⋯⋯⋯⋯⋯⋯⋯⋯⋯⋯ 38
3.1.2 创新思维的种类 ⋯⋯⋯⋯⋯⋯⋯⋯⋯⋯⋯⋯⋯⋯⋯⋯⋯⋯⋯⋯⋯⋯⋯⋯⋯ 40
3.1.3 创新思维的模式 ⋯⋯⋯⋯⋯⋯⋯⋯⋯⋯⋯⋯⋯⋯⋯⋯⋯⋯⋯⋯⋯⋯⋯⋯⋯ 41

子任务3.2 培养创业思维 ⋯⋯⋯⋯⋯⋯⋯⋯⋯⋯⋯⋯⋯⋯⋯⋯⋯⋯⋯⋯⋯⋯⋯⋯⋯⋯ 42

3.2.1　创业思维的内涵 ·· 42
　　　3.2.2　创业思维的类型 ·· 43
　子任务 3.3　迎接创新创业伟大时代 ·· 45
　　　3.3.1　新时代发展对创新创业的要求 ···································· 45
　　　3.3.2　社会主义核心价值观对创新创业的引领 ···························· 46
　　　3.3.3　创新创业对个人价值与社会价值的作用 ···························· 48
　实践训练 ·· 48
　课后习题 ·· 48
　延伸阅读　深刻理解创新思维 ·· 49

第2单元　塑造创业团队 ·· 51

任务4　勇做创业者 ·· 52
　子任务 4.1　了解创业者 ·· 53
　　　4.1.1　创业者与就业者 ·· 53
　　　4.1.2　创业者的类型 ·· 55
　　　4.1.3　创业者的特质 ·· 56
　子任务 4.2　做好创业者准备 ·· 58
　　　4.2.1　创业者的创业动机 ·· 58
　　　4.2.2　创业者的驱动因素 ·· 61
　　　4.2.3　做好创业者的准备 ·· 62
　子任务 4.3　提升创业者素质 ·· 64
　　　4.3.1　创业者应具备的能力素质 ·· 64
　　　4.3.2　创业者能力素质提升路径 ·· 65
　实践训练　完成自我评估小测试 ·· 67
　课后习题 ·· 68
　延伸阅读　沉默寡言的创业者 ·· 68

任务5　组建创业团队 ·· 69
　子任务 5.1　认知创业团队 ·· 70
　　　5.1.1　创业团队的定义 ·· 70
　　　5.1.2　创业团队的形成 ·· 71
　　　5.1.3　创业团队的要素 ·· 73
　子任务 5.2　创业团队及其重要性 ·· 74
　　　5.2.1　创业团队的功能 ·· 74
　　　5.2.2　创业团队的类型 ·· 75
　　　5.2.3　创业团队的优劣势分析 ·· 77
　子任务 5.3　创业团队的组建 ·· 79
　　　5.3.1　创业团队的组成成员 ·· 79
　　　5.3.2　创业团队的组建原则 ·· 81
　　　5.3.3　创业团队的组建流程 ·· 82
　实践训练 ·· 84
　课后习题 ·· 84
　延伸阅读　创业团队由谁组成 ·· 85

目录

任务 6	带好创业团队	85
子任务 6.1	剖析创业团队	86
6.1.1	创业团队领袖的条件	87
6.1.2	优秀创业团队必备的要素	88
6.1.3	创业团队的风险控制	90
子任务 6.2	管理创业团队	92
6.2.1	打造团队核心竞争力	92
6.2.2	设置合理的组织结构	94
6.2.3	建设团队文化向心力	99
实践训练		101
课后习题		107
延伸阅读	俞敏洪讲创业公司搭建组织结构的重要性	107

第 3 单元　选择创业项目 ……109

任务 7	选择项目	110
子任务 7.1	选择创业项目的原则	111
7.1.1	熟知原则	111
7.1.2	需求原则	112
7.1.3	适合原则	113
子任务 7.2	选择创业项目的方式	115
7.2.1	选择创业项目的路径	116
7.2.2	选择创业项目的方式	118
7.2.3	项目的 SWOT 分析	119
实践训练		120
课后习题		121
延伸阅读	董明珠的创业精神	121
任务 8	把握创业机会	122
子任务 8.1	解读创业机会	123
8.1.1	创业机会的含义	123
8.1.2	创业机会的来源	124
8.1.3	创业机会的发现	125
子任务 8.2	了解创业机会的特征与类型	126
8.2.1	创业机会的特征	126
8.2.2	创业机会的类型	127
子任务 8.3	识别创业机会	128
8.3.1	影响创业机会识别的因素	128
8.3.2	创业机会的识别过程	130
8.3.3	筛选创业机会的方式方法	131
实践训练		132
课后习题		132
延伸阅读	郭敬明与小时代	133
任务 9	分析市场需求	133

子任务 9.1　研究市场动向 135
　　9.1.1　剖析地区差异 135
　　9.1.2　研判社会焦点 135
　　9.1.3　紧跟消费潮流 136
子任务 9.2　分析消费者需求 137
　　9.2.1　消费者群体类型 138
　　9.2.2　消费者市场期望 139
　　9.2.3　消费者需求特征 139
　　9.2.4　消费者群体心理 143
子任务 9.3　推广企业产品 145
　　9.3.1　营销学 4 大经典理论——4P、4C、4R、4I 145
　　9.3.2　初创企业的营销策略 147
　　9.3.3　营销环境与消费者主体变化 148
实践训练 149
课后习题 150
延伸阅读　用社区思维打造一个会沟通的女性品牌 151

第 4 单元　新创企业 153

任务 10　运用创业政策 154

子任务 10.1　掌握创业政策 155
　　10.1.1　创业政策的背景 155
　　10.1.2　创业政策的发展及演变 156
　　10.1.3　创业政策的意识塑造 162
子任务 10.2　利用创业政策 162
　　10.2.1　利用创业政策做好企业的筹备工作 163
　　10.2.2　利用创业政策启动创业项目 164
　　10.2.3　利用创业政策更好地运营创业企业 164
实践训练 165
课后习题 165
延伸阅读　一个不同寻常的求职网站 166

任务 11　开办企业 167

子任务 11.1　规划企业布局 168
　　11.1.1　企业商业模式选择 168
　　11.1.2　企业组织形式选择 172
　　11.1.3　企业经营场所选择 174
子任务 11.2　申报企业 176
　　11.2.1　企业注册登记 176
　　11.2.2　企业税务分析 179
　　11.2.3　企业资金筹措 182
子任务 11.3　财务预测 185
　　11.3.1　企业成本费用预测 185
　　11.3.2　企业销售收入预测 187

　　　　11.3.3　企业经营利润预测 ··· 188
　　实践训练 ··· 190
　　课后习题 ··· 190
　　延伸阅读　企业应如何纳税 ·· 191
任务12　保障企业权益 ·· 191
　　子任务12.1　清楚企业权益 ·· 193
　　　　12.1.1　企业的法律问题 ··· 193
　　　　12.1.2　企业的社会责任 ··· 196
　　子任务12.2　规避创业风险 ·· 200
　　　　12.2.1　创业风险概述 ·· 200
　　　　12.2.2　创业风险分类 ·· 202
　　　　12.2.3　创业风险的规避 ··· 203
　　实践训练 ··· 205
　　课后习题 ··· 206
　　延伸阅读　大学生创业失败案例 ·· 206

第5单元　实施创业计划 ··· 209

任务13　编制创业计划书 ·· 210
　　子任务13.1　认知创业计划书 ·· 211
　　　　13.1.1　创业计划书的概念和作用 ·· 211
　　　　13.1.2　创业计划书包含的主要内容 ··· 213
　　　　13.1.3　创业计划书编制的基本流程 ·· 216
　　子任务13.2　设计创业计划书 ·· 217
　　　　13.2.1　创业计划书的撰写原则 ··· 218
　　　　13.2.2　创业计划书的关键词汇 ··· 219
　　　　13.2.3　创业计划书的表格和图示 ·· 221
　　子任务13.3　完善创业计划书 ·· 225
　　　　13.3.1　创业计划书的逻辑思路梳理 ·· 225
　　　　13.3.2　创业计划书的信息要点补缺 ·· 227
　　　　13.3.3　创业计划书的行文内容查错 ·· 229
　　实践训练 ··· 231
　　课后习题 ··· 232
　　延伸阅读　某高职院校大学生创业园公开征集入驻企业（项目）的公告 ··············· 233
任务14　开展商业路演 ·· 234
　　子任务14.1　认识商业路演 ·· 235
　　　　14.1.1　商业路演的概念和作用 ··· 235
　　　　14.1.2　商业路演的分类方式 ·· 237
　　　　14.1.3　商业路演的基本环节 ·· 238
　　子任务14.2　准备商业路演 ·· 240
　　　　14.2.1　商业路演的陈述内容 ·· 241
　　　　14.2.2　商业路演的演示文稿 ·· 242
　　　　14.2.3　商业路演的设计安排 ·· 244

子任务 14.3　做好商业路演 ·· 246
　　　　14.3.1　路演主讲人的基本要求 ··· 246
　　　　14.3.2　路演过程中的注意事项 ··· 248
　　　　14.3.3　路演结束后的重点工作 ··· 249
　实践训练 ·· 251
　课后习题 ·· 251
　延伸阅读　大学生如何做好创新创业项目路演 ······································ 253
附录 A　课后习题参考答案 ·· 255
参考文献 ·· 262

第1单元　辨识创新创业

【单元内容摘要】

创新是一个民族进步的灵魂，是一个国家兴旺发达的不竭动力，也是中华民族最深沉的民族禀赋。创新能力对于个人的发展至关重要，可以提高对社会的适应能力，增强信心，使个人拥有更长远的发展。本单元主要设置了认识创新、理解创业、开启创新创业思维三项任务，旨在帮助读者在对创新创业基础知识做到融会贯通的同时，进一步对理论知识进行实践应用。

【学习目标】

- ❖ 掌握创新的意义和常用创新方法；
- ❖ 认知创业的基本内涵，把握创业的时机和途径；
- ❖ 了解创新创业思维。

【学习方法】

❖ **案例分析法**：在进行新的知识导入时，引入与本节课题相关的案例供学习者分析和讨论。主要针对创新创业过程中出现的问题，运用所学知识，放开思路，大胆分析，提出自己的见解与解决方案。引导学习者突破创新障碍和思维定式，利用创新思维和创新方法解决问题，发现和识别创业机会等。

❖ **调研实践法**：使学习者深入社会、了解社会，发现存在的问题，识别市场机会，亲历创业情景，增强创业体验，为创新创业学习积累真实的案例素材。理论联系实践，使学习者用更现实的眼光思考创新创业，找到解决方案。

❖ **情境模拟法**：组织创新创业论坛、座谈、沙龙等活动是一种非常有效的实践学习方法，可还原创新创业情景。邀请著名企业家和知名校友讲学，阐述创新创业理论，介绍创新创业成就，并与学习者面对面交流创新创业经验，激发创新创业积极性。

【准备工作】

❖ **知识储备**：查阅相关书籍或网上资源，使学习者掌握创业的基础知识和基本理论，熟悉创业的基本流程和基本方法，了解与创业相关的法律法规和政策。

❖ **团队准备**：进行案例讨论时，学生通过分组讨论、团队协作、自我评价、成果汇报等方式完成学习性的工作任务，从而培养学生的创新意识，促进创业能力的养成。

❖ **条件准备：** 学习环境应该便于团队开展讨论，方便授课教师随时加入团队进行针对性指导；团队应准备好信息记录设备，如纸和笔、录音笔、笔记本电脑、手机等，以便随时记录团队讨论结果和思想碰撞的亮点；学习空间应该配备网络环境，便于学习者随时通过网络搜索相关信息，查阅有关资料；教学环境应配备多媒体教学设备，学习者应能够熟练使用相关的课程学习系统或平台。

【注意事项】

❖ **转换身份：** 学习者需要进入角色，真正模拟企业工作状态，各司其职，努力完成团队工作任务。同时，应该树立竞争意识，认真对待团队项目的设计和实施，强化学习效果。

❖ **查阅资料：** 学习者需要养成查阅资料的习惯和方法，合理运用网络、图书、政策文件等资源，并注意鉴别资料的正确性和适用年限。

❖ **典型借鉴：** 学习者需要注意借鉴成功企业的经验，吸取失败企业的教训，做到取长补短。在典型案例的分析中，强化理论知识，做到举一反三。

任务1 认识创新

【要点总括】

❖ **思政要点：**

从创新的视角思考问题，用创新技法解决问题，为国家社会经济发展一线培养高素质技术技能人才。

❖ **理论要点：**

（1）创新的内涵、特征和分类；

（2）创新意识的培养；

（3）提升创新能力和学习创新方法。

❖ **技能要点：**

（1）提高创新技法的应用能力；

（2）强化创新能力、多向思维能力和分析解决问题的能力；

（3）加强职业能力和团队合作力。

【引入案例】 江中的中医药创新力

一分钟，创新的中国会发生什么……

一分钟，创新的江中会发生什么……

江中无人生产车间自动生产300瓶中药。

一分钟，一睹江中创新的中医药智能智造

《创新中国一分钟》里出现的就是江中"参灵草"新生产线，也是全球首条无人化操作中药液体生产线。在这里，闻不到浓郁的中草药熬制味道，也看不见制剂匠人们忙碌的身影。高大、明亮的落地玻璃窗将参观长廊与全封闭、全监控、全自动无人车间静静地隔离开来。

车间内错落有致的大型金属生产机组有序地运转着，穿梭其中的只有107个机械手臂，配合完成提取、分离、纯化、配料、洗瓶、灌装、密封、检测、装盒、码垛等一系列生产线流程。

为了达到对于产品品质极致的追求，江中集团从德国引进了目前世界最先进的制造设备，同时在建厂与管理上始终贯彻最高的环保标准。在这个车间生产的产品"参灵草"，已经成为航天食品伴飞"神十"、"神十一"。

一分钟，领略江中中医药创新力量

创新的本质就是要紧扣时代脉搏。江中集团结合时代的发展将创新归为三类。

第一类创新是颠覆性、革命性、开创性的创新，它往往意味着科学技术的重大突破。

第二类创新是渐进式、浸润式、工匠式的创新，它带动的是工艺技术的持续升级，而这也是江中集团一直在坚持和继续努力的方向。比如江中牌健胃消食片，每天消费者都要嚼着吃掉几十万盒，它背后是工艺创新、装备创新、管理创新的组合。江中乳酸菌素片，同样是乳白色、三角形、嚼着吃的，2014年一上市就成为黄金单品，它背后是中药固体制剂制造技术国家工程研究中心技术人员的潜心研究和匠心打造。

第三类创新则是组合式、叠加式、实证式的创新，它带动的是跨界产品的创造性开发，比如江中集团的保健品"参灵草"，是由西洋参、灵芝、冬虫夏草精制配方而成的，被评为"中医药文化瑰宝"。

江中集团开创性地把这三味中药严格遵循配伍理论，实现了"1+1+1大于3"的效果。而且，江中集团用研发技术去农残、去重金属，以极其苛刻的精神来保证这个滋补品的品质。不仅如此，"参灵草"口服液还被制成了冻干粉，随着宇航员飞向了太空，为"神十"、"神十一"宇航员的健康保驾护航。

一分钟，感受江中中医药创新活力

为贯彻落实习近平总书记重要讲话和重要指示精神，坚持以创新为引领，带动整个中医药产业创新发展、升级发展、跨越发展，打造国内领先、世界知名的中医药强省，2017年，江西省委省政府提出建设中国（南昌）中医药科创城的战略构想。

作为江西中医药强省战略的重要构成，中国（南昌）中医药科创城"双核驱动"的核心区，江中集团承载了产业发展的重任。未来，江中集团将依托现有的四个国家研发平台，致力将其打造成集"高端智库服务"、"高端平台研发"、"高端成果转化"等多位一体的、面向全国的中医药产业创新示范区，中医药健康服务先导区和中医药新兴产业集聚区。

（以上文字摘编自百度文库，2018年12月14日）

❖ **案例分析**：正如张伯礼院士所说："科学发展到今天，古老的中医药如何焕发出青春？答案是守正创新。守正就是传承精华，创新就是要把其他学科先进的技术方法吸收过来，为中药服务，让古老的中医药具有时代特色，达到当代的科技水平，更好地服务于中国人民、世界人民。这就是中医药现代化的宗旨。"而这也正是江中一直践行的理念，"参灵草"在创新上引入现代化智能制造科学工艺，为行业的进化升级提供了参考，也为中医药的现代化创新提供了范本。

❖ **延伸问题**：在这个以创新为主旋律的新时代，如何培养创新意识、提高创新能力呢？

子任务 1.1　掌握创新含义

【考核指标】

❖ 理论指标：
（1）掌握创新的内涵和特征；
（2）了解创新的分类；
（3）理解创新与创造。

❖ 实践指标：
利用所学知识开展创新活动。

1.1.1　创新的内涵

【箴言警句】对新的对象务必创出全新的概念。——柏格森

创新起源于拉丁语，原意里有三层含义：第一层是更新；第二层是创造新的东西；第三层是改变。所谓创新，就是以新思维、新发明和新描述为特征的一种概念化过程。它以现有的思维模式为基础，提出有别于常规或常人思路的见解。在特定的环境里，利用固有的知识和物质，为理想化需要和满足社会需求服务，改进或创造新的事物、元素、方法、路径和环境，效果显著的行为都可以归结为创新。

翻开人类的历史，每一个时代都是创新的历史，这是推动人类进步和社会发展的动力所在，是人类特有的认识能力和实践能力的表现，是人类主观能动性的高级表现形式。

创新涉及的面很广，在社会的各个领域都具有举足轻重的作用。国家需要发展，民族需要振兴，企业需要进步，个人需要蜕变，这些都离不开理论创新思维，更无法停止理论创新的脚步。

创新需要有使命感和责任感，它解决的不是当下的问题，而是有关未来的问题，只有时时怀揣着对未来的愿景，才能静下心去思变。那么，我们如何理解创新的内涵呢？它具有以下五个特定性质：

第一，创新一定是实践的创新；
第二，创新必须是一个基本的工作形态；
第三，创新一定是行动与结果的关系；
第四，创新必须专注与投入；
第五，创新具有使命感与责任感。

综上所述，创新是以实践为过程的产物。它在一个基本的工作形态里，是否能真正地改变自己，是行动与结果的关系，创新者必须具有专注和投入的状态，用对本职工作的使命感与责任感去督促自己完成创新。

【引入案例】齐白石老人五易画风

我国著名画家齐白石，曾荣获国际和平奖。面对已经取得的成功，他并不满足，而是不

断汲取历代画家的长处，不断改进自己作品的风格。他 60 岁以后的画，明显不同于 60 岁以前。70 岁以后，他的画风又变了一次。80 岁以后，他的画风再度变化。齐白石一生，曾五易画风。正因为齐白石老人在成功后仍然能马不停蹄地改变、创新，所以他晚年的作品比早期的作品更完美成熟，也形成了自己独特的流派与风格。

他曾告诫弟子"学我者生，似我者死"，他认为画家要"我行我道，我有我法"。就是说，在学习别人长处时，不能照抄照搬，而要创造性地运用，不断发展，这样才会赋予艺术以鲜活的生命力。

（以上文字摘编自百度文库，2019 年 2 月 12 日）

❖ **案例分析**：画家齐白石的一生就是创新的一生。很小的时候，他就对绘画产生了浓厚的兴趣，即便到了 60 岁之后，他依然对自己的成就不以为然，不断地从各大名家中汲取长处，画风一直在改变。每次创新成功的背后，都激发了齐白石老人更大的进取心，最后成为我国近现代最著名的画家之一，为世人所敬仰。

❖ **思考感悟**：王业宁教授曾说："创新需要一定的灵感，这灵感不是天生的，而是来自长期的积累与全身心的投入。没有积累就不会有创新。"可见，在人生的道路上，创新像一盏明灯，照耀着通向未来的道路；创新更像一座座山峰，等待我们去攀登；创新还像浩瀚的大海，任凭我们扬帆起航。所以，只有不断创新，这个世界才会变得更加精彩。

1.1.2 创新的特征

【箴言警句】一个没有创新潜质的民族，难以屹立于世界先进民族之林。——江泽民

相比于其他动植物的进化、演化，创新是人类特有的能力，是在意识支配下进行的创造性活动。创新具有一定的规律性，它需要扎实的专业知识作为基础，以艰苦卓绝的精神劳动为途径，同时具备敏锐的观察力、丰富的想象力和深刻的洞察力。

创新具有以下几个方面的特征：

（1）目的性。首先，我们都要知道"是什么""为什么""有什么用""怎样才能产生效益"，明确这些问题后，我们才需要去关注效益的产生过程。任何创新活动都有一定的目的，这个特性将贯穿于创新过程的始终。

（2）变革性。创新意味着对已有事物的改革和革新，是一种深度的变革。在每一次变革中，创新都起了决定性的作用。

（3）新颖性。确立新事物，就要摒弃现有的不合理事物，革除过时的内容。创新不是模仿，也不是再造，它需要有一定的新颖性。新颖性具有三个层次：一是世界新颖性或绝对新颖性；二是局部新颖性；三是主观新颖性（对创造者个人来说是前所未有的）。

（4）超前性。这是从实际出发、实事求是的超前意识。以求新为灵魂创作的行为，它的超前性尤为突出。

（5）价值性。对企业来说，创新能够重组生产要素，从而改变资源产出，提高组织价值。创新利润是最重要和基础的部分，利润上的创新能够反映出企业的个性。由此可知，创新有明显、具体的价值，对经济社会具有一定的效益。

创新是突破性的实践活动。它必然是突破性的发展、根本性的变革、综合性的创造。在这个充满竞争的时代，企业及其管理者，要想在激烈的竞争中获得自己的市场，只有

不断创新。创新是企业的新鲜血液,是各级组织的灵魂和生命。

彼德·德鲁克认为:创新是企业家精神的特殊手段,创新就是改变资源的产出;创新不一定是技术上的,甚至可以不是一个实实在在的"东西"。他在《创新与企业家精神》一书中指出了创新的原则,即三个"条件"、五个"做"、三个"不能做"。

(1) 三个"条件":
①创新需要知识和聪明才智,创新是工作;
②创新者必须立足自己的长项才能成功;
③创新与市场密不可分,它被市场所推动,创新是经济与社会双重作用的效果。

(2) 五个"做"——指必须做到的事情:
①有目的、有系统的创新从分析机遇着手;
②创新是概念的又是感知的,因此创新要多看、多听、多问;
③创新若要行之有效必须简单而专一;
④有效的创新都是从不起眼处开始的,创新并不宏大,只是试图做一件与众不同的事情;
⑤成功创新的目标是领导地位,如果不在一开始就注重领导地位,就不可能有足够的创新意识,也就不可能有所建树。

(3) 三个"不能做"——指尽量避免做的事情:
①不要太聪明,如果创新想获得规模和重要地位,必须能够由普通人操作;
②不要有过多花样,不要分心,不要一次做过多的事情;
③不要为未来进行创新。

【引入案例】莱特兄弟发明飞机的故事

美国的莱特兄弟从小就喜欢画图和搞设计,还自己动手做过一些玩具。有一年,爸爸送给兄弟俩一个能在空中飞的玩具作为圣诞礼物。两兄弟看见可以飞的玩具兴奋极了,他们想,如果人也能飞上天那就好了。从此,这个梦想就在他们心里扎根了。

莱特兄弟长大后,开了一家自行车修理店,但他们并没有停止对飞行器的研究。有一天,他们看到德国滑翔机专家李林达尔因滑翔机失事而身亡的消息,这对他们触动很大,莱特兄弟决心研制出能安全地把人带到空中的飞行器。

莱特兄弟一边干活一边研究,一有空闲,他们就观察鸟儿飞翔的样子。他们结合前人的研究,造出了自己的第一架滑翔机。莱特兄弟带着滑翔机来到一处空旷的高地,准备试飞。滑翔机飞了大约一米高,很快就降落了。虽然试飞失败了,但兄弟二人并没有气馁。他们总结失败的原因,觉得滑翔机飞不高也许是动力装置出了问题。于是,他们试着把汽车的发动机装在滑翔机上。这一次,虽然滑翔机飞得稍远了一些,但由于发动机太重,所以还是很快就掉了下来。

兄弟二人对螺旋桨、发动机不断进行改进。一位设计发动机的工程师帮他们设计了一台马力大且重量轻的发动机,解决了飞行动力的难题。1903 年,弟弟驾驶着名为"飞行号"的飞机进行试飞,飞机在空中飞行 12 秒后安全落地。莱特兄弟激动得紧紧拥抱在一起,虽然只有短短的 12 秒,但却标志着人类的飞行史翻开了崭新的一页。莱特兄弟继续研究,他们想造出飞得更高、更远,而且还能载更多人的飞机。1908 年,他们试飞了最新研制的飞机,这一次飞机总共飞行了 2 小时 20 分钟。

莱特兄弟终于实现了人类飞上蓝天的梦想。今天,飞机已经成为重要的交通工具,方便了人们的出行。

(以上文字摘编自瑞文网,2017年11月16日)

❖ **案例分析**:莱特兄弟坚持多年的创新活动,实现了自己儿时的愿望,实现了人类飞上蓝天的梦想,也推动了社会巨大的进步。他们在实现梦想的道路上屡败屡战到底说明了什么呢?其实,实现自己的梦想并不是件容易的事情,需要创新和实践同行才能抵达梦想的彼岸。

❖ **思考感悟**:创新是一种精神。创新让有理想的人插上坚毅的翅膀,在浩瀚的天空中任意翱翔。

1.1.3 创新的分类

【**箴言警句**】想象力比知识更重要,因为知识是有限的,而想象力概括着世界上的一切,推动着进步,并且是知识进化的源泉。——阿尔伯特·爱因斯坦

爱因斯坦强调人类想象力的重要性,也从侧面印证了创新的重要性。没有人可以随随便便成功,锲而不舍的精神是成功路上的灯塔,采用正确的方式和合理的方法坚持下去,就会成功。

创新到底有多少种表现形式?它又是如何分类的呢?

创新分类的参考指标较多,不同分类指标得出不同的分类。

(1)根据创新的表现形式进行分类。

①产品创新。产品创新是指创造某种新产品,或对某一老产品的功能进行创新,它包括全新产品创新和改进产品创新。全新产品创新是指产品用途及其原理有显著的变化;改进产品创新是指在技术原理没有重大变化的情况下,基于市场需要对现有产品所做的功能上的扩展和技术上的改进。全新产品创新和改进产品创新有共性也有区别。全新产品创新的动力机制既有技术推进型,也有需求拉引型;改进产品创新的动力机制一般是需求拉引型的,即市场需求—构思—研究开发—生产—投入市场。

②知识创新。知识创新是指通过科学研究,包括基础研究和应用研究,获得新的基础科学和技术科学知识的过程。技术创新需要以知识创新作为基础,知识创新是新技术和新发明的源泉,促进科学进步和经济增长,它追求新发现、探索新规律、创立新学说、创造新方法、积累新知识。在人类认识世界、改造世界的过程中提出了很多新理论和新方法,为人类文明进步和社会发展做出了不懈的努力。

③技术创新。技术创新是指生产技术的创新,包括开发新技术,或者将已有的技术进行应用创新。技术来源于科学,产业来源于技术,科学道理引导着技术创新,产业创新又大多建立在技术创新之上。

一般来说,相同技术可产出不同的产品,产出的产品也可以使用不同的技术,这样就使得技术创新和产品创新联系起来。技术创新与产品创新存在不确定性,它们彼此需要,却不是必需条件。技术创新可能带来但未必带来产品创新,产品创新可能需要但未必需要技术创新。产品创新具有成果的特征,更侧重于商业和设计行为,在外在的表现上比较突出;技术创新则在内在上更具魅力。产品创新之中有技术创新、商业创新和设计创新的成分。技术创

新让产品本身成本降低,提高了工作效率。另外,新产品需要新技术,新技术催生新产品,技术研发会围绕着对应产品或者着眼产品创新,它们之间相辅相成。

④管理创新。20世纪60年代以来,企业管理从全面质量管理、柔性管理、知识管理、创新管理、文化管理到战略管理,企业流程再造、企业资源计划、综合平衡记分表、企业形象识别、知识资本管理等新的管理方法不断涌现。

⑤制度创新。制度创新是指在人们现有的生产和生活环境条件下,通过创设新的、更能有效激励人们行为的制度、规范体系来实现社会的持续发展和变革创新。制度创新的积淀和持续激励,成就了创新活动的全部。它对创新制度具有积极的意义。

20世纪60年代以后,制度创新发展迅速,主要包括国家创新系统、风险投资、职工持股计划、职工参与制、股票期权、电子商务、战略联盟、经济共同体、国际贸易组织诞生等。制度创新不但降低了交易成本,还提高了劳动生产力。

⑥服务创新。服务创新是指使潜在用户感受到不同于从前的崭新内容,是指新的设想、新的技术手段转变成新的或者改进的服务方式。

⑦文化创新。文化的传播与发展,都包含着文化创新的意义。文化创新,是社会实践发展的必然要求,是文化自身发展的内在动力。

文化起源于社会实践,且引导、制约着社会实践的发展。文化创新的根本目的,即检验文化创新的标准是推动社会实践的发展,促进人的全面发展。

民族文化充满活力、日渐丰富,离不开文化创新。不断让传统文化焕发生机、历久弥新,是文化创新的使命。

(2)根据创新的组织方式进行分类。

①引进创新。引进创新是指从事创新的组织从其他组织引进先进的技术、生产设备、管理方法等,在此基础上创新,通过逆向工程等手段,对引进的技术和产品的消化、吸收、再创新的过程。

②合作创新。合作创新是指企业、研究机构、大学之间的联合创新行为,包括新构思形成、新产品开发以及商业化等任何一个阶段的合作都可以视为企业合作创新。

③独立创新。独立创新(率先创新)是指在无其他企业技术引导的条件下,企业在获取技术和市场创新机会后,依靠自身力量独立研究开发,攻克技术难关,获得新的技术成果,并完成技术成果的商业化过程。

【引入案例】 宝洁的开放式创新——老树开新枝

宝洁是企业开放式创新成功实践者,其成功并非一朝一夕,而是经历了从思想到组织形式的转型,最终搭建起了一个企业与上下游客户、消费者,甚至是不相关的外部力量交流的在线开放式创新平台。

一、在思想上实现从"研发"到"联发"的转型

20世纪90年代,宝洁面临投入更多成本重整研发部门,或削减研发成本的两难境地,直到2000年,宝洁新任CEO雷富礼将宝洁的心脏——研发(Research & Develop)改名为联发(Connect & Develop),即打开公司围墙,联合外部松散的非宝洁员工组成群体智慧,按照消费者的需求进行有目的的创新,然后再通过技术信息平台,让各项创新提案在全球范围内得到最优的配置。"企业外部也许恰好有人知道如何解决你的企业所面临的特殊问题,或者能够比你更好地把握现在你面临的机遇。你必须找到他们，找到一种和他们合作的机会。"雷富礼的这一创新思想得到公司高管的一致认可，成为企业创新文化的重要内涵。

二、实现技术创新组织模式的转型

企业自营式众包的运营关键在于组织自身全面向开放式创新模式的转型，包括企业核心活动的五个维度的转变。

（1）企业战略与愿景的转型。2000年后，宝洁公司在战略上确定了从传统的"封闭式创新"（Closed Innovation）转向"开放式创新"（Open Innovation），并规划在5年后实现50%的创新来源于外部。

（2）组织结构的转型。为了适应开放式在线创新模式，宝洁在组织结构上进行调整。例如，设置"外部创新主管"职位及创建分布在世界各个角落的"创新侦察员"队伍，该70人的队伍每天的工作就是借助复杂的搜索工具查看数以亿计的网页、全球专利数据库和科学文献，以"大海捞针"的方式寻找对公司有利的重大技术突破和专家学者。

（3）产品与市场的转型。为使平台有效运营，宝洁在产品与市场方面也进行了相应的转型。例如，宝洁启动"技术型企业家"计划，使全球50多万名独立发明家成为宝洁的创新服务提供商，为宝洁优先提供相关技术成果的同时，也充当技术顾问的角色；同时，宝洁评价创新的标准也从注重产品的性能、专利数量等，向注重可以感知的顾客需求转变。

（4）业务流程的转型。宝洁重新设计与优化了原有企业业务流程，使得与各种外部创新资源的对接更流畅、反馈更快速。同时，在线创新平台设计了合理运营流程，提高了参与者对在线创新平台的信任。

（5）企业文化的转型。宝洁的研发部门已使用"联发"的全新概念培训员工，在开发过程中要求员工加强跨技术、跨学科、跨地域和跨业务部门之间的联系。同时，企业形成了"研发不只在研发部门，每个人都可以参与其中"的良好创新氛围。通过一系列的组织转型，宝洁不仅拥有内部的9000多名研发人员，更是网罗了世界各地的大约180万名研发人员参与研发工作，大大增强了企业的研发实力。

三、实现开放式创新计划

宝洁创建了企业"C&D"（Connect and Develop）开放式在线创新平台的英语网站，该网站相当于宝洁的创新资产集市。注册用户可方便浏览宝洁的需求及创新成果，根据提示提交方案，经过宝洁专业人员的初筛及复审后，可在8周内获得回复。这种模式推出后，得到了积极响应，网站在上线后一年半，就收到了来自全球各地的3700多个创新方案。经过前期运作机制的探索和积累，网站提出："如果你正在寻找获得许可使用宝洁的商标、技术等其他创新资产的机会，登录这个网站，很可能就会找到和宝洁合作的商机，将共同的生意做到世界各地。"

除了征求创新方案外，宝洁也在平台上出售自己的专利。在开放式创新理念指引下，宝洁将自己用不到的好点子放到了"创意集市"中，不仅为宝洁带来额外的利益，更激发了员工们参与研发活动的积极性。实行开放式创新以来，宝洁的研发生产力提高了近60%，创新成功率提高两倍多，而创新成本下降了20%。曾经暮气沉沉的宝洁如今成为了全球最具创新能力的企业之一。

（以上文字摘编自百度文库，2022年8月3日）

❖ **案例分析**：宝洁的掌门人曾说："我们持续地创新我们创新的方式。"虽然听起来像是口号式的宣传，但是从内部创新到开放式创新，实际上宝洁就是这么做的。

❖ **思考感悟**：创新是指人们对于一件事物的特立独行的一种方法，往往一个创新的方式能够很好地帮助人们解决当下技术的问题，所以生活中的技术创新变得非常重要，墨守成规必定会被社会所抛弃，所以创新就变得非常重要，不管做什么都需要时刻地进行创新与变革。

1.1.4 创新与创造

【箴言警句】创新就是在生活中发现了古人没有发现的东西。——李可染

追根溯源，人类的发展进步，都是源于对现实世界的奇思妙想，凭借构想和实践从无到有的。因此，创新是人类智慧固有的禀赋，是人类发展进步的动力。

（1）创造与创新的共同点。"做出前所未有的事情"，是《辞海》对创造的解释。创造的本身特质是新颖性，它以"非重复"或"第一"的形式表现出来。

创新的概念最早出现于熊彼特的《经济发展理论》，他认为："创新是指新技术、新发明在生产中的首次应用，是指建立一种新的生产函数或供应函数，是在生产体系中引进一种生产要素和生产条件的新组合。"他在此书中提出了创新的五个方面的内容：

- 引入新产品或提供产品的新质量；
- 采用新的生产方法；
- 开辟新市场；
- 获得新的供给来源；
- 实行新的组织形式。

由此可知，创新的"成果效益"即一定的市场价值性。

创新与创造的共性是两者之间的"新颖性"。从这个层面上说，我们就能理解为什么人们会在非学术活动或一般讲话中把创新与创造混为一谈了。

（2）创造与创新的差异。创新与创造从各自的含义来分析，也存在一定的差异。

①创造包括能产生成果效益的前所未有的成功，也包括各种原因造成的难以或一时难以产生成果效益的前所未有的失败、失误、条件所限或其他事情。与熊彼特的"创新"概念不同，创造是不受"成果效益"限制的，创造强调的是前所未有的新颖性。

②创新是一个"系统工程"，也就是我们常说的创新工程。它不是单个的创造者，而是要依靠多人的群体去完成的。任何一项技术创新至少包括新产品的构思、设计、发明、试制、批量生产、打入市场并产生经济价值等，在这一系统化的过程中新产品的构思、设计、发明等明显不能称为创新，它们属于创造的范畴。因此，创造的外延同样比创新要广，它可以是系统性的创造，也可以是系统中某一部分的单个创造。

从通常所说的企业创新能力、国家创新能力等来说，创新一般只适用于群体。一个人的创造能力，不宜说成是他的创新能力，毕竟个人的能力是有限的，要去实现价值性的转化则更是难上加难，需要依靠集体的力量才能完成。

创新的新颖性主要存在于比较之中，有了已存在的事物，才会有与之相关的创新。没有先行存在的管理制度，亦不会有"管理创新"的提法。创新就是"有中生新"，创造则不仅是"有中生新"，还是"无中生有"。

因为创新理论研究出现的时间较晚，从学术上看，人们对其概念内涵的认识浅于对创造

的认识，尚需进一步深化。创造学的概念认为，创造包括创造力、创造性、创造能力、创造素质、创造性思维、创造想象、创造原理、创造技法、创造教育、创造心理等。虽然我们也能经常见到创新能力、创新素质、创新思维等"创新"的提法，但这些都是基于已有的创造能力、创造素质、创造性思维的"换贴标签"的表达形式。人们一旦离开创造能力、创造素质、创造性思维的内涵，创新就不复独立存在了。

"创新"是近代全球性激烈竞争形势的产物，它带有一定的时代色彩。20 世纪 80 年代，"改革"是出现频率较高的词语，如体制改革、制度改革、教育改革等；而到了 20 世纪 90 年代，"创新"被更多的人所使用，如体制创新、制度创新、教育创新等。这么看起来，"创造"一词并不受时间的影响。自从人类出现，创造活动就没有停止过，人类不断地创造出全部工具和绝大多数必需品，创造的过程就是人类进步的过程，创造是人类社会亘古不变的主题。

在新的历史起点上，创新作为新的发展理念出现了，它是一个国家和地区的重要发展引擎，它打破了人们的各种思想樊篱，发挥了人的主观能动性，能想能干、敢想敢干，无中生有、有中更优。创新创造要求人们在探索中总结错误，在提高中敢试敢闯，不怕受挫，用勇气和奉献精神作为长矛去冲锋陷阵。

【引入案例】 鲁班发明锯的故事

鲁班大约生于公元前 507 年，本名公输般，因为"般"与"班"同音，是春秋战国时代鲁国人，所以称为鲁班。

他主要从事木工工作。那时，人们要将树木加工成既平整又光滑的木板，还没有什么好办法。鲁班在实践中留心观察，模仿生物形态，发明了许多木工工具，如锯子、刨子等。鲁班是怎样发明锯子的呢？

相传有一次他进深山砍树时，不小心脚下一滑，手被一种野草的叶子划破了，渗出血来。他摘下叶片轻轻一摸，原来叶子两边长着锋利的齿，他用这些密密的小齿在手背上轻轻一划，居然割开了一道口子。他的手就是被这些小齿划破的。他还看到在一棵野草上有只大蝗虫，嘴里排列着许多小齿，能很快地磨碎叶片。

鲁班就从这两件事上得到了启发。他想，要是有这样齿状的工具，不是也能很快地锯断树木吗？于是他经过多次试验，终于发明了锋利的锯子，大大提高了工作效率。

（以上文字摘编自百度文库，2020 年 3 月 31 日）

❖ **案例分析**：鲁班的故事告诉我们，当你有了创造的天赋，还需要有创新的才智，两者合二为一，尽力去实践，就能创造出与众不同的东西来。

❖ **思考感悟**：有位作家曾说："如若说，在创新尚属于人类个体或群体中的个别杰出表现时，人们循规蹈矩的生存姿态尚可为时代所容，那么，在创新将成为人类赖以进行生存竞争的不可或缺的素质时，依然采用一种循规蹈矩的生存姿态，则无异于一种自我溃败。"创造和创新从来都不是简简单单的事，按部就班的机械劳动不足以让人们拥有创新意识，只有源源不断地创造，持续不断地创新，永不放弃地创作，人类才会进步，社会才会发展。

子任务1.2　培养创新意识

【考核指标】

❖ 理论指标：
（1）认识创新意识的概念；
（2）了解创新意识的培养。

❖ 实践指标：通过项目活动训练，培养创新理念和积极主动的创新意识，具备创新能力，提升专业素质。

1.2.1　创新意识的概念

【箴言警句】致富的秘诀，在于"大胆创新、眼光独到"八个大字。——陈玉书

创新意识是指人们根据社会和个体生活发展的需要，引起创造前所未有的事物或观念的动机，并在创造活动中表现出的意向、愿望和设想。它是创造性思维和创造力的前提，是人们进行创造活动的出发点和动力，是人类意识活动中的一种积极的、富有成果性的表现形式。

创新意识包括创造动机、创造兴趣、创造情感和创造意志。创造动机是动力因素，它推动、激励人们发动和维持创造性的活动。创造兴趣是一种心理倾向，促使人们积极探求新奇事物。创造情感则是一种心理因素，它引起、推进、完成创造活动，有了正确的创造情感，才能使创造成功。

创新意识的主要表现为思想活跃，不因循守旧，富于创造性和批判性，具有敢于标新立异、独树一帜的精神和追求。只要具备了强烈的创新意识，就敢想敢做前人无法企及的事。

创新意识具有三个主要特征：

（1）新颖性。创新意识是求新的意识，它有时是为了满足新的社会需求，有时是用新的方式更好地满足原来的社会需求。

（2）社会历史性。创新意识的出发点很高，在社会历史条件的制约下，去满足提高物质生活和精神生活水平的需要。特别是在阶级社会里，创新意识更受到阶级性和道德观的影响和制约。由创新意识激起的创造活动和产生的创造成果，应为人类进步和社会发展服务，以达成强大的社会效果。

（3）个体差异性。创新意识是具有个体性的，它受到人们的社会地位、文化素质、兴趣爱好、情感志趣等影响。在这些条件的推进下，由于个体的不同，创新意识也存在着不同。因此，社会背景、文化素养和志趣动机就成为必要的考察条件。

【引入案例】发明家爱迪生

在海战中常用的鱼雷，最初是由亚得里亚海沿岸的一个工程公司的英国经理怀特黑德于1866年发明的。在1914—1918年，处于发展中期的德国传统鱼雷，共击沉总吨位达1200万吨的协约国商船，险些为德国赢得海战的胜利。当时美国的鱼雷速度不快，德国军舰发现后只需快速改变航向就能避开，因而命中率极低，但想不出改进的方法。

人们找到爱迪生。爱迪生既未做任何调查也未经任何计算，立即提出一种意想不到的办法，要研究人员制作一块鱼雷那么大的肥皂，由军舰在海中拖行若干天。由于水的阻力作用，使肥皂变成了流线型，再按肥皂的形状建造鱼雷，果然收到奇效。

（以上文字摘编自中国文库网，2019 年 4 月 30 日）

❖ **案例分析**：看过爱迪生的故事，我们难免有这样的思考，他强大的创造能力到底来自哪里？归结起来看，一定有他勤奋的一面，而他勤于思考更是决胜的关键。另外，他的创新意识也起了重要作用，这种意识是在不断地创造中形成的。

❖ **思考感悟**：从狭义上来讲，创新是指创造出人类从未有过的、完全崭新的成果，包括新的理论、新的作品、新的工艺、新的方法等，这些创新是对全人类的贡献。从广义上来说，创新是指某个群体或某个人创造出对自己而言的新认识、新发现。科学家、发明家和少数优秀人才的创新成就是对全人类而言的；个体的创新则是每一个人的可作可为，它的主观能动性更大，不受团体所限制。这两者之间也是有联系的，科学家、发明家的创新能力，也是在个体的、初步的创新意识基础上发展起来的。所以，就现阶段来说，培养学生的创新意识，不仅直接关系着每一个学生的精神面貌，还间接关系着人类未来的创造。总之，创新精神来源于每个个体的创新意识和创新能力。

1.2.2 创新意识的培养

【箴言警句】科学也需要创造，需要幻想，有幻想才能打破传统的束缚，才能发展科学。

——郭沫若

培养学生的创新意识是学生自身素质发展的需要，也是大时代发展下社会的要求。

（1）当代大学生创新意识淡薄的原因。正处在学习阶段的大学生，既是祖国的未来，又是民族的希望。同时，大学生这个庞大的群体正处在身心迅速发展的人生关键阶段，对新思想、新事物拥有敏锐的洞察力和学习能力，在敏感度上也比其他群体要高出很多，具有无限潜力，发展的可能性和可塑性无可限量。但从整体上看，当代大学生大多缺乏创新意识。他们中的很多人都是被动参与创新活动的，缺乏参与创新活动的积极性，在创新活动中过多地追求形式而忘记本质，实质内容较少。由于盲目开展创新活动，就缺少了对创新实质的理解，浮于表面，缺少实质性的行为。除此之外，创新活动形式单一，模式化、公式化的特点极大地束缚了学生的创新能力。

传统的家庭教育思想阻碍了当代大学生的创新意识，传统的学校教育模式束缚了当代大学生的创新意识。受社会不良现象的影响，实用主义横行，大学生中的功利主义色彩很浓。

不仅如此，对大学生创新意识的培养还是一项长期而艰巨的任务，需要整个社会共同完成。认识到传统的家庭与学校教育及社会因素等对大学生创新意识培养造成了阻碍，就要去寻找培养大学生创新意识的途径。

（2）培养学生创新意识的途径。培养学生创新意识的途径有很多，以下列举出几个加以说明。

第一，培养求知欲。

"学而创，创而学"是创新的根本途径。学无止境，我们具备了勤奋求知的精神，再去不断地学习新知识，不久的将来，在自主创新中争取发挥出生力军的作用。

第二，培养好奇欲。

将最初蒙昧时期的好奇心向求知时期的好奇心进行转化，在这个坚持、发展好奇心的重要环节里，随时保持着自己对接触到的现象的旺盛好奇心，敢于从新奇的现象里提出问题，才能为以后更好地解决问题打好基础。

第三，培养创造欲。

温故而知新，只有不满足于现成的思想、观点、方法及物体的质量、功用，反复思考怎样在原有基础上创新发明、推陈出新，学习多角度看问题，勇于寻找更简洁有效的方法和途径，以培养创造的欲望。

第四，培养质疑欲。

古人云："学起于思，思源于疑。"意思是说，疑问是思维的火种，思维以疑问为起点，有疑问才有思维，经过思维才能解疑。探索知识的思维过程总是从提出问题开始的，又在解决问题的过程中得到发展。

有了疑问，才能促使学生去思考、探索和创新。因此，要鼓励学生大胆地提出心里的疑惑，找出各种解决问题的方案及最佳方法。从多方位去培养青年的思维能力，激励他们创新。提出问题，大胆质疑，都是培养学生创新意识的重要途径。知识就像波澜壮阔的大海，每一朵浪花都具有无穷的力量，汇集到一起就能改变人的一生。勇敢前进，拿出锐不可当的开拓精神，树立和提高强大的自信心；尊重先人的经验，虚心学习他们长久积淀下来的丰富知识；还要敢于超过他们原有的积累，进行再创造。

从客观规律出发，培养严肃、严密、严格的创造意识，摒弃培养中的简单化、表象化和庸俗化，严守创新精神的科学性和严肃性，树立科学的创新理念，做到真正明确创新的真实含义，防止把创新当作一种时髦行为而空谈阔论。创新从来都不是没有实质性新内涵的新提法、新名词，它需要用发展的眼光和思维着眼于解决现有手段不能解决的问题，制定措施去解决未来可能出现的新情况、新问题。把创新精神的培养与科学求知态度进行有机结合，去克服重创新的过程和数量而轻创新的结果和质量的现象，增强自己培养创新意识的信心、勇气和能力。

在对大学生进行创新意识的培养时，创新思想和创新实践要并行，允许创新过程中出现错误。要大胆尝试，敢拼敢闯，尽快成长为具有创新能力的人才。挑战自己，超越自己。

【引入案例】 敢于尝试的小象

有这样一个故事：在一个动物园里，一群大象刚一出生就被锁住脚，久而久之，它们就习惯了被锁住，并没有挣脱的想法。有一次，动物园着火了，这些大象的脚都被锁着，由于已经习惯被锁住，它们并没有挣脱，而一只小象试图挣脱，没费多大劲就挣脱锁链并逃出了火场，而其他大象却被烧死了。

（以上文字摘编自百度文库，2011年6月8日）

❖ **案例分析**：案例中的大象习惯了枷锁的束缚，不敢尝试，最后丧身火海。而小象没有因循守旧，大胆试图逃脱，没费多大力气就成功了，因而存活下来。

❖ **思考感悟**：创新意识表现在思想活跃，不因循守旧，富于创造性和批判性，具有敢于标新立异、独树一帜的精神和追求。只有具备了强烈的创新意识，才能在创新的路途中越走越远，直至最后有所成就。

子任务 1.3　提升创新能力

【考核指标】

❖ 理论指标：

（1）明确创新能力的含义；

（2）了解创新能力的构成；

（3）强化学习创新的方法。

❖ 实践指标：掌握创新的几种思维方式及创新技法的内容，学会运用创新思维及技法解决现实问题。

1.3.1　创新能力的含义

【箴言警句】没有思想自由，就不可能有学术创新。——周海中

什么是创新能力？创新能力是技术和各种实践活动领域中不断提供具有经济价值、社会价值、生态价值的新思想、新理论、新方法和新发明的能力。创新是企业发展最核心的竞争力，与其说是人才的竞争，不如说是人的创造力的竞争。

创新能力把类人猿从攀爬觅食的原始生活中挣脱出来，进而开启了人类文明的发展史，也可以说没有创新能力就没有人类今日的文明。伟大的科学家爱因斯坦和爱迪生等人的创新能力，为人类社会创造了巨大的进步。不具备创新能力的人，他的一生将会碌碌无为，注定是个平庸的人。一个民族失去了创新人才，也会成为一个落后的民族，只能被动挨打。

创新能力的作用极其重要，同时创新能力也需要整个社会去悉心培养。

（1）创新能力的重要作用。

其一，发挥主观能动性是创新能力的首要作用。中国自改革开放以来，出现了很多前所未有的新情况和新问题，没有经验可循。面对这种局面，就需要充分发挥主观能动性，尽可能地开拓思想、拓展思路，创造性地开展工作，为组织建设和社会建设注入新鲜活力。

其二，创新能力利于提高工作效率。在实际工作中，转变观念能促使人们释放出更多的自身能量，再去理顺管理体制、整合各种社会资源就得心应手了。在大家的共同努力下，提高工作效率，创新能力将更大地促进生产力的发展。

其三，创新能力利于增强组织的竞争实力。强大的竞争力和创新能力，是一个国家和民族保持强大生命力的关键。

（2）培养创新能力的重要性。现代科学技术一直在发展，人类文明的脚步也从未停歇过。真正的财富，将越来越多地体现在人的创造性上。在以人为本的经济社会活动中，比拼更多的将是人的智慧和集体的力量，以及因智慧而萌生的集体创新能力。培养创新能力，决定着未来社会生产的特点，对民族振兴有重大的意义。我国预计在 2050 年前后会以高度物质文明和精神文明的社会主义现代化强国的姿态出现在世人面前，这个宏伟的计划，不仅需要今人的努力，还需要这一事业继承者们的传承。从现在开始就去培养并发挥创新精神，把它应用到中国社会的每一个元素中去，博古通今、推陈出新，让创新在神州大地上遍地开花。

【引入案例】不创新，就灭亡

在20世纪20—30年代，福特以大规模生产黑色轿车独领风骚十余载。但随着时代变迁，消费者的消费需求也发生着变化，人们希望有更多的品种、更新的款式、更加节能降耗的轿车。而福特汽车公司的产品，不仅颜色单调，而且耗油量大、废气排放量大，完全不符合日益紧张的石油供应和日趋紧迫的环境治理的客观要求。此时，通用汽车公司和其他几家公司则紧扣市场脉搏，制订出正确的战略规划，生产节能降耗、小型轻便的汽车，在20世纪70年代的石油危机中后来居上，使福特汽车公司一度濒临破产。所以，福特公司前总裁亨利•福特深有体会地说："不创新，就灭亡。"

（以上文字摘编自百度文库，2019年11月14日）

❖ **案例分析**：如果没有看过这个故事，单从"不创新，就灭亡"字面上看，觉得危言耸听了。其实亨利•福特的话不难理解，正是那濒临破产的现实给整个汽车制造业敲响了警钟。创新能力是企业在市场中立于不败之地的条件之一，想要很好地保持自己在市场中的份额，不被新生企业淘汰，企业要素资源要不间断地进行有效的内在优化，以提高企业的内在素质，驱动企业获得更多的与其他竞争企业的差异性的能力，获得更大的竞争优势。企业竞争力提高的标志就是企业创新能力的提升，创新能力的高低昭示着企业竞争力的强弱，强者胜，弱者败。

❖ **思考感悟**：人的心脑潜能主要表现在人的创新潜能和人的思维精神、文化素质的潜能等方面。人的潜能是一个巨大的宝藏，蕴含着无穷的力量，其价值无法估量。一个人内在的动力加上坚定的信心，再以顽强的毅力和积极成功的心态去推动，将迸发出惊人的创造力。

任何事情都有其偶然性，也存在必然性，谁的成功都不是偶然的。创新能力更像一条条道路，连接在创造思维与成功之间。只有那些愿意提高自身素质，愿意使自己的本质力量向更高层次迈进的人，才能在人的主体性、能动性、创造性上进一步发挥创新能力，从而丰富和扩展自身的内涵，创造更多的社会价值。

1.3.2 创新能力的构成

【箴言警句】对新的对象必须创出全新的概念。——伯格森

创新者、创新团队、创新机构乃至更大的经济或社会实体，都是创新能力的载体，人们通过不同的途径去造就创新能力。创新能力的构成既简单又复杂，一般由以下能力构成：

（1）综合能力。综合就是把事物的各个要素、层次和属性用一定的线索联系起来，从中发现它们之间的本质关系和发展的规律。研究对象的组成不一定是单一的，很多时候需要把各个部分结合成一个有机整体，再进行考察和认识，这种技能和本领就是综合能力的体现。

（2）分析能力。事物的组成要有不同要素、不同层次和不同属性，统一为一个整体，再把事物的整体分解成若干个部分，进行研究，得出正确的结论。

（3）学习能力。学习能力就是获取、掌握知识、方法和经验的能力，其中涵盖了阅读、理解、搜集资料、使用工具、写作、表达、对话、讨论和记忆等能力。

（4）想象能力。莱辛认为："缺乏幻想的学者只能是一个好的流动图书馆和活的参考书，

他只掌握知识，但不会创造。"想象的能力需要用丰富的知识和经验作为基础，通过直觉、形象思维或组合思维去整合构想，提出新设想、新创意。这一过程不会受任何已有结论、观点、框架和理论的束缚。正如法拉第所说，一旦科学插上幻想的翅膀，它就能赢得胜利。

（5）创造能力。所谓创造能力，就是善于运用前人经验并以新的内容和形式来完成工作任务的能力。这种能力将会为我们提出新的概念、方法、理论、工具、解决方案、实施方案，它综合体现在创新型人才的禀赋、知识、经验、动力和毅力等方面。

创造能力是创新能力的核心，它要求人们遵循一定规律，又不能囿于固定的模式。社会的进步和发展，环境的变化和更改，需要我们对工作内容和形式不断地进行创新、补充和完善，使之更加丰富多彩。

（6）批判能力。毛泽东同志在《实践论》一文中指出："要完全地反映整个的事物，反映事物的本质，反映事物的内部规律性，就必须经过思考作用，将丰富的感觉材料加以去粗取精、去伪存真、由此及彼、由表及里的改造制作工夫。"其中，"去粗取精、去伪存真"说的就是人的批判能力，它保证人们不盲从，批判性地、选择性地吸收和接受现存事物。

（7）解决问题的能力。在工作中，我们常常会遇到很多尚待解决的问题，首先要有人提出和凝练问题，针对相应问题做出选择，调动已经成熟的经验、知识和方法，设计和实施相应的方案。即使遇到难题，也能创造性地组合已有的方法，提出新的方法来解决问题。

（8）组织协调能力。组织协调能力的实质是通过合理调配系统内的各种要素，发挥系统的整体功能，以实现目标。如果想完成一项创新活动，协调各方的能力必须强大。拥有了一定的资源，就可能采用沟通、说服、资源分配和荣誉分配等手段去组织协调各个方面，以最终达成创新人才实现创新目标的目的。

（9）整合多种能力的能力。创新型人才本身拥有多种才能，还能做到把多种才能有效地整合在一起，发挥一定的社会作用。在能力增长和人格发展中，整合多种能力的能力尤其难得，这是长期学习、实践和人生历练的结果，是完成重大创新的关键。

（10）实践能力。实践能力特指社会实践能力。在完成创新活动的第一阶段——提出创造发明成果之后，要使成果得到广泛的应用，使其具有学术价值、经济价值和社会价值，就必须付诸社会实践。实践能力就是为实现这一目标而进行的各种社会实践活动的能力。

【引入案例】 中国乐凯转型崛起之路

中国乐凯胶片公司（简称乐凯）创建于1958年7月1日，是国家"一五"期间156项重点建设项目之一。经过了近半个世纪的风雨洗礼，乐凯人肩负着民族的理想和希望，经过三次艰苦卓绝的创业历程，在挑战中寻求机遇，在发展中努力探求适合企业发展的新途径，走出了一条成功之路，塑造了乐凯独特的企业形象。

乐凯第一次创业是从20世纪60年代初到70年代末。建厂初期，苏联突然撤走了技术专家，又恰逢三年困难时期。第一代乐凯人自力更生、艰苦奋斗，克服困难完成工厂建设，并在第二年就生产出我国第一代照相软片、黑白电影正片、135民用胶卷，并将自己的航空航天胶片送上了人造卫星，逐步使企业发展成为我国电影胶片生产基地。

从20世纪80年代初到90年代中期是乐凯第二次创业阶段。改革开放后，电视迅速进入寻常百姓家，致使电影业急剧滑坡，这给乐凯带来了严重危机。与此同时，"彩照热"在我国悄然兴起。在这紧要关头，乐凯抓住机遇，快速研制出了我国第一代彩色胶卷、彩色相纸,并快速推向市场,打破了"洋货"一统天下的局面。公司也实现了产品结构从电影胶片向民用照相材料的快速调整,乐凯形成了自己的品牌。

20世纪90年代中期至21世纪初,乐凯处于第三次创业阶段。此间,感光材料市场需求日益高涨。乐凯在面临外部市场环境快速变化的同时,企业内部的改革尤为迫切。乐凯紧紧围绕市场,大力推进企业改革。特别是在进入21世纪以来,乐凯通过资源整合、国际合作、强强联合,加快了产业结构调整的步伐。2003年10月,乐凯和柯达正式确立合作关系。

目前,乐凯正在大力推进战略转型,充分集成公司的涂层、成膜、微粒三大核心技术,实现创新。它标志着乐凯在进行产业结构调整,实施战略转型方面迈出了坚实的一步,乐凯的发展从此掀开了新的篇章。

(以上文字摘编自《人民日报》,2018年07月09日11版)

❖ **案例分析**:创新意识贯穿于中国乐凯胶片公司的整个发展过程,在与多家经济技术实力相当雄厚的大型跨国公司竞争下,经过多年的战略发展,不断地创造着新的篇章。可见,增强创新意识,把当前世界名牌产品的质量目标作为自己的赶超目标,把学习应用国外照相科学的最新科技成果作为赶超手段,在实践中求创新,在创新中求发展,才能使企业一步一个台阶地向上发展。

❖ **思考感悟**:早在两千多年前,道家就提出过"天下万物生于有,有生于无"的创造思想。在创新活动中,创新能力形成后,通过各种表现形式展示出来。个性品质对创新能力是具有影响力的,知识、经验、技能、能力和个性品质是基石,创新能力是它们的综合体现。因此,不能片面地理解创新能力。

1.3.3 学习创新的方法

【**箴言警句**】方法是最主要和最基本的东西。——伊凡·巴甫洛夫

创新方法是能够引起决策点或决策环发生有利变化的思维途径、路线、角度的总和。它在世界各国中有很多不同的名称,美国称它为"创造力工程",日本把它叫作"发明技法",俄罗斯称呼它为"创造力技术"或"专家技术",中国学者则把它归结为科学思维、科学方法和科学工具的总称。

那么什么是科学思维、科学方法和科学工具呢?

科学思维是一切科学研究和技术发展的起点,贯穿于科学研究和技术发展的全过程,是科学技术取得突破性、革命性进展的先决条件。

科学方法是人们进行创新活动的创新思维、创新规律和创新机理,是实现科学技术跨越式发展和提高自主创新能力的重要基础。

科学工具是开展科学研究和实现创新的必要手段和媒介,是最重要的科技资源。

常见的创新方法包括:

(1)试错法。为了追求达到理想目标而通过不断试验和消除误差,探索具有黑箱性质的系统的方法,统称为试错法。

(2)六项思考帽法。英国学者爱德华·德·博诺博士开发了六项思考帽思维训练模式,这是一个全面思考问题的模型。它率先提供了"平行思维"的工具,解决的不是"本身是什

么",而是"能够成为什么"的问题,避免人们将时间浪费在没必要的互相争执上。

(3)头脑风暴法。头脑风暴法是将少数人召集在一起,以会议的形式对某一个问题进行自由思考和联想,提出各自的设想和提案,所有参与者不准对其他人言论的正确性或准确性进行任何评价的一种讨论方法。

(4)六西格玛法。1986年,工程师比尔·史密斯提出了六西格玛法。六西格玛法是一种改善企业质量流程管理的技术,以"零缺陷"的完美商业追求,带动质量成本的大幅度降低,最终实现财务成效的提升与企业竞争力的突破。这种管理策略的原理是,如果能检测到项目中有多少缺陷,就可以找出如何系统地减少缺陷,使项目尽量完美的方法。

(5)TRIZ法。TRIZ意译为发明问题的解决理论,是基于知识的、面向人的发明问题解决系统化方法学,它揭示了所有创造发明的内在规律和原理,以完全解决矛盾、获得最终的理想解为目标,着力澄清和强调系统中存在的矛盾。

【引入案例】 袁隆平与杂交水稻

袁隆平长期从事杂交水稻育种理论研究和制种技术实践。1964年首先提出培育"不育系、保持系、恢复系"三系法利用水稻杂种优势的设想并进行科学实验。1970年,与其助手李必湖和冯克珊在海南发现一株花粉败育的雄性不育野生稻,成为突破"三系"配套的关键。1972年育成中国第一个大面积应用的水稻雄性不育系"二九南一号a"和相应的保持系"二九南一号b",次年育成了第一个大面积推广的强优组合"南优二号",并研究出整套制种技术。1986年提出杂交水稻育种分为"三系法品种间杂种优势利用、两系法亚种间杂种优势利用到一系法远缘杂种优势利用"的战略设想。袁隆平被同行们誉为"杂交水稻之父"。

(以上文字摘编自百度文库,2017年10月17日)

❖ **案例分析**:用一粒种子改变世界,谁的创新能力都不是与生俱来的,袁隆平的科研团队之所以能取得这样的成绩,并不是建立在空想之上的,而是经过长期科学研究实践得出的。

❖ **思考感悟**:方法和技法就像是一座桥梁,比事实和内容更重要,能把人们经过深思熟虑的创新方法运用到创造创意活动中去,以结出丰硕的成果。

实践训练

【实践训练】A能充满B。
【训练要求】依照范例,写出另外五种A和B。
【范例】水能充满容器……

课后习题

一、多项选择题

1.(　　)构成了人们的一般创造力,共同决定着成果的创造性。
A. 创新方法的掌握、运用　　　　　　B. 认知风格

C. 人的个性品质　　　　　　　　D. 研发激励机制
2. 当代知识创新包括（　　）。
   A. 原始性发现和发明　　　　　B. 以人为本
   C. 知识创造性集成和应用　　　D. 包括自然科学、工程技术等
3. 创新需要提出问题，问题产生于（　　）。
   A. 好奇　　　　B. 质疑　　　　C. 想象　　　　D. 继承
4. 创新的特征有（　　）。
   A. 创造性　　　B. 高价值性　　C. 风险性　　　D. 动态性
5. 从创新的内容看，包括概念创新、组织创新、（　　）。
   A. 技术创新　　B. 产品创新　　C. 市场创新　　D. 制度创新

二、判断题

1. 发现问题是创新的起点，创新成果则是基于问题的研究发现。（　　）
2. 完全有理由这样认为：创新是人改造现实世界的创造性活动，是各个文明时代的人的共同本性。（　　）
3. 默写式头脑风暴法的优点在于能使各个小组形成竞争，从而提升效率。（　　）
4. 学习运用创新技法可以促进专业技术人员更好地发挥创造才能，灵活自如地运用才能。（　　）
5. 科学的发展，使技术创新越来越需要发挥群体的智慧。只有集思广益、取长补短，才能有所建树。（　　）

三、简答题

1. 请简要叙述创新的定义和特征。
2. 请简要叙述培养大学生创新意识的途径。
3. 请简要叙述常见的创新方法。

延伸阅读　重要的是弄清楚什么是"创新"

"创新并非一个纯粹的科技问题"，要重视的是各个领域和不同行业间的转型，即"广义和跨行业的增长"。在日前举行的文汇科技创新沙龙上，美国信息技术和创新基金会（ITIF）主席、中美创新对话美方专家罗伯特·阿特金森博士说，一个国家或地区要想在创新方面有所作为，不应只关注产品，还要更多关注服务和商业模式。

阿特金森是在北京参加完第五次中美创新对话后，应邀来沪演讲的。年届六旬的阿特金森以研究创新经济著称，其供职的 ITIF 是全球排名前三的科技智库。此次来华，正逢他的新著《创新经济学：全球竞争优势》中文版在中国首发。

关注服务和商业模式的创新

全球已有 60 多个国家提出了国家层面的创新战略，这是否意味着"创新经济学"已深入人心？阿特金森并不认同。在他看来，弄清楚"什么是创新"或者"什么不是创新"，比急着高喊创新更为重要。"一直以来，创新多被定义为工程范畴，人们一提创新，想到的就是科技。"阿特金森说，他所理解的创新，是要为生产、市场和社会引入能给

消费者和各类组织带来价值的新产品、新工艺、新服务和新功能，"这才是国家和全球经济繁荣的核心"。

如今，服务创新已经变得越来越重要，服务业占美国经济的比重已超过80%，多数欧洲国家也在75%以上。由此，对创新的理解已经从一个纯粹的科技问题，扩大到包括应用和利用信息技术、新的商业模式变革以及创造新客户体验或服务及交付方法等。作为研究创新经济增长的专家，阿特金森非常看好类似"滴滴打车"这样的新商业模式，"5年之内，美国的出租车行业可能会因此而被彻底颠覆。"

要重视广义和跨行业的增长

所谓"三十年河东，三十年河西"，产业的发展趋势有时是那么得难以捉摸。为此，阿特金森非常强调要重视各个领域和不同行业间的转型，即"广义和跨行业的增长"。他表示，确保不同区域、不同领域都要有增长、有发展，应该是政府最重要的任务之一，这也正是中国近年来在经济发展上有出色表现的缘由。而由于没有做到广义的增长，日本的创新仅仅局限于钢铁、电子产品等有限的领域。

未来20年，所有国家都会面对如环境、能源、气候变化、人口健康等方面的诸多挑战，但最大的挑战仍旧来自创新。阿特金森说："人们对生存环境改善的需求，对期待过更好生活的愿景，都会对创新提出更高和更多的期许，所以未来20年，创新最大化将成为全球面临的最大挑战。"

中国在创新发展方面的目标和雄心给阿特金森留下深刻印象，他认为中国在IT投资、贸易平衡、商业研发、有效的企业所得税和对外直接投资五方面的表现是最好的。阿特金森提醒说，创新过程中要保持冷静，不要因为期望所谓的"重大突破"，而忽略了一些潜移默化的、循序渐进的进步。

（以上文字摘编自搜狐网，2016年3月10日）

❖ **思考与讨论**：创新到底有多少种表现形式呢？它又是如何分类的呢？

任务2　理解创业

【要点总括】

❖ **思政要点**：激发创业意识，提高社会责任感和创业能力，促进创业就业和全面发展。
❖ **理论要点**：
（1）创业的概念、类型与过程；
（2）创业精神的概念和作用；
（3）创业的时机与途径。
❖ **技能要点**：
（1）使大学生具备必要的创业能力；
（2）熟悉新企业的开办流程与管理；
（3）提高创办和管理企业的综合素质和能力。

> 【引入案例】一个门外汉如何一步步缔造自己的帝国

"饿了么"创始人张旭豪还是一名在校生的时候,因为打电话叫外卖而经常被商家以各种理由拒绝,由此发现了餐厅市场的先机。于是,他连同几位同学一起创办了首个订餐网络平台——饿了么,目前其已成为中国餐饮O2O平台之一。虽然张旭豪的主修专业并不是计算机、互联网,但却勇于尝试挑战研发网络订餐平台,自主创业。在开发初期,为了给饿了么筹集资金,张旭豪参加各种创业大赛,最终获得了45万元的奖金,得到第一笔创业资产,开启了电商服务平台的市场竞逐。在早期的创业过程中,饿了么曾被知名新闻媒体报道出旗下商家存在各种违规性操作。张旭豪得知此消息后,在一星期内处理了违规餐厅5257家,违规商家258家,给了广大消费者一个满意的答复。

饿了么创造历史性瞬间

饿了么在张旭豪带领下,实现覆盖全国2000多个城市,拥有加盟餐厅200万家,用户量更是达到2.6亿。饿了么创立的初衷,是旨在为顾客与商家之间搭建一个完整的网络订餐服务平台,最后形成通过互联网的定位,为顾客提供以位置服务信息为前提背景的外卖订餐服务。对于商家来说,他们可以通过安装"饿了么"客户端直接接收客户订单,自行管理外卖餐厅的各类数据统计,以此来有效迅速地管理不同类型客户的口味、需求、服务等数据。虽然这是网络订餐系统的基础设置,但是饿了么在一个完全没有计算机和互联网专业背景的团体当中,能做到这样满足顾客和商家双方的不同需求,还是不禁让人心生敬意的。

饿了么融入强大的阿里,实现质的飞跃

不仅如此,饿了么创始人还加入了阿里新零售产业链,并且与口碑业务合并,覆盖了2000多个市县,让外卖服务平台成为一个本地新生活化的切入点。有媒体报道显示,2018年中国即时配送行业用户达到3.55亿人,第三季度的订单数量已有55.93亿,饿了么蜂鸟配送占据市场份额最高,占比达33.4%。

饿了么的发展已渐入佳境,张旭豪选择加入更庞大、更优秀、更完善的阿里巴巴平台未尝不是个明智的选择。面对如今市场的激烈竞争,为了未来十年饿了么的更长远的走向,找到拥有共同目标的搭档,是张旭豪加入阿里巴巴的初衷。

(以上文字摘编自百度百家号,2019年3月3日)

❖ **案例分析**:"饿了么"张旭豪创业成功的原因有很多,他在校期间就能发现商机,找准用户的切入点进行创业。创业时,他始终保持着良好的心态,循序渐进地发展自己的企业,更在关键时刻加入阿里,企业实现了质的飞跃。最难能可贵的是他时常鼓励团队保持初心,维持梦想。

❖ **延伸问题**:如何树立创业精神,准确把握创业的时机和途径呢?

子任务2.1 理解创业含义

【考核指标】

❖ 理论指标:

(1) 掌握创业的概念和意义;

（2）了解创业的要素与类型；
（3）熟知创业的过程与阶段。

❖ **实践指标**：积极参加或组织开展创业者访谈、创业项目考察、企业创办等活动，将课堂知识与创业实践紧密结合起来，培养发现问题和解决实际问题的创业能力。

2.1.1 创业的内涵与意义

【箴言警句】创业就像爬山，无限风光在顶峰。创业，要选择自己热爱的行业。有了热爱，就有了执着。——黄鸣

从范围上讲，创业有广义和狭义之分。广义的创业是指人类开创新事业的活动，或指代有开拓、创新并有积极意义的社会活动，涉及政治、经济、军事、文化、科学、教育等各个方面。只要是人们以前没有做过的，对社会产生积极影响的事业，都可以说成是创业。从狭义创业来讲，杰弗里·蒂蒙斯教授认为："创业是一种思考、推理和行为方式，这种行为方式是机会驱动的，注重方法与领导相平衡。创业导致价值的产生、增加、实现和更新，不只是为所有者，也为所有参与者和利益相关者。"

现代大学生有创新精神，也乐于创业，他们对传统观念和传统行业挑战的信心和欲望极其强大，这种动力是成功创业的精神基础。

大学生创业的意义包括：
（1）有利于培养大学生的创新精神；
（2）有利于缓解大学生就业压力；
（3）有利于大学生实现致富梦想；
（4）有利于大学生谋求生存与自我价值实现；
（5）有利于促进中小企业的快速发展；
（6）有利于培养大学生艰苦奋斗的作风。

创新是民族的灵魂，是国家昌盛的动力。大学生的创业活动，有利于培养勇于开拓创新的精神，把就业压力转化为创业动力，培养出越来越多的各行各业的创业者。

【引入案例】 连环创业者王兴

一提到王兴，很多人脑海里面第一个想到的词汇就是连环创业者，因为他是校内网、饭否网、美团网这三个知名网站的联合创始人，除此之外，他还有另外一层身份——大学生创业者，在毕业之后，没有丰富的职业履历就开始创业的人。他是一名人们口中的天才少年，高中没有参加高考就被保送到清华大学，毕业后拿到全额奖学金去了美国特拉华大学师从大陆第一位取得 MIT 计算机科学博士学位的学者高光荣，随后归国创业。在前一两次不算成功的创业项目之后，王兴创立了校内网，并很快风靡大学校园之中。校内网于 2006 年 10 月被千橡以 200 万美元收购。2007 年 5 月 12 日，王兴兴办饭否网。这也是我国第一个类 Twitter 项目，但就在饭否网发展势头一片良好之际被封闭，让王兴遭到波折。之后连环创业客王兴于 2010 年 3 月上线新项目——美团网，并在千团大战当中脱颖而出，稳居行业前三，并先后获得红杉和阿里的两轮数千万美元的融资，这个连环创业客的工作逐步走上正轨。

（以上文字摘编自豆丁网，2017 年 11 月 25 日）

❖ **案例分析**：王兴是一个连环创业者，他创业成功的原因有很多。首先，他是一个有远见、有战略洞察力的人，拥有良好的创业心态，能在适宜的时机做出正确的选择。他随时关注市场动态，把握了每一次创业机会。除此之外，他还拥有优秀而稳定的核心团队，并且从未间断过对自身的反思。

❖ **思考感悟**：想要去创业，就要做好充足的准备，一定要把自己摆在一个正确的位置上，审视自己，完善自己，保持清醒的头脑和心态，才能在创业的道路上越走越远。

2.1.2 创业的要素与类型

【箴言警句】这个时代给了我们这一代人前所未有的机会。我们要抓住这个机会，要有梦想。但是，这个梦想要从做开始。——张朝阳

（1）创业要素。创业的关键要素包括创业机会、创业资源和创业团队。

①创业机会。创业机会往往是一个新的市场需求，可能是需求大于供给的市场，也可能是可以开辟新产品的市场，这样的市场需求很容易被人们所认识。所以，并不是每一个创业机会都能付诸行动的。

②创业资源。创业资源主要表现形式为创业人才、创业资本、创业机会、创业技术和创业管理等。新创企业创立和运营的必要条件，是指新创企业在创造价值的过程中需要的有形与无形的资产。

③创业团队。创业团队是一个凝聚在一起的特殊群体。它要求团队成员能在能力上互相补充，并且价值观和愿景都是相同的，他们互相信任、自觉合作、努力进取，愿意为共同的目标奉献自己的光和热。

（2）创业的类型。
①按照创业主体可分为智慧型、勤奋型、机会型、关系型、冒险型。
②按照创业动机可分为生存型、机会型、变现型、赚钱型、主动型、被动型。

【引入案例】 永远的座票

有一个人经常出差，但经常买不到对号入座的车票。可是无论长途短途，无论车上多拥挤，他总能找到座位。他的办法其实很简单，就是耐心地一节一节车厢找过去。这个办法听上去似乎并不高明，但却很管用。每次，他都做好了从第一节车厢走到最后一节车厢的准备，可是每次他都用不着走到最后就会发现空座位。他说，这是因为像他这样锲而不舍找座位的乘客实在不多。经常是在他落座的车厢里尚余若干座位，而在其他车厢的过道和车厢连接处居然人满为患。

他说，大多数乘客轻易就被一两节车厢拥挤的表面现象迷惑了，不大细想在数十次停靠之中，从火车十几个车门上上下下的流动中蕴藏着不少提供座位的机遇；即使想到了，他们也没有那一份寻找的耐心。眼前一方小小立足之地很容易让大多数人满足，为了一两个座位背负着行囊挤来挤去有些人也觉得不值。他们还担心万一找不到座位，回头连个好的站着的地方也没有了。与生活中一些安于现状、不思进取、害怕失败的人，永远只能滞留在没有成功的起点上一样，这些不愿主动找座位的乘客大多只能在上车时最初的落脚之处一直站到下车。

（以上文字摘编自搜狐网，2019年5月2日）

❖ **案例分析**：创业机会随时存在，而不断地耐心寻找，就算暂时没有机会也不要着急。当你怀揣着自信、执着、远见和实践时，创业成功的机会就离你不远了。

❖ **思考感悟**：在这个小故事里，努力、坚持、机遇是找到座位的必要条件，一个都不能少。不努力，不坚持，就算机遇摆在面前，也会与你擦肩而过；假如没有机遇，努力和坚持也无从谈起。

2.1.3 创业的过程与阶段

【箴言警句】创业是非常艰苦的，而且需要一个渐进的过程，真正开始自己创业本身就是一种磨炼的开始。——景新海

创业过程是创业者在创建自己的企业时通常要经历的基本步骤。在创业的大潮中，有很多类型的创业项目被发掘并取得最终的成功。然而，很多创业者都在前期忽略了最初的基本步骤。

（1）创业过程基本步骤。

①选定创业项目：创业成功的前提和基础是选定好的创业项目。

②拟定创业计划：选定创业项目和拟定创业计划是"干什么"和"怎么干"的关系。切实可行的计划有了，就拥有了创业成功的一半机会。

③筹集创业资金：这是创业者必须解决的一个重要问题。

④办理创业的有关法律手续：主要是办理工商登记注册手续、税务登记手续、银行开户手续等。

⑤创业计划的实施与管理：这是创业活动的实施阶段。创业实施阶段的工作是创业活动的重点和难点，它要求创业者具备吃苦耐劳、不屈不挠的精神，以及正确的工作方法，运用经营管理策略，才能实现创业目标。

（2）创业的四个阶段，每个阶段大约需要三年时间去完成。

第一个阶段——起步期。

企业在起步期的核心工作是找方向，这里所说的方向，不是通常创业者所说的大方向，而是走向成功所需要的精确方向。工作中，大多数人不是不知道大方向在哪里，而是需要在不断地尝试后才能找到那个精确的方向。

第二个阶段——发展期。

发展期的企业需要在市场中获取一个显著的市场份额，并实现收入和利润的最大化。发展期的核心要点是专注，就是集中全部力量在本阶段的任务上。创业者的产品和服务能否立足于市场，企业能不能形成长久的规模盈利，这些都是此阶段必须面临和考虑的问题。

第三个阶段——扩张期。

扩张期的核心是管理。科学的公司管理机制，会让人随时保持创业的心态，在每一环节中员工在领军人物的引领下愉快地工作。企业能够做成一个产品，并不意味着就可以同时运营两个产品。很多创业者在这个阶段往往会觉得完成下一个产品是顺理成章的事，很多企业做成一个产品后，就失败在多元化上。

第四个阶段——成熟期。

企业度过多元化阶段后，怎样把握住企业的高速可持续成长？这时，单纯地通过产品和产业是不够的，必须对接资本市场，借助企业的品牌影响力、资本实力以及已经获得的核心

资源去展开生态系统建设。

创业者要心怀宏观的概念:创业时间上的掌控,起步期、发展期、扩张期和成熟期四个阶段逐步展开,在各阶段的使命和任务,以及创业的核心窍门。

【引入案例】 第一研究生面馆

遥想当年:成都"第一研究生面馆"开张

自古君子远庖厨。然而,2004年11月24日,成都市西华大学食品科学系6名研究生自筹资金20万元,在成都著名景观——琴台故径边上开起了"六味面馆"。

壮志雄心:5年后开20家连锁店

第一家店还未开张,6位股东已经把目光放到了5年之后,一说到今后的打算,他们6位异口同声地说:"当然是开分店啦!今年先把第一家店搞好,积累经验,再谈发展。我们准备两年内在成都开20家连锁店,到时候跟肯德基、麦当劳较量较量。"

残酷现实:无人管理,草草收场

5个月后,由于面馆长时间处于无人管理和经营欠佳的状况,投资人已准备公开转让。这家当初在成都号称"第一研究生面馆"的餐馆仅仅经营了4个多月,就不得不草草收场。

(以上文字摘编自豆瓣网,2015年1月19日)

❖ **案例分析**:案例中创业者们草草收场的结局应该是必然的,因为整个创业过程中都没有看到对未来发展的合理规划。创业者创业时除了基础设施的建设,并没有去做充足的准备,对自身的发展也没有进行详细的定位及规划。

❖ **思考感悟**:想要创业,首先应该对创业的前景进行规划,其中也包括对自身的规划,明确自己的定位、身份以及目前工作的侧重点,而不是在自己面前勾画一个海市蜃楼,然后就去投入几年的时间盲目创业,这样的结局往往不会太好。

子任务 2.2 树立创业精神

【考核指标】

❖ **理论指标**:
(1)明确创业精神的概念;
(2)认识创业精神的作用;
(3)了解如何培育创业精神。

❖ **实践指标**:查找创业成功案例,分析并学习成功创业者身上的创业精神。

2.2.1 创业精神的内涵

【箴言警句】如果只是为了成功和金钱创业,能接受失败吗?不能。怎样才能接受失败?是因为能坚持,对所做事情的热爱,一种固执的"笨"。在创业中,过程始终比终点更为重要。真正给人带来意义和满足感的是过程,许多人搞反了。——杨致远创业精神是指在创业者的主观世界中，那些具有开创性的思想、观念、个性、意志、作风和品质等。创业精神有五大要素，包括激情、积极性、适应性、领导力和雄心壮志。

无论是创业者，还是企业员工，都要具备创业精神。当我们拥有了奋发向上、积极进取、追求进步、建功立业的精神状态，一定会做到无坚不摧。

那么，创业精神的内涵包括哪些内容呢？

第一，要有改变的心。

这个世界每天都是新的，都在经历日新月异的发展。懂得改变的人，生意会越做越好。有些人不用智能手机，不玩微信，不玩各种社交媒体，就以为自己已经做到了本真，可是在信息接收方面，已经远远落后于周围的人，被时代抛在了后面。这些固守的人，慢慢会感觉自己越来越不好了，已经不知道如何与年轻的一代进行有效的沟通了。创业的路上荆棘丛生，心理挑战随处可见，要随时做出调整和改变。

第二，好奇的心。

好奇心是对世界上所发生的任何事情的追逐和了解，是一种内在的渴望。人类失去了好奇心，就会被时代所抛弃。好奇心是一种愿意做出改变的态度，会使你面向未来时，努力去追寻这个世界的奥秘。不要因为一时的"没必要"，就放弃一种已经产生的行业模式，那样会错过世界的很多精彩。

第三，渴望的心。

人人都渴望成功，但不必去计较成功程度的深浅，因为成功是没有终极定义的，它就是一种心态，让你愿意站在更高的高度看问题，愿意往前走，挑战原有的商业模式，变革和革新自己。玩一玩、试一试的心态是要不得的，拥有一颗渴望成功的心非常重要。

第四，无畏的心。

失败和艰难险阻遍布于创业的道路上，你会遇到各种各样的社会变革、颠覆和创新，如果没有一颗无畏的心是难以成功的。内心的无畏，会让你敢于面对未来，突破局限，打破规矩。别人已经做好的事情，已经无须你去再做。因为没人做过，所以才要你做，不害怕、不恐惧，这是真正的无畏和伟大。

第五，伟大的心。

在创业的路上，如果能做好一件事，你就要去想如何让这件事情帮到更多的人，思考这件事情对社会的良好影响，保持平常心，平常心也就是伟大的心。

【引入案例】 再试一次

有个年轻人去微软公司应聘，而该公司并没有刊登过招聘广告。见总经理疑惑不解，年轻人用不太娴熟的英语解释说自己是碰巧路过这里，就贸然进来了。总经理感觉很新鲜，破例让他一试。面试的结果出人意料，年轻人表现糟糕。他对总经理的解释是事先没有准备，总经理以为他不过是找个托词下台阶，就随口应道："等你准备好了再来试吧。"

一周后，年轻人再次走进微软公司的大门，这次他依然没有成功。但比起第一次，他的表现要好得多。而总经理给他的回答仍然同上次一样："等你准备好了再来试。"就这样，这个年轻人先后5次踏进微软公司的大门，最终被公司录用，成为公司的重点培养对象。

（以上文字摘编自百度文库，2018年9月14日）

❖ **案例分析**：滴水穿石的道理告诉我们，比石头还硬的是水，坚持不懈而已。案例中的年轻人通过自己的不懈努力最终取得成功。

❖ **思考感悟**：无论做什么事情都不容易，尤其是创业更不容易。成大事者，一定要具备正确的创业精神，敢拼才会赢！

2.2.2 创业精神的作用

【箴言警句】创业前，很多困难你都不会认为是困难，当它突然成为你的困难时，很多人会承受不了压力，就放弃了，这样的人一定是不能成功的。——史玉柱

创业精神对个人的进步和社会的发展都具有重要的意义，这种积极的思想观念和精神状态推动着创业。

（1）人类社会的所有文明成果，都是艰苦创业精神的结晶。换句话说，人类社会的发展史就是人类艰苦奋斗的创业史。艰苦创业精神始终伴随着人类社会的发展，在人类改造自然与社会的过程中，它早已沉淀为一种崇高的美德，为人类的物质文明、政治文明、精神文明和生态文明做着巨大的贡献。

（2）中华民族的伟大复兴，充满了艰辛和创造。这个伟大的事业是艰苦创业精神的结晶。艰苦创业精神是人们成就事业必不可少的精神动力和崇高的美德，伟大的事业产生了崇高的精神，崇高的精神推动着伟大的事业。

（3）我们的小康生活水平需要不断巩固和提高，全国各族人民的共同理想需要实现，社会需要倡导艰苦创业精神和开拓创新精神。

【引入案例】**王利芬：中国创业精神的代言人**

说起王利芬，人们就会不自觉地想起《赢在中国》。没错，这个节目太火了，它就像一场激荡心灵的风暴。作为这股风暴的制造者，王利芬不仅成功打造了这个点燃中国创业者激情和梦想的舞台，随后还通过"优米网"，成功地将自己变成了中国创业精神的代言人。王利芬认为做传媒的就是要影响人，做事才是最重要的。

检阅她的职场经历，从大学教师变身为新闻栏目记者，从央视金牌电视栏目的制片人兼主持人转变为和年轻人一同成长的创业人，她从不言悔。在人生的每个十字路口，她都果断地做出正确的选择。

在北大时，王利芬师从中国当代文学泰斗谢冕。1994年，成为央视第一个女博士。她先后在《东方时空》《焦点访谈》《新闻调查》等栏目担任记者，也担任过《经济半小时》《赢在中国》等栏目的总制片。《赢在中国》更是将她推向了事业的顶峰。她觉得活着就该是一个对社会有用的人，她做《对话》和《赢在中国》只是希望大家能明白：我们赶上了一个伟大的时代，每个人都有机会通过努力去改变现实。

当初做《赢在中国》的时候，王利芬看到过许多成功与失败的例子。她如何利用这些感悟，让自己的创业更成功呢？

她说："当一个人在做一件自己想做的事情时，他会调动自己所有的智慧，许多时候他还会嫁接智慧。而这个过程是让你深入了解社会、感悟人性、释放潜能的过程。不和人共事，永远也无法真正了解人；不做成一件事，永远也不知道做事情的艰辛。做事，才是一个让人

一点一点变得优秀的过程。"

（以上文字摘编自 360 个人图书馆，2012 年 1 月 17 日）

❖ **案例分析**：王利芬作为中国创业精神的代言人，她的事业是成功的，激励着无数创业者在创业的道路上勇往直前。

❖ **思考感悟**：创业的过程必然充满艰难和险阻，从事具有挑战性的工作，没有执着的追求精神是不行的。激情和热情是创业者最好的伙伴，无论出现多少障碍，他们都不会停下创业的脚步。因此，没有绝对的执着，创业是不会成功的。王志东说，财富是猫的尾巴，只要勇往直前，财富就会悄悄跟在后面。

2.2.3　创业精神的培育

【箴言警句】年轻创业者不要只想不做，一定要实践。还要有不怕失败、承受压力的胸怀。——高元坤

在强大的就业压力下，自主创业被越来越多的大学生所接受，这已经逐渐成为一种潮流和趋势。那么，怎样培养大学生的创业精神呢？

"追求超越现有资源控制下的机会的行为"是哈佛大学商学院对"创业精神"的定义，创业精神不是一个特别的经济现象或个人的特质表现，而是一个过程，它包括发现机会和调度资源去开发机会。其实创新精神中也包含着创新行为。

对于创业，人们的理解和追求大多是经历实践训练后从正确途径中获得的。因为优良的精神品质是创业的前提和条件，所以对大学生创业精神的培养，以及创建良好的氛围，对大学生创业都会起到积极的作用。

培养大学生创业精神有以下基本途径：

（1）开展创业思想教育课程。有人曾经说过，理想是需要的，是我们前进的方向。现实有理想的指导才有前途；反过来，也必须从现实的努力奋斗中才能实现理想。有远大的目标才会有动力，有理想的人才会有更高的追求。在大学生的创业阶段，创业目标就是当前阶段的人生目标，也就是他们当前阶段的人生理想。通过对大学生进行理想教育，能更好地端正他们的创业目标，以免他们在商海中迷失自己，做出错误的行为，阻碍创业的成功。

开展创业教育的目的是让大学生更好地树立创业理想，增强创业意识，使他们在创业中获得乐趣和成就感。

大学期间，创业思想教育能帮助更多的大学生端正创业态度，明确创业目的和意义，自觉地树立正确的人生观和价值观，进而能积极主动地投身到创业实践中去。也可以利用创业典型教育，激发他们的创业欲望和动力，使大学生有目标可寻，有理想可追。

（2）建设有利于创业的环境。学校要大力利用各种宣传工具，对创业的意义、创业的经验、创业的精神、成功创业的典型进行宣传，在校园内形成良好的校园舆论氛围，引导大学生积极投身创业。鼓励他们创新，鼓励他们开拓进取，鼓励他们团结合作，宽容他们创业中的失败，让校园成为大学生创业的乐园。

（3）树立创业榜样进行引导。英国人认为："一个好的榜样，就是最好的宣传。""好人的榜样是看得见的哲理。"榜样的力量是无穷的。古往今来，成功的创业行为就是一笔不可多得的财富。后人能从创业成功者的身上学到自信、经验、不足，甚至探索精神，进而乐于

独立思考，在创新中谋求发展和创业成就感。创业者都具有一个共性的特征：做事专注、不怕挫折、意志坚定、情绪平稳、敢想敢拼。当大学生从他们身上感知并学习到这些共性特征时，其实就是做好了创业的打算，可以开始创业了。

学习的榜样有很多，可以借鉴历史人物，也可以在现实生活中寻找创业榜样，翻阅以往创业成功的案例，边学习边总结，边总结边实践。如果教师曾经有过创业成功的经历，更应该作为榜样对大学生起示范的作用，让学生们耳濡目染，时时接受创业精神的熏陶，带给学生启示和感染。

（4）提供创业实践锻炼的机会。任何创业精神品质的形成，都重在创业实践训练。只有在实践中，才能总结经验，或者获取成功的喜悦。也只有在实践中，才能磨炼出坚毅的创业品质，从而在以后的创业中取得更大的成功。

那么，学校要给大学生提供哪些创业的机会呢？

首先，学校需要构建创业园、创业见习基地、创业实习基地等创业实践基地，为广大学生提供创业实践的便利和机会，实现产、学、研一体化。其次，需要社会的参与，社会要提供更多诸如勤工俭学岗位、社区服务岗位等创业岗位供大学生选择，让他们在创业实践这个大熔炉中磨炼自己。最后，大学生需要主动参与创业实践，小到进行各种商品推销，大到自己开店，认识和熟悉各行各业的特点，从自身出发积累经验，减少盲目、盲从性。要在创业实践中，找寻与自己相匹配的创业机会去大展宏图。

（5）创业心理指导。心理指导是指在专门人员的指导下，参与者自己练习、实践、锻炼的方法，实质上是一种特殊的教育过程。

在校期间，对当代大学生进行必要的创业心理指导非常重要。学校开设心理课程，同时开展心理咨询活动，让大学生进行自我修养指导。只有他们把心理知识转化为心理品质应用到创业中去，才能更好地实现创业活动。

总之，创业精神的培养是一个系统的工程，需要全社会的参与和关注。它是个体与商机有机结合的催化剂，也是民族精神的一部分，这方面的培养和传承，弥补了传统教育带来的弊端。

【引入案例】中国合伙人

2013年上映的《中国合伙人》是中国第一部以讲述创业为题材的大片。该片以新东方"三驾马车"俞敏洪、徐小平、王强为原型，围绕主人公"土鳖"成东青和他的两位合伙人"海龟"孟晓骏及"愤青"王阳的工作生活展开，讲述了中国大学生白手起家自主创业的故事。

成东青（黄晓明饰），农村出身，两次高考落败，眼看就要屈服于当农民的命运，他最后一搏，搏命背下整本英文字典，从明眸变成近视眼，第三次高考，考上燕京大学。孟晓骏（邓超饰），精英知识分子，强烈自信，内心认定自己永远是最优秀的那个。王阳（佟大为饰），20世纪80年代的浪漫派，样子俊朗，热爱文学，一生梦想是当个诗人。这样三个各走极端的人，居然就在燕京大学碰上，戏剧性地建立友谊。三人跟20世纪80年代莘莘学子一样，都怀抱着一个"美国梦"。申请签证的结果是：两个成功，一个被拒。"土鳖"成东青延续失败的命运，眼看两个好友出国圆梦，他失望透顶，只有留在燕京大学任教，却又因在外私自授课，被校方发现，央求悔罪仍被除名，毫无余地地成为一个真正"失败者"。

美国那边，孟晓骏正要一展抱负，却未料堂堂燕京大学高才生，在美国根本找不着工作，落得在餐馆当侍应助理的命运；王阳签证成功，却因一个一见钟情的美国女孩而放弃出国，贯彻其浪漫派个性；成东青一无所有，只有偷偷在肯德基办补习班，其独特的自嘲教学法，却渐渐吸引不少学生。这是命运的安排，他从没想过，被拒签这个人生最失败的挫折，亦是成就他人生中最成功的契机。成东青请王阳加入一起办补习班，成东青没忘孟晓骏，让他回国强势加盟，正式开办"新梦想"学校。三人凭借个人魅力，包括成东青的自嘲式幽默教学法，孟晓骏的美国经验和签证技巧，以及王阳的创新电影教学，让新梦想空前成功。

新梦想再扩规模，成东青被媒体和青年塑造成为留学教父，不由自主地散发着一股从"土鳖"蜕变成领导者的光芒，让孟晓骏看不过去，二人渐渐貌合神离，王阳左右做人难。孟晓骏远走沈阳，三人的友情面临重重考验。然而大时代一幕又一幕的挑战，包括1999年中国驻南斯拉夫大使馆被北约军机轰炸，还有 ETS 美国普林斯出版社控告新梦想侵犯版权，又把三人再次凝聚起来，共同面对新梦想的困境。

（以上文字摘编自百度文库，2013 年 5 月 21 日）

❖ **案例分析**：《中国合伙人》讲的是三个年轻人的创业故事，他们最终实现了"中国式梦想"。即便再多的波折，也无法阻止梦想的脚步，梦想给了他们共同面对困境的勇气和力量。

❖ **思考感悟**：从创业意义上讲，这不只是一部电影，更多的是在激励现在的年轻人培养创业精神，在自主创业的道路上，找到属于自己的新天地。

子任务 2.3 把握创业时机与途径

【考核指标】

❖ **理论指标**：
(1) 明确大学生创业的时机；
(2) 了解大学生创业的途径。

❖ **实践指标**：通过学习和训练能够捕捉创业机会，进行市场调研。

2.3.1 大学生创业的时机

【箴言警句】当一个新生事物出现，只有 5%的人知道时赶紧做，这就是机会，做早就是先机；当有 50%的人知道时，你做个消费者就行了；当超过 50%时，你看都不用去看了。

——李嘉诚

这是一个充满机遇的时代，大学生要去创业，怎样把握时机显得尤为重要。罗曼·罗兰认为："如果有人错过机会，多半不是机会没有到来，而是因为等待机会者没有看见机会到来，而且机会过来时，没有一伸手就抓住它。"大学生对创业的选择不尽相同，按时间的先后大致有如下三种：

(1) 大学生在校创业。在校创业是指边读书边创业的活动，这种活动类似勤工俭学。他们在校期间就创办或持有自己的股份公司，他们领导更多的学生参与到勤工俭学的大潮中去，并且起到了榜样的作用。

很多高校也为大学生创业提供了帮助，允许大学生创业者开办个体餐馆、快递服务部、家教服务等力所能及的创业方式，这些经营实体满足了大学生边读书边经营的实际情况。高校还为大学生提供能够施展他们各自才能及创业知识与技能的创业园，让更多的大学生尝试创业实践活动。

（2）大学生毕业即创业。大学生毕业面临的最大问题就是就业，也有一部分大学生毕业之后，已经具备了自主创业的条件，因而选择自己创立公司，或者开办企业。

大学生就业难是当前大部分学生毕业就要面临的实际问题，想要找到一个适合自己的工作岗位并不容易。因此，很多大学生毕业后会选择创业，自己给自己当老板，以谋求自身价值得到更好发展。

现阶段，大学生自主创业也是社会积极倡导的一种职业选择方式。严峻的就业压力，促使很多大学毕业生走上了自主创业之路。

政府为自主创业的大学生提供了多项优惠政策：提供小额担保贷款，按规定享受贴息扶持；免收行政事业性收费；工商税务部门简化大学生创业审批手续；自主创业的大学毕业生，其人事关系、户籍关系可以存放在政府人事部门所属的人才服务机构。这些优惠政策，为大学生毕业即创业保驾护航。

（3）大学生就业后再创业。大部分大学生毕业后选择了就业，在就业的过程中，他们积累了经验，学到了技术，也储备好了创业的资金，当条件成熟时再去创业，大大提高了创业的成功率。

据统计，中国大学生创业的比例低于毕业生总数的1%，成功率更低，只占其中的2%～3%。相比较而言，就业后再创业的成功率要高一些。所以，就业后储备好一定的能力再进行创业的方式得到许多业界成功人士的肯定。

就业再创业的大学生，如果准备创业，可能要从以下几个方面入手：选择熟悉的行业进行创业；选择合伙组团式的创业机会；可发掘自身特色开拓创业。

总之，从自身条件出发，寻找适合自己的创业机会，把握时机，总会找到一条属于自己的创业之路。

【引入案例】 李研珠：认识自己

买好车创始人李研珠是一个颇为传奇的人物：他曾供职于热水器公司——A.O.史密斯，完成了从学生到职场人的转变；后来进入淘宝，又同陈琪创办蘑菇街，发现自己热爱的工作是品牌营销；后来又将自己热爱的汽车行业践行到底，成立了买好车。

李研珠说，这是一个好的时间点，大学生在学校期间就开始考虑创业，这也是一个好像不辍学就不洋气的时代，但大学生要对自己形成正确的认知。如果不是天赋很高，就要找到自己擅长的东西，踏踏实实地积累知识和经验，等时机成熟再出来创业，在自己喜欢的领域里面做自己喜欢的事情，这样成功的概率会更高。

（以上文字摘编自搜狐网，2015年10月21日）

❖ **案例分析**：李研珠的创业理念告诉我们，人是需要正确认识自己的，机会总会留给有准备的人，机遇没有出现前要踏踏实实地积累知识和经验，这样，时机成熟时就能直接创业了。

❖ **思考感悟**：对自我的认知，一直是个很特殊的话题，很少有人能做到真正认识自己，把控好自己的兴趣，并把兴趣当成乐趣应用到创业中去，享受创业的过程。虽然政策方面的扶植有利于大学生创业，但市场的残酷性时时存在，竞争对手不会为任何人的创业失误买单。因此，只有保持清醒的头脑，才能减少创业中的失败。

2.3.2 大学生创业的途径

【箴言警句】有信心大家不一定能赢，但是没有信心一定是输；有行动不一定能成功，没有行动肯定是失败。——牛根生

大学生就业压力大，这已经是个备受社会关注的问题。大学生创业人群作为大学生就业人群中的重要部分，他们的发展途径更是社会的焦点。

大学生创业主要包括以下五个途径：

（1）课堂、图书馆和社团。课堂、图书馆和社团都是大学生为创业学习打基础的重要场所，在这里创业者可以掌握更多的专业知识和对创业市场的认识，以及在活动中锻炼出各种综合能力，而这些在实践中积累出来的经验和能力会对以后的创业产生良性的影响，也会让创业者受用一生。

（2）与商界人士交流。市场经济大潮中，种类繁多的商业活动遍布日常生活，或者你生活的圈子里有创业成功的亲人、朋友，多与之沟通、交流他们的创业经历，从他们身上，你一定能学到很多对自己创业有益的经验和技能，那些实战经验是无法从书本中获得的。如果你能与商界成功人士建立联系，得到他们的指点，或者能够找到与你创业相关的商业团体去咨询你的创业梦想，相信你离成功就更近了一步。

（3）曲线创业。大学生毕业后，一般都会采用先就业的方式进入职场。毕业初期，大学生掌握的基本知识大都来源于书本，各方面阅历和经验都存在不足，能够进入实体单位工作一段时间，可从工作实践中寻找自己创业的目标和方式，寻求创业机遇。不可急功近利，可在积累必要的知识和足够的经验后再去创业。

（4）媒体资讯。网络媒体类，建议通过中华创业网、中华英才网等创业型网站获得媒体资讯；纸质媒体类，建议通过专业的《IT经理世界》《21世纪经济报道》《21世纪人才报》等获取媒体资讯；还可以从当地的大学生科技园、留学生创业园、大学科技信息中心、知名的民营企业网站、创新服务中心、创业中心等学习知识、寻找机遇进行创业。

（5）创业实践。很多大学都会组织创业大赛、工业设计大赛等活动，能使大学生以模拟的方式尽早进入创业氛围中的角色、情境里。从知名企业家那里获得很多经营案例，并从他们的创业经历中汲取营养，进行研究和总结，他们给出的指导，能更好地培养大学生的创业实践经验。也有的大学生创业实践出自个人最初的创业意识，在实践中学到的创业知识能更好地被应用到真正的创业中去。除此之外，大学生也可以直接进入职场，利用课余时间兼职、实习，可以去试办公司、试申请专利、试办著作权登记、试办商标申请，也可以谋划书刊出版、创建电子商务网站、举办创意项目活动等。

创业知识无处不在，只要愿意学习，善于总结经验，总能找到大展拳脚的机会。

【引入案例】大四学生吴少武的物流创业梦

2011年12月,身边的同学都忙于参加各种招聘会、面试笔试,华南理工大学会计学专业的大四本科生吴少武却忙于招揽英才。毕业在即,决定自己创业当老板的他,一直在张罗着公司开张的事情。作为华南理工大学创业教育学院的第一批学生,当身边的同学还在忙碌着四处投简历找工作的时候,他已是一家物流公司的经理。

一次课堂作业引发的创业故事

吴少武的创业故事源于大二那年的一次课堂作业。统计课的一次作业,大多数人都选择简单准备、草草了事,吴少武却一本正经地跟几个同学组成小团队,发起了一项题为"大学生的恋爱经济"的调研。他们在同学中间发放了200多份问卷,调研态度极为认真严肃,每天见到其他同学,一张口就是:"问卷做了没有?邀请你的同学参加了没有?"不厌其烦。课堂答辩的时候,吴少武没有选择穿便装,而是要求整个项目组都穿西装。"穿西装首先体现了我们对这个项目的重视,而且也考虑到了台下有校外专家,我们希望能有机会全面展示一下自己。"

吴少武没有想到,他人生中的第一个老板此时就在台下。作为拓宽学生视野、提升学生实践能力的一种方式,学院采取了专业课邀请校外专家或者业界人士来一同参与的教学模式。广州市好来运速递服务有限公司老总韦俊荣作为业界人士参与了这堂课,由此注意到了吴少武。"这个小伙子很认真,很有想法,能把恋爱中的大学生潜在的消费导向和消费习惯做这么深入的调研和分析,对于一个刚读大二的孩子来说,有前途。"课后,韦俊荣邀请吴少武和他的团队成员为企业做咨询,为企业解决管理上的一些难题。一来二去,两人成了忘年交。

大三暑假来临之前,吴少武接到了韦俊荣的电话:"有没有兴趣在学校代理一下毕业生的包裹业务?"他接下了这个挑战。

(以上文字摘编自中国在线,2011年12月30日)

❖ **案例分析**:吴少武之所以被韦俊荣注意到,是因为他对课业的认真和独到的想法,从而开启了两人之间的忘年交,这为以后吴少武的创业提供了很好的机会。

❖ **思考感悟**:客观地说,在校大学生可利用的创业资源很少,因此要积极参加学校举办的各种创业交流论坛活动。这样的活动,会让大学生从中获得很多有效的创业信息,更能促进同学之间互相交流。有时还有结识成功创业者的机会,分享他们的创业经历和经验。一份很好的实习和创业机会正在等着你,前提是你得把自己锤炼成一块"金子"。

实践训练

【**实践训练**】创业过程充满了诱惑,但并非每个人都适合走这条路。假如你正想着自己"单挑",不妨做做下面的创业试题的测试。

【**训练要求**】评分标准:答"是"得1分,答"否"不得分。统计所有分数。

当然,这个测试结果只提供参考,因为决定一个人能否创业成功会受到很多因素的制约。请根据你的实际情况选择最符合你的描述。

（1）是否曾经为了某个理想而设下 2 年以上的长期计划，并且按计划进行直至完成？
（2）在学校和家庭生活中，你是否在没有师长和亲友的督促下，自己完成分派的任务？
（3）你是否喜欢独自完成工作，并做得很好？
（4）当你与朋友在一起时，你的朋友是否常寻求你的指导和意见？你是否曾被推举为领导者？
（5）在你以往的经历里，有没有赚钱的经验？你喜欢储蓄吗？
（6）你是否能够连续 10 个小时以上专注做自己感兴趣的事？
（7）你是否习惯保存重要资料，并且井井有条地整理，以备需要时可以随意提取查阅？
（8）在平时生活中，你是否热衷于社会服务工作？你关心别人的需要吗？
（9）你是否喜欢音乐、艺术、体育及其他各种活动？
（10）在此之前，你是否带动其他人员，完成过一项由你领导的大型活动或任务？
（11）喜欢在竞争中生存吗？
（12）当在别人的管理下工作时，发现其管理方法不当，你是否会想出适当的管理方式并建议改进？
（13）当你需要别人的帮助时，是否能充满自信地提出要求，并且能说服别人来帮你？
（14）在你筹款或者义卖时是不是充满自信而不害羞？
（15）当你要完成一项重要工作时，是否总给自己留出足够的时间仔细完成，而决不让时间虚度？
（16）参加重要聚会时，你是否准时赴约？
（17）你是否有能力安排一个恰当的环境，使你在工作过程中不受干扰，有效地专心工作？
（18）你交往的朋友中，是否有许多有成就、有智慧、有眼光、有远见、老成稳重型的人？
（19）你在学校或团体中被认为是受欢迎的人吗？
（20）你自认为是理财高手吗？
（21）你是否可以为了赚钱而牺牲自己的娱乐？
（22）你是否总是独自挑起责任的担子，彻底了解工作目标并认真地执行工作呢？
（23）在工作中，你是否有足够的信心和耐心？
（24）你能否在很短的时间内结交许多新朋友？

【结果分析】

6~10 分：目前不适合创业，应当训练自己为别人工作，并学习相关技术和专业。

11~15 分：需要在别人指导下去创业，才会有成功的机会。

16~20 分：适合自己创业，但必须在所有答"否"的问题中分析出自己的问题并加以纠正、改进。

21~24 分：非常适合创业，你可以从小事业开始，并从实践中获得经验，成为成功的创业者，具备无限潜能。你只要把握住时机，可能会成为未来的商业巨子。

课后习题

一、单项选择题

1. 创业是开发新产品、提供新服务等新事业的（　　）过程。
   A．顺应时代　　　　B．实践活动　　　　C．财富积累　　　　D．价值追求
2. 创业者应有（　　），以使创业实践更加符合客观实际。
   A．创业兴趣　　　　　　　　　　　　　B．自知之明
   C．一定的成长经历　　　　　　　　　　D．较高的文化层次
3. 用于创业者调适心态的基本方法是（　　）。
   A．树立信心　　　　B．建立价值目标　　C．树立信念　　　　D．学会放松
4. 没有（　　）的作用，创业能力纵向结构各层次就不可能形成和发挥作用。
   A．观察力　　　　　B．注意力　　　　　C．智力活动　　　　D．创业力

二、判断题

1. 创业过程是先有创业团队才有创业机会。（　　）
2. 想创业，首先要参与创业，才能主导创业。（　　）
3. 创业的基本要素包括创业者及其创业团队、创业机会和创业资源。（　　）
4. 学习创业的目的是：宜就业就业，宜创业创业。（　　）
5. 成功的创业活动就是把创业机会、创业团队和创业资源达到最佳配置的过程。（　　）

三、简答题

1. 请简要叙述创业的要素与类型。
2. 请简要叙述如何培养大学生的创业精神。
3. 请简要叙述大学生创业的主要途径。

延伸阅读　创业投资护航"独角兽"

独角兽是神话传说中一种象征吉祥的虚构生物，形如白马，额前有一个螺旋角，角有解毒功能。因此，独角兽极其珍贵。

独角兽企业是投资行业尤其是风险投资业的术语，通常指那些创办时间相对较短、估值超过 10 亿美元的创新创业公司。这个词最初是美国牛仔风投（Cowboy Ventures）的创始人兼风险投资家李艾琳（Aileen Lee）在 2013 年提出的。

除了估值 10 亿美元以上这个入门级标准，独角兽企业还有其他一些衡量标准。首先，独角兽企业带来的产品或服务在最初出现的时候，人们往往觉得难以置信，但当人们习惯后，又会觉得不可或缺；其次，独角兽企业往往能深刻改变人们的生产和生活方式；此外，独角兽企业能产生巨大的经济影响。独角兽企业普遍属于新经济领域，是一个国家创新能力提升和增长动力转换的重要力量。

独角兽企业作为创业创新公司，创始人一般都有很出色的技术专长，但在企业从诞生到发育再到成熟的过程中，会面临很多不确定性：管理层可能缺乏运营经验，商业模式创新的

持久性还有待时间检验，新技术能否在短期内转化为实际产品或服务并为市场所接受也面临变数，盈利模式难以短期内找到。这些不确定性导致独角兽企业向传统的金融机构借贷较难，这时候，创业投资的出现就很有必要了。

创业投资主要是指向初创企业提供资金支持并取得该公司股份的一种融资方式，并不以经营被投资公司为目的，仅是提供资金及专业上的知识与经验，以协助被投资公司获取更大利润为目的。根据被投项目所处的阶段不同，创业投资一般分为三类：Angel Investment（天使投资）针对的是种子期企业，是对具有专门技术或独特概念的原创项目或小型初创企业进行的前期投资；Venture Capital（风险投资，简称 VC）针对的是早期或成长期企业；Private Equity（私募股权投资，简称 PE）针对的是成熟期企业，是指私募基金对非上市公司进行的权益性投资。从投资金额来看，Angel Investment 一般在 500 万元以下，VC 则是千万元量级，PE 则是资金加上产业背景、资源的复合型供给。

（以上文字摘编自《人民日报》，2018 年 06 月 04 日 17 版）

❖ **思考与讨论**：筹集创业资金，是创业者必须解决的一个重要问题。简要叙述创业的过程与阶段。

任务 3　开启创新创业思维

【要点总括】

❖ **思政要点**：通过创新创业思维的知识导入，把握创新创业时代特征，树立正确的创新创业价值观，将创新创业与社会发展和个人发展融会贯通。

❖ **理论要点**：
（1）创新思维的内涵、种类与模式；
（2）创业思维的内涵与类型；
（3）迎接创新创业的伟大时代。

❖ **技能要点**：
（1）学会发现问题、解决问题并能够实现价值的方法；
（2）学习掌握运用创新思维、精益创业的理念和方法，提升面对未来的不确定性、创建自己的事业并争取事业成功的能力。

【引入案例】哈尔滨啤酒 Ultra 嘻哈音乐节【直播+电商】

Ultra Music Festival（简称 UMF）是世界上规模最大的电子音乐节之一，每年春天在美国佛罗里达州迈阿密举办。UMF 是全球狂欢派对的标杆，是独一无二的顶尖节奏狂欢，是绝佳的听觉、视觉全感官零距离体验。

2014 年首次登陆亚洲，第一站在东京，门票又是一如既往地销售一空。终于 2017 年首次正式入驻中国，门票疯抢的火爆势头刷新国内音乐节售票纪录。2017 年中国站毫无疑问用最强大的加盟阵容，完美诠释 Ultra 国际规模的顶尖操作，让全球最现代的全明星音乐派对在中国 100%还原。

而由 2017 Ultra China 联手唯一啤酒赞助品牌哈尔滨啤酒重磅呈现的 Ultra Park Stage，

会聚国内外最具潜力和实力的嘻哈音乐人，红花会、VAVA、Tizzy T 上演一场顶尖节奏狂欢。

此次 Ultra Park Stage 在熊猫直播平台直播两天，最高在线观看人数突破 90 万，没有抢到票无法到现场的观众全靠直播云蹦迪、云嘻哈，却发现原来直播还能这么"玩"！Video++ 全程直播互动助力，花式互动功能升级直播体验。

在哈尔滨啤酒冠名的 Ultra 嘻哈舞台直播中投放趣味投票互动"哈啤 4 进 1，你会选择谁？"，投票互动参与率最高达到 13%，真正的直播互动利器，与用户的强互动增加了用户活跃度与黏性。

直播中实时发送红包福利，点击可以领取"福利券"，免用户登录屏内可直接完成领取，并且可在哈尔滨啤酒天猫旗舰店直接使用，福利红包互动 PC 端互动率高达 10%。

而移动端直播间下方上线边看边买功能，用户直接在屏内点击完成选品—下单—支付，不需要跳转外链接，在 App 内完成一整套流程。不跳出外链，在屏内完成加购可以带动更多互动消费，丰富互动场景。

最有趣的是以趣味扭蛋机的形式吸引观众点击屏幕参与抽奖，让用户充分参与到直播过程中，实时看到结果。蹦迪怎能少了啤酒？幸运儿们都抽到了一箱哈啤电竞定制款啤酒。

当用户慢慢习惯直播，这也恰恰带来了一个新的契机，直播将作为底层基础设施与各行各业结合。作为直播平台如果想要抵抗住新一轮的洗牌，更应该做的是——尝试新的互动变现模式。

（以上文字摘编自搜狐网，2018 年 1 月 5 日）

❖ **案例分析**：在这个日新月异的年代，大家都在寻找新的方式开拓市场，无论是渠道、平台还是品牌，更注重的是用户的体验和转化。

❖ **延伸问题**：很多时候，换个思维去解决问题，成功的可能性会随之增大。问题又来了，如何建立和培养创新创业思维呢？

子任务 3.1　建立创新思维

【考核指标】

❖ **理论指标**：
（1）熟知创新思维的概念和作用；
（2）了解创新思维的种类；
（3）熟悉创新思维的模式。

❖ **实践指标**：能够利用创新思维和方法提出问题、解决问题并在实施过程中不断修正完善。

3.1.1　创新思维的内涵

【箴言警句】一个人想做点事业，非得走自己的路。要开创新路子，最关键的是你会不会自己提出问题，能正确地提出问题就是迈开了创新的第一步。——李政道

创新作为一种动力，推动了民族进步、社会发展、企业升级。想要创新，就要有创新思维。那么，什么是创新思维呢？

创新思维是指打破固有的思维模式，在陈旧的思维方式基础上，运用跨领域或可行的思维方式进行新的思考，并得出富有创造性的、指导性的意见或具体实施方案。

创新思维有以下作用：

（1）创新思维可以为实践开辟新的局面。创新思维具有独创性与风险性，那么它的探索和创新精神就显而易见了，在这种精神引导下，人们对现状的不满，对知识和经验的渴求，对更深层次探索客观世界中未被认知的本质和规律的向往，促使人们去进行大量开拓性的实践活动，去开辟人类实践活动的新领域。中国特色社会主义理论来源于中国共产党人的创新思维，当今中国的繁荣和富强，正是在这一创新思维指导下取得的伟大成就。反之则不然，如果人类只关注已有的知识和经验，人类的实践活动就有可能停滞不前。

（2）创新思维可以不断地提高人类的认识能力。想要提高认识能力，就离不开创新思维。创新思维是一种高超的艺术，其中所涵盖的内在内容无法模仿，这里所说的内在内容就是创新思维能力。这种能力要依赖于对历史、现状的了解和敏锐的观察、分析能力，以及知识的积累和知识面的拓展。人们要通过创新思维过程锻炼自己的思维能力，在这一过程中，不断探索崭新的思维方法、思考角度，用正确的途径去观察问题、分析问题、解决问题，提高人类自身的能力。

（3）创新思维是未来人类的主要活动方式和内容。工业革命曾经试图把人从体力劳动中解放出来，事实上并没有完全成功。新技术革命后，部分地将人从机械劳动和机器中解脱出来，实现了自动化。人工智能技术得到推广和应用之后，又把一些人从简单脑力劳动中解放出来，去开展其他创新思维活动。在未来人类的活动方式和内容上，创新思维将把人类文明推向新的高度。

（4）创新思维能不断地增加人类知识的总量，不断推进人类认识世界的水平。创新思维是面向未来的未知领域，不断拓展人们的认识范围，变未知为已知。科学上的任何发现和创造，都为人类储备更多的知识总量，创造条件让人类由"必然王国"进入"自由王国"。

【引入案例】 夫妻老店

在日本东京有一家专卖手帕的"夫妻老店"，由于超级市场的手帕品种多、花色新，他们无法与之竞争，生意日趋清淡。一天丈夫坐在小店里漠然地注视着过往行人，忽然灵感飞来，"手帕上可以印花、印鸟、印水，为什么不能印上导游图呢？一物二用，一定会受游客们的青睐！"于是，这对老夫妻立即向厂家定制一批印有东京交通图及有关风景区导游图的手帕，并且广为宣传。这个点子果然灵验，销路大开。

（以上文字摘编自百度文库，2020年1月7日）

❖ **案例分析**：在手帕上印花、印鸟、印水，基本上没有新的市场前景。"丈夫"跳出框架中的传统审美模式，改印导游图，增加了手帕的实用价值和保存纪念价值。游客被新奇感吸引，购买欲大增。

❖ **思考感悟**：21世纪，大脑的思维能力已成为最核心的竞争力，要用新角度、新思考去解决现实问题。

3.1.2 创新思维的种类

【箴言警句】独创常常在于发现两个或两个以上研究对象或设想之间的联系或相似之点。

——贝弗里奇

创新思维直接突破了现实感性材料的束缚，在不确定中发挥人们的积极性，进行创新性探索。

创新思维有八个基本类型。

（1）延伸式思维：就是借助已有的知识，沿袭他人、前人的思维逻辑去探求未知的知识，将认识向前推移，从而丰富和完善原有知识体系的思维方式。

（2）联想式思维：就是将所观察到的某种现象与自己所要研究的对象加以联想思考，从而获得新知识的思维方式。

（3）运用式思维：就是运用普遍性原理研究具体事物的本质和规律，从而获得新的认识的思维形式。

（4）扩展式思维：就是将研究的对象范围加以拓展，从而获取新知识，使认识扩展的思维方式。

（5）幻想式思维：是指人们对在现有理论和物质条件下不可能成立的某些事实或结论进行幻想，从而推动人们获取新的认识的思维方式。

（6）逆向式思维：就是将原有结论或思维方式予以否定，而运用新的思维方式进行探究，从而获得新的认识的思维方式。

（7）综合式思维：就是在对事物的认识过程中，将上述几种思维形式中的某几种加以综合运用，从而获取新知识的思维方式。

（8）奇异式思维：就是对事物超越常规地进行思考，从而获得新知识的思维方式。

【引入案例】 太阳锅巴的诞生

一次偶然的机会，时任西安宝石轴承厂厂长的李照森陪客人到饭店进餐，发现人们对一道用锅巴做原料的菜肴极感兴趣，于是引发了以下联想："锅巴能做菜肴，为什么不能成为一种小食品呢？""美国的土豆片能风靡全球，作为烹饪大国的中国，为什么不能创出锅巴小吃打出国门呢？"接着就是试制、成功、投产、走俏。之后，联想进一步展开，既然搞成了大米锅巴，当然还可以用其他原料制作别样风味的锅巴。一时间，小米锅巴、五香锅巴、牛肉锅巴、麻辣锅巴、孜然锅巴、海味锅巴、黑米锅巴、果味锅巴、西式锅巴、乳酸锅巴、咖喱锅巴、玉米锅巴等不一而足、琳琅满目。既然锅巴畅销，那么类似于锅巴特征的食品也相继开发问世，如虾条、奶宝、麦圈、菠萝豆、营养箕子豆等，这些风味多样的新产品使小食品市场五彩缤纷，也为厂家创造了良好的经济效益。

（以上文字摘编自百度文库，2020年5月26日）

❖ **案例分析**：李照森运用相似联想创新思维，以锅巴为起点，联想到系列锅巴食品。风味多样的新产品投入市场后，不仅畅销全国，还在世界市场占有了一席之地。

❖ **思考感悟**：21世纪是创新的时代，无论国家、企业还是个人，都迫切需要掌握创新思维，去解决新问题、面对新竞争。

3.1.3 创新思维的模式

【箴言警句】同是不满于现状，但打破现状的手段却不同：一是革新，一是复古。

——鲁迅

人的行为、语言、选择都是由思维方式决定的。读书增加了知识储备量，大多数的人也只停留在"知道"的层面上，而无法把"知识"真正做到为自己所用。思维就是一把金钥匙，承载着知识的"系统"，把人从固定的思维模式中脱离出来，不断更新思考模式，运用知识完成能力升级。

那么，常见的创新思维模式有哪些呢？

（1）灵感思维与理想思维。它们都是在长时间苦思冥想中不得其解，无意之中受到某种信息或梦境的刺激而茅塞顿开，使问题迎刃而解，实现认识上的飞跃和创新的发生。

（2）阐明思维与综合思维。在研究科学现象和事物时，人们往往用定性阐明、定量阐明、因果阐明、布局阐明、较量阐明、分类阐明和统计阐明等方式，通过组合、融合、整合，使创新变得更容易。

（3）逻辑思维与形象思维。逻辑思维，又称为理论思维，是人们在认识过程中借助于概念、判断、推理等思维形式能动地反映客观现实的理性认识过程，是思维的一种高级形式。形象思维是用直观形象和表象解决问题的思维，指的是一般性的认识过程，其中更多用到理性的理解，而不多用感受或体验。

（4）发散思维和收敛思维。发散思维，又叫求异思维，是一种从差异偏向、差异途径和差异角度进行展开式思考的要领，是对同一个问题探求差异的思维进程，这种思维具有标新立异的特征。收敛思维，也叫聚合思维、求同思维、辐集思维、集中思维，是指在解决问题的过程中，尽可能利用已有的知识和经验，把众多的信息和解题的可能性逐步引导到条理化的逻辑序列中去，最终得出一个合乎逻辑规范的结论。

（5）顺向思维和逆向思维。顺向思维，是指人们按照传统的从上到下、从小到大、从左到右、从前到后、从低到高等常规的序列方向进行思考的方法，这是一种常规的、传统的思维方法。逆向思维，也称求异思维，它是对司空见惯的似乎已成定论的事物或观点反过来思考的一种思维方式。

【引入案例】 不同的思维方式

两个推销人员到一个岛屿上去推销鞋。

第一个推销员上岛之后，发现这个岛上每个人都光着脚，他很生气，也很气馁，心想：没有人穿鞋，怎么推销鞋？于是他马上发电报回去：鞋先不用运过来了，这个岛上没有人穿鞋，鞋根本没有销路。这是第一个推销员的思维方式。

第二个推销员来了。看到岛上没有人穿鞋，他高兴得不得了，心想：这个岛屿上鞋的销售市场太大了，每一个人都不穿鞋，要是一人买一双鞋，那要卖出去多少双鞋？于是他马上发电报：快把鞋都空运过来，这个岛上没有人穿鞋，市场很大。这是第二个推销员的思维方式。

（以上文字摘编自搜狐网，2017年2月7日）

❖ **案例分析**：第一个推销员用逻辑思考模式推断出——鞋在岛上没有销路，鞋一定卖不出去。第二个推销员用非逻辑思维模式判断——岛上没有人穿鞋，卖鞋大有市场。结果，第二个推销员成功了。

❖ **思考感悟**：不同的思维方式产生不同的解决方案，单一的思考不能解决问题，加上开创性的优势思考，合理把握竞争优势，才能打胜仗。

子任务 3.2　培养创业思维

【考核指标】

❖ **理论指标**：
（1）掌握创业思维的概念；
（2）了解创业思维的类型。

❖ **实践指标**：能够根据学习的内容，在校内组织开展创业项目设计、创业计划大赛以及创业社团活动。

3.2.1　创业思维的内涵

【箴言警句】别出心裁追求天时地利：在别人想不到或还未想到的地方下功夫。

——藤田田

创业思维，是通过有组织的努力，以创新的方式追求机会、创造价值的过程，是用商业成就一番事业的思维。

创业思维的内涵主要包括五个方面：

（1）机会意识。机会无处不在，但都是留给有准备的人的，好好把握机会是成功的关键。改革开放以来，很多人赚到了自己人生的第一桶金，也有人成了富豪，从此开始了商海遨游。创业成功的事例说明，成功与机遇是紧密相连的。

（2）进取意识。进取意识就是带着积极向上的理想和追求主动去做应该做的事情。海伦·凯勒说过："当一个人感觉到有高飞的冲动时，他将再也不会满足于在地上爬。"人生成就的大小，多半会取决于进取心的强烈程度。因此，当人们有了进取心后，也就有了把事情做好的决心，不会停下奋斗的脚步，不再满足于平庸的生活了。

（3）自信心。自信心是指个体对自身成功应付特定情境的能力的估计。人对这个陌生世界的认识和经验是有限的，在忐忑不安的心理过程中尝试认同自己，相信自己具有解决问题的能力。拥有了自信，就拥有了战胜创业途中各种艰辛的勇气和力量。

（4）事业心。事业心是一个美好的梦想，促使人们不停地提升自我价值，追求成功后的成就感。

（5）责任意识。责任意识是一种自觉意识，也是一种传统美德，可以使创业者意识到自己对他人的责任，正确地行使权利和对待金钱。

【引入案例】 "懒"马

某天,主人将货物分装在两辆马车上,让两匹马各拉一车。当两匹马各自拉着自己的马车走到一半的时候,一匹马渐渐落在了后面,并且越走越慢。这时候,主人便将这辆马车上的货物全部放到了走在前面的那辆马车上。当主人做完了这件事之后,落后的这匹马便拉着自己的空马车轻松前行,并且对前面的那匹马说:"你一定很辛苦吧,你看,你这样越是努力干,遭受的折磨就越多,主人就会越折磨你。"

这匹拉了货的马什么也没有说,虽然感到很累,但并没有放慢步伐。到达目的地之后,有人看到此状况,便对马的主人说:"你既然只用一匹马来拉车,那么带两匹马也就是浪费资源。不如好好将这匹体力好的马养着,干掉这匹拉空马车的马,这样还能将马皮卖一个好价钱,也算是有个收入。"主人听完,觉得这个建议很不错,一匹马能做完的事为何要养两匹,浪费资源,于是便索性干掉了这匹"懒"马。

(以上文字摘编自百度文库,2019年11月13日)

❖ **案例分析**:马按照主人的意愿去做事,积极的马被留了下来,慵懒的马被"干掉"了,这故事恰好印证了"生于忧患,死于安乐"的道理。

❖ **思考感悟**:这个故事告诉所有的创业者,必须拥有进取意识,停滞不前、懒于努力都是不可取的。面对激烈竞争,不前进就意味着后退,随时可能被市场淘汰出局。

3.2.2 创业思维的类型

【箴言警句】登高莫问顶,途中耳目新。——潘刚

创业有以下八种思维类型。

第一:忧患意识,不进则退。

在这个日新月异的时代,创业者必须有忧患意识,不进则退。失掉了忧患意识,就是失掉了看问题的前瞻性和洞察能力,便无力应对风险和挑战。

第二:反向行走。

创业者在创业中常犯这样的错误:做别人做成功的事,什么最火就干什么,以为这样就是稳妥的。其实不然,可能那并不是一个很好的选择,也并不一定适合你去做。市场已经被占领得差不多了,余下的可盈利份额将会变得很少,必然存在更多的风险。反之,用反向行走的思维把目光放在一些不太起眼的项目上,经过认真的调研和审核,成功率会增大。

第三:学会借力。

创业讲究实干和价值,要学会借力,要学着利用好的平台和载体进行有效的努力,不要什么事情都自己做,尽管万分努力,也不见得能把事做好。

第四:改变自己。

我们身边常常能看到这样的人,数年里都在创业,却总是创业失败,他会抱怨店铺位置不好,也会觉得自己时运不济,可是换了地方依然没有成功。事实上,他可能从来没有想过创意、产品、模式、服务好不好,自己到底好不好,这样的反思从来都没有过,他又怎么能成功呢?一直做不好,极有可能不是外在因素的问题,而是个人的问题,唯一能做的就是改

变自己。

第五：周边思维。

什么叫周边思维呢？比如一条街上，有人开了一家饭店，生意兴隆。随后第二个人来了，开了一家超市，生意依然很好。这时第三个人看到了，过来又开了一个奶茶店，客人络绎不绝。后来又有人开了药店、小超市……这条街很快繁华起来。这就是周边思维，也是反向思维的一种延伸。假若来的第二个人看别人开饭店生意好也去开饭店，第三个人也如此，那么这条街上的生意就变得单调了，再好的菜肴吃久了也会厌烦，最后大家都不一定有生意可做。如果你想创业，不一定非要盯着一个行业，可以看看这个行业衍生出来的项目，这也是一个思路。

第六：包装营销。

既然创业，那就得有市场，想要打开市场，就得有包装营销的思维。要将自己的品牌推向市场，这样你才有更多的机会，这也可以理解为品牌定位。一个苹果平时就是一个简单的苹果，但如果你将其包装成圣诞节的水果，包装成象征喜庆意思的礼物，那么它的价值就可能翻倍。所以，包装和营销是很有必要的，虽然有点类似于炒作的意思，但这也不失为一个非常规的思维方式。

第七：用户思维。

所谓"知己知彼，百战不殆"，作为一个创业者要有用户思维，知道揣摩用户的想法，站在用户的角度思考问题，考虑用户体验，定位精准的客户人群，最终做出对自己有利的判断。

第八：抱团取暖。

对于行业的竞争对手，不要总是以一副敌人的姿态面对，抱团取暖也是一个很好的方式。大家既是竞争，又是合作关系，共同将市场撑起来，一起挣钱。很多的创业者没有这样的格局，见不得别人比自己领先、比自己做得好，其实没这必要。抱团取暖可以让你们的业务量更多，规则导向对自身更有利，资源相对也会更多。

【引入案例】创业成功仅仅是因为换了一个思维

台湾省的一位朋友曾分享过一个营销的案例。他的一个朋友前年欠了 2000 万元新台币外债，快要倾家荡产了。去年上半年，他却把钱还上了。出于好奇他打听到——这家伙在卖鸡蛋。他就更奇怪了，卖鸡蛋半年能赚 2000 万元新台币，怎么做到的？后来知道他在一个温泉旅游景点卖鸡蛋，就和几个朋友暗访一下他怎么卖鸡蛋半年赚 2000 万元新台币的。跑到那里一看，看到"温泉蛋"三个字的大招牌，号称是用当地最好的温泉煮出来的，好吃又保健，而且包装得很漂亮。游客都在排队购买，不是买 200 个就是买 300 个，甚至买 400 个、500 个的都有。以我们四五个人计算，就算一个人吃 5 个，五个人也才吃 25 个。进去一看才知道，付了钱的人在那里留完联系方式就走了，真正拿鸡蛋走的没几个，买得少的才自己提着。买完一吃才发现鸡蛋确实好吃。那么到底卖多少钱呢？一个鸡蛋相当于人民币 2 块钱。我们都知道鸡蛋在中国大陆平均每个 5 毛钱的成本，卖 2 块钱真的很赚。怎么可以卖这么多呢？很简单，定位不一样。他的定位很简单，当地是旅游景点，每天有好几千大陆同胞去他那里旅游，他把它定位成礼品。

买礼品有几个障碍点：太贵了，承受不了；太便宜了，送不出手。而"温泉蛋"有台湾特色，又很便宜，2 块钱一个，一盒 20 个才 40 块钱。这个送出去既不降低档次，又这么差异化，所以很适合送给自己的亲朋好友。送礼品还有一个问题。你去外面旅游，你会提几十盒东西回来送礼吗？他帮你消除了这个问题，他直接找一个快递公司帮你寄。你回到家里，蛋也到家里了。也可以送到你朋友的家里，以你的名义，有一个标准的送鸡蛋的信。你出去旅游，40 块钱买一份非常超值的礼物，送给你朋友，这个有没有障碍？一切都满足需求。所以，那些旅游团每天都有人去他那里签字。所有记得的朋友都会寄，为什么？因为太便宜了。

（以上文字摘编自搜狐网，2019 年 11 月 29 日）

❖ **案例分析**：根据案例，可总结出他成功的三个关键要素。第一是巧妙借势，找准定位，形成独特卖点，此人在一个温泉旅游景点卖鸡蛋。第二是创意营销，产品包装创新更吸睛。第三是依据消费场景，把握用户心理价位。

❖ **思考感悟**：普通人想成功，创业应该是现实且有效的方法。创业虽然不一定适合每一个人，但具备创业思维，却是每一个想要成功的普通人应该努力的事情。很多时候，仅仅因为换了一个思维，往往就离成功又近了一步。

子任务 3.3　迎接创新创业伟大时代

【考核指标】

❖ **理论指标**：
（1）掌握新时代发展对创新创业的要求；
（2）了解社会主义核心价值观对创新创业的引领；
（3）明确创新创业对个人价值与社会价值的作用。

❖ **实践指标**：国家给予了大学生创新创业实践很多支持，包括大学生创业贷款和税收优惠等政策鼓励，激励大学生的创业热情，满足大学生的创业诉求。

3.3.1　新时代发展对创新创业的要求

【箴言警句】创新是一个民族进步的灵魂，是国家兴旺发达的不竭动力。——江泽民

近年来，随着中国综合国力的不断提高、科技创新能力的不断提升，社会对人才的要求也越来越高，大学生面临就业压力大、就业难的困境。作为生机蓬勃的大学生，要想在社会上取得一席之地，就必须不断地培养自己的创新创业能力。在 2017 年 10 月 18 日召开的中国共产党第十九次全国代表大会上，习近平总书记提出中国特色社会主义进入了新时代。新时代是承前启后、继往开来、在新的历史条件下继续夺取中国特色社会主义伟大胜利的时代。因此，我们必须在各个领域锐意创新、敢于创业，为实现中国梦提供无穷的动力源泉。

中国的转型发展最需要广大青年创新创业，青年最具创新热情和创造潜力。充分释放青年的创新热情和创造潜力，对于党和人民的事业具有根本性、战略性意义。目前全球经济普遍进入停滞期，传统产业的发展空间越来越小，经济发展模式又面临资源和环境等各方面的制约，这种客观实际使得创新成为推动社会发展和进步的必然要求。所以，创新创业能力是新时代对青年人提出的新要求。

提高创新与创业能力不仅是国家和社会的需要，更应当转化为当代青年的自身需求。在

发展变化日新月异的今天，青年人不仅要有螺丝钉精神和吃苦耐劳品质，同时还要有优秀创新创业的能力，把握时代脉搏的能力，永远走在变革前列的能力。只有这样，才能在推动社会进步的同时，实现个人理想与价值。

青年时期正是创新创业的好时候，也许经验不足，但活力和精力是优势；也许资金不够，但层出不穷的新思路、新办法是强项。年轻的最大资本在于学习能力，以多元的渠道广泛获取信息，并且保持着经由教育养成的有效处理和利用信息的思维能力，所有这些都是青年创新创业的优势。作家柳青创作的长篇小说《创业史》中有这样一句话："人生的道路虽然漫长，但紧要处常常只有几步，特别是当人年轻的时候。"因此，我们的青年人更应该勇敢地放飞自我，争做改革大潮中的弄潮儿。

国家的未来在创新，创新的希望在青年。我们可喜并骄傲地看到，在发展的大潮中，越来越多的青年人参与到创新创业的行列中，并成为其中的绝对主力。他们之中不仅有 80 后，还有许多是 90 后，甚至还有 00 后。从他们的努力与拼搏中，我们看到了未来的希望。

李彦宏、张朝阳等曾经创新创业的成功者都已不再年轻，我们期待着今后中国有更多的青年人可以接他们的班，继续创新创业并不断成功，这是新时代赋予每个青年人的新要求。只有这样，我们的国家才会不断发展，我们的社会才会不断进步，我们的生活才会越来越好。

3.3.2 社会主义核心价值观对创新创业的引领

【箴言警句】一滴水只有放进大海里才永远不会干涸，一个人只有当他把自己和集体事业融合在一起的时候才能最有力量。——雷锋

社会主义核心价值观是高校开展大学生创新创业教育的理论基础和价值准则，大学生创新创业教育是践行社会主义核心价值观、实现中国梦的重要途径。在经济新常态的背景下，大学生创新创业教育中仍存在创业动力不足、社会责任缺失、诚信意识淡薄等诸多现实问题。对此，必须审视社会主义核心价值观融入大学生创业的必要性，帮助大学生培养创新创业的意识，端正大学生的创业价值观，引导大学生敢创业、善创业、创好业。

(1) 社会主义核心价值观与大学生创新创业教育的融合。

①大学生创新创业教育与社会主义核心价值观内涵的融通性。社会主义核心价值观是我国的主流价值观，其所倡导的"富强、民主、文明、和谐，自由、平等、公正、法治，爱国、敬业、诚信、友善"二十四字方针所彰显的是以爱国主义为核心的民族精神、以改革创新为核心的时代精神。党的十八大报告以三个"倡导"分别从国家、社会、个人三个层面阐述了社会主义核心价值观，其反映了社会主义核心价值体系的丰富内涵和实践要求。大学生创新创业教育主要包括创新创业精神的培养、创新创业意识的启蒙、创业实践能力的提升以及创业人格的培育，而社会主义核心价值观三个层次的基本理念恰好与大学生创新创业教育的内容具有融通性，其精神内涵对大学生在创新创业中实现自我价值和社会价值的统一、实现中华民族伟大复兴的中国梦具有价值指导性。

②社会主义核心价值观对大学生创新创业教育具有指导性。党的十七大提出，"促进以创业带动就业，把鼓励创业、支持创业摆到就业工作更加突出的位置"；党的十八大明确指出，"鼓励青年成长、支持青年创业"。而高校以社会主义核心价值观作为精神指导，以创新创业教育作为行动抓手，与党中央的精神是一脉相承的。"富强、民主、文明、和谐"体现了中国人的家国情怀，是大学生创新创业精神培养的最高层次；"自由、平等、公正、法治"

反映了中国特色社会主义的基本属性，为大学生创新创业营造平等公正的环境奠定了基础，对大学生创业意识的启蒙具有鲜明的指导意义；"爱国、敬业、诚信、友善"诠释了公民道德行为选择的基本价值标准，这也是大学生创业者的基本行为准则，是大学生创业品质培养的价值向导。

③创新创业教育是高校践行社会主义核心价值观的重要举措。创新创业成为当今中国经济继续前行的"双引擎"之一，而大学生正是实施创新驱动发展战略和推进大众创业、万众创新的生力军。举国上下都对大学生创新创业持支持和鼓励的态度，并在政策支持方面提供资金帮助和免费服务。这不仅为大学生创新创业营造出全新的环境氛围，更是践行社会主义核心价值观、实现中国梦的重要举措，完成了大学生创新创业教育与社会主义核心价值观引领的上承下接，也使得大学生创新创业教育有了更高的价值依托和使命目标。

（2）大学生创新创业教育中存在的现实问题与思想偏差。

①面对宏观环境，创业动力不足。

②面对创业压力，社会责任缺失。

③面对社会竞争，诚信意识淡薄。

（3）社会主义核心价值观对大学生创新创业教育的引领。青年大学生是大众创业、万众创新的主体，青年大学生的创新创业与国家的宏观背景、社会的总体发展紧密相连，其创新能力决定了国家竞争力和社会的活力。因此，要加强对大学生创新创业的思想引领，将创新创业教育和践行社会主义核心价值观相结合，从社会主义核心价值观的三个层面融入，端正大学生的创业价值观，让大学生清楚地认识并自觉实践谋取公共利益最大化、维护社会公正公平、追求高尚人格等基本的社会价值取向。

①以国家价值目标为根本，引导大学生敢创业。"富强、民主、文明、和谐"是社会主义核心价值观在国家制度层面的体现，体现了中国人的家国情怀，符合全体中国人民寻求民族复兴的共同愿景。当前，国家大力营造良好的创业就业环境，从国家层面上给予了大学生创新创业实践很多支持，包括大学生创业贷款、税收优惠等政策鼓励，来激励大学生的创业热情、满足大学生的创业诉求。因此，大学生创新创业不仅仅是个人行为，还与国家紧密相连。习近平总书记在北京大学考察时曾指出，大学生是可爱、可信、可贵、可为的，是社会主义核心价值观的践行者，是中国梦实现的开拓者。而国家层面的社会主义核心价值观正是"中国梦"的顶层设计的完美诠释，以社会主义核心价值观的理念来端正大学生创新创业的价值观，引导大学生全面认识国家的发展目标与自身价值实现之间的关系，深刻理解国民形象与国家形象之间的关系。

②以社会价值目标为基础，引导大学生善创业。"自由、平等、公正、法治"是社会主义核心价值体系在社会集体层面的体现。改革开放以来，自由的发展越来越广泛和充分；平等正是对自由的维护，只有对自由的维护才能真正迸发出人的创造力和社会的活力；公正和法治体现了对当今社会诉求的回应，也是创新创业环境的要求。从本质来讲，大学生创新创业是一种社会行为，需要社会大环境的支持，需要法治建设带来制度保证。因此，在我国经济结构的转型升级过程中，大学生必须积极培育和践行社会主义核心价值观，不要一冲动就去创业，决定创业方向的因素不是个人的喜好而是市场的需求。大学生应先到社会中锻炼，了解、掌握创业成功者敏锐、坚韧的特质，然后把这些说起来容易做起来难的"匠人精神"内化于心、外化于行，厚实创业精神、坚定创业意念，并将实现社会和谐作为创新创业的内部动力。

③以个人价值目标为准则，引导大学生创好业。"爱国、敬业、诚信、友善"是社会主

义核心价值体系在公民个人层面的体现。作为一名当代中国大学生，必须热爱自己的祖国，有国才有家，国强才能民安、民富、民乐；敬业代表着个人的职业价值观，是对所从事职业的尊重，只有全身心投入工作岗位才能为国家、社会和个人创造未来；诚信和友善是为人之道、立身处世之本，是具有普遍适用性和基础性的价值观。因此，必须将社会主义核心价值观贯穿于大学生创新创业教育的全过程，用"爱国"来丰富大学生的社会奉献精神，用"敬业、诚信、友善"来增强大学生的职业精神，帮助其体悟创业的厚重与使命。大学生创新创业教育的成功与否，不能仅以初期创办公司的成功与否进行评判，关键在于大学生是否具备创新精神、创业人格和创新创业的能力，能否在其所在工作环境里不断创新并服务于国家和社会。只有从思想和意识形态上进行引领，才能真正使得社会主义核心价值观通过创新创业这一维度根植于大学生心中。

3.3.3 创新创业对个人价值与社会价值的作用

【箴言警句】思路决定出路。——王振滔

践行"大众创业、万众创新"这一国家重大部署，可谓任重道远。

"大众创业、万众创新"这一概念的提出，极大地拓展了创新的内涵。它不再是传统意义上科学技术层面的狭义创新，而是包含了理论观念、体制机制、发展方式、科学技术和社会管理等多方面、多层次的战略性、系统性、综合性的广义创新。同时，大众创业摒弃了单纯以企业为主体的狭义创新，把全社会的每一个成员都看成活跃的创新主体，既充分发挥政府主导作用，更着力激发包括企业、个人、社会组织和各类民间团体的创新、创业热情，致力于培育整个国家的创新精神，全面提升整个国家的创新能力和创新实践。

创新与创业相辅相成，创新不仅是创业的工具，更是创业的新动力所在。回顾历史，改革开放后每次的创新都推动我国经济社会的快速发展。创新创业不仅可以理顺市场和政府关系，重塑个人价值和社会责任，再造资本与实体经济的新格局，还会对未来的发展起到积极的推动作用。

创业是一个平台，不仅可以推动国家经济发展，还可以筛选出一批创新的人才，对国家的繁荣起到了一定的推动作用。并且这样的新型模式，既可以使经济高质量发展又可以公平竞争，顺应时代的要求，让更多企业满足市场的需求，做出更好的创新产品。

实践训练

【实践训练】最后一个字母。

【训练要求】英语字母表的第一个字母是 A，B 的前面当然是 A。那么，最后一个字母是什么？

课后习题

一、单项选择题

1. 下列选项中不属于创业思维范畴的是（　　）。

A．责任感与决策力　　　　　　　　B．领导力与执行力

C. 超越别人的动机　　　　　　　　D. 依赖他人的能力
2. 在创业过程中如何看待思维方式和科学技术的关系？（　　）
   A. 两者相互独立　　　　　　　　B. 思维方式具有决定性作用
   C. 科学技术具有决定性作用　　　D. 科学技术需要与思维方式有效结合
3. 从创新的视角来看创业，（　　）。
   A. 创业包含了为了获得利润进行生产的风险承担
   B. 创业包含了使已有生产方式或产品过时的资源独特组合
   C. 创业体现了一项从来没有过的新企业创造
   D. 创业包含了对生产要素包括劳动力的雇佣、管理和发展等
4. 创新创业的指导者除了教会学生创新与创业的精神外，还需（　　）。
   A. 帮助创业者解决技术问题　　　B. 帮助创业者建立社会关系
   C. 提高创业者的管理能力　　　　D. 唤醒创业者创新的本能
5. 创新思维的灵魂是（　　）。
   A. 创新意识　　　B. 创新人格　　　C. 创新方法　　　D. 创新力

二、判断题

1. 创造性工作和生活方式的实践，是提高创新思维的有效的训练基石。（　　）
2. 创新思维决定了创新的产生，创新激情决定了创新的成果和水平，科技素质是创新的基础。（　　）
3. 创新思维推动着知识创新，是知识创新的源泉。（　　）
4. 灵活性是创新思维最重要的特征，也是衡量一个人创新活力的重要因素。（　　）
5. 创新的思维方法是创新思维的来源，只有拥有正确的培养创新思维的方法才能达到创新思维植入大脑中，最终达到需要的创新结果。创新是有止境的，创新思维的方法是无止境的。（　　）

三、简答题

1. 请简要叙述创新思维的内涵及种类。
2. 请简要叙述创业思维的内涵及类型。
3. 简述新时代背景下对创新创业人才的素质要求。

延伸阅读　深刻理解创新思维

恩格斯指出："一个民族要想站在科学的最高峰，就一刻也不能没有理论思维。"党的十八大以来，习近平总书记多次强调各级领导干部要努力掌握科学的思维方法，提高科学思维能力，其中包括提高创新思维能力。

创新思维的科学性

重视创新思维是马克思主义的优良传统。马克思、恩格斯指出，"全部问题都在于使现存世界革命化，实际地反对并改变现存的事物"，即马克思主义者要依据实践的变化，分析问题，解决问题，进而推动人们的思维"按照人如何学会改变自然界而发展"，最终实现思维创新。中国共产党非常注重把马克思主义与中国实际相结合，由毛泽东思想、邓小平理论、

"三个代表"重要思想、科学发展观、习近平新时代中国特色社会主义思想，构成内在统一、一脉相承的创新成果体系，使马克思主义理论永葆青春活力。

习近平总书记指出："问题是创新的起点，也是创新的动力源。""人民的需要和呼唤，是科技进步和创新的时代声音。""创新是一个系统工程。"强调创新思维要以问题为导向，彰显出强烈的"问题意识"。"时代声音"来自人民群众的期待、人民群众利益的诉求，以及对美好生活的向往，因此，人民至上是创新思维的价值坐标。创新思维的系统性，包含经济、政治、文化、社会、生态、党建、外交等众多领域，是一项相互联系、相互作用的系统工程。

创新思维的实践性

我们坚持创新思维，根本目的是要回答中国和世界"向何处去"的重大理论和实践问题。党的十八大以来，虽然中国比历史上任何时期都更接近中华民族伟大复兴的宏伟目标，但这并不意味着我们的压力和重担变小了。习近平总书记指出，"改革创新成为各国化解挑战、谋求发展的方向"。解决矛盾，破解难题，离不开创新思维指导下的创新实践。只有改革创新，才能从根本上回答中国和世界"向何处去"的未来之问。

创新思维的实践性体现为它所具有的重要价值意蕴。坚持创新思维，有利于推进马克思主义中国化。习近平总书记指出："坚持马克思主义，最重要的就是坚持马克思主义的科学原理和科学精神、创新精神，善于根据客观情况的变化，不断从人民群众实践中吸取营养，不断丰富和发展理论。"习近平新时代中国特色社会主义思想是马克思主义中国化的最新成果，这一思想的形成深刻体现了创新思维的运用。坚持创新思维，有利于提升中国的综合实力和国际竞争力。一个民族和国家的精神面貌取决于是否善于谋划创新和勇于实践创新。"生活从不眷顾因循守旧、满足现状者，从不等待不思进取、坐享其成者，而是将更多机遇留给善于和勇于创新的人们。"历史和现实反复证明，惟创新者进，惟创新者强，惟创新者胜。习近平总书记指出，"世界经济彻底摆脱'新平庸'的风险，只能向创新要动力"。善于和勇于创新，是突破世界经济发展难题的关键。

提高创新思维能力的方法与路径

培养创新思维，提高创新思维能力的具体方法主要有：一是溯本创新法，就是从追寻事物本质中创新认识，透过现象看本质，从根本上把握事物及其发展规律。二是全局创新法，就是从全局着眼，全方位、立体化和多角度地分析事物，得出对事物的科学认识。三是正反结合创新法，就是从历史的经验教训中谋划现实和未来。英国历史学家汤因比曾说，人们从"文明衰落所造成的痛苦中学得的知识可能是进步的最有效的工具"。这里的"进步"，即是指在历史经验教训基础上实现的"创新性发展"。

鼓励和推进创新思维的形成，不断提高创新思维能力，一是巩固和完善有利于激发全社会创新的体制机制；二是大力弘扬创新精神；三是着力培养和集聚创新人才；四是加强国际交流与合作，形成协同创新效应，积极主动走出去和引进来，充分整合和利用好全球创新资源，在国际交流与合作中提升创新思维能力。

（以上文字摘编自《光明日报》，2019年7月16日06版，有删节）

❖ **思考与讨论**：分析并讨论鼓励和推进创新思维的重要性。

第 2 单元　塑造创业团队

【单元内容摘要】

党的二十大强调，完善促进创业带动就业的保障制度，支持和规范发展新就业形态。创业是一项艰苦而复杂的事业。在众多创业要素中，创业者是最关键、最具能动性的因素。对于创业成功与否的一切假设都基于最核心的因素——人。所以，优秀的团队是创业成功的关键。本单元我们主要学习如何塑造创业团队。

【学习目标】

- ❖ 做好创业者的准备；
- ❖ 组建创业团队；
- ❖ 带好创业团队。

【学习方法】

❖ **目标学习法**：学习者逐步完成每个任务的要点和指标，最后实现创业团队的塑造。

❖ **案例分析法**：本单元有很多案例，更容易让学习者对每个任务的知识点加深理解和高效掌握。通过案例分析，学习者不只是看故事，更要吸取每一个案例中的成功经验和失败教训，从而反思自身创业过程，实现提升和改善。

❖ **情境模拟法**：学习者需要将自己带入到有创业想法或一名创业者的角色中。在团队成员选择、团队类型分析、组建原则及流程、组织结构设计等方面尽可能真实地进行思考和模拟，从而使学习者能够更好地体验和感受塑造团队的过程。

【准备工作】

❖ **认知储备**：对于创业者概念、创业意识、团队精神、集体意识等相关储备。

❖ **资料准备**：了解国家、所在省份（自治区、直辖市）对创业的政策和举措，搜集成功企业组建团队的相关案例，并加以学习。

❖ **条件准备**：学习环境应该便于团队开展讨论，方便授课教师随时加入团队进行针对性指导；团队应准备好信息记录设备，如纸和笔、录音笔、笔记本电脑、手机等，以便随时记录团队讨论结果和设计方案；学习空间应该配备网络环境，便于学习者随时通过网络搜索相关信息、资料、视频等；教学环境应配备多媒体教学设备，学习者应能够熟练使用相关的课程学习系统或平台。

【注意事项】

❖ **转换身份**：学习者需要带入创业者的角色，努力完成塑造团队过程中的各项任务。同时，认真对待团队成员的选择以及各项目的设计和实施，强化学习效果。

❖ **查阅资料**：学习者需要养成资料查阅的习惯和方法，合理运用网络、图书、政策文件等资源，并注意鉴别资料的正确性和适用年限。

❖ **典型借鉴**：学习者需要注意借鉴成功企业组建团队的经验，吸取失败的教训，做到取长补短。在典型案例的分析中，强化理论知识，做到举一反三。

任务4　勇做创业者

【要点总括】

❖ **思政要点**：提升自我认知，树立理想，发扬艰苦创业的优良作风，建立克服困难、勇立时代潮头的勇气和信心。摆正创业心态，增强创业动力，实现自我价值。

❖ **理论要点**：
（1）了解创业者；
（2）做好创业者准备；
（3）提升创业者素质。

❖ **技能要点**：
（1）自我剖析和自我评价的能力；
（2）恰当得体的表述能力。

【引入案例】 名人创业者案例

1. 网易公司创始人丁磊的创业故事

163.net 是丁磊在网易创办之前申请的域名。1997 年 5 月，丁磊打算创办网易。网易从丁磊创办起，没有向银行或伴侣借一分钱，全部的创业基金都是他当年写软件时渐渐积攒下来的。走这样一条路，丁磊经受了比别人更多的困难。丁磊的第一桶金是和陈磊华一起赚到的。1997 年，两人相识于网易BBS，陈磊华当时还是华南理工大学的学生，丁磊邀请他到网易兼职，合作之前两人说好陈磊华拿 20%，一起开发"分布式免费邮件系统"。1998 年 3 月，163.net 正式运行，它是国内第一个全中文界面的电子邮件系统。

2. 康恩贝旗下英诺珐医药董事长徐建洪的创业故事

在经历了连续 8 年的高速发展之后，康恩贝肠炎宁陷入增长瓶颈。但此时，徐建洪坚信品牌力就是免疫力，选择重新定位，打造"肠道中成药"品类领导品牌，激发、对接、放大消费者需求，抢占用户心智。

面对内容碎片化，媒体粉尘化，徐建洪选择连续三年聚焦分众，实施饱和攻击，充分利用分众媒体高频、低干扰等独特传播优势引爆品牌主张。

在此基础上，徐建洪同时开展科普种草及互动营销，线上线下齐发力，销售突破 10 亿元，一举拿下肠道用药市场份额第一及全国零售市场中成药排行榜第 10 名。

3. 京东商城创始人刘强东的创业故事

1992 年，刘强东考入中国人民大学，因为家里很穷，只带了五百块钱。当时的他对自己说：希望大学 4 年不再向家里要钱。大四那年，学校附近的一个餐厅恰巧要转手，刘强东用他前三年赚的 24 万元，把店面盘了下来。因为要上课，每周只去店里两次。谁知，接手之前盈利的饭店，不到一年时间，就赔光了他赚来的第一桶金。无奈之下，只能关门。他向亲戚借了十几万元，还清了餐厅欠下的账，给每位员工发了两份工资。走的时候，他连一个碗都没有带走。餐厅倒闭时，他欠了 20 多万元的外债，但他创业的信念和激情没有因此而消退。毕业后的两年，他还清了所有债务。1998 年，刘强东离开外资企业再次创业，给自己的公司起名叫"京东"。

（以上文字摘编自美篇与和讯新闻，2020 年 4 月、2023 年 1 月）

❖ **案例分析**：在创业过程中，不是决定不做什么，而是决定做什么。看看那些大学生创业的故事或成功企业家的创业辛酸路，向他们学习，从故事中找到自己的创业梦想和道路。

❖ **延伸问题**：人们往往只看到创业企业家的成功光环，但创业时的艰辛和困难才是创业者未来成功的基石。你做好当一名不畏困难、勇挑高峰的创业者了吗？

子任务 4.1　了解创业者

【考核指标】

❖ **理论指标**：
（1）了解创业者的 5 个特质；
（2）掌握创业者与就业者的 7 个差别；
（3）了解创业者类型划分的 2 种方式。

❖ **实践指标**：能够按照创业者的 5 个特质与自身情况进行对比分析，找到差距。

4.1.1　创业者与就业者

【箴言警句】当你对其他人的生活有帮助，你的生命才会有价值。

——阿尔伯特·爱因斯坦

"创业者"一词由法国经济学家理查德·坎蒂隆（Richard Cantillon）于 1755 年首次引入经济学。1800 年，法国经济学家让-巴蒂斯特·萨伊（Jean-Baptiste Say）首次给出了创业者的定义，他将创业者描述为将经济资源从生产率较低的区域转移到生产率较高区域的人，并认为创业者是经济活动过程中的代理人。著名经济学家约瑟夫·熊彼特（Joseph Alois Schumpeter）则认为创业者应为创新者，这样，创业者概念中又加了一条，即具有发现和引入新的、更好的、能赚钱的产品、服务和过程的能力。

创业者是指发现某种信息、资源、机会或掌握某种技术，利用或借用相应的平台或载体，将其以一定的方式整合、转化、创造成更多的财富、价值，并在此过程中实现某种追求、理想或目标的人。

就业者是指在 16 周岁及以上，从事一定社会劳动并取得劳动报酬或经营收入的人员。

创业者相较于就业者的区别：

（1）有更加长远的目标和更高更全面的思想站位。作为一个创业者，能够清楚知道自己最终想要什么，要达到目标需要经过哪些过程；具备长远眼光，具有战略意识。而作为就业者，着眼点集中在当前工作，往往首先考虑的是"安全感"，保住稳定"饭碗"；很少有就业者能进行换位思考，站到老板的角度去考虑问题，这就造成很多就业者局限于自己的思维模式中，站位不高。

（2）对梦想更加执着。真正的创业者为了梦想而奋斗，不在乎初期的艰难、别人的流言蜚语、失败的重创，他们享受创业的过程，认为创业的人生才是有价值的人生。梦想如同一道分水岭，就业者在那边，创业者在这边。

（3）更多更重的工作量和工作强度。创业者对一件工作完成的定义是指把某件事彻底解决，考虑到所有的可能性，而且今天能做完的一定不拖到明天。而就业者会习惯性地把工作按照天数来分解，每天只完成"八小时"工作量，下班时间一到心里就想习惯性地结束手头的工作。对于创业者来说，事业就是生命，工作就是生活。因此，创业者多数都在与时间赛跑。

（4）思维方式不同。就业者在接到一个工作任务后，往往直接进行处理或是分解后转交给其他同事，只管好自己的"一亩三分地"，很少整体系统化地思考工作。而创业者则不同，创业者走出的每一步都是经过深思熟虑的，惯用全局、整体思维，整合可以利用的一切资源，而整体聚合性思维能帮助创业者得到更多资源。

（5）承担的责任不同。企业出现问题甚至事故，最直接的责任人是创业者。创业者不仅对自己的工作负有责任，更对企业的整体运行和每一位员工负有责任。而对于就业者来说，岗位职责是其对企业应负的责任。公司最终成功与否，更多更大的责任落在创业者身上。

（6）具有成本概念。作为创业者，每一笔支出都会算作成本，节省下来的就是利润。所以，精打细算是许多老板的习惯性思维，这是在创业过程中养成的习惯。而就业者却有可能很"大方"，通常没有过多的成本概念。企业的支出和开销在就业者眼中与创业者是不同的概念。

（7）具有更强的创新思维。就业者很容易形成一种思维定式，即遇到某一类事情，依靠经验，用一种特定的处理方法。而所谓"条条大路通罗马"，完成一种工作不止一种方法。创业者通常会带着创新的思维，力求做到"没有最好，只有更好"。创新是创业者最珍贵的品质，创新也是对创业者最崇高的赞美。

【引入案例】 李嘉诚案例

李嘉诚三岁时家道中落，后来父亲得了重病，不久便离开人世，刚上了几个月中学的李嘉诚就此失学。李嘉诚是家中长子，不能不帮母亲承担家庭生活的重担。一位茶楼老板看他们可怜，收留16岁的小嘉诚在茶馆里当烫茶的跑堂。茶楼天不亮就要开门，到午夜还不能休息，小嘉诚也抱怨过，直到一次偶发事件，才使他不再自怨自艾。

那天，因为太疲倦，他当班时一不小心把开水洒在地上，溅湿了客人的衣裤。李嘉诚很紧张，他等待着客人的巴掌、老板的训斥。但让他没想到的是，那位客人并没有责怪他的意思，反而为他开脱，一再为他说情，让老板不要开除他。没关系的，我看这孩子挺有出息的。只是以后要记住，做什么事都必须谨慎，不集中精力怎么行呢？李嘉诚把这些话记在了心间，之后，他把谨慎当成了自己的人生信条。这一切对他后来的事业起到了很大作用。

三年后，20岁的他做好了准备，要大干一番。白手起家的他，在维多利亚港附近的一条小溪旁租了一间灰暗的小厂房，买了一台老掉牙的压塑机，办起了长江塑胶厂。正在塑胶花畅销全球时，李嘉诚却敏锐地意识到，越来越多的人涌入这个行业，好日子很快会过去，如果再不调整，引起的后果不只是溅湿衣裤了。有人认为他太保守了，但他认为这是经商中必须具备的素质，那就是谨慎和预见性。

随后他选择的是房地产。20世纪60年代中期，时局令香港社会人心惶惶，富翁们纷纷逃离，争着廉价抛售产业。李嘉诚在建的楼房也被迫停工，如果按当时的地产价格来算，他可以说是全军覆没了。但他沉着应变，仔细分析局势。认为局势肯定会恢复安定，香港将进一步繁荣发展。在别人大量抛售房地产时，李嘉诚却反其道而行之，将所有资金都用来收购房地产。李嘉诚又一次成功了。20世纪70年代初，香港房地产价格开始回升，他从中获得了双倍的利润。到1976年，李嘉诚公司的净产值达到5个多亿（港币），成为香港最大的华资房地产实业。此后，李嘉诚的财富节节攀升，成为全球华人首富。

（以上文字摘编自瑞文网，2018年3月17日）

❖ **案例分析**：李嘉诚在就业和创业时期的经历让他明白，严谨的态度对于创业者和就业者都是重要的。在面对未来发展的每一个决策时，这一素质都起到关键作用。

❖ **思考感悟**：每一位创业者都有着与众不同的人生经历，这些经历将积累宝贵的精神财富。它们将帮助创业者不断提升创业素质，最终成长为优秀的企业家。

4.1.2 创业者的类型

【**箴言警句**】人的一生总会面临很多机遇，但机遇是有代价的。有没有勇气迈出第一步，往往是人生的分水岭。　——丁磊

创业者可以从不同的角度进行分类，本书主要从创业背景和动机、创业者承担角色两个不同角度做出分类。

（1）按照创业背景和动机划分。

①生存型创业者。生存型创业者多数因某种原因所迫，为谋生而创业。

②主动型创业者。主动型创业者又可以分成三种情况：

第一种是盲动型创业者。盲动型创业者大多做事冲动、极度自信，这样的创业者很容易失败，但如果成功，会成就一番大事业。

第二种是冷静型创业者。这是创业者中的精英，其特点是不打没准备的仗，他们或掌握资源，或拥有技术，创业成功率很高。

第三种是为实现理想的创业者。这类创业者并不缺少资源，他们对赚钱没有明显的目的性，也从来不考虑自己创业的成败、得失，这类创业者大多数过得很快乐，为理想而奋斗，有很强的精神支柱。

③机会型创业者。该类型创业者善于利用已有资源，积极主动抓住市场机遇创造新需求。

（2）按照创业者承担角色划分（如表2-1所示）。

表 2-1 按照创业者承担角色划分的创业者类型

类 型	概 念	优 势	劣 势	风险性
独立创业者	自己出资、自我管理	自己做主、自由发挥、自主支配、利益独享	缺乏管理经验、资金、技术等资源要素；蛋糕无法做大	如规模大，风险大；如规模小，风险相对较小
主导创业者	创业团队中带领创业的人	发挥领导者的优势；有智囊团辅助；获得的利润高	负主要责任；付出的成本高	高风险，高回报
跟随创业者	在创业团队中除主导创业者以外的成员	投入少，成本低；承担一定责任；有一定的利润	不具自主权，听从他人指挥；利润低	小
依附创业者	依附大企业而生存的创业者	品牌、口碑等声誉好；节省宣传费；有固定客源；成本小，回报率高；快速站稳市场，积攒人脉和资金	如果大企业倒闭或解除依附关系，一切要从头开始	较小

【引入案例】成功创业者案例

1. 王兴（美团 CEO）

王兴，是大学生创业者，在毕业之后，没有丰富的职业履历就开始创业的人。他是校内网、饭否网、美团网这三个中国大名鼎鼎的网站的联合创始人。

他是人们口中的天才少年，在国外取得学位后归国创业，接连创立了校内网，饭否网，并于 2010 年 3 月上线新项目"美团网"，并在"团购大战"之中脱颖而出，稳居行业前三。

2. 庄辰超（去哪儿 CEO）

庄辰超，男，毕业于北京大学本科电子工程系，去哪儿网 CEO。还在上大学的时候，他就和同学创业，做了一套搜索软件，成立公司，并成功找到百万融资，最后卖给了 Chinabyte。1999 年，庄辰超和美国人戴福瑞做体育门户"鲨威体坛"，此后，庄辰超曾在美国华盛顿工作过四年，担任世界银行系统架构的核心成员，设计并开发世界银行内部网系统。2003 年，该系统被权威机构评为"最佳内部网"。2005 年 5 月，创办去哪儿网。仅仅 8 年时间，去哪儿网已成长为互联网旅游业的佼佼者。

（以上文字摘编自百度，2020 年）

❖ 案例分析：不管是在哪行哪业，作为一名创业者，首先要了解自己，了解自己能做什么、最终的目标在哪里，找对方法，整合资源，在过程中克服困难，努力拼搏。

❖ 思考感悟：评估自己的能力，寻找合适的创业领域，才能走出一条成功之路。

4.1.3 创业者的特质

【箴言警句】你的天赋、才能和世界需求的交汇之处，就是你的天命之所在。

——亚里士多德

创业者凭什么相信自己能够成功？成功或失败的原因各有不同，成功的创业者虽风格各异，但也有相似的内在特质，失败的创业者也可以在他们自身特质上寻找到一些不同。所以，一个成功的创业者除了自身天赋，还必须加上后天的学习。那么，创业者究竟应该具备哪些人格特点呢？

（1）有梦想、有欲望。虽然古代圣人说，人"无欲则刚"。但是，当一个人连"追求"都没有了，还能指望有什么行动？不夸张地说，欲望、梦想、价值是所有创业者的原动力。作为社会的一分子，我们必须遵守法律、规则，并遵循基本的社会公德与道德。为了达到目标与目的，都得通过努力和行动，合法合规地实现。

（2）有改变世界的激情。常有些人念叨着要开公司、要创业，实际上，他们并没有创业的激情。最成功的创业者首先要有梦想；其次要有改变世界的激情，并且对公司有一个清晰的愿景。如果促使你创业的想法仅仅是一个简单动机的话，对于这样的创业公司来说，是绝对很难生存下去的。创业公司需要有远见、有雄心、有激情，相信自己能够改变世界。如果你还没有积极的动机，那么建议你先到一些公司去学习工作一段时间。学习如何带团队，学习如何激励和管理员工，学习如何将一个概念变成实际产品推出。这也是你拓展自己人脉资源的机会。当你有想法、有积极动机的时候，你会很容易启动自己的项目，建立起创业团队。

（3）有责任感，有恒心。具备这一特点，企业家可以克服不可想象的障碍，可以弥补其他缺点。责任感主要表现为牺牲精神，一家初创公司需要创业者把他们更多的时间、情感贡献给企业，并且相对于就业者而言忠诚度更高。创业者的责任一般表现为三个方面：一是把自己大部分净资产投资于企业；二是愿意接受较少的薪水；三是自律，创业者有很强的竞争意识，他们在解决问题和完成任务上都能自律、坚韧不拔并持之以恒。他们有坚定的目标，在解决阻碍公司发展的问题和障碍时有勇有谋。

（4）有独特创新点。《定位论》是一本关于品牌营销的书，该书的核心思想是：以打造品牌为中心，以竞争为导向和以消费者心智为导向来展开，强调要么第一，要么独特。其实，品牌营销不管在什么年代，即便你是模仿创新，只要你在或产品，或方法，或文化理念，或技术，或模式的某几方面有自己独到的见解和体现，就可以成就大业。比如都是电子商务平台，京东和天猫就各有特色，京东是垂直类平台，天猫是物业式平台。

（5）有格局，有取舍。在楚汉之争中，刘邦先天基础不牢、资源不足，在他努力经营下最终打败名门之后的项羽。当时许多谋士将才纷纷弃项投刘，连项羽的主要谋臣陈平也不例外，他看清项羽个性特征与缺陷后断定其无法成就伟业转而投向刘邦。刘邦夺天下最大的优势是他自己有格局、懂取舍、会拢才，这才让一个豪气冲天、有勇有谋、兵强马壮、实力强劲的西楚霸王自刎于乌江，从而建立起统一的大汉王朝。

一个创业成功的人必有一定格局，而且是在创业路上懂取舍的人。如果创业者格局窄，不会取舍，则很难将企业经营下去，也聚集不了人才、人气，创业很难成功。

【引入案例】空刻意面联合创始人兼CEO王义超案例

空刻意面聚焦有近2000年历史的意大利面赛道，借势于消费者对于经典品类的成熟心智，依托强大的供应链能力，2019~2021年空刻意面抓住效果广告的流量机遇，通过天猫、抖音的专业运营取得了连续三年天猫"双11"意面品类第一的成绩。

2022年，空刻意面携手分众，毅然开启大规模品牌广告投放，旨在增加品类和品牌的心智AI规模，让更多人知道这个品类和品牌并且产生兴趣。

纵观全媒体，分众是我们认为现阶段增加心智 AI 规模最好的媒体。线上广告很多时候是兴趣广告，不想看可以忽视，但分众创造了一种环境，有效触达消费者。

通过投放分众，"空刻意面"百度搜索指数迅速攀升；2022 年"双 11"全周期，空刻意面在天猫平台意面类目中的销售额超过第 2 名至第 5 名总和，并在天猫平台成为方便速食类目 TOP1，完成里程碑式跨越。在中国做消费品，不要小瞧任何一个品类。

（以上文字摘编自和讯新闻，2023 年 1 月 9 日）

❖ **案例分析**：王义超是年轻人，对懒人经济、速食感兴趣。但速食市场已经饱和了，各种品牌的速食方便面比比皆是。方便面很方便，但是不好吃，所以方便和好吃之间是一个大的矛盾体。那如何平衡呢？能不能做到像方便面一样的方便，但是拥有米其林的品质？这就是王义超在考虑的问题，他是天生的用户体验者。创业，意味着你要寻找生活中的矛盾问题，有时不是靠所学知识帮助寻找，而是创业者通过自身特质去发现，然后用创造性思维去解决它们。

❖ **思考感悟**：创业者的特质和能力是创业成功的基础，也是投资人看重的投资条件。因此，在开始创业之前，不妨认真分析一下自己；在创业过程中，也不要忘了修炼和提升自己。

子任务 4.2　做好创业者准备

【考核指标】

❖ **理论指标**：
（1）了解大学生创业动机的概念和分类；
（2）掌握创业者应做的 7 个准备事项。

❖ **实践指标**：能够准确判断自身的内外创业驱动因素。

4.2.1　创业者的创业动机

【箴言警句】如果别人做什么你做什么，就是一个平庸者。——张钧

（1）创业动机的定义。创业动机是指引起和维持个体从事创业活动，并使活动朝向既定目标发展的内部动力，是鼓励和引导个体为创业成功而进行的内在力量，对企业行为产生促进作用（《大学生创业基础》，李爱卿，清华大学出版社）。创业动机是创业者愿意冒各种风险去创立新的企业的激励因素。

（2）创业动机的分类。多数人因在现实中受到物质匮乏或精神空虚的刺激而创业，这种对物质的追求和精神需求则是创业的内在动力。世上做任何一件事首先必须具备动机，创业亦然。归纳起来主要有以下 5 种创业动机类型：

①生存的需要。大学生创业群体的学费和生活费是很多家庭不小的开支。国家的助学贷款、奖学金制度只能解决部分问题。为了顺利完成学业，大学生中的一部分人利用课余时间打工赚取生活费来维持正常的学习和生活。在打工的过程中，具有创业素质的人会发现商机并且能够把握机会，走上创业的道路。

现在社会上有一定数量的下岗或无业人员，他们为了改善生活状况，或已有工作但不满

于现状，为了争取更多生存资金而"下海"。

②积累的需要。当代大学生随着年龄的增长，学历层次逐步提升，对于成长的需要会逐渐强烈。大学生为了提升自己的实践经验和社会阅历，或者为自身发展或实现某个目标做好经济上的准备，压力相对较小。在条件成熟的情况下也会利用课余时间走上创业的道路。这个类型的创业者往往以锻炼自己为目的，承受失败的能力较强。

③自由的需要。一是决策自由。有些人由于性格使然，他们不甘心屈居他人之下、受他人支配。拥有自己的企业，可以独立自主，按照自己的意愿行动。二是时间自由。创业可以为自己争取一个较自由、较灵活的时间和空间，可以无拘无束地享受生活，这也是一部分创业者创业的动机之一。三是财务自由。就业者工作期间花费时间和精力所取得的报酬毕竟有限，希望通过创业能够实现财务自由，虽然收入多少不定，也能促进创业者对财务的统筹安排、合理规划。

④自我实现的需要。20～35岁的人思维活跃、创新意识强烈，同时所受的约束和束缚较少。另外，一些掌握一定专业技能或者管理经验的专门人才，或者本身拥有自主知识产权的人士，不满足于现状，为了最大限度地发挥自己的潜能和特长，实现自身价值，实现自己成功的目标，获得个人在事业上的成功，从中得到满足，选择自创企业谋求发展。

⑤就业的需要。创业也是为了提供更多就业岗位、就业机会。当前，我国的大学生和无业群体就业形势相当严峻，一方面表现为需求不足，另一方面表现为工资待遇不高。在这种情况之下，为了找到一份自己满意的工作，有一部分人走上了创业之路。

【引入案例】 魏立华的创业动机

从行业创新大奖到国家最高荣誉，魏立华和他掌舵的君乐宝这两年以势如破竹的姿态，揽获各项荣誉。

1995年，魏立华靠9万元资本，3间平房，1台酸奶机，两台人力三轮车，进入了乳业。公司取名石家庄市君乐宝乳品公司。

1995年5月18日，袋产品出来了。魏立华觉得口感很不错，但零售店却因为它没名气都不愿意卖。一天，魏立华看到红旗大街上有个冷饮店生意特别火，就过去和老板搭讪，然后帮着搬冰糕和牛奶。看他忙活了半天，老板说，你明天拿一箱产品来试试吧。结果当天卖光了，第二天还来了差不多80%的回头客。魏立华顿时有了很强的信心。

发展到第二年，君乐宝定下的全年销售指标，就已经全部超额完成，1997年，君乐宝销售额突破了1000万元。从2000年开始，君乐宝大力拓展省外市场，销售扩展到河南、山东等地。2001年，袋装活性乳产品的市场占有率位居行业前列，2007年年底推出"红枣"酸奶，2008年又进军东北。这一年，君乐宝在全国酸奶市场做到了第三名。

在魏立华的创业历程中，创新成为一个极其重要的关键词。"做企业就要不断改革创新去解决新问题。如果一味跟风市场，永远不会有突破。"自1995年创立以来，从红枣酸奶开养生类酸奶先河，到"纯享"引高端饮用型酸奶风潮，再到如今"涨芝士啦"创芝士酸奶新品类，君乐宝创造了许多经典产品。

2012年，魏立华和合作伙伴参加中国包装协会的一个代表团，到德国参加国际包装展览会。代表团有几十个人，除了魏立华，几乎每个人都是一下飞机安顿好就立刻出去买婴儿奶粉，一箱一箱拿，有时把药店奶粉都拿光了，当时售货员那异样的眼神深深刺痛了魏立华的心。

之后 15 天的行程中魏立华一张名片都没好意思发。别人问他是做什么的，他也不说是石家庄做奶的。回程途中，魏立华心绪难平，他想着君乐宝一定要在河北做一把奶粉，觉得如果不做的话心里永远会有一种阴影，头无法真正抬起来。

"君乐宝做奶粉不纯粹是为了挣钱，要挣钱做酸奶就已经很好，我们要挣回尊严，不让我们的国人再为了一罐奶粉，不远万里从国外背回来！"魏立华坚定地说。

当魏立华准备做奶粉时，他请来的资深营销专家却并不支持。专家建议他不要在国内做奶粉，更不要在河北做；放弃君乐宝的品牌，在国外注册商标重新生产。魏立华毫不犹豫地拒绝了这位专家的建议。

魏立华说："水到绝境成飞瀑。我们改革开放以来走过的路，不也是在不断爬坡过坎吗？不能遇到困难就趴下。奶粉行业出了问题，就得想办法解决。从哪儿跌倒就要从哪儿爬起，我们做奶粉必须在石家庄做，必须用君乐宝原来的品牌。我们没有退路只能做到，因为我们别无选择。我们要给石家庄老百姓一个交代，给河北老百姓一个交代，给中国人一个交代。"于是在一片反对声中，君乐宝乳业在河北石家庄做起了婴幼儿奶粉。

推进之路筚路蓝缕。让成人接受一种新的酸奶容易，可让父母接受一种新的婴幼儿奶粉非常困难。2014 年 4 月 12 日，君乐宝奶粉上市，因为没有实体渠道愿意卖，只好做网络和电话直营，采取赠送的办法开展推广。一直到年底，君乐宝亏了不少钱。当时有部下亏钱亏得都没脸见魏立华了，但魏立华给他发了一个越南自卫反击战的片子，告诉他："这些战士为了国家民族连性命都可以奉献，咱们就是赔点钱，你怕什么？况且赔的还是我的钱！"

再次被鼓舞的营销团队士气大振，欧盟认证、牧场工厂参观、各类促销活动，可以说是挖空了心思。就在这点点滴滴的努力中，一批批的消费者注意到了君乐宝。上线一个月，销量突破了 600 万元。凭借超高的质量和适中的价格，君乐宝奶粉被不少消费者称为奶粉中的"小米"。

2014 年由于奶粉工厂通过了 IFS 和 BRC 两大国际认证，又投入了足够的资源，君乐宝在当年"双十一"时一举成为天猫销量排行榜中的奶粉品牌。"优质优价"的君乐宝奶粉通过电商渠道打开销路，到了 2015 年下半年，君乐宝奶粉不够卖了，各工厂产能也开满了，第二个投产，并且开始规划第三个。

君乐宝努力做中国乳业的良心、创新和破局者。在一个被看作"不可能"突破的行业，君乐宝凭借真诚在短短三年内做到 12 亿元，成为了国产奶粉"逆袭"成功的经典案例。正是这种真诚，让君乐宝成为国产奶粉成长快的品牌。魏立华坦言，君乐宝今天的成功，正是源于当时的"别无选择别无退路"。

魏立华是一名奋斗 24 年的奶业"老兵"，也是一名 5 年的奶粉业"新兵"，他站在重拾中国奶业信任的风口浪尖，努力成为"中国奶粉业破局者"。

（以上文字摘编自好妞妞食品招商网，2019 年 9 月 17 日）

❖ **案例分析**：2014 年君乐宝乳业开始踏入婴幼儿奶粉业，这对于君乐宝来说相当于"二次创业"。"成功的创业者最初并不是为了创办企业而创办，而是为了要解决一个有意义的问题"，君乐宝总裁魏立华正是秉着一定要改变国家奶粉业低迷的市场行情，为国家奶粉行业做出贡献的虔诚态度，不忘初心，坚定前行。

❖ **思考感悟**：创业者很少会以追求名声作为创业动机，事实上，他们考虑更多的是如何帮助他人解决问题。特别是当遇到特别棘手的问题时，创业者不会过多考虑成功和失败。但只要守初心、敢担当，持之以恒，你也可以是一位成功的创业者。一个成熟的企业，应该将自己的能量融入国家发展的战略图景中，助力社会更好地发展，助力人民美好的生活。我们国家百年目标的实现，是在党的领导下，全民奋斗拼搏、踌躇满志建设社会主义新中国的成果体现。君乐宝也在党的旗帜下，为脱贫事业贡献着自己的一份力量，自2014年以来，已经带领君乐宝乳业取得了累累硕果。

4.2.2 创业者的驱动因素

【箴言警句】给自己留了后路相当于是劝自己不要全力以赴。——王石

创业动机驱动创业行为的产生。根据需求层次理论，准创业者一般会受经济需求激励和社会需求激励而生发创业动机。创业动机的驱动因素主要包括内部因素和外部因素两个方面。

（1）内部因素。

①个性因素。与从事稳定工作相比，在创业的过程中存在的风险和挑战更大，创业者必须承担这些风险和挑战。创业者的雄心壮志、冒险精神较为突出，风险倾向强的个体更容易产生创业动机。所以，拥有强烈的内在热忱，想要打造一个有价值的企业，证明有价值、有雄心壮志的自己，是首要的内部因素。

②认知因素。一方面是个体相信自己能够成功扮演各种创业角色，并完成各项创业环节的信念和自信。创业需要面临很多风险和挑战，当面对挫折的时候，这种自信能影响人们的选择、努力和坚持，同时也影响成功实现目标的信念，这是非常关键的认知变量。另一方面是通过教育和家庭环境的熏陶，认知层次和知识结构各有不同，个体对创业的认知也有不同。对创业认知全面准确，掌握创业基础，驱动力则较强；对创业接触少，认知不够，无法脱离现有的安逸圈，不敢冒险，驱动力则较弱。

③经验因素。对于创业项目熟悉的程度，也是创业动机的驱动因素之一。如果创业者曾接触过、实践过，对项目或技术各环节比较熟悉、有经验，在工作中会比较自信、顺利，驱动性强；如果本身什么都不懂，没经验，则驱动性弱。

④资源因素。个体拥有较多的创业资源，能够增强创业者创业认知的渴望性，对创业认知的可行性也产生积极的正面影响，从而产生创业倾向，想在一个特别好的领域或机遇到来的时候做点什么。个人所能调配的创业资源越多，创业动机越强烈。

（2）外部因素。

①就业压力因素。创业不但可以帮助自己就业，还可以提供更多的就业岗位，帮助更多人就业。大学生择业、下岗职工再就业压力大，家庭生活经济负担重，加之个人需求层次不同，高水平的社会保障可以提高人们的需求层次，由需求层次决定创业动机。

②政府加大创业优惠政策。对于大学生来说，从创业基础课、大赛、创业贷款，到创业孵化基地的扶持、相关政府部门便捷的绿色通道，再到税收和各项费用上的贴息、减免政策等方面，都是在外部环境中对个体的刺激，从而产生创业动机。

③收入水平。创业者作为有理性思维的个体，短期内的收入变化不会对创业者的需求层次产生显著作用，对创业动机的形成没有太大影响；而长期收入提高有利于创业者需求层次的提高，从而影响创业动机的形成。

【引入案例】 为了妹妹和妈妈可以到福州生活

刚刚二十出头的钱金龙是福建省三明市的一位创业青年，他是从肯德基打工开始起步的。他在肯德基从底层的员工做到执行店长，用了两年的时间。这时，他觉得可以开始自己的事业了。

当 2010 年一群企业家创业导师到当地巡讲的时候，为了给他的"超人家族"连锁店进行企业诊断，导师们利用业余时间来到他的店里，了解他的经营情况和经营困难。他提出了一个愿望，他说："我是一个单亲家庭的孩子，我创业的最大愿望就是让妈妈和妹妹可以到福州生活，我的店可以开到福州去。"

"到福州去开店"成了钱金龙最大的愿望，这时虽然他已经在三明市的几个镇上开了 7 家连锁店，但他继续发奋，研发出"潜艇堡"并注册了自己的品牌。

2011 年，在福建省企业家导师的帮助下，他的面积为 400 平方米的"潜艇堡"旗舰店终于如愿在福州开张了！

（以上文字摘编自《大学生创业基础（第 4 版）》，李肖鸣主编，清华大学出版社）

❖ **案例分析**：钱金龙的创业行为就是受他要改变命运、改变生活状态的动机所驱动，加上要承担起"要为妈妈和妹妹创造美好生活"的男子汉责任感，他才克服了重重困难，事业越做越大。

❖ **思考感悟**：创业是寻找、评估和开发机会，以生产未来所需的产品或服务的过程，这一过程会受到人的动机影响。

4.2.3 做好创业者的准备

【箴言警句】 惟事事，乃其有备，有备无患。——《尚书·说命中》

（1）做好心理的准备。创业不是一时之念，而是一场持久的心理战。创业者在开始进行创业之前，要做好"持久战"的心理准备。找准项目，整合好自身资源，大胆进行尝试，将眼光放长远。创业初期，首先要能承受"生活质量与水准偏低"的心理准备。其次，创业者要准备好"吃大苦耐大劳"的心理准备。创业过程不可能一帆风顺，偶遇困难与失败的时候要有不退缩、不达目的不罢休的斗志。

（2）做好保持个人主见的准备。这是创业者必备素质之一。在创业的过程中，不免会有各种不同的说法与意见，不可人云亦云，亦不可盲目照搬。此时应当保持镇定，认认真真地做好自己的事情，切勿左右摇摆。商场如战场，创业者面对竞争的残酷，要时刻保密经营中的战略战术，不可随意报出自己的商业机密。成功模式是不可重复的，只有找出一条适合自己的路，踏踏实实走好每一步才是实现自我价值的方法。如果你今天看到别人说创业不好，明天看到别人创业失败就心里气馁，那就不要创业了。

（3）做好筹备团队的准备。团队的力量是不可阻挡的。任何一个企业都需要靠一个团结的队伍协调完成工作。团队伙伴要同心协力，要有一个统一的价值核心理念，注重发挥个人的特长与作用。每一个创业者不是一个人在创业，背后必定有一个团队在支持，发挥团队的作用。

创业初期，在实力还不够稳固的情况下，要有相对稳定的团队。在开始创业的时候，要积极储备人才，每个人在社会中只有通过自身的努力才能获得稳固的位置。招兵买马是企业进步的源泉之一，企业要通过优秀的团队来巩固未来事业的发展。经过时间的洗礼，等到商业项目相对成熟之后，再扩展合作关系，有利于项目站稳脚跟。

（4）做好持续学习的准备。如今的社会发展变化迅猛，每天都有许多新事物、新名词涌现。国家各种政策、法律法规、财经资讯、互联网络、尖端技术等层出不穷，不断变革创新。所以，创业者要时刻保持进步，紧跟时代步伐，不断接受新观念、新事物，不断学习新理论、新技能，这样才能在创业路上少受磨难。

（5）做好失败的准备。创业是存在竞争关系的，"无竞争不市场"，有竞争才会有正向循环。所以，创业者需凭借满腹的激情与满脑的想象力，让自己在创业的过程中能够保持一种干劲与活力，并能够时时自发地鼓励自己、安慰自己。创业风险无处不在，当你在创业某一环节遭遇困难或资源不足时，在做好失败准备的同时，还要奋力一搏，保持希望与梦想才能渡过难关。

（6）做好拥有健康身体的准备。开拓事业要有健康的身体素质与良好的精神状态作为后盾。创业者保持良好的生活习惯与健康的饮食习惯是有力的保证。在工作较忙，没有规律的情况下，要时常关注自身的身体与精神状态，才能有效安排工作的行程，蓄势待发。

（7）做好筹措资金的准备。首先是启动资金，创业者一定要遵循从小到大的原则，盈利稳定一年以上，逐步扩展。其次，如果你想要扩大规模或开连锁店，其中需要多少资金，根据你自己的规模计算即可。不管你在哪一轮找投资人，都要拿出切实可行的融资方案。需要特别注意的是，别在缺钱的时候才去找钱。

【引入案例】 海尔集团进入美国市场案例

海尔集团是世界白色家电第一品牌、中国最具价值品牌（白色家电是对家电的一种分类的具体类别名称。白色家电是指可以改善生活环境、提高物质生活水平、替代人们家务劳动的电器产品，如空调、洗衣机、电冰箱等产品。早期这些家电大多是白色的外观，因此得名"白色家电"。目前中国是世界上最大的白色家电生产基地）。2008 年，世界著名消费市场研究机构发布的数据显示，海尔在世界白色家电品牌中排名第一。全球市场占有率为 5.1%，这是中国白色家电首次成为全球第一品牌。同时，海尔冰箱、海尔洗衣机分别以 10.4%与 8.4%的全球市场占有率，在行业中均排名第一。在智能家居集成、网络家电、数字化大规模集成电路、新材料等技术领域，海尔也处于世界领先水平。"创新驱动型"的海尔致力于向全球消费者提供满足需求的解决方案，实现企业与用户之间的双赢。

在海尔集团深入海外调查中发现，随着美国人家庭结构的改变，人口的数量越来越少，人们开始喜欢使用小型冷柜。一些留学生、单身人士也喜欢使用小冷柜。

海尔所做的环境分析有：

（1）政治法律环境，主要分析了国际关系、政策及法律环境。

（2）经济环境，主要分析了国家经济形势与经济发展水平、消费结构及市场、人口结构。

（3）社会文化环境，主要分析了美国传统的文化及当下美国社会的普遍现象。

（4）物质技术环境，主要分析了海尔自身在技术上的追求，美国对环保和节能的要求及海尔的应对策略。

海尔用小型冰箱作为敲门砖，成功地进入了极其复杂、难度很大但又充满机遇的美国市场，并在美国多地建设设计中心、营销中心、制造中心，迈出了企业国际化的重要一步，对中国乃至世界家电业产生了深远的影响。

（以上文字摘编自百度文库，2011 年 12 月 29 日）

❖ **案例分析**：海尔在进入美国市场前进行了全面、充分的调研和分析，从了解美国市场现状到深入剖析市场，最后成功进入美国市场，重要的一点就是不打无准备之仗。

❖ **思考感悟**：通过海尔集团的案例，你做好了哪些创业者的准备？

子任务 4.3　提升创业者素质

【考核指标】

❖ **理论指标**：明确创业者须具备 5 项素质。
❖ **实践指标**：能够按照 4 个路径有意识地提升创业者素质。

4.3.1　创业者应具备的能力素质

【箴言警句】我认为做企业要有这些素质，特别在中国市场上，那就是诗人的想象力、科学家的敏锐、哲学家的头脑、战略家的本领。——宗庆后

什么样的人能够成为一个成功的企业家？或者说一个小企业的创业者应具备哪些素质？一般来说，要成为一名成功的创业者，应具备以下素质：

（1）执行力。创业相当于自己管自己，项目筹备如何，进展到哪个阶段等问题，都需要创业者极强的执行力。作为一名创业者，如果对于自己的想法不敢去执行的话，那就会直接影响到创业的成败。很多时候，创业者去执行一个错误的决策都会比不敢尝试要好得多，因为只有在失败中才能够发现自己存在的不足之处，然后不断纠正和完善，企业才能得到发展。不过，如果执行的是一个完美的决策，这时创业者还拖泥带水的话，往往会错过一个大好时机。

（2）自律能力。你要求员工为企业兢兢业业工作，而你自己却是个三天打鱼两天晒网的人，监督者自己不自律，那么员工即使是为了自己，也很难严格要求自己、有效完成工作，即使进行再简单的创业项目也无法成事。这就要求创业者要有极大的自制力及自律性。具备自律能力的人，他对事件进展有比较清楚的认知，对自身的能力培养也有较清晰的计划。

（3）思考能力。在创业中，遇到的问题会很多，单纯地去执行解决是不行的。管理者需要思考问题的症结在哪儿，抓住事物的本质，才能彻底解决问题。抑或在经营阶段，只有目光长远，才能带领公司和团队走得更高、更远。因而，创业者需要具备思考的素质。

（4）适应能力。适应能力对于任何人来说都很重要，如果一个人没有适应能力，那么在任何企业都无法待下去，毕竟每个企业或多或少都会出现让自己看不惯的事情。而对于创业者来说，适应能力就显得更加重要了，因为创业者要接触的人、场合会很多，人多事就多，可能与你向往的氛围和谐、关系融洽的公司内部环境相差很远，甚至有时会毫无征兆将一个行业的发展前景毁掉，这时就需要考验创业者的适应能力和有效解决问题的能力了。

（5）沟通能力。俗话说"没有完全一样的两片叶子"，在人们的交往过程中，也没有完

全一样的人。沟通成了必不可少的交流方式，毕竟大家无法做到心有灵犀，个人意愿在多数情况下是无法从一个眼神或者是肢体动作体现出来的，这时必定需要进行沟通。对此很多创业者都深有体会，无论是在团队合作方面，还是在寻求合作伙伴方面，都需要创业者不断进行沟通。当然，并不是沟通就一定能够将事情办成的，还得看创业者的沟通能力了。只有将自己的表达和沟通能力练好，在事业上才更容易取得成功。

【引入案例】 史玉柱案例

脑白金创始人史玉柱，1962年9月出生于安徽省蚌埠市怀远县，商人、企业家。1984年从浙江大学数学系本科毕业，分配至安徽省统计局工作。1989年深圳大学软件科学系（数学系）研究生毕业后，随即下海创业。1991年在广东省珠海市创办珠海巨人高科技集团。1994年投资保健品，第一个产品是"脑黄金"。1995年，史玉柱被《福布斯》列为中国大陆富豪第8位。1997年在江苏等地推出保健品"脑白金"，大获成功并迅速推广至全国。2009年3月12日，福布斯全球富豪排行榜，史玉柱以15亿美元居第468位，在中国大陆排名第14位。2012年，在《财富》中国最具影响力的50位商界领袖排行榜中排名第22位。

作为早期创业的企业家，史玉柱对创业者说出了以下经验：
- 创业，我觉得核心问题是精神的东西，物质上的东西是次要的。
- 失败是最大的财富。
- 一旦有了机会要把握住，把这个机会充分扩大。
- 创业的时候不要蛮干，要巧干。
- 少睡觉，牺牲休假，玩命干。
- 90%的困难你今天都没有看到，你根本不知道那是困难。
- 你的胸怀有多大，你的事业就有多大。
- 一个强势的人必须受到制约，这种人就一定要靠制度。
- 平时不需要魄力，但是一旦出现巨大的商机，你必须施展你的魄力。
- 一个企业应该从小开始做事就要规范，哪怕影响了发展速度。

（以上文字摘编自百度文库，2020年5月1日）

❖ **案例分析**：史玉柱作为营销界的怪才，擅长用自己创业创富（创造财富）的能力素质涉足众多领域。

❖ **思考感悟**：创业者应对自己的能力素质认知清楚，运用好能力从而更好地创业。

4.3.2 创业者能力素质提升路径

【箴言警句】要敢于面对自己的缺点，不断改进才能不断提升。——郭广昌

（1）认真学习相关知识。知识可以促进素质与能力的提升和发展。任何素质与能力的提升都是在掌握和运用知识的过程中完成的，创业素质与能力也不例外。在学习文化专业知识的过程中，认真思考，吸取前人的经验，同时也锻炼了自己综合分析问题的能力。知识的学习是将学习、思考与实践结合起来，经过自己的消化、吸收，转化为运用知识的手段和本领，进而为创业素质和能力的形成与提升打下坚实的基础。

（2）积极参与社会实践。实践是提升创业素质与能力最有效的途径。大学生可以利用课余时间进行尝试性、见习性的创业实践活动，既可以参与别人的创业活动，也可以自己投入一些小资本实践自己的创业想法；既可以参加创业情境模拟，进行有关创业活动的情景体验、知识产品推销、应聘面试等，也可以利用实习进行创业实践训练。实习期间大学生不仅要训练提高自己的专业技能，更要有意识地培养经营管理方面的能力，以及掌握销售方面的技巧。在时间允许的情况下建议多选修一些公共课。

（3）对创业成功人士进行访谈。直接向创业成功人士进行请教，特别是你想进入的某一领域中的成功人士，听听他们对创业的体会与建议，学习他们成功创业的经验，能有针对性地培养和提升自己的创业素质和能力。当然我们必须清醒地认识到，创业素质与能力的提升不是一蹴而就的事情，大学生应在日常生活与实践中有意识地学习，使自己逐渐成长起来。

（4）创业者从不放弃。因为初涉创业的人，很少首次创业就能获得成功。为了创造持久且有价值的产品或服务，创业者通常需要多年的努力，长时间保持专注，以及具有勇于奉献的精神才能获得成功。你必须明白一点，创业只是成功的一个起点而已。对于创业者来说，需要全身心专注在一件事上，不管这件事是否存在，都要坚持不懈，把它变成现实。

【引入案例】 俞敏洪的创业案例

在北京大学国家发展研究院万众楼，新东方教育科技集团董事长兼首席执行官俞敏洪与北大国际师生分享了他所理解的企业家精神，以及他所经历的创业之路。

■ 底线不可破，诚信不可丢

创业没有贵贱，但不代表没有原则，尤其是诚信的底线决不能突破。新东方能成功走出"浑水事件"，凭借的就是诚信。在创业的路上，你会遇到各种危机，尤其是准入门槛很低的行业，意味着你的对手既有狼也有老鼠。企业不守底线，就是自取灭亡，只是时间早晚而已。

■ 企业家精神的四个维度

（1）冒险精神。创业没有百分之百的保险，准备创业就意味着你要准备接受90%的失败。创业是生活方式的博弈，要计算你现在和将来稳定预期的东西，换成创业的风险和收益值不值。创业前还要简单权衡一下你是否输得起。

（2）越挫越勇。在创业的路上，成功与失败是孪生兄弟，普通人遭遇挫折容易一蹶不振，但企业家会从挫折和危机中努力寻找机会，波折反而容易激起他们的兴奋点，平淡反而是他们难以接受的。

（3）团队精神。创业企业家一定是个人英雄，但绝不能犯个人英雄主义。个人英雄和个人英雄主义的共同点是都有极强的个人能力，但绝对不同的是，个人英雄有容乃大，广纳英才为我所用，有强烈的团队精神。

（4）创新精神。创新与创业一样，不求惊天动地，只要在原有基础上有所改动就是创新。创新如水，水随万物而变，可结冰、化雨，可环山、入海。

企业家如果有余力，还应积极承担社会责任。

（以上文字摘编自《致富时代》，2013年01期）

❖ **案例分析**：真正的企业家本质上都是有理想的人，而提升创业者能力和素质的目的不仅仅是追求财富。所以，创业者需要在能力和素质的提升途径中强化自身创业能力以及应对挫折和风险的能力。

❖ **思考感悟**：企业家没有理想，企业就没有文化，没有文化的企业无异于冰冷的商业机器，最终会被社会淘汰。

实践训练　完成自我评估小测试

【**训练要求**】以个人为单位，进行自我认知、自我评估小测试，看看你是否符合创业者特质。

大学生创业者个人特质自我测评

本测评没有对错，要求你实事求是地回答，在符合你的情况或接近情况的答案上做标记。

1. a. 不用别人告诉我做什么，我会独立完成一些事情。
   b. 如果有人告诉我做什么，我会顺利完成一些事情。
   c. 尽管事情很简单，但除非是我必须要做的，否则我不会去做。
2. a. 我喜欢与人交往，愿意与任何人进行沟通。
   b. 我有很多的朋友，我不需要再与其他人沟通了。
   c. 我认为与其他人交往非常麻烦。
3. a. 当开始做事的时候，我会与别人一起合作。
   b. 我会让其他人去做，如果喜欢，我会与别人合作。
   c. 我会让其他人去做，我不愿意和其他人一起做事情。
4. a. 我愿意负责事情。
   b. 如果必须要我做，我会负责的，但是我更愿意让他人负责。
   c. 周围总有人愿意显示他们的聪明，就让他们去负责吧。
5. a. 我喜欢在事情开始前做计划。我经常将事情安排得井然有序。
   b. 我会做好大多数的事情，如果太困难，我就会放弃。
   c. 如果有人安排和处理整件事情，我就随遇而安了。
6. a. 只要是我需要做的事情，我不介意为此而努力工作。
   b. 我会努力工作一段时间。
   c. 我不会为了有成就就去努力工作的。
7. a. 我能很快地做出决定，并且大多数都是对的。
   b. 如果我有足够多的时间，我就能够做出决定。
   c. 我不喜欢做决定，因为我经常做出错误的决定。
8. a. 人们相信我说的，我从来不说谎话。
   b. 我大多数时间都讲真话，但有些时候却做不到。
   c. 我经常说谎话。
9. a. 如果我决定做什么事情，就不会让任何事情阻止我。
   b. 如果没有其他的事情干扰，我通常会完成我的事情。
   c. 我经常会改变方向或者放弃。
10. a. 我的健康状况非常好，我几乎不生病。
    b. 我有足够的精力去做我想做的事情。
    c. 在我的朋友看来，我的身体非常不好。

测评结果说明：

1. 多数选择是 a，例如 7~10 个：你是个优秀的创业者。

2. 少数选择是 a，多数选择是 b，例如小于 7 个 a 或者 7~10 个 b：独自创办企业，你可能会遭遇很多困难。建议寻找一个或两个能够弥补劣势的合作者。

3. 大多数选择是 c，例如 7~10 个：目前你不适合创办和经营企业，如果你希望创办企业，那么需要努力提高个人的创业素质。另外，你也可以先在一个企业里工作或从事其他你更感兴趣的工作。总之，不要气馁！

（以上文字摘编自《大学生 KAB 创业基础（教师用书）》，高等教育出版社）

课后习题

一、单项选择题

1. 以下属于企业成长的外部环境驱动因素的是（　　）。
   A. 创业者的雄心壮志　　　　　　　　B. 投资人对资本回报的需求
   C. 员工的需求　　　　　　　　　　　D. 竞争的驱动

2. 创业者拥有三种自由但不包括（　　）。
   A. 政策自由　　　B. 财务自由　　　C. 时间自由　　　D. 决策自由

3. 从创业者创业背景和动机看，创业的类型不包括（　　）。
   A. 生存型　　　　B. 主动型　　　　C. 机会型　　　　D. 传统型

4. （　　）不是创业者必须具备的能力。
   A. 自我执行能力　B. 组织管理能力　C. 开拓创新能力　D. 人际协调能力

5. （　　）会驱动创业行为的产生。
   A. 创业者的动机　B. 市场行情　　　C. 社会环境　　　D. 资金链

二、判断题

1. 沟通能力是指沟通者所具备的能胜任沟通工作的优良主观条件。（　　）

2. 执行能力是指团队内部员工贯彻团队战略思路、方针、政策和计划的操作能力和实践能力。（　　）

3. 团队是指互助互利、团结一致，为统一目标和标准而坚毅奋斗的一群人。（　　）

4. 做一名创业者，准备钱就可以了。（　　）

5. 某同学性格内向，一定不适合创业。（　　）

三、简答题

1. 简述就业者与创业者的主要区别。
2. 请简单说明你是哪种类型的创业者，优势和劣势分别是什么。
3. 请简单说明你的创业动机是什么。

延伸阅读　沉默寡言的创业者

很多大学生担心一个问题：性格内向是否不适合创业？其实，尽管性格会影响创业，但性格并不是决定能否创业的标准。因为人的性格是可以改变和重新塑造的,只要扬长避短,发挥优势,性格内向者同样可以创业。

20世纪80年代中期,在美国圣路易斯附近的一座小城,一个沉默寡言的年轻人在他父亲的办公桌前一坐就是几个小时。他在用一台老式的IBM个人电脑自学编程。当时,这个男孩正试图做一幅纽约生活地图。从小他就对纽约的城市风情着迷,那里的汽车声、人声和商业区的喧闹声使城市鲜活,也令幼小的他无比向往。他想把这一切都搬到电脑上,于是,他开始照着纸质版地图的街道和街区在电脑上一步一步描绘,然后用浮点给繁华的街道做标记。这个男孩此时所做的事情,后来促成了一个知名网站——Twitter。这个年轻人就是这个网站的创始人——杰克·多西(Jack Dorsey)。

(以上文字摘编自《大学生创业基础》,李爱卿主编,清华大学出版社)

❖ **思考与讨论**:你身边有这样内向的人吗?或者假设你自己就是个内向的人,以个人为单位,分析内向性格作为创业者的优势是什么。

任务5 组建创业团队

【要点总括】

❖ **思政要点**:培养团队合作意识、集体主义观、团队正确价值观、对团队的贡献力。
❖ **理论要点**:

(1) 认知创业团队;
(2) 明确创业团队的重要性;
(3) 掌握创业团队的组建原则和组建流程。

❖ **技能要点**:组建创业团队。

【引入案例】 中国大学生创业第一家——视美乐

创业者背景

王科,清华大学自动化系1999年应届本科毕业生,视美乐公司的法人代表;邱虹云,清华大学自动化系本科三年级学生,也是1998年全国挑战杯课外科技作品大赛唯一的特等奖得主,视美乐公司技术总监;慕岩,清华大学研究生,创业者协会创办人之一;杨锦方,清华大学研究生,第二届创业计划大赛会长;徐中,清华大学经济管理学院在读MBA(工商管理硕士),公司的内部管理者。当王科看到参加大赛的邱虹云介绍集光学、机械和电子学于一体的成果后,以其在企业工作的经验,认定这个产品前景一定十分可观,于是便找到慕、杨二人商议,决定说服拟将技术以几十万元转让的邱虹云,共同创办公司,北京视美乐科技发展有限公司宣告成立。

诱人的科研成果

视美乐的主要产品——多媒体超大屏幕投影,是一种集光学、电子学、机械等多领域专利合成技术的创新型高技术产品。其投影的清晰度比当时数字电视机要高出1倍,其50~150英寸的可调屏幕更有其独到之处,价格却只是当时同等性能产品市场价12万元的1/6。传统的影音设备提供商都有高档大屏幕显示设备,邱虹云却运用自己独特的思路解决光路问题，不仅使具有同等性能的产品价格下降很多，而且产品设计中使用了破坏性结构，使模仿和拆解都较为困难，因而大大增强了产品的市场壁垒作用，使产品的技术风险和市场风险降低到最低限度。

创业团队至关重要

1999年8月，公司顺利入驻清华科技园下属的创业园，成为首批入驻企业之一。在那里，视美乐公司能够享用更加优良的硬件设施和专业中介机构的咨询与管理服务。

如果说商业敏感使王科及时抓住了商业机会的苗头，那么商业才华的再次显示就是他组织起一个创业的核心团队——在把技术核心邱虹云拉下"海"后，王科开始寻找管理人才，这样的认识和人力资源积累也源于创业计划竞赛。两周后，上届创业竞赛的活跃分子清华大学经济管理学院MBA班班长徐中也加入了进来。

（以上文字摘编自《创新创业指导与训练》，陈承欢等编著，电子工业出版社）

❖ **案例分析：**

（1）发自内心的强烈的创业冲动、坚韧不拔的意志品质、良好的心理素质，是成功的三要素。同时，凝聚人才的能力对渡过创业险滩也至关重要。

（2）视美乐的初步成功，最大的成功甚至不是产品，而是精诚合作的团队。发明出投影机的"清华爱迪生"邱虹云、融资专家王科、在企业工作6年后到清华大学读MBA（工商管理硕士）的徐中，三人黄金组合是一步步磨合出来的。

❖ **延伸问题：** 你是否也想组建创业团队？你心目中的创业团队有哪些特质，怎么才能实现？

子任务 5.1　认知创业团队

【考核指标】

❖ **理论指标：**

（1）认知创业团队的2个概念；
（2）掌握创业团队形成的4个条件；
（3）了解创业团队5大要素。

❖ **实践指标：** 能够按照创业团队5大要素内容做出小组团队规划设计。

5.1.1　创业团队的定义

【箴言警句】企业发展就是要发展一批狼。狼有三大特性：一是敏锐的嗅觉；二是不屈不挠、奋不顾身的进攻精神；三是群体奋斗的意识。——任正非

创业也许一个人就能开始，但非一人能将其发展下去。创业团队对创业成功和企业发展起着至关重要的作用。没有一个优秀的团队，再完美的创业计划、商业模式也无济于事。所以，创业最重要的是团队，其次才是产品，有好的团队才有可能做出好的产品。

（1）团队的概念。管理学家斯蒂芬·P. 罗宾斯认为：团队就是由两个或者两个以上的、相互作用、相互依赖的个体，为了特定目标而按照一定规则结合在一起的组织。团队是由基层和管理层人员组成的一个共同体，有共同理想目标，愿意责任共担、荣辱共享，它合理利

用每一个成员的知识和技能协同工作,在团队发展过程中,经过长期的学习、磨合、调整和创新,形成主动、高效、合作且有创意的团队,解决问题,达到共同的、高品质的目标。一个班级可以成为团队,一个寝室、一个家庭、一个旅行团的成员都可以称为团队(或团体)。

(2)创业团队的概念。创业团队不同于上述团体,是由技能互补、责任共担、价值观一致,为达到高品质的创业结果而努力的集体。各成员在行为上形成彼此影响的交互作用;在心理上与其他成员存在相互归属感和团队协作意识。这种集体存在于企业之中,因创业的关系而连接起来,却又超乎个人、领导和组织之外。

【引入案例】 打造高绩效创业团队

华为技术有限公司是一家总部位于广东深圳的生产销售电信设备的员工持股的民营科技公司,于 1988 年成立于深圳,是电信网络解决方案供应商。华为从一个注册资金 21000元、员工 14 人的小型民间企业,发展到 2018 年员工 18.8 万人、销售额近 7000 亿元人民币的跨国公司,被业界奉为"神话"。

华为通过一种团队精神把这样的一个巨大公司团结起来,而且使企业充满活力。华为的这种团队精神就是狼性。华为非常崇尚"狼",认为狼是企业学习的榜样,要向狼学习"狼性",狼性永远不会过时。华为总裁任正非在他的一次题为《华为的红旗到底能打多久》的讲话中提到:发展中的企业犹如一只饥饿的野狼。狼有最显著的三大特性:一是敏锐的嗅觉;二是不屈不挠、奋不顾身、永不疲倦的进攻精神;三是群体奋斗的意识。

敏锐的嗅觉:在华为表现为对市场的快速反馈和对危机的特别警觉。为了实现企业对市场的快速扩张,公司团队不断发动一轮又一轮的凶猛进攻,攻城略地,不断占领竞争对手的领地。

勇往直前的进攻精神:华为从管理层到各个团队成员,都保持对市场发展和客户需要的高度敏感性,保持对市场变化的快速反应和极强的行动能力,保持强大而坚定的信念并且在运转过程中表现出高效率的团队协同作战精神。

群体奋斗:在华为体现为忠诚、勇敢、团结、服从,而其中最为重要的是团结合作的精神。与对手过招的,远不止前沿阵地上的几个冲锋队员,这些人的背后是一个强大的后援团队,他们有的负责技术方案设计,有的负责外围关系拓展,有的甚至已经打入了竞争对手内部。一旦前方需要,马上就会有人来增援。

华为正是通过"狼性"这些特点来保持团队的高效性,提高了华为人战斗力和团队协作能力,使华为人为了共同的目标而共同努力,去完成每一次的进攻。正是华为的这种独具特色的文化塑造了华为的核心竞争力,华为也是通过这种"狼性"文化打造出了高绩效团队。

❖ **案例分析**:尽管创业者个人对创业活动成败起到了决定性作用,但多数创业活动中,特别是高成长性的创业活动,是由创业团队决定的。任正非深知创业团队对于企业来说,在企业的落地和发展中起到的作用不可替代,并且用独特的企业文化来塑造高绩效团队。

❖ **思考感悟**:创业不仅要了解什么是创业团队,而且要知道怎样形成团队,以及如何提升团队的战斗力。

5.1.2 创业团队的形成

【箴言警句】我自己是个软件工程师,而我决定要找一群人来一起工作,这群人经过一段时间的成长,创造出越来越多的产品。——比尔·盖茨优秀创业团队具有的基本因素包括：一个胜任的团队带头人；彼此十分熟悉，能够相互很好地配合的团队成员；创业所必需的足够的相关技能。创业团队的形成有以下几点原因：

（1）个人所拥有的资源有限，创业团队则聚集了多人的资源，使得创业成功概率大为增加。也就是说，创业团队的组建是为了创业所需要的资源。单个创业者所拥有的资源是有限的，创业需要更多的资源，这时就要寻找能够带给其缺乏的资源的合作者。

（2）个人可利用的时间有限。一天24小时，在有限的工作时间内，如果一人创业，能做完、做精的事情屈指可数。这时需要团队来协作完成工作，提升效率，在有限的时间内可以完成更多高质量的工作。企业的发展速度一旦不能跟上用户需求和时代的节奏，那么有可能在项目还没做起来，就被同行业或新生企业所挤掉。好的团队可以把很一般的项目做得很好，但一个人，就算再好的项目可能也做不起来。

（3）个人能力或专业技能有限。所谓术业有专攻，在创业的过程中，会面临各种各样的难题，这就需要不同专业的人来解决不同的事情。著名投资人徐小平曾说"不要做自己不擅长的事"。每个人修的专业不同，让专业的人做擅长的事，是团队有效协调工作的基本保证。在创业初期虽然不需要期待太棒的团队，但必须有一两个可以补充你核心不足的人。

（4）人与人之间的吸引。人与人之间的相互吸引可能是由于他们之间的血缘关系，或者是有着共同的理想、兴趣、爱好、职业愿景等，这并不排除由于个人魅力吸引他人而走到一起，促使创业团队能够形成"1+1＞2"的效果。

【引入案例】 腾讯团队的秘诀

在中国，腾讯公司因为其著名的产品QQ而家喻户晓，但也许很少有人知道这个公司的创业团队是怎么组建的。

1998年深秋，马化腾与他的同窗张志东合伙注册了深圳腾讯计算机系统有限公司。之后，公司又吸纳了3位股东：曾李青、许晨晔和陈一丹。

为避免彼此争夺权力，马化腾在创立腾讯之初就和4个伙伴将职责分清楚，各展所长、各管一摊：马化腾是CEO（首席执行官），张志东是CTO（首席技术官），曾李青是COO（首席运营官），许晨晔是CIO（首席信息官），陈一丹是CAO（首席行政官）。直到如今，其中4个还在公司一线，只有COO曾李青挂着终身顾问的虚职而退休。创业之初，这5个人一共凑了50万元，虽然主要资金是由马化腾所出，但他却自愿把所占股份降低到一半以下的47.5%。"要他们的总和比我多一点点，不要形成一种垄断、独裁的局面。"而同时，他自己又一定要出主要的资金，占大股。"如果没有一个主心骨，股份大家平分，到时候肯定会出问题，同样完蛋。"

后来，马化腾在接受多家媒体的联合采访时承认，他最开始也考虑过和张志东、曾李青3个人均分股份的方法，但最后还是采取了5人创业团队，根据分工占据不同的股份结构的策略。即便是后来有人想加钱、占更大的股份，马化腾说不行，"根据我对你能力的判断，你不适合拿更多的股份"。因为在马化腾看来，未来的潜力要和应有的股份匹配，不匹配就要出问题。如果拿大股份的不干事，干事的股份又少，矛盾就会发生。

（以上文字摘编自搜狐网，2019年3月18日）

❖ **案例分析**：不同的团队成员在团队中扮演着不同的角色。在中国的民营企业中，能够像马化腾这样,选择性格不同、各有特长的人组成一个创业团队,并在成功开拓局面后还能依旧保持长期默契合作,是很难得的。马化腾的成功之处,就在于他从一开始就很好地设计了创业团队的责、权、利。能力越大,责任越大,权力越大,收益也就越大。

❖ **思考感悟**:一个成功的创业团队,成员之间必然是一种非常合理的优势互补关系。腾讯事业的成功同这个团队的成功无疑有着密切关系。

5.1.3 创业团队的要素

【箴言警句】为了进行斗争,我们必须把我们的一切力量拧成一股绳,并使这些力量集中在同一个攻击点上。——恩格斯

任何团队都包括 5 个必不可少的要素,即目标、定位、权限、计划、人员,简称"5P"。对于创业团队来说,更要明确这些要素,以加强企业的凝聚力和抗风险能力。

(1)目标(Purpose)。我们日常学习、生活、工作都有小团体,每个团体都有目标,创业团队也不例外,它可以被看成一个特殊的项目团队。创业目标使我们明白为什么要建立团队以及希望通过它达到什么样的目的,为团队成员导航,知道要向何处进发。团队的目标一定要具体化,不能仅凭一个好的创意而冲动创业。如果没有目标,这个团队就没有存在的价值。

(2)定位(Place)。即团队的定位,若让来自不同领域的人真正成为更具合作性的团队伙伴,就要打破传统定位的惯性思维。具体来说,包含两个层次:

①团队层次定位。即确定创业团队在企业中处于什么位置,由谁选择和决定团队的成员,团队最终应对谁负责,采取何种措施激励团队成员等。

②成员层次定位。即确定成员在创业团队中扮演的具体角色,将他们安置到创业组织中,使得人尽其才,在其位、谋其政、尽其用。

(3)权限(Power)。创业团队的工作范围涵盖企业活动的各个领域,且影响新创企业的现状和未来的成败,所以创业团队的权限往往比较大,这就更加要求创业团队成员的权限一定要明确。团队当中领导人的权力大小跟团队的发展阶段相关。一般来说,团队越成熟,领导者所拥有的权力相应越小。而在团队发展的初期阶段领导权是相对比较集中的。但一定要避免权限的重叠和交叉,确保成员之间顺畅地沟通与协调。

(4)计划(Plan)。这关系到目标最终的实现。确定职责和权限之后,需要一系列具体的行动方案,明确成员之间如何进行有效的分工合作,可以把计划理解成目标的具体工作程序。创业团队的计划与创业计划不一样,它包括创业团队的领导和公司规模、领导职位设立的方式、团队领导者和各成员的职责与权限等内容。在计划制订前应在创业团队各成员间开展广泛的讨论,才能保证后期的顺利实施。

(5)人(People)。人是构成团队要素中最核心的力量,创业能否获得成功最终还是取决于人员本身。2 个及以上的人就可以构成团队。目标是通过人员具体实现的,所以初创时期非常重要的一项工作就是选择和确定团队人员。在选人时,要认真细致地从多方面考察候选人,内容大致包括候选人的技能、学识、经验和才干。更重要的是以上这些要素尽量符合团队的目标、定位、职权和计划要求。一个优秀的创业团队不仅是多名优秀的人的简单集合,更是能够产生协同作用的人员的合理搭配。在一个团队中,成员各司其职。创业团队成员之间既要注重知识与能力的匹配,又要关注价值的统一。

唐太宗选人

唐太宗在选人用人上采取"因职择人，量才而用"的原则。他了解每个大臣的长处和短处，把他们任用到最合适的位置上去。他曾点评众臣说：长孙无忌善避嫌疑，对待事物反应敏锐，决断事理，古人不及；而带兵攻战，就不是他的长处了。高士廉涉猎古今，心术明达，临难不改其节，当官无朋党，是其优点，但缺乏的是不能直言进谏。唐俭言辞犀利敏捷，善解人意。杨师道品行纯和，严于律己，但性格却有些懦弱，缓急不可得力。岑文本性敦厚，很有文采，引经据典，无人能及。马周见事敏速，性格忠贞，品论人物，直道而言，治理政事，多能称意……

在了解了这些大臣的优缺点后，唐太宗做到了知人善用：高士廉公正无私，不结朋党，唐太宗便任其为礼部尚书；岑文本长于文章，供职于中书省；杨师道平和忠诚，被奉为侍中，随传左右；刘洎秉性贤贞，热心公益之事，即授工部尚书；马周治吏颇有心得，才堪大用，遂破格提拔，十多年间，从一介布衣提升至宰相；魏徵以其性直充当诤谏之臣；李靖以其骁勇执掌军事。唐太宗的人事安排非常恰当，即使有人没有被授予职务，也毫无怨言，认为该位置上的官员的相关能力的确比自己强。

（以上文字摘编自《创业是一种信仰》，陈麒宇著，中国财富出版社）

❖ **案例分析**：在创业中，"人"是不可或缺的创业要素。从上述案例中可以看出，唐太宗手下的人并不是绝对优秀的人，有长处的同时也有着不足之处，但是唐太宗并没有因此而弃之不用，将他们构建成团队，将合适的人放在合适的位置，在发挥个人特长的同时也增强了团队的作用，最终开创了"贞观之治"的繁荣局面。

❖ **思考感悟**：知人善用、人岗匹配，是发挥团队作用的关键。

子任务 5.2　创业团队及其重要性

【考核指标】

❖ **理论指标**：
（1）了解创业团队重要性的 3 项指标；
（2）明确创业团队的 4 个功能；
（3）掌握创业团队的 2 种类型。

❖ **实践指标**：能够正确分析创业团队的 5 点优势和 4 点劣势。

5.2.1　创业团队的功能

【箴言警句】一朵鲜花打扮不出美丽的春天，一个人先进总是单枪匹马，众人先进才能移山填海。——雷锋

现代企业，创业者在注册公司前就应该组建创业团队。一个好的创业团队对企业的成功起着举足轻重的作用。

（1）创业成功率高。一个人的力量总是没有多人合作更能创造更大的力量。对于创业来

说，我们也需要团队的支持，这样成功的可能性会更大。

（2）帮助企业渡过难关。一个喜欢独立奋斗的创业者可以谋生，然而一个团队的营造者却能够创建出一个组织或一个公司，而且是一个能够创造重要价值并有收益选择权的公司。创业团队的凝聚力、合作精神、立足长远目标的敬业精神会帮助企业度过危难时刻，加快成长步伐。

（3）降低风险和提升管理水平。团队成员之间的互补、协调以及与创业者之间的补充和平衡，对创新科技型企业起到了降低管理风险、提高管理水平的作用。

（4）影响企业生存。团队成员在创业过程中依靠个人素质，以及不同经历、能力和资源控制水平，影响其团队或企业的生存状况。

【引入案例】吴越利用团队共渡难关案例

吴越通过多年打拼终于创建了属于自己的公司。然而，公司成立不久便因管理不善而负债累累。当时，他的公司平均每月亏损约 10 万元，而银行还有 100 多万元的贷款。

吴越苦苦地支撑着。为了改变这一现状，后来他委托猎头公司从别处高薪挖到了一个人才，并根据他的能力将其放在了经理的位置上。吴越期待着新的经理能有一些新的战略。和其他卓越公司的领导人一样，这位新经理认为，要想摆脱团队的困境，首先要解决"人"的问题。他告诉吴越："只有先把恰当的人安排在合适的位置，企业才能健康有序地发展，否则的话一切免谈。"

吴越根据新经理的建议对公司团队的人事安排进行了调整，将恰当的人安排到合适的位置。此后，这位经理便开始了他的工作，将注意力完全放在"做什么"的问题上。他和他的团队最终把吴越的公司由每月亏损 10 万元变成了每月盈利 40 万元。

（以上文字摘编自《创业是一种信仰》，陈麒宇著，中国财富出版社）

❖ **案例分析**：团队的作用可以很大，也可以很小，关键看你如何做到知人善用，如何利用团队的优势渡过难关。

❖ **思考感悟**：当一个人处于真正适合他的位置上时，才能发挥出最大的潜力，助推团队功能发挥到最大。

5.2.2 创业团队的类型

【箴言警句】我们知道个人是微弱的，但是我们也知道整体就是力量。——马克思

"众人拾柴火焰高"这是古人流传下来的经典名句。对于创业来说，有了团队的支持，成功的可能性高，但是团队的分裂可能性也比较大。那么，创业团队的类型有哪些呢？

创业团队的构成可以分为两大类：

（1）第一类称为"有核心主导"的创业团队，又称星状创业团队类型。这种创业团队一般是有一个核心人物想到了一个商业点子或发现了一个商业机会，他就开始组建所需要的团队，如图 2-1 所示。

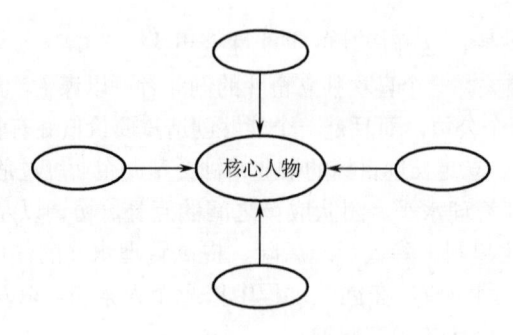

图 2-1　星状创业团队

（2）第二类称为"群体性"的创业团队，又称为网状创业团队类型。这种创业团队的建立主要来自因为经验、友谊和共同兴趣的关系而结缘的伙伴，经由合伙彼此在一起发现商业机会。例如，雅虎的杨致远和斯坦福电机研究所博士班的同学大卫·费罗，微软的比尔·盖茨和童年玩伴保罗·艾伦，这些知名企业的创建者多是先由于某种关系而结识，基于一些互动激发出创业点子，然后合伙创业，如图 2-2 所示。

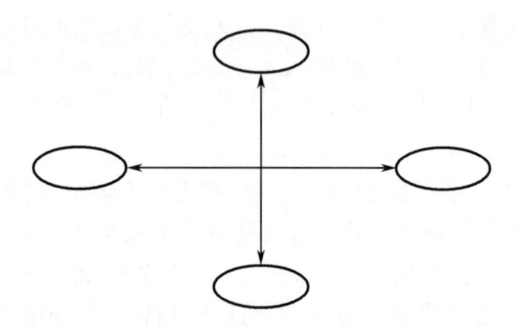

图 2-2　网状创业团队

简单来说，对于有核心主导的创业团队是先有创业点子再有创业团队；而对于群体性的创业团队则恰好相反，先有核心创业团队的结识才有创业点子的提出。此外，群体性的创业团队比有核心主导的创业团队更强调人际关系在创业团队构成中所扮演的角色。从中国的创业团队类型来看，群体性的创业团队数量远远超过了有核心主导的创业团队。经数据分析发现，80%以上的民营企业创业团队属于群体性的创业团队。

从团队的稳定性来看，群体性的创业团队不如有核心主导的创业团队。主要原因在于有核心主导的创业团队是由一个核心人物主导来组成所需要的团队，他在挑选成员的时候就已经考虑到成员的性格、个性、能力、技术以及未来的价值分配模式，这保证了团队成员的能力不会因为公司规模的扩张而不适应经营的要求，同时不会出现由于创业成员间因为自身性格、兴趣不同而导致创业团队解散的情况。

上面的两种类型团队各有不同，它们都有着自己的优劣势，所以我们在组建团队的时候一定要注意趋利避害，综合性地考虑团队的优势和劣势，这样能够帮助我们减少错误。

【引入案例】与合作伙伴的共赢才是长久之道

有一次，李嘉诚应邀到中山大学演讲，他说："我与人合作，如果赚 10% 是正常的，赚

11%也是应该的，那我只取9%，所以我的合作伙伴就越来越多，遍布全世界。"

与此相反，我们看到过许多曾经一起艰苦创业、"同甘苦"的伙伴，却在创业刚刚取得一点成绩时，做不到"共富贵"。创业者队伍中也有些"吃独食"的老板，而这样的老板最后必将导致合作伙伴的流失。

（以上文字摘编自《大学生创业基础（第4版）》，李肖鸣主编，清华大学出版社）

❖ **案例分析**：不管是企业的核心人物还是团队成员，作为创业团队的一分子，共有的价值观应该是共赢。想要维系团队的稳定和长久的关系，除了上述讲解的内容外，还要在"情感"和"利益"上实现自我超越。

❖ **思考感悟**：懂得和学会将更多的利益与人分享，才有可能成就更伟大的事业。

5.2.3 创业团队的优劣势分析

【箴言警句】一堆沙子是松散的，可是它和水泥、石子、水混合后，比花岗岩还坚韧。

——王杰

人是最宝贵的资源，优秀的创业团队是新创企业的基石，是任何新创企业人力资源的关键组成部分。一流的创业团队能够带来出色的知识、经验、技能和对公司的承诺，团队成员间紧密和有效的工作关系对任何新创企业来说都是一笔宝贵的财富。

（1）创业团队的优势。与个体创业相比较，团队创业具有以下优势：

①优势互补。每个人的能力、性格和品质都会有一些不足的地方，这就需要找到相互可以取长补短的一群人，再经过整合、磨砺，从而达到接近完美的状态。

②市场太大，竞争对手太多，一个人应付不了。在市场巨大但高度整合和复杂多变的环境中生存、发展，就必须有一个团队的力量作为后盾。

③抗风险和抗压能力强。创业团队成员多不仅可以取长补短，还可以分散风险。

④更容易成功。因为团队创业具有了这么多的优势，又符合当今的潮流趋势，所以相对于一个人的创业来说，更容易获得成功。

⑤符合现代企业发展之路。企业必须是由一群人构成的，单打独斗是成不了企业的，而创业团队正好符合了这一基本要求。

（2）创业团队的劣势。

①团队成员个性不合带来风险。因为经验、友谊和共同兴趣结成合作伙伴，发现商业机会后共同创业的例子比比皆是。这种关系驱动的模式比较适合中国文化的特点，其团队的稳定性相对较高。但人际交集往往会掩盖团队成员性格上的差异，处理问题的态度、关系的远近亲疏也经常会成为制约团队发展的瓶颈。创业团队成员之间因为性格、个性、兴趣不同，很容易导致创业磨合期出现分歧甚至分裂，引发团队解散的风险。

②利益分配争议带来风险。很多企业在初创时期，一直没有考虑或者碍于关系、面子而没有明确提出未来具体的利益分配方案，等到企业规模扩大时就开始为利益如何分配而起争执。经调研，团队伙伴决裂排前三位的原因是团队矛盾（26%）、利益分配分歧（15%）、不能有效沟通（12%）。团队矛盾背后或多或少有利益的成分，这两项合计占41%，而被竞争对手打败的只有1%。所以，团队若想在复杂竞争中立足，就要先解决团队内部利益分配问题。

例如，无锡尚德太阳能电力有限公司在创业初始的两年里一直处于亏损状态，后来业务稍有起色，就因为利润分配方案不完善，5个人的创业团队走了4人，只剩下1人独力支撑公司。离开的4人后来均进入了光伏电池行业，成为尚德的竞争对手。

③团队成员经营理念不同带来风险。也许一开始组建团队的时候，大家因为目标一致，或在某一观点上一拍即合，继而组成团队。但随着公司的不断发展，团队成员在长久相处后，会逐渐发现团队成员的经营理念、处理问题方式不一致，团队思想不统一；或是随着企业的成长，有些成员能力难以适应更大规模、更规范的企业经营管理的需要，从而引发各种矛盾，最终导致整个创业团队散伙。这种情况也是非常普遍的。

例如联想的倪光南和柳传志。柳传志是一位有科技背景的企业管理者，而倪光南是一名著名的科学家，他们的分歧是经营理念的不一致。柳传志是市场导向型的，而倪光南是技术导向型的，这一根本的分歧导致曾被誉为"中关村最佳拍档"的联想创业组合的分裂。

④目标不一致带来风险。创业初期，创业团队的目标一般并不是十分清晰和明确，随着创业进程的发展以及外界环境的变化，团队成员可能会发现原先确定的目标和现实之间存在差距。此时如果团队成员之间缺乏沟通，意见难以调和，或者个人目标与组织目标出现较大的不一致，甚至有的成员不认可公司的目标和策略，价值观出现冲突，那么团队就会面临解散的风险。

【引入案例】 创业团队优劣势分析案例

小林、小孟、小刘是大学同学，他们在大学时学的是企业管理专业。毕业后小林在一家港资企业的市场部工作了两年，积累了一些与客户打交道的经验，手头也拥有了一部分客户资源。小孟和小刘分别就职于两家民企，二人从事销售行业，两年来各自也有了一笔积蓄。一次同学聚会中，三人谈得投机，萌生了共同创业的想法，他们很快凑齐了一笔创业资金，并在北京东城区的一座写字楼租到了一个70平方米左右的办公间，加上电费、电话费和日常开支，每月支出在万元左右。他们还购置了几台电脑、打印机等办公设备。

创业之初，他们奔波于各个机械设备展览会、轴承展览会现场，向往来客商递放资料。几经忙碌，他们终于迎来了第一个客户，合同金额10万多元，为了赚到这笔钱，小林将利润降到了最低点，一单生意下来只赚了5000元。后来，他们又陆续签了几笔业务，创下了不错的口碑，上门的客户越来越多。虽然都是很小的订单，但是所赚的利润也勉强够他们每月的开支。

好景不长，没过多久，小孟和小刘为了争客户而明争暗斗、互相拆台。小林极力劝阻，要求两人各让一步，要团结一致，谁知两人都个性十足，不肯让步。一次，小孟为了抢到订单，竟然与厂家做起了私下交易。当供货出现问题时，厂家却找到小林要求赔偿，为了维护公司的声誉，小林只好赔偿，但是这段时间辛苦赚来的钱就这样打水漂了。更糟糕的是，公司内部核心成员之间你争我夺的情况很快就在业内传开了，小林的公司很快陷入了绝境。几个月后，小林终于心灰意冷，提出散伙，不再与小孟、小刘合作，并且带走了仅有的几个客户资料。三人的创业团队，就这样解散了。

（以上文字摘编自豆丁网，2016年3月19日）

❖ **案例分析**：小林、小孟、小刘三人创业的失败，主要源于小孟、小刘二人不肯屈服于团队的领导和束缚，坚持张扬各自的个性，却导致整个团队陷入了绝境。

❖ **思考感悟**：聪明的人会积极地融入团队，身为团队中的一员，应该去积极寻找团队成员中积极的品质，并且学习它，让自己的缺点和消极品质在团队中被消灭。

子任务 5.3　创业团队的组建

【考核指标】

❖ 理论指标：
（1）明确组建团队的 3 个要点；
（2）学会选择创业团队的组成成员；
（3）了解创业团队 4 项组建原则。

❖ 实践指标：能够按照 6 点组建流程完成团队组建。

5.3.1　创业团队的组成成员

【箴言警句】人生须知负责任的苦处，才能知道尽责任的乐趣。——梁启超

没有团队的创业并不一定会失败，但要创建一个没有团队而具有高成长性的企业却极其困难。

英国学者贝尔宾曾经考察过 1000 多支团队，最后提出了"九种角色"论，即成功的团队必须包含九种不同角色的人。这九种角色分别是：提出创新观点并做出决策的创新者；将思想语言转化为行动的实干者；将目标分类，进行角色、责任与义务分配的协调者；促进决策实施的推进者；引进信息与外部谈判的联络者；分析问题与看法并评估别人贡献的监督者；给予个人支持并帮助他人的凝聚者；强调任务的时效性并完成任务的完美主义者，以及具有专业技能和知识的专家。

（1）创业团队的组成成员。创业要找最合适的人，不一定要找最成功的人。创业团队一般由两个或两个以上的人组成。在团队组建时，需根据团队类型及结构物色成员，实行分工协作。一般来说，创业团队由战略管理者、技术主管、生产主管、营销主管和财务主管等组成。在创业初期，成员较少的情况下，不需要过多能力一样的人，这是一种成本的浪费。所以，要跨领域、跨学校、跨专业、跨能力、跨资源、跨性格，多渠道寻找合适的团队成员。

创业团队一般需要以下组成成员：

战略管理者是创业团队的带头人，引导团队的创业行为，为团队设计创业路线、行为方式、行动步骤。战略管理者需要有战略眼光，有较强的创业意识和团队意识，有创新能力和凝聚能力，以及高度理性的思维和行动。

技术主管是为团队提供技术支持的人，主要负责技术研发、引进。技术主管需要具备较高的科研开发能力、善于发现和跟踪科技发展的新动向、将科学技术迅速转化为生产力这 3 种素质。

生产主管是生产活动的组织者，管理团队的生产过程。生产主管需要有丰富的管理经验、超群的工艺技术，以及现场组织、指挥、协调和控制能力。

营销主管负责产品销售的管理。营销主管需要有高度的市场敏感性，善于沟通和交流。

财务主管是财务活动的组织者，负责资金的运作和管理。财务主管需要有财务会计的专

业知识，善于低成本高效益地使用资金，工作细致，遵纪守法。当然，也要看企业规模大小，在创业之初，规模小、业务少的企业，完全可以自己担当财务工作。

（2）组建创业团队不可或缺的几类人：

①战略意识强的人；

②激情四射的人；

③执行力强的人；

④沟通力强的人；

⑤凝聚力强的人；

⑥不同思维方式的人；

⑦思维缜密的人；

⑧坚毅勇敢的人。

每个人的脸上都没有标签，人的性格也是复杂多变的，这就需要创业管理者去认真分析、细心挑选。具体团队成员需要几个？都是什么样的人？这需要结合企业创业阶段和企业当下实际情况而定。

【引入案例】创业团队成员的角色分析表格

创业团队成员的角色及其描述如表 2-1 所示。

表 2-1　创业团队成员的角色及其描述

角　色	角　色　描　述
创新者	解决问题，富有创造力和想象力，突破常规
联络者	外向、热情、健谈，发掘机会，增进联系，公共支持
协调者	成熟自信，获得认可，支持目标，促进合作
完美主义者	充满活力，不惧压力，追求效果，较理想主义
监督者	冷静，有战略眼光和识别力，对选择和判断有理智比较
凝聚者	感觉敏锐，沉稳老练，善于倾听，常处于团队核心位置
推进者	纪律性强，善于把想法变为行动，执行力强
实干者	勤勤恳恳，尽职尽责，积极投入，完成任务
专家	目标转移，提供专门的知识与经验，较不可替代

某科技企业的创业团队组成如表 2-2 所示。

表 2-2　某科技企业的创业团队组成

职　位	英　文　缩　写
总裁	CEO（Chief Executive Officer）
总经理	COO（Chief Operating Officer）
财务主管	CFO（Chief Financial Officer）
技术主管	CTO（Chief Technology Officer）
市场总监	CMO（Chief Marketing Officer）
行政主管	CAO（Chief Administrative Officer）

（以上文字摘编自百度文库，2019 年 10 月 18 日）

❖ **案例分析**：团队成员是多样的，角色分配也需要仔细考虑。如何在多样又复杂的人群之中选择合适你的团队成员，这需要创业者的智慧。

❖ **思考感悟**：你的公司是否也需要上述表格中的成员角色？需要找哪些人加入创业团队？如何安排他们的职务？

5.3.2 创业团队的组建原则

【箴言警句】将合适的人请上车，将不合适的人请下车。——詹姆斯·柯林斯

现在的世界联系紧密，文化多元，思维全球化。在这样的环境中，如果只从相似的人中寻找支持，你不太可能成功。针对初创企业，团队的组建原则有哪些？

（1）目标明确合理原则。目标必须明确，这样才能使团队成员清楚地认识到共同的奋斗方向是什么。与此同时，目标也必须是合理的、切实可行的，这样才能真正达到激励的目的。

（2）价值观相同原则。没有相同的价值观，很难保证一个团队可以共同度过创业初期的艰难和坎坷，也很难共同分享成功的喜悦和成果。所谓价值观，是指一个人对周围的人或客观事物的意义、重要性的概括总结或评价。价值观存在于人的潜意识里，一般不易从表面看出来，但是人的价值观一旦形成，又很难改变。所以，我们在组建团队时，就要选择价值观相同的人，而不要去试图改变某一个人的价值观来强求一致，否则到最后你会发现这一切都是徒劳的。团队成员有一个共同的目标、相同的价值观是特别重要的，也是首要考虑的因素，是组建团队最重要的因素。

（3）互补原则。创业者之所以寻求团队合作，其目的就在于弥补创业目标与自身能力间的差距。只有当团队成员相互间在背景、知识、技能、经验等方面实现互补时，才有可能通过相互协作发挥出更大的协同效应。

（4）精减高效原则。为了减少创业初期的运作成本，最大比例地分享成果，创业团队人员构成应在保证企业能高效运作的前提下尽量精减。

（5）动态开放原则。创业是一个充满了不确定性的过程，团队中可能因为能力、观念等多种原因不断有人在离开，同时也有人在要求加入。因此，在组建创业团队时，应注意保持团队的动态性和开放性，使真正完美匹配的人员能被吸纳到创业团队中来。

【引入案例】 联邦集团创业团队案例

1984年10月28日，联邦集团的前身——一个叫作广东南海盐步联邦家具厂的小企业成立了。这个小家具厂的四名成员王润林、何友志、杜泽荣、陈国恩是从小在一起长大的玩伴，他们走到一起，立志要干一番大事业。四个人都是农民出身，既没有什么特别的教育背景，也没有显赫的家世。王润林学过设计，何友志做过藤椅师傅，杜泽荣在建筑公司干过打桩，他们因为生活所迫走上了创业的道路，但对创业一无所知。几个月后，家具厂因为销路不畅出现了危机，大量产品积压，他们还欠下了银行近10万元的贷款。

雪上加霜的是，厂里的生产经理见势不妙，离开了家具厂。一筹莫展的四人急得团团转，这时他们突然想到了他们儿时的玩伴杜泽桦。那时的杜泽桦担任着一家藤器厂厂长，是广州小有名气的管理人才。几经辗转，杜泽桦被四人说动，来到家具厂担任了总经理一职。后来，家具厂壮大起来，管理层人员欠缺，于是同样有着藤器厂工作背景的另一玩伴儿郭泳昌也被

请来。这六个人便成了联邦最初的六人组合,后来一步步发展成为今天的联邦集团。

(以上文字摘编自百度文库,2020 年 5 月 27 日)

❖ **案例分析**:在家具厂面临危机时,王润林、何友志、杜泽荣、陈国恩四个创业者及时找到了有着丰富管理经验的杜泽桦加入团队,让企业焕然一新。在企业发展到一定规模时,他们又及时为团队注入新鲜血液,形成了稳定的创业队伍,为后来团队的可靠发展奠定了基础。

❖ **思考感悟**:创业团队成员间要有共同的价值观、统一的目标和标准;创业团队成员负有共同的责任;创业团队成员的技能互补;创业团队成员愿意为共同的目标做出奉献。

5.3.3 创业团队的组建流程

【**箴言警句**】只有在集体中,个人才能获得全面发展其才能的手段,也就是说,只有在集体中才能有个人自由。——马克思、恩格斯

创业团队的组建是一个相对复杂的过程,不同类型的创业项目所需的团队不一样,创建步骤也不尽相同,大致程序如下。

(1)明确创业目标。创业团队的总目标就是要通过完成创业阶段的技术、市场、规划、管理等各项工作,实现企业从无到有、从起步到成熟。为了推动团队最终实现创业目标,要将总目标加以分解,分阶段设定若干可行的子目标。

(2)制订创业计划。创业计划是从团队整体目标出发,在对创业目标进行具体分解的基础上,确定在不同的创业阶段需要完成的阶段性目标,通过逐步实现这些阶段性目标来最终实现创业目标。

(3)招募合适的成员。寻找这件事本身就很困难。为了找到合适的人,你需要到各个群体中去找,寻找到以后,要从陌生到认识,最终能够走到一起创业是非常不容易的。这样做花费的时间较长,风险系数还大。建议大家最好还是从身边人中寻找,毕竟熟悉的人会比较了解、容易信任。在招募团队成员的时候主要考虑以下 3 个方面:

①不要觉得招募的是员工,招募的应该是"合伙人",这样大家工作的积极性会比较高,也愿意付出和贡献自身价值。

②考虑互补性。就是在资源、能力或技术上形成互补,有助于强化团队成员间彼此的合作,又能提升整个团队的战斗力,更好地发挥团队的作用,实现企业稳定高效发展。

③考虑适度的团队规模,这是保证团队高效运转、节约组建成本的重要条件。团队成员太少则无法实现团队的功能和优势;而成员过多又可能会产生交流的障碍、分裂成许多小团体,进而削弱团队的凝聚力,增加运营成本。团队的人数要看组建团队的费用和预计的规模来确定,创业初期不建议吸纳太多成员,3~5 人即可,如有需要,可以适当增加。

(4)职权划分。为了保证团队成员执行创业计划,协调有序地开展各项工作,必须预先在团队内部进行职权划分。创业团队的职权划分就是根据执行创业计划的需要和团队成员不同特点,具体明确每个团队成员所要担负的职责以及所享有的相应权限,有利于避免职权上的重叠和交叉,避免工作上的疏漏。此外,由于创业初期,创业环境动态多变、复杂无常,不断出现新的问题,团队成员可能不断更换,因此应不断调整创业人员的职权。

(5)构建创业团队制度体系。一个好的创业团队不仅仅是几个人,未来可能会涉及十几

二十人,所以团队需要有一个比较完整的文化管理制度,这是能够凝聚大家的一种意识内容,可以多参考一下各种管理类书籍,还可以借鉴网络上专家的建议和成功创业者的管理经验。构建创业团队制度体系主要包括了团队的各项约束制度和激励制度。一方面,创业团队通过各种约束制度(例如纪律条例、组织条例、财务条例、保密条例等)指导其成员避免做出不利于团队发展的行为,对成员行为进行有效的约束,保证团队的稳定秩序;另一方面,创业团队要实现高效运作更需要有效的激励机制(激励机制主要包括利益分配方案、奖惩制度、考核标准、激励措施等),以达到充分调动成员的积极性、最大限度激发团队成员贡献自身价值的目的。

(6)团队的调整融合。多数企业团队是在其创立一段时间后随着企业的发展而逐步形成的。随着企业的运作,团队组建时在人员匹配、制度设计、职权划分中不合理的方面会逐渐暴露出来,所以它是一个动态的、持续的过程。这时就需要对团队进行调整融合。在此过程中,最为重要的是保证团队成员间经常进行有效的沟通与工作协调,培养和强化团队精神,提升团队士气。

【引入案例】 神驼物资运输有限责任公司案例

蒋大奎和陆谟既是同学,又在同一家合资企业工作。1996年年初,他俩想自己出去闯天下,自立门户。二人分析了自己的长处与不足,在做过初步市场调研后,决定涉足中、短途公路物资运输。经过筹备,办起了"神驼物资运输有限责任公司"(有限责任公司,简称有限公司,是指根据《中华人民共和国公司登记管理条例》规定登记注册,由五十个以下的股东出资设立,每个股东以其所认缴的出资额为限对公司承担有限责任,公司法人以其全部资产对公司债务承担全部责任的经济组织),经过公司董事会决定,先小规模试探,买下三台旧卡车,择吉日开张。

蒋、陆两人既兴奋又不安,兴奋的是公司要开张了,不安的是他们学的专业是MBA,对管理理论是熟悉的,知道应该先务虚、再务实,就是先制定公司文化与战略这些"软件",再搞运营、销售、公关等这些硬件。

他们观察本地公路运输服务业,觉得彼此差异不大,没有特色。所以,想在竞争中立足,神驼必须创造自己独有的特色!经过仔细推敲,"神驼"决定在服务方面做到出类拔萃。但要做到这一点,需要适当的人来保证。蒋、陆二人觉得在这创业阶段,公司结构与人员都必须贯彻"少而精"的原则。为此,组织结构只设两层,他俩都不要助理和秘书,直接一抓到底。分配上基本是平均的,工资也属行业中等,但奖金与企业效益直接挂钩,部分奖金不发现金,改为优惠价折算的本企业股票。基层的职工只分内勤和外勤,内勤是分管职能工作的职员,外勤就是司机和押送员。大家有活一起干,有福一同享。为此,他们在选聘职工时十分仔细,并轮流向他们介绍公司的宗旨和目标。

头半年确实很辛苦,但似乎是得大于失的。这种团结一致、拼命向前的气势和决心,确实使"神驼"的服务质量在用户中成为一枝独秀,口碑载道。一开始是"神驼"派人上门招徕用户,半年下来,反倒是用户来登门恳请提供服务,用户还辗转相告,层层推荐,"神驼"的业务滚雪球似地增长,蒋、陆二人也有些应接不暇了。

(以上文字摘编自百度文库,2020年5月22日)

❖ **案例分析**：在大多数公司中存在用 25% 的精力招聘，却用 75% 的精力来应对当初的招聘失误的现象。所以，在组建创业团队时，你一定要熟悉组建团队、组建公司的流程和注意事项，并且需要考虑团队的融合性。

❖ **思考感悟**：你是如何组建团队的？别人组建团队时，会考虑让你加入他们的团队吗？

实践训练

【实践训练】完成创业团队的组建。

【训练要求】根据创业团队的组建流程组建一支自己的团队。选择团队成员，分析团队优劣势，设定该团队的类型。

【范例】授课教师可提问 3~5 组团队的组建心得。

课后习题

一、多项选择题

1. 最为经典的创业团队的 5P 要素包括（　　）、（　　）、（　　）、职权、计划。
   A. 目标　　　　　　B. 人员　　　　　　C. 定位　　　　　　D. 可能性
2. 常规的创业团队组成成员有哪些？（　　）
   A. 创业者　　　　　B. 员工　　　　　　C. 合伙人　　　　　D. 天使投资人
3. 创业团队组建的主要流程有哪些？（　　）
   A. 明确创业目标　　　　　　　　　　　B. 职权划分
   C. 构建创业团队制度体系　　　　　　　D. 制订创业计划
   E. 招募合适的人员
4. 群体性的创业团队与有核心人员主导的创业团队相比是（　　）。
   A. 先有创业点子再有创业团队
   B. 先有创业团队的结识才有创业点子的提出
   C. 更强调人际关系在创业团队构成中所扮演的角色
   D. 稳定性较强
5. 选择创业团队的合伙人应考虑以下哪些要素？（　　）
   A. 创业价值观是否统一　　　　　　　　B. 核心技能的互补
   C. 资金、信息资源的匹配　　　　　　　D. 人力、时间的投入

二、判断题

1. 创业团队的组建流程都是一致的。（　　）
2. 团队组织架构中类似微小型电商企业需要的基础职能有美工设计、运营推广、客户服务、生产采购、仓储物流。（　　）
3. 电商创业团队招聘和培训创业团队员工的流程中包含企业产品培训。（　　）
4. 团队合作是一个永无止境的过程，因为合作的成败取决于各成员的合作性。（　　）
5. 成员个人的水平影响团队合作能力。（　　）

三、简答题

1. 请简述团队成员的组建原则。
2. 请简述创业团队组建的流程。
3. 请简要回答：你的团队中有哪些成员加入？他们是怎样的人？都担当哪些角色？

延伸阅读　创业团队由谁组成

在团队中每个成员都扮演着不同的角色：有的人是团队的领导，有的人是工人，有的人擅长专门与团队以外的有关方面进行有效的协调和沟通。一个协作团队只有在具备了范围适当、作用平衡的团队角色时，才能充分发挥高效的协作优势。一般来说，团队需要的角色有如下 8 种类型。

（1）主导者：耐心听取别人的意见，但在反驳别人的意见时会表现足够的强硬态度；能很好地授权他人，是一个好的咨询者，一旦做了决定不轻易变更。

（2）策划者：是一个"点子型的人才"，知识面广，思维活跃并且发散，喜欢打破传统。

（3）协调者：能够引导一群不同技能和个性的人向着共同的目标努力；成熟、自信，办事客观，不带个人偏见；除权威之外，更有一种个性的感召力；在团队中能很快发现各成员的优势，并在实现目标的过程中妥善安排分工。

（4）信息者：其强项是与人交往，在交往的过程中获取信息；对外界环境十分敏感，一般最早感受到变化。

（5）创新者：拥有高度的创造力，思路开阔，观念新，富有想象力，有挑战精神，会推动变革；爱出主意，其想法往往比较偏激和缺乏实际感。

（6）实施者：会将想法变为实际行动；非常现实、传统，甚至有点保守；崇尚努力，计划性强；有很好的自控力和纪律性；对团队忠诚度高，为团队整体利益着想而较少考虑个人利益。

（7）推广者：说干就干，办事效率高，自发性强，目的明确，有高度的工作热情和成就感；遇到困难时，总能找到解决办法，而且一心想取胜，具有竞争意识。

（8）监督者：对工作方案的实施等实行监督；喜欢重复推敲一件事情，决策时能把范围很广的因素都考虑进去；挑剔，但不易情绪化，思维逻辑性很强。

在实际工作中，一个团队不一定要全部具备以上 8 种类型的角色，要根据实际情况来确定。

（以上文字摘编自《创业理论与技能》，孙德林、孙柏林主编，高等教育出版社）

❖ 思考与讨论：请思考并讨论你的创业团队里都有哪种类型的成员。

任务 6　带好创业团队

【要点总括】

❖ **思政要点**：用发展的眼光剖析、培养创业领袖应具备的精神和素质，树立正确创业观，将哲学观点融入团队文化构建中，建立合作意识，与团队成员友好相处。

❖ **理论要点**：

（1）剖析创业团队；

(2)管理创业团队。

❖ 技能要点：
(1)创业团队管理能力；
(2)创业团队成长发展规划能力。

【引入案例】 孔子的故事

孔子一生有四千多名弟子，并培养出七十二贤人，这些人里面有经商的，有当官的，有平民百姓。很多人觉得奇怪，孔子的弟子都这么有权，这么有钱，却为什么要跟随出身贫寒的孔子，并且终生支持孔子的事业？可见孔子有伟大的思想和人格魅力。他不但能让四千多名弟子终生跟随、不离不弃，而且其所有弟子中从无反叛悖逆之人，可见他的管理水平。

孔子讲："道之以政，齐之以刑，民免而无耻；道之以德，齐之以礼，有耻且格。"这句话的大意是：管理者用行政制度来治理人民，百姓不服就用刑法，这样会失去人心，百姓开始投机取巧，趋利避害，即便做错了事也没有羞耻心，这样的百姓很难领导；而管理者用道德学问来教化百姓，用礼仪来规范和约束大众的行为和心理，自然会人心归顺，这样百姓就有了羞耻心，而且懂得自己修正自己。

孔子的这句话给我们的启发就是，管理者不能仅仅停留在制定规章制度、各自分工、设立奖罚方案这个层面上，管理者应先提升个人修养和自身的综合能力，要以理为先、公平公正、以德服人、以身作则，先树立良好的个人形象，赢得大家的尊重和认可，进而领导团队，这样才会如鱼得水。

管理者应用心培养员工，第一时间能为员工解决各方面问题；应有清晰的思路和明确的目标，将经营的思路及时贯彻到团队；在执行的过程中，不断地给予团队鼓励和指导；在平常的生活工作当中，管理者不能为权力而行使权力，在履行好自身职责的同时，应当用平等的心态，充分尊重团队当中每个人所提供的方法和见解，并给予肯定和鼓励，进一步整合团队中的资源，全力以赴，达成目标。争取让团队当中每个人都能发挥各自的优势，让团队当中每个人把集体的事当作自己的事一样来办，这样的团队才具有向心力。

（以上文字摘编自搜狐网，2019年7月1日）

❖ **案例分析**：作为核心创业者要带领好团队、承担责任，就需要时刻保持学习和吃苦的精神，不断提高个人能力和修养，这样做才能成为一名高素质的创业领导者。有了高素质的管理者，团队成员、企业员工才能够从上而下顺利地贯彻企业文化和运营理念。

❖ **思考感悟**：领导力是领导者在企业发展战略中发挥的非常重要的一项能力，紧扣企业每个阶段的战略重点。

子任务6.1 剖析创业团队

【考核指标】

❖ 理论指标：
(1)正确剖析创业团队3项内容；
(2)了解优秀创业团队必备的9个要素；

（3）明晰创业团队 4 项风险，学会控制和规避风险。

❖ **实践指标**：按照创业团队领袖应具备的 8 个条件进行自我对标分析自身优劣势。

6.1.1 创业团队领袖的条件

【箴言警句】优秀的领导者应当像教练一样，培育自己的员工，带领自己的团队，给他们提供机会去实现他们的梦想。——杰克·韦尔奇

在组建创业团队后，如何带好团队是一门艺术，是一种综合性的能力，也是许多创业团队领导者及新晋管理者面临的困扰。有时，也许领导者有很强的专业能力，但不一定具备极强的领导力，表现为不知道如何激励团队成员使他们发挥出各自的最大潜力，不知道如何整合团队从而使团队充满工作热情，不知道如何管理等。想要成为一名优秀的团队领导者，首先需要认知自己，然后知道一个团队的领袖应该具备哪些条件。

（1）有魅力。一个创业团队能否有效地发挥团队精神，直接影响到创业能否成功。一个创业团队，应该相互协作，共同承担风险，但是绝对不能出现多个核心领导者，否则在决策的过程中会出现更加混乱的情况。同时，核心领导者应具备人格魅力，公司领导者的人格魅力比很多规章制度都更加有效，它像一块吸铁石一样将人心聚拢过来，也能够让团队成员时刻充满激情和创造力。

（2）有亲和力和凝聚力。团队是一体的，成败是整体而非个人的，成员能够同甘共苦，经营成果能够公开且合理地分享。永远不要保持沉默，对身边的人坦诚相待、关心爱护是每位领导者最基本的能力素质之一，有助于团队形成坚强的凝聚力与一体感。

（3）信任。猜疑会令企业瓦解。企业破产、倒闭很重要的一个原因，就是创业团队内部不团结。而建立和维护创业团队成员之间的信任是必做的功课。简单地说，一是要增强信任；二是要防止出现不信任。信任是一种非常脆弱的心理状态，一旦产生裂痕就很难弥合，消除不信任及其带来的影响往往要付出巨大的代价，所以，防止不信任比增强信任更加重要。

（4）有竞争意识。在市场竞争中，创业者必须时刻分析竞争对手并且勇敢面对竞争的残酷，对于竞争者可能做出的决策，要有相应的警惕和策略。作为领导者，不仅要及时识别竞争讯息，还要带领员工闯过这些充满竞争的战场。

（5）有沟通能力和风险管理能力。创业团队从一开始就知道他们必须对市场的走向做出预测，但意料之外的变化常常令企业措手不及，可能对市场预测出现偏差，可能遭到竞争者抢客户或者挖员工。所以，领导者除了捕捉市场的快速变化，还要坚持不懈地与潜在客户和当前客户保持沟通，了解最令客户苦恼的问题，帮助员工解决亟待解决的难题，保持企业有足够的能力应对一些潜在的风险，才能使企业在激烈的市场竞争环境下站稳脚跟。

（6）有丰富的经历、阅历。市场销售技能、产品开发知识、领导管理才能等，在创业过程中不可或缺。如果领导者具备相关丰富的经历，则可以有效地推进企业运作。同时，还可以签约一些知名顾问，在咨询的过程中也可增加自己的创业知识和技能。

（7）有眼光、有智慧。一个团队，即使拥有再好的项目，再独特的创意，如果没有合适的人将它很好地付诸实践就没有任何价值，所以，在选择团队成员的时候，要有眼光。作为团队管理者，根据实际需要，进行人员的合理调配和培养，需要有激励、奖罚和考核的机制来辅助整个执行的过程，这样才能让每个成员在项目的实施过程中实现贡献最大化。这也需要团队领导者的智慧。

（8）有胸怀。"领导没胸怀，企业没团队。"作为一个团队中的领导者，必须学会包容和接受，管理者需要尊重、包容团队角色的差异，不能只认可与自己性格和能力相同或相似的成员，而排斥甚至打击与自己不同的成员。"心胸宽则能容，能容则众归，众归则才聚，才聚则事业胜。"作为领导者，特别是创业型公司的领导者必须有海纳百川的胸襟，这将是成功的基石。

人不是生来就能掌握用人之道的。要想拥有卓越的领袖才能，首先要认识到你自身的缺点，并加以弥补，在不断实践中丰富经验、增长阅历。

【引入案例】知名企业领导者尹钟龙案例

尹钟龙，1996—2008年担任三星公司的首席执行官，成功地将公司从半导体行业的一个龙头转变为全球消费性电子产品的巨头。他不只关注先进的技术、精良的生产工艺，而且关注一流的客户服务、创新和营销——这些只有优秀人才才能做到。他从三个方面着手：对外招聘经验丰富的顶级管理人员，促使员工队伍朝多元化方向发展，将最有潜力的员工培养成耀眼的明星。

只要公司需要，尹钟龙就会毫不迟疑地对外招聘人才，即使需要最高层领导，他也会这样做。"由于自身经历丰富——从负责半导体生产到电视产品的开发和采购，再做到海外业务的地区主管，我意识到不同背景的人会带来新的视角和看法，对现有的组织（有时是顽固的组织）形成挑战。从一流公司来的高管会带来先前公司的文化。"

尹钟龙主导三星公司的大型对外招聘活动，以确保多样性之"花"绽放。他解释说："卓越的外聘高管绝不会违背众人意愿，而是会对众人产生影响。人才招聘规模要大，这样才有可能成功。"同时，他也明智地让招聘工作有的放矢。三星是韩国首个雇用和提拔职员时不看重名牌大学学历的联合大企业。他鼓励人力资源部不要（像其他公司那样）只关注来自首尔大学和延世大学的毕业生，而应该扩大范围，全力寻找能力强、潜力大的人才。

他的另一项举措就是利用韩国良好的女性人才资源，不忽略女性人才。尹钟龙专门嘱咐招聘人员，女性在招聘职员中至少要占30%，不仅初级管理岗位如此，在高管层也应如此。

最后，发展是尹钟龙关注的重要问题之一。在他的领导下，三星开办了培训中心，年轻的管理人员可以在那里学习功能性技能和软技能。公司还有MBA（工商管理硕士）合作项目以及文化浸润项目——公司出资让潜力大的职员在国外待一年，学习当地的语言，了解当地的文化风俗习惯。

（以上文字摘编自《合伙人》，费洛迪著，中信出版社）

❖ **案例分析**：尹钟龙于2009年12月，被哈佛商学院《哈佛商业评论》评为全球最佳的五位CEO之一。领导者在自我发展和公司发展上都有比较清晰的目标，不同经历背景的人、不同思考方式的领导者会带领团队走向不一样的结果。

❖ **思考感悟**：领导力是团队领袖不可缺少的一项重要条件，需紧扣企业每个阶段的战略重点做出决策。领导者应有胸怀，建立和谐工作环境，增强协作力和凝聚力。

6.1.2 优秀创业团队必备的要素

【箴言警句】企业家应是战略的第一责任人。——范现国创业团队的成功也是成员个人的成功。组建一支优秀的创业团队对任何创业者而言，都是一项至关重要的工作，它决定着创业的成败。优秀团队的标准是高度责任感、成功的行业经验、合作的心态。那么，优秀创业团队有哪些必备的要素呢？

（1）核心领导者。项目的落地、企业的运营都离不开团队的共同协作，而团队中必然要选择一位核心领导者，建立组织结构，使企业可以正常运维。同时，核心领导者还是在企业遇到困难等关键时刻能够进行决策的人。

（2）外部资源。就是有合适且能利用的源自团队之外的资源，如人脉、供销渠道、商业机会等。创业就是在内外资源相互作用、相互配合下，创造产品和服务的动态过程。

（3）价值观和目标一致。创业者有共同的价值观和共同的愿景，是企业维系长久发展的根本保证。

（4）团队成员的角色定位。团队是根据创业中的需求而组成的，团队成员在创业过程中扮演不同的角色，应选择合适的团队成员，并且充分了解团队成员，力求角色定位准确、分工明确。用对的人做对的事，必须充分发挥团队中每一个人的作用。

（5）换位思考。团队中，每个人的分工不同，岗位不同。换位思考是保证工作顺利开展、人际关系稳定的重要因素。多站在对方的立场思考问题，不能只说自己的困难、解决自己的问题。各成员多顾全大局，换位思考，相互理解，相互支持，才能使团队的功能发挥到极致。

（6）相互信任。人们常说"用人不疑，疑人不用"。一个人在社会中生存，信任是衡量的标尺。但信任却不是单方面的，成员以团队为支撑证明价值，团队以成员来得以实现目标；员工为老板打工，老板通过员工创造产品或服务。双方是共存共生的关系，所以信任也是相互的。

（7）沟通良好。团队成员之间，单有信任是不够的，无障碍的沟通是开展工作的必要条件。

（8）理智思考。创业是为了追求理想，在此过程中，大多数问题都是靠理性的判断和分析研究决定的。如果在创业中感性思考过多，不理性规划，企业将面临很大威胁。

（9）快乐和谐。创业是一项很艰苦的事，工作强度高、压力大，轻松、快乐、和谐的氛围可以缓解强度和压力的感受。所以，优秀团队的领导者应该适时地营造快乐和谐的氛围，以便强化员工积极进取的工作状态。

【引入案例】寓言小故事

故事1

有一日，锁对钥匙埋怨道："我每天辛苦为主人看门，而主人喜欢的却是你，每天只把你带在身边。"而钥匙也很不满："你每天待在家里，舒舒服服的，多安逸啊！我才辛苦呢，每天跟着主人，日晒雨淋的！"

一次，钥匙也想过安逸的生活，于是把自己偷偷藏了起来。主人回家时，不见了钥匙，气急之下，把锁给砸了，并把锁扔进了垃圾堆里。

主人进屋后，看到了那把钥匙，气愤地说："锁也砸了，现在留着你也没用了！"说完，把钥匙也扔进了垃圾堆里。

在垃圾堆里相遇的锁和钥匙："今天我们落得如此可悲的下场，都是因为过去我们不是相互配合，而是相互妒忌和猜疑啊！"

故事2

狮子和老虎之间爆发了一场激烈的战争，到最后两败俱伤。狮子快要断气的时候对老虎说:"如果不是你非要抢我的地盘,我们也不会弄成现在这样。"老虎吃惊地说:"我从未想过要抢你的地盘,我一直以为是你要侵略我!"

从以上两个故事可以看出,沟通是维系同事、领导之间关系的一个关键要素。话不要憋在肚子里,多和同事、员工交流,也让他人多了解自己,这样可以避免许多误会和矛盾。

（以上文字摘编自搜狐网,2019年7月12日）

❖ **案例分析**：人与人之间的关系相处也是相互的,只有互相配合,才能共生、共存、共发展。

❖ **思考感悟**：一个人想要变得优秀不容易,一个优秀的团队更不是一蹴而就的。有优秀的、适合的人加入团队是一件好事,就像锁和钥匙,搭配是非常适合的。在团队建设中,领导者不能只管理好自己,也要做好团队管理和培训,加强沟通,打造一支能够应对任何问题和风险的、树立正确的创业观和择业观、建立企业核心价值认同感的优秀团队。

6.1.3 创业团队的风险控制

【箴言警句】企业创始人要有战略定力,遇到阻力应当执着。——张钧

1. 风险的成因

①盲目照搬成功团队组建模式。盲目照搬照套他人成功团队组建模式,会给企业带来巨大的风险。组建团队的模式与企业类型及具体人员情况密切相关。必须按实际情况做出模式选择,不能完全参照或照搬成功企业的模式。

②团队成员的选择具有偶然性。创业团队是要将个体的力量聚集、整合为一种强而有效的前进动力,并保持这种前进动力的持久性。在组建初期,由于规模和人数的限制,创业团队在成员选择方面考虑不够全面,会有过于随意、偶然的情况发生。例如,因为碰巧谈到某一个创业问题,彼此一拍即合、达成共识而成为合作伙伴。所以,在创业初期,选择成员的偶然性大,之后又没有进行及时的补充,或在团队中担当的角色和优势过多且重复,这些都会引发各种矛盾,最终导致整个创业团队的散伙。

③缺乏明确和一致的团队目标。心理学家马斯洛指出：杰出团队的显著特征是具有共同的愿景与目标。目标是共同愿景在客观环境中的具体化,能够为团队成员指明方向,是团队运行的核心动力。在创业初期,创业团队的目标一般并不十分清晰和明确,可能只是一个朦胧的发展方向,有些人甚至会思考自己为什么会走上创业的道路。而且即使创业领导者的目标明确,也不能保证其他成员都能准确理解团队的目标。随着创业进程的逐步推进,团队成员可能会发现原先确定的目标和现实之间存在差距,必须对目标进行适当调整,此时如果团队成员之间意见难以调和,或个人目标与组织目标出现较大的不一致,那么团队就会面临解散的风险。

④缺乏有效的激励机制。有效激励机制是企业长期保持团队士气的关键。有效激励的重点是给予团队成员合理的"补偿"。一项调查结果显示,影响中国现阶段创业团队散伙的前两个主要原因是团队矛盾（26%）和利益分配分歧（15%）。由此可见,激励机制对于创业团队的持续长期发展有着重要意义。

在团队组建初期,由于企业前途未卜,各成员在创业企业中的作用和贡献无法准确衡量,因此,团队无法给出一个明确的利润分配方案,只是采取简单的分配方法。随着企业的不断发展,利润不断增多,团队成员承担的工作和所做的贡献不一样,如果还采取创业

初期简单的利润分配方法,必然出现争议,从而导致创业团队解散。要实现有效的激励,首先就必须把成员的收益模式界定清楚,尤其是对股权、奖惩等与团队成员利益密切相关的事宜达成共识。需要注意的是,创业团队的制度体系应以规范化的书面形式确定下来,以免带来不必要的混乱。

2. 风险控制举措

①选择合适的团队成员。建立优势互补的创业团队是保持创业团队稳定性、规避和降低团队组建模式风险的有效手段。在团队创建初期,人数不宜过多,能满足基本企业运作需求即可。在成员选择上,要综合考虑成员在能力和技术上的互补性,差异不宜过大,基本保证具备 5.3.1 小节所介绍的角色。如果团队成员在对项目的理解能力、表达能力、执行能力、外部资源、思维创新能力等方面存在较大的差异性,就会产生严重的沟通和执行障碍。此外,在选择成员时还要考虑创业激情因素。在企业初创期,所有成员每天都需要超负荷工作,消极因素会对其他成员产生致命的负面影响,从而导致团队工作不能有效推进。

②确定清晰的创业目标。创业团队在实践中要不断总结和吸取教训,形成一致的创业思路。创业团队的目标必须清晰明确,能够集中体现出团队成员的利益,与价值趋向一致,并保证所有团队成员都能正确理解和掌握工作任务,这样才能发挥鼓励和激励团队成员的作用。此外,创业团队目标必须切实可行、实事求是,并且能够随着环境和组织的变化及时更新和调整。确定清晰的创业目标就一往无前,只有长期的投入才能产生效应,要做难而正确的事情。

③制定有效的激励机制。满足团队成员的"利益需求"是有效激励的前提。实际上,不同类型的人员对于利益的需求不一样,有些成员将物质追求放在第一位,而有些成员则希望能够获得荣誉、发展机会、工作挑战性、能力提高等其他利益。因此,创业团队的领导者必须加强与团队成员的交流,针对各成员的情况采取合理的激励措施。此外,创业团队的利润分配体系要以团队成员在整个创业过程中的表现为依据,同时也要体现出个人贡献价值的差异。并且其具体分配方式要灵活,既包括诸如股权、工资、奖金等物质利益,也包括个人成长机会和相关技能培训等内容,应根据团队成员的期望进行适时调整。

【引入案例】 多家知名团队风险控制案例

"携程网"的成功,除了抓住互联网快速发展的契机,有一个良好的创业团队是关键。"携程网"的团队成员来自美国甲骨文公司、德意志银行和上海旅行社等,是技术、管理、金融运作和旅游的完美组合。大家共同创业,分享各自的知识和经验,避开了很多创业"雷区"。

1998 年成立于北京的交大铭泰,主要从事研究、开发及销售以翻译软件为主的四大系列软件产品。其在创业初期就确定了三年内成为我国最大应用软件和服务提供商的目标以及具体的发展战略。明确的创业目标保证了团队成员的稳定性,其成员自创业以来基本上没有太大变化,这不仅带来了企业凝聚力的提高,也使交大铭泰在企业创新方面取得了较大突破。交大铭泰很快发展成为国内第一个通用软件上市公司、亚洲首只"信息本地化概念股"、2004 年香港股市第一家上市企业。

腾讯公司马化腾的创业团队多年来十分稳定,与其利益分配机制的有效性是分不开的。

虽然腾讯公司的股权多次转让，但是它的 5 位创办人一直共同持有公司的大部分股份。公司的上市更使得创业团队的 5 位成员均成为亿万富翁。

（以上文字摘编自百度文库，2019 年 1 月 27 日）

❖ **案例分析**：有市场就有竞争，有竞争就有风险。风险不仅存在于企业之外，还存在于企业之内。团队风险管控首先需要创业者的敏锐观察和选择；其次依靠团队成员的相互契合，共同抵御风险。

❖ **思考感悟**：人的不确定性是最大的，而创业的核心关键就是人，所以把人管好、协调好，风险已经控制了一半。

子任务 6.2　管理创业团队

【考核指标】

❖ 理论指标：
（1）学习管理团队的 3 个指标；
（2）掌握打造团队核心竞争力应具备的 4 种能力和应做到的 5 个方面；
（3）了解设置合理的组织结构的 4 项原则和 5 项影响因素。

❖ 实践指标：能够运用学习到的 6 个渠道尝试打通建设团队文化向心力。

6.2.1　打造团队核心竞争力

【箴言警句】成功的方式只有一两种，而失败的有各种各样的方式。——王义超

美国战略学家哈默认为："企业是一个知识的集体，企业通过积累过程获得新知识，并使之融入企业的正式和非正式的行为规范中，从而成为左右企业未来积累的主导力量，即核心竞争力。"所以，核心竞争力是一个团队能够长期获得竞争优势的能力，是团队所特有的、能够经得起时间考验的、具有延展性的能力，也是企业间竞争的最终体现。

（1）打造核心竞争力涵盖以下几种能力：
①科技研发、开发能力；
②创新创造能力；
③有效的生产能力；
④及时应变能力。

团队的核心竞争力是一个团队具备的应对变革与激烈的外部竞争，并且取胜于竞争对手的能力的集合。核心竞争力也是团队竞争力中那些最基本的、能使整个团队保持长期稳定的竞争优势、获得稳定超额利润的竞争力。

（2）打造团队的核心竞争力。主要从以下 5 个方面做起：
①依靠团队文化，凝聚人心；
②制定严格的制度，构建和谐氛围；
③建立良好的团队沟通机制；
④创新多元化激励机制，重用人才；
⑤实现对企业的长期承诺，创造企业价值，使之达到稳定、可持续发展。

产品的差异化、模式的差异化、组织能力的差异化，在物理层面其实是不存在的，因为你能做到的，你的竞争对手都能做到，真正的差异化其实在人的心中。在当今竞争日益激烈的市场环境中，重视人才、重视团队，在实践中不断学习和反思，积累经验、教训，要使思路具有创新性、开拓性、前瞻性，预知市场变化，时刻保持警惕，想尽一切办法积攒团队核心竞争力的能量，且始终充满活力，这不仅可以为你的企业抵御风险，更可应对未来变幻莫测的市场浪潮。

【引入案例】 新明珠企业激励机制的案例

近些年来，建筑陶瓷行业风起云涌，而新明珠陶瓷集团却能在这样的情形下不退反进，经过多年发展，其产业规模已经是该领域最大规模的企业之一。为什么新明珠能够在激烈的竞争中屹立不倒？答案或许可以从胡小燕身上找到。

胡小燕是新明珠的一名老员工，1974 年出生于四川武胜县，2002 年进入新明珠集团。

2007 年，新明珠和中央党校联合开办了行政管理专业大专函授班，胡小燕作为中层管理人员参加，3 年后以优异的成绩毕业。

2008 年，胡小燕当选为全国第一批农民工人大代表。

2009 年，辞去了车间副主任，改行做起了销售，逐步成长为新明珠集团的营销副总。

杨思卓教授作为新明珠战略顾问曾提出"强国必先强企，强企必先强人"的理念，并建议灵活运用多种激励手段，帮助企业在培养人才的同时能够留住人才。

新明珠企业制定如下激励机制。

（1）金钱激励。

金钱激励是激励方式中的一种，它并不是唯一有效的激励方式，但却是最直接也是必不可少的激励方式。

胡小燕 1998 年来到广东，直到 2002 年 6 月，她应聘进入新明珠。胡小燕初来广东，钱对她来说是最迫切的需求和最基础的保障，如果基础保障得不到满足，那么其他都是虚无缥缈的，所以她在 4 年间先后任职于 5 家工厂。

（2）其他多元化激励。

金钱激励的基础保障性作用也决定了它只是初级的激励，只能给很多人带来一定程度上的安全感，但是它不一定伴随尊重或自我实现。

2002 年加入新明珠后，胡小燕逐步成长为新明珠的营销副总。2008 年，胡小燕当选为全国人大代表。2010 年，胡小燕经过 3 年的刻苦学习，仅有初中文化的她从中央党校函授大专班毕业了。随着胡小燕职位的转变，她的主要需求也会随之发生变化，从物质需要变为精神的追求——获得尊重以及自我实现。因此，杨思卓教授提出的多元化激励措施恰好帮助新明珠给胡小燕这样的员工提供了一个合适的平台。

（以上文字摘编自豆丁网，2015 年 11 月 11 日）

❖ **案例分析**：从上面的简单叙述中，我们可以看到胡小燕的职业发展过程，而伴随她的发展，我们也能对她所在企业有初步了解。胡小燕一路拼搏，最终提升为营销副总，除了她的敢于尝试和踏实能干，和新明珠对于员工的激励也是息息相关的。

❖ **思考感悟**：企业的竞争也是人才的竞争，如何引进人才、留住人才、帮助人才成长发展可以说是很多企业的核心关注点。

6.2.2 设置合理的组织结构

【箴言警句】人之于社会等于身体的细胞，要一个人身体健全，不用说必须每个细胞都健全。——闻一多

（1）概念。组织结构是指对于工作任务如何进行分工、分组和协调合作，是表明组织各部分排列顺序、空间位置、聚散状态、联系方式以及各要素之间相互关系的一种模式，是整个管理系统的"框架"。

企业的组织结构设计是这样的一项工作：在企业的组织中，对构成企业组织的各要素进行排列、组合，明确管理层次，分清各部门、各岗位之间的职责和相互协作关系。实质上，组织结构是把企业的任务、流程、权力和责任重新进行有效组合和协调的一种活动，是一个组织革新的过程。根据时代和市场的变化，进行组织结构设计或组织结构革新，其结果是大幅度地提高企业的运行效率和经济效益。

（2）目的。创建企业组织结构，动态地反映外在环境变化的要求，协调好组织中部门与部门之间的关系，人员与任务间的关系，使员工明确自己在组织中应有的权利和应承担的责任，有效地保证组织活动的开展。

（3）设计原则。组织结构设置主要是研究如何合理设置企业内部组织架构，以及确定组织内部各部门之间关系与合作模式的过程。人力资源管理专家认为，一个设计完善的组织结构可以帮助企业适应所处的环境变化，实现企业的战略目标，增加企业对外竞争力，同时有助于企业内部的技术开发、人员素质提升和经营效率的提高。

随着市场、企业战略重点的变化，组织结构也将随之变化。企业组织架构有不同的模式，每个企业也有自己的特色，企业在不同发展阶段也有不同的组织架构模式和特色。此处将介绍组织架构设置中的一些基本原则。

①设计组织结构要合理、适用。不要设置过多的部门，当然也要考虑企业的现实和特殊情况。组织结构的合理设置可以促进企业成本降低，所以，组织结构应尽量简单化、简约化，在组织层级设计中尽量不超过四级。如图2-3所示。

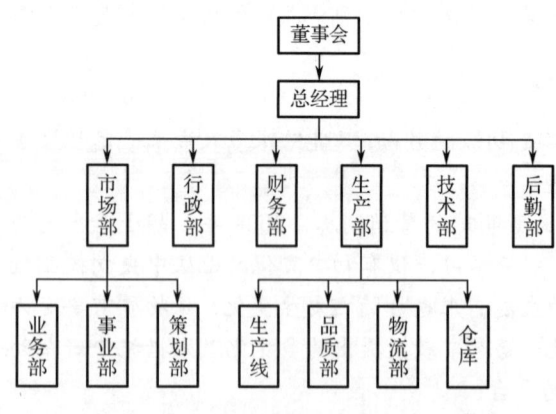

图 2-3 组织结构设置

②依据部门的重要性来设置组织结构。例如，以外贸为主的企业没有必要在内贸开拓上安排更多人手，否则人力成本支出将增加经营成本。

③组织内部分工明确。组织架构要有利于回应和满足市场及客户需求。设计组织架构时，一定要考虑如何才能更快地响应市场和客户的需求，充分发挥所设置的组织结构之间的监督和协调作用。组织内部要分工明确，同时沟通协调信息传递顺畅及时，尽量避免多部门同时接触同一客户。

④组织架构考虑管理单位和内控的要求。例如，上市公司要有完善的公司治理结构，中央企业要考虑《中央企业全面风险管理指引》的要求，银行要考虑《商业银行内部控制

指引》等。总之，组织结构的模式尽量以合适企业自身需要为主，做到"合身、简练、低成本"。不要盲目追求某些企业的设计模式，使企业保持良好的发展势态，降低企业成本支出。

（4）组织结构设置的影响因素。企业组织结构是企业建立内部运行秩序、实现各项构成要素配置的组合形态，它的形式是复杂多样的。企业的生产经营基本流程是决定组织结构形式的根本因素。除此之外，对其结构风格和设计思路产生影响的因素主要包括 5 个方面：

①结构系统的影响；

②企业文化的影响；

③社会文化的影响；

④企业组织自身演变历史的影响；

⑤其他企业组织结构模式的影响。

如图 2-4 至图 2-8 所示为组织结构设置的示例。

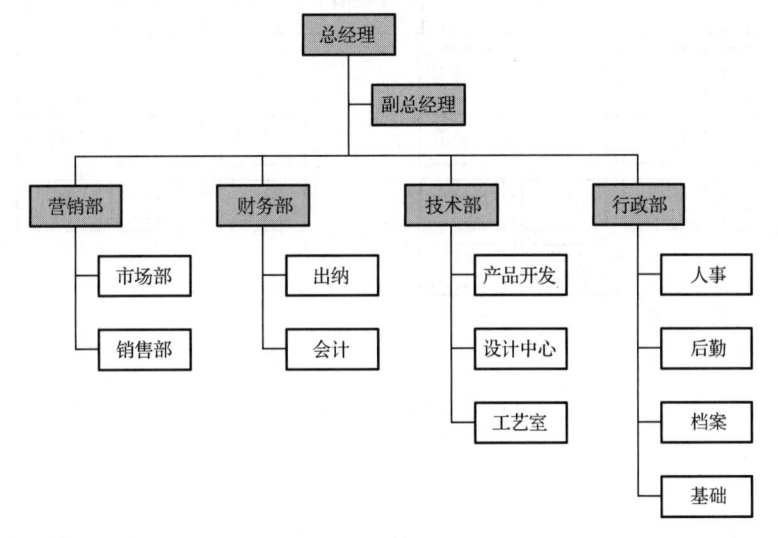

图 2-4 组织结构设置示例（1）

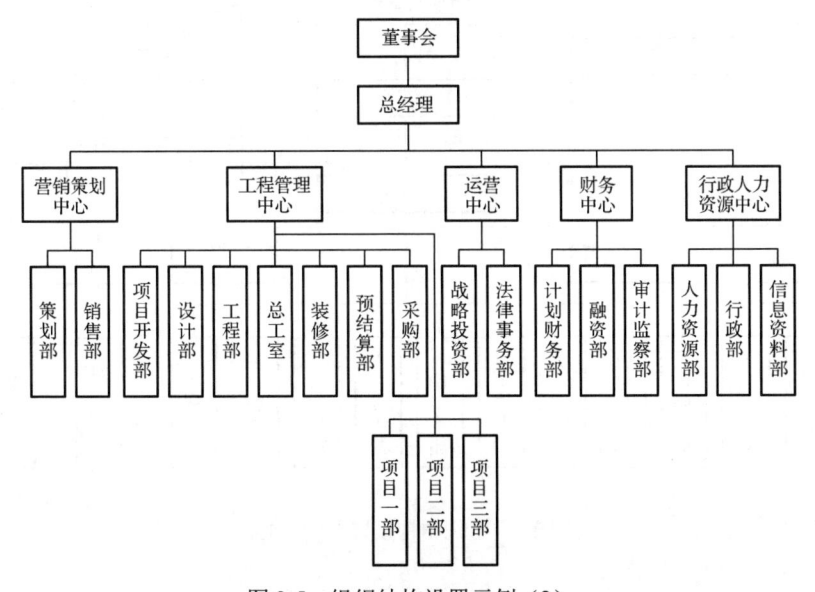

图 2-5 组织结构设置示例（2）

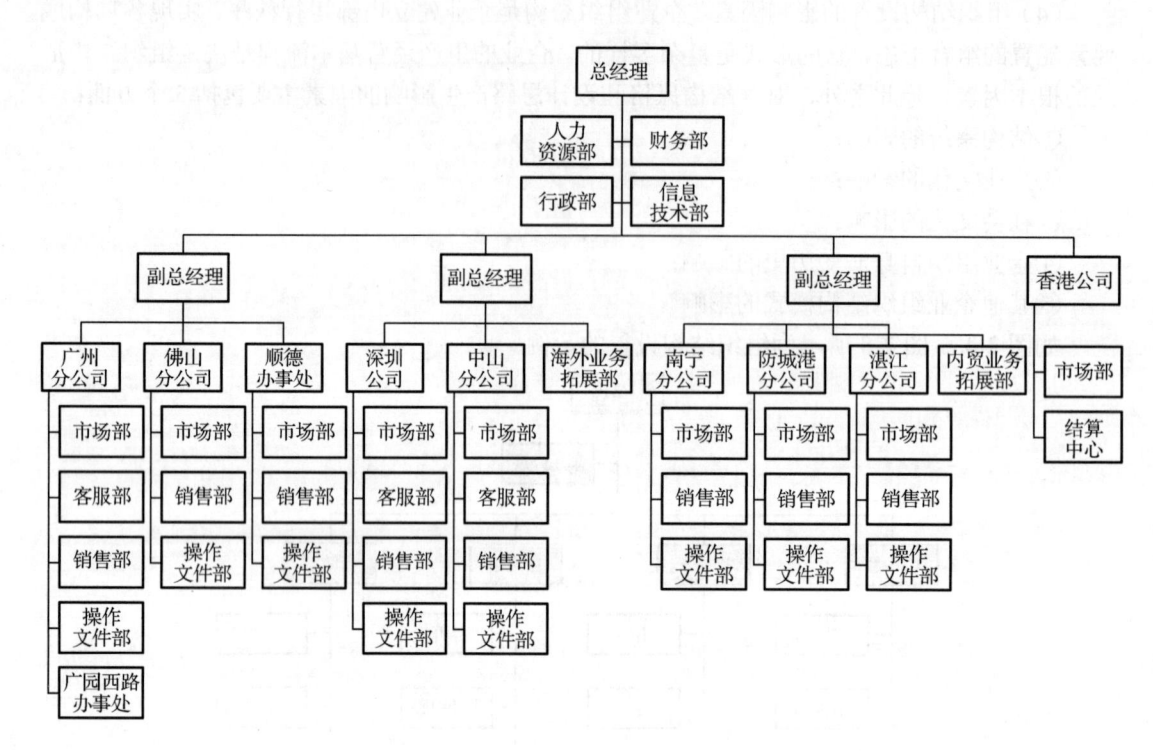

图 2-6　组织结构设置示例（3）

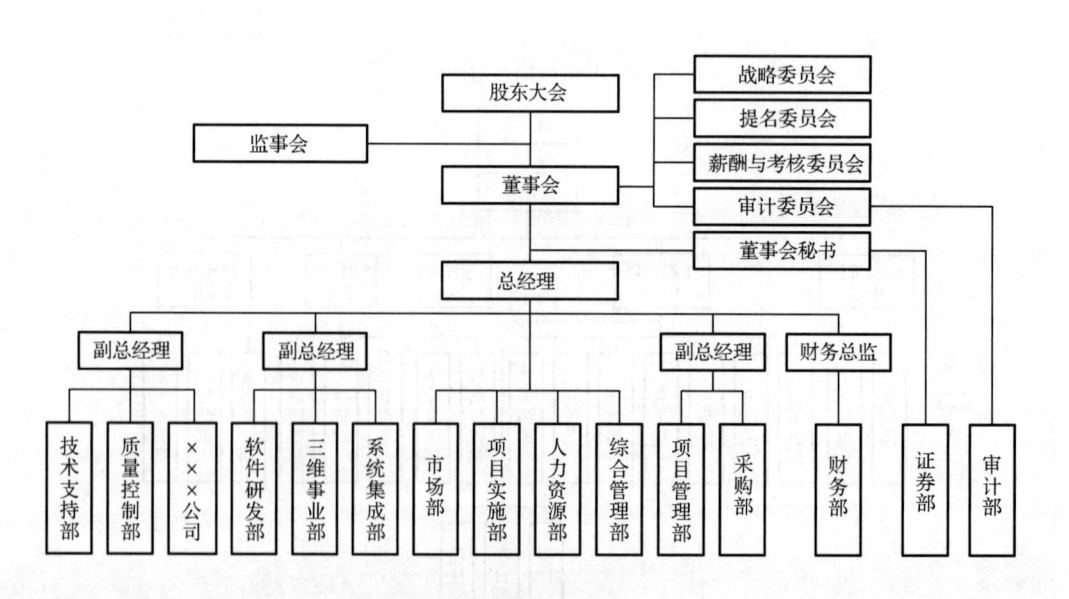

图 2-7　组织结构设置示例（4）

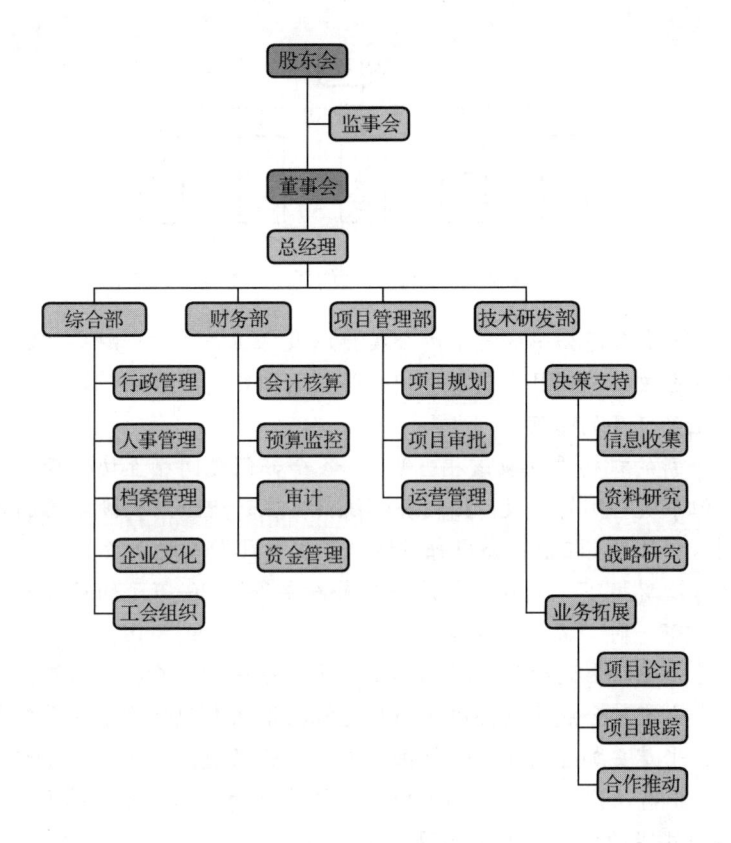

图 2-8　组织结构设置示例（5）

【引入案例】金花公司组织结构案例

金花公司是一家生产脱水蔬菜的小企业，员工总数约 60 人，早期阶段该公司由于没有进行合理的组织结构设计，造成了很大的成本浪费和人浮于事，企业的发展受到了掣肘。如图 2-9 所示是该公司的原有组织结构。

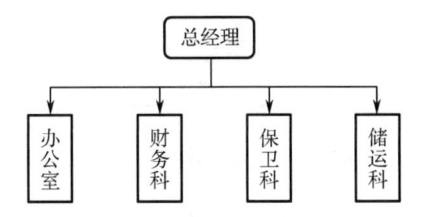

图 2-9　金花公司的原有组织结构

后期，该公司对现有的组织结构进行了大幅度整改，将原来设置的如办公室、储运科、保卫科及财务科等机构按照新的事业部制模型设置成了如图 2-10 所示的新组织结构。

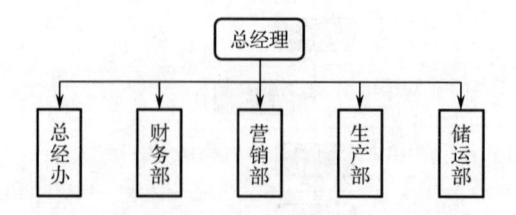

```
                    ┌──────┐
                    │总经理│
                    └──┬───┘
      ┌────────┬──────┼──────┬────────┐
   ┌──┴─┐   ┌──┴─┐ ┌──┴─┐ ┌──┴─┐   ┌──┴─┐
   │总经办│  │财务部│ │营销部│ │生产部│   │储运部│
   └────┘   └────┘ └────┘ └────┘   └────┘
```

图 2-10　金花公司的新组织结构

其中，总经办负责金花公司的日常办公接待以及保卫等工作；财务部则仍行使原财务科的职权；营销部负责该公司产品的销售和出口；储运部则负责产成品以及原料的储运；生产部主抓整个公司生产任务的落实。

按说这样一个新的机构设立应该相当明了，各个部门之间相互协调后公司的整体运营也应该走上正轨，但事实却刚好相反。据财务部统计，在新组织结构设立后的4个月内公司整体开支较前期增长了10%，即金花公司每月运转开支要比原来增加2万元。而在市场不景气、出口订单减少的客观环境下，则意味着该公司每月要多做20万元的销售额才能达到原来的盈利水平，公司上下一时"丈二和尚摸不着头脑"。

其实，从金花公司的上述结构中我们不难看出症结所在。虽然新的事业部制组织结构将原来的保卫科、办公室整合成了总经办，而且也根据市场表现新设立了营销部，以前的车间变成了生产部，似乎是更加合理了。但仔细一看，端倪显现。重新明确各部门职责我们可以发现，对于产品成本有决定因素的采购工作成了被遗忘的角落，既不属于生产部，也不属于储运部，成了名副其实的管理"真空环节"。

由于事业部制的设立，整个企业的运转机构人员增加，但市场部门在大环境影响下也一时难有作为，这就造成了金花公司4个月内企业开支增加了逾8万元，而导致了整个企业的信心涣散。

（以上文字摘编自百度文库，2018年6月30日）

❖ **案例分析**：怎样才能设置较为合理的组织结构，在企业开支同等情况下能有更好的工作效率呢？以金花公司为例，其实它根本不需要很多的机构，大致可以采取如图 2-11 所示的组织结构模式。

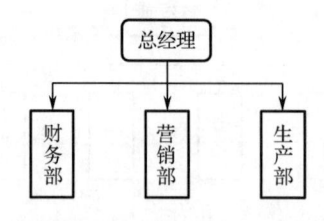

```
              ┌──────┐
              │总经理│
              └──┬───┘
        ┌───────┼───────┐
     ┌──┴─┐  ┌──┴─┐  ┌──┴─┐
     │财务部│ │营销部│ │生产部│
     └────┘  └────┘  └────┘
```

图 2-11　金花公司的组织结构模式

看到这个组织结构设置大家一定会感到吃惊，一个公司居然没有总经办那成何体统？未免也太不注重企业形象了吧！不错，企业需要良好形象，然而企业形象却不是通过增加部门和冗员来体现的。从金花公司的实际出发，完全没有必要设立总经办，原因如下：

（1）金花是以外贸出口为主的生产型企业，虽然受外贸影响后也开展了内贸业务，但这只是阶段性的营销侧重调整，外贸仍是金花公司的盈利载体。金花公司的客户群相对集中，很容易掌控，完全可以将原先总经办的职责分担一部分给营销部。原总经办取消后，只配一名行政秘书工作亦可有条不紊。

（2）财务部当然不能动，但财务部必须担当起成本控制的重任，即对所有涉及成本的工作有权加以监督，采取成本倒算法，这样可以避免成本管理这一细节被遗忘。

（3）生产部在财务部监督下完成采购、生产以及储运、安全等工作，而且还便于工作间的协调，不但物流效率增加，而且产品整体合格率提升，成本也有所下降。

由于对组织结构进行了精减，使得金花公司的企业开支每个月将比采用事业部制要减少3万元，企业的整体工作效率也得到较大改善。

❖ **思考感悟**：对于组建团队的任一环节都不能轻视，组织结构设计可以提高工作效率，帮企业盈利。当然，如果设计不好，部门和角色设计得不合理，也会面临风险。

6.2.3　建设团队文化向心力

【**箴言警句**】五人团结一只虎，十人团结一条龙，百人团结像泰山。——邓中夏

人与文化相结合就是团队的灵魂和基因。团队的文化建设是人的问题，团队能否长久保持生机和活力的关键在于"人"，必须让"人"成为创业的主体。首先是创始人，一个企业的文化等同于一个人的性格。在电视剧《亮剑》里，李云龙说，一支部队的性格是由它的第一任军事主官注入的。一个企业的文化首先是由它的创始人所决定的。其次，与其让合伙人、员工认同团队文化，不如让他们参与到团队文化建设中来，从被动方变为主动参与方，共同建设团队文化，提升文化的向心力和软实力。

团队文化是指团队在发展过程中形成的，为团队成员所共有的思想作风、价值观念和行为规范。团队向心力是一个团队具备优良素质而形成的吸引力，以及团队成员之间相互吸引并愿意留在群体中的凝聚力。团队向心力能产生使内部的队员更好发挥积极性、创造性及磁石般的吸引力。优良的素质是根本、是关键，进而直接决定了群体之间相互吸引及愿意留在群体中的程度。

如何打造团队的向心力，并且让这种向心力一直保持下去，需要注意以下几点：

（1）选择有凝聚力的领导。一个合适的领导者应该有很强的凝聚力。在一个组织的团队之中，经常会出现组织内的成员在各方面的能力水平参差不齐的情况。此时就需要团队领导者的凝聚力，把大多数员工各方面的特性都凝聚起来，发挥不同员工在不同方面的优势。

（2）规划一个共同的远景展望。企业远景就是企业的发展和前途，是企业行为的根本目标，是团队信心的基础来源。对于一个有向心力的团队，要拥有一个共同的目标，使成员共同为之努力奋斗。各个成员的目标越一致，合作的氛围会越好。通过团队的共同讨论、求同存异，形成一个成员认可、接受的发展目标。企业应该依靠文化建设将团队成员的价值观和企业的核心价值观统一起来。不需要命令、监督，用成员自己的执行力去行动，是团队取得成功的关键。

（3）开辟有效的沟通交流渠道。首先，领导者应该尽量多与团队成员沟通，了解员工，收集有用的信息，尽量照顾到每一个成员的想法。领导者应该运用自己的沟通能力对可能出现的内部矛盾与纠纷进行组织协调，保持团队良好的合作氛围。其次，团队的成员也要积极主动地进行沟通。对任务不明确的地方应及时提出，有更好的建议也应该提出来，让大家集思广益，才能达到更好的结果。在团队内部应保证足够的沟通时间、适宜的空间、有效的沟

通渠道和良好的沟通氛围。

（4）采取有效的激励方式。在现代企业的人力资源管理中，利用各种尽可能充分的条件激励员工，可以促使每一个员工自发地、最大限度地发挥他们的聪明才智与潜在的能力。在团队建设中，可以设置团队激励方式，帮助员工自我成长，实现价值追求。通过团队激励制度的建立，可以提高团队成员的参与感和归属感，还可增加他们的动力，使团队更有向心力。

（5）制定有效的团队规范。一个团队需要有自己的团队规范，建设适合自己的团队文化。团队规范是团队成员认可并普遍接受的规章和行为模式，它可以具体体现为团队成员对某种特定行为的认同或反对，以此来规范团队成员的行为，鼓励有益行为，纠正有害行为。制定有效团队规范可以提高团队的自我管理和自我控制的能力，促进团队凝聚力增强。团队文化则使所有成员共同遵循着一种文化，有效地增强了团队的向心力。

（6）工作合理化、丰富化。工作合理化就是确定合理的工作负荷，避免员工因负担过重或过轻而失去对工作的兴趣；工作丰富化就是在单调的工作中增加一点"个性"，激发员工的积极性和责任感，如美化工作名称、适当增加决策性内容等。这样，在一个团队中，成员就不会经常由于工作量的配置不合理而感觉压力很大，也不会由于一直做重复的工作而觉得无聊。并且，在轮换工作的过程中，还可以促进员工之间的交流，使团体更为和谐、更有凝聚力。

【引入案例】 海尔"有生于无"与"以柔克刚"的文化观

有一次，海尔首席执行官张瑞敏出访日本一家大公司。该公司董事长一向热衷中国至理名言。在这位董事长介绍该公司经营宗旨和企业文化时，阐述了"真善美"，并引述老子思想。张瑞敏也发表了自己的看法：《道德经》中有一句话与"真善美"语义一致，这就是"天下万物生于有，有生于无"。

张瑞敏以这句话诠释了海尔文化之重要性。他说，企业管理有两点始终是我铭记在心的：第一点是无形的东西往往比有形的东西更重要。当领导的人看重的是有形东西太多，而无形东西太少，一般总是问产量多少、利润多少，没有看到文化观念是不行的。一个企业没有文化，就没有灵魂。第二点是老子主张的为人做事要"以柔克刚"。张瑞敏说："在过去人们把此话看成是消极的，实际上它主张的弱转强、小转大是个过程。要认识到，作为企业家，你永远是弱势；如果你真能认识到自己是弱势，你就会朝目标执着前进，也就会成功。"

有一次，一位记者问张瑞敏："一位企业家首先应懂哪些知识？"张瑞敏想了想说："首先要懂哲学吧！"

人的成熟，在于思想的成熟。企业家的成熟在于实践经验基础上形成的理念体系。一切成功的企业家都是经营哲学家。著名经济学家艾丰为《张瑞敏如是说》一书写序，题目就是"不用哲学看不清海尔"，而艾丰用哲学恰到好处地评价了张瑞敏。

（以上文字摘编自中国广播网，2007年9月14日）

❖ **案例分析**：张瑞敏能联系企业实际，从老子思想中悟到"无"比"有"更重要，还有"无"生"有"的道理，也悟出柔才能克刚、谦逊才能进取的为人做事之理。骄横与张扬永远是企业衰败之源。

❖ **思考感悟**：没有成功的企业，只有时代的企业。在互联网时代，企业必须建设网络化、平台化的企业文化。传统时代，企业文化是一种执行力文化，而如今则应该是创业文化。企业的文化塑造和友好氛围构建不可停歇，增强企业文化向心力，打造企业核心竞争力。

实践训练

【实践训练】完成小测试。
【训练要求】个人完成"领导者性格测试"，查看自己的领导者类型。
【范例】

领导者性格测试（PDP性格测试）

PDP性格测试依据个性特质的不同，将人区分为五大族群，分别是老虎型、孔雀型、考拉型、猫头鹰型及综合各种特质的变色龙型。你是什么类型的？对方是什么类型的？观察、聆听，看对方是什么角色……

先了解记分规则如下：
- 非常同意，记5分；
- 比较同意，记4分；
- 差不多，记3分；
- 有一点同意，记2分；
- 不同意，记1分。

温馨提示：回答问题时不是依据别人眼中的你来判断，而是你认为你本质上是不是这样的。

看看问题吧：

1. 你做事是一个值得信赖的人吗？
   非常同意　比较同意　差不多　有一点同意　不同意
2. 你个性温和吗？
   非常同意　比较同意　差不多　有一点同意　不同意
3. 你有活力吗？
   非常同意　比较同意　差不多　有一点同意　不同意
4. 你善解人意吗？
   非常同意　比较同意　差不多　有一点同意　不同意
5. 你独立吗？
   非常同意　比较同意　差不多　有一点同意　不同意
6. 你受人爱戴吗？
   非常同意　比较同意　差不多　有一点同意　不同意
7. 你做事认真且正直吗？
   非常同意　比较同意　差不多　有一点同意　不同意
8. 你富有同情心吗？
   非常同意　比较同意　差不多　有一点同意　不同意

9. 你有说服力吗?
   非常同意   比较同意   差不多   有一点同意   不同意
10. 你大胆吗?
    非常同意   比较同意   差不多   有一点同意   不同意
11. 你精确吗?
    非常同意   比较同意   差不多   有一点同意   不同意
12. 你适应能力强吗?
    非常同意   比较同意   差不多   有一点同意   不同意
13. 你组织能力好吗?
    非常同意   比较同意   差不多   有一点同意   不同意
14. 你是否积极主动?
    非常同意   比较同意   差不多   有一点同意   不同意
15. 你害羞吗?
    非常同意   比较同意   差不多   有一点同意   不同意
16. 你强势吗?
    非常同意   比较同意   差不多   有一点同意   不同意
17. 你镇定吗?
    非常同意   比较同意   差不多   有一点同意   不同意
18. 你勇于学习吗?
    非常同意   比较同意   差不多   有一点同意   不同意
19. 你反应快吗?
    非常同意   比较同意   差不多   有一点同意   不同意
20. 你外向吗?
    非常同意   比较同意   差不多   有一点同意   不同意
21. 你注意细节吗?
    非常同意   比较同意   差不多   有一点同意   不同意
22. 你爱说话吗?
    非常同意   比较同意   差不多   有一点同意   不同意
23. 你的协调能力好吗?
    非常同意   比较同意   差不多   有一点同意   不同意
24. 你勤劳吗?
    非常同意   比较同意   差不多   有一点同意   不同意
25. 你慷慨吗?
    非常同意   比较同意   差不多   有一点同意   不同意
26. 你小心翼翼吗?
    非常同意   比较同意   差不多   有一点同意   不同意
27. 你令人愉快吗?
    非常同意   比较同意   差不多   有一点同意   不同意
28. 你传统吗?
    非常同意   比较同意   差不多   有一点同意   不同意

29. 你亲切吗？
非常同意　　比较同意　　差不多　　有一点同意　　不同意
30. 你工作足够有效率吗？
非常同意　　比较同意　　差不多　　有一点同意　　不同意

将第5、10、14、18、24、30题的得分加起来就是你的"老虎型"分数；
将第3、6、13、20、22、29题的得分加起来就是你的"孔雀型"分数；
将第2、8、15、17、25、28题的得分加起来就是你的"考拉型"分数；
将第1、7、11、16、21、26题的得分加起来就是你的"猫头鹰型"分数；
将第4、9、12、19、23、27题的得分加起来就是你的"变色龙型"分数。
假如你有某一项得分远远高于其他四项，你就是典型的这种动物属性；
假如你有某两项得分大大超过其他三项，你就是这两种动物属性的综合；
假如你各项分数都比较接近，恭喜你，你是一个面面俱到、近似完美性格的人；
假如你有某一项得分特别低的话，想提高自己就需要在那一种动物属性上下功夫了。
我们就来逐一分析一下各种迥然不同的"动物"吧，如图2-12所示！

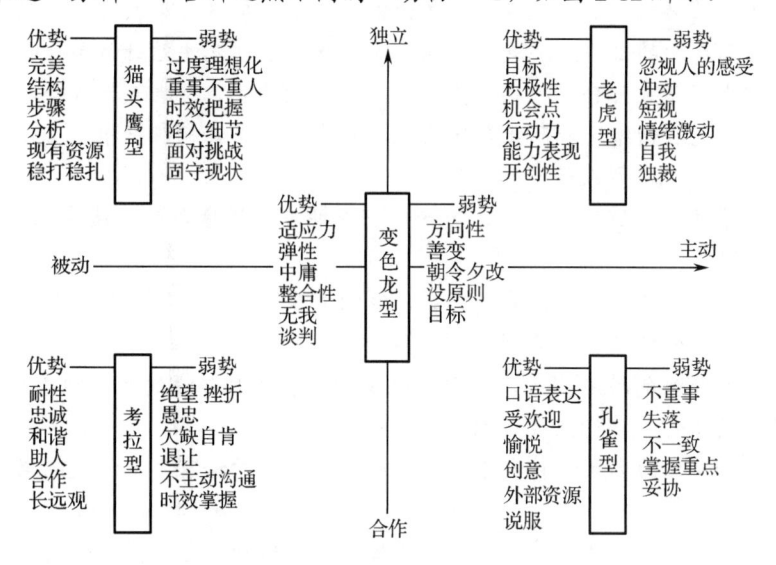

图 2-12　不同的"动物"属性

■ **老虎型（支配型 Dominance）**

老虎型的人一般企图心强烈，喜欢冒险，个性积极，竞争力强，凡事喜欢掌控全局、发号施令，不喜欢维持现状，但行动力强，目标一经确立便会全力以赴。它的缺点是在决策上较易流于专断，不易妥协，故较容易与人发生争执摩擦。如果下属中有老虎型的人，要给予他更多的责任，他会觉得自己有价值，布置工作时注意结果导向。如果上司是老虎型的人，则要在他面前展示自信果断的一面，同时避免在公众场合与他唱反调。中外名人中前英国首相撒切尔夫人为较典型的老虎型，德国是老虎型人数最多的国家。

个性特点：有自信，够权威，决断力高，竞争性强，胸怀大志，喜欢评估，企图心强烈，喜欢冒险，个性积极，竞争力强，有对抗性。

优点：善于控制局面并能果断地做出决定的能力。这一类型工作方式的人成就非凡。

缺点：当感到压力时，这类人就会太重视迅速地完成工作，而容易忽视细节，这时他们可能不顾及自己和别人的情感。由于他们要求过高，加之好胜的天性，有时会成为工作狂。

老虎型的人的工作风格的主要行为：

交谈时进行直接的目光接触；有目的性且能迅速行动；说话快速且具有说服力；运用直截了当的实际语言；办公室挂有日历、计划要点。

老虎型的人，具备高支配型特质，竞争力强、好胜心盛、积极自信，是个有决断力的组织者。他胸怀大志、勇于冒险、分析敏锐，主动积极且具极为强烈的企图心，只要认定目标就勇往直前，不畏反抗与攻讦，誓要取得目标。

老虎型领导人都倾向以权威作风来进行决策，当其部属者除要高度服从外，也要有冒险犯难的勇气，为其杀敌闯关。

老虎型的人最适合开创性与改革性的工作，在开拓市场的时代或需要执行改革的环境中，最容易有出色的表现。

宏碁集团的施振荣和前美国GE总裁韦尔奇（Jack Welch）等，都是老虎型领导人。

■ 孔雀型（表达型 Extroversion）

孔雀型的人热情洋溢，好交朋友，口才流畅，重视形象，善于人际关系的建立，富在同情心，最适合人际导向的工作。缺点是容易过于乐观，往往无法估计细节，在执行力度上需要较高专业的技术精英来配合。对孔雀型的人要以鼓励为主，给他表现机会以保持他的工作激情，但也要注意他的情绪化和防止细节失误。孙中山、克林顿、里根、戈尔巴乔夫都是这一类型的人，美国是孔雀型人最多的国家。

个性特点：很热心，够乐观，口才流畅，好交朋友，风度翩翩，诚恳热心，热情洋溢，个性乐观，表现欲强。

优点：此类型生性活泼，能够使人兴奋，他们高效地工作，善于建立同盟或搞好关系来实现目标。他们很适合需要当众表现、引人注目、态度公开的工作。

缺点：因其跳跃性的思考模式，常无法顾及细节以及对事情的完成执着度。

孔雀型的人的工作风格的主要行为：

运用快速的手势；面部表情特别丰富；运用有说服力的语言；工作空间里充满了各种能鼓舞人心的东西。

孔雀型的人，具有高度的表达能力，他的社交能力极强，有流畅无碍的口才和热情幽默的风度，在团体或社群中容易广结善缘、建立知名度。

孔雀型领导人天生具备乐观与和善的性格，有真诚的同情心和感染他人的能力，在以团队合作为主的工作环境中，会有最好的表现。

孔雀型领导人在任何团体内，都是人缘最好的人和最受欢迎的人，是最能吹起领导号角的人物。当孔雀型领导人的部属者，除要能乐于在团队中工作外，还要对其领导谦逊得体，不露锋、不出头，把一切成功光华都让与领导。孔雀型领导人，不宜有个老虎型领导人当二把手或部属。

反之，若老虎型领导人有个孔雀型的人甘愿当其二把手，则会是最佳搭配。孔雀型的人天生具有鼓吹理想的特质，在推动新思维、执行某种新使命或推广某项宣传等任务的工作中，都会有极出色的表现。他们在开发市场或创建产业的工作环境中，最能发挥其所长。

有中国台湾企管大师之称的石滋宜博士，就属于孔雀型的人。

■ 考拉型（耐心型 Pace/Patience）

考拉型的人属于行事稳健，不会夸张、强调平实的人，性情平和，对人不喜欢制造麻烦，不兴风作浪，温和善良，在别人眼中常让人误以为是懒散不积极，但只要决心投入，绝对是"路遥知马力"的最佳典型。对考拉型的人要多给予关注和问候，想方设法挖掘他们内在的潜力。印度的甘地就是此类型的人，而中国正是考拉型的人最多的国家。

个性特点：很稳定，够敦厚，温和规律，不好冲突，行事稳健，强调平实，有过人的耐力，温和善良。

优点：他们对其他人的感情很敏感，这使他们在集体环境中左右逢源。

缺点：很难坚持自己的观点和迅速做出决定。一般说来，他们不喜欢面对与同事意见不合的局面，他们不愿处理争执。

考拉型的人的工作风格的主要行为：

面部表情和蔼可亲；说话慢条斯理，声音轻柔；用赞同性、鼓励性的语言；办公室里摆有家人的照片。

考拉型的人具有高度的耐心。他敦厚随和，行事冷静自持；生活规律，但也随缘从容，面对困境都能泰然自若。

考拉型的领导人，适宜做安定内部的管理工作，在需要专业精密技巧的领域，或在气氛和谐且不具紧迫时间表等的职场环境中，他们最能发挥所长。当企业的产品站稳市场时，考拉型的企业领导人是极佳的总舵手。但当企业还在开拓市场的时候，老虎型或孔雀型的人似乎较占优势。

勇于开疆辟土的老虎型的人当"一把手"，配以与人为善的考拉型人当"二把手"，也是好的搭配。考拉型领导人强调无为而治，能与周围的人和睦相处而不树敌，是极佳的人事领导者，适宜在企业改革后，担当为公司和员工重建互信的工作。又由于他们具有高度的耐心性，有能力为企业赚取长远的利益，或为公司打好永续经营的基础。

■ 猫头鹰型（精确型 Conformity）

猫头鹰型的人传统而保守，分析力强，精确度高，是最佳的品质保证者，喜欢把细节条理化，个性拘谨含蓄，谨守分寸，忠于职责，但会让人觉得"吹毛求疵"。猫头鹰型的人通过清晰分析道理说服别人很有一套，处事客观合理，只是有时会钻在牛角尖里拔不出来。古代断案如神的包拯（包青天）正是此种类型的典范，日本是这个类型人数较多的国家。

个性特点：很传统，注重细节，条理分明，责任感强，重视纪律，保守，分析力强，精准度高，喜欢把细节条理化，个性拘谨含蓄。

优点：天生就有爱找出事情真相的习性，因为他们有耐心仔细考察所有的细节并想出合乎逻辑的解决办法。

缺点：把事实和精确度置于感情之前，这会被认为是感情冷漠。在压力下，有时为了避免做出结论，他们会分析过度。

猫头鹰型的人的工作风格的主要行为：

很少有面部表情；动作缓慢；使用精确的语言，注意特殊细节；办公室里挂有图表、统计数字等。

猫头鹰型的人具有高度精确的能力，其行事风格重规则、轻情感，事事以规则为准绳，并以之为主导思想。他性格内敛，善于以数字或规条为表达工具，而不大擅长以语言来沟通情感或向同事和部属等做指示。他行事讲究条理分明、守纪律、重承诺，是个完美主义者。

架构稳定和制度健全的组织最好聘用猫头鹰型的人来当各级领导人，因为猫头鹰型领导人喜欢在安全架构的环境中工作，且其表现也会最好。其行事讲究制度化，事事求依据和规律的习性，极为适合事务机构的行事方式。然而，当企业需要进行目标重整、结构重组、流程变革时，猫头鹰型领导人就会产生迷失，不知如何处事，也不知如何自处。对改革行动，上者会先保持观望的态度，再慢慢适应新的局面；中者也会先保持观望的态度，然后呈辞求去；下者则会集结反对力量，公然表示反对或隐晦地从事反对等行为。

又由于猫头鹰型的人的行事决策风格，是以数据和规则为其主导思想，其直觉能力和应变能力都偏低，创造和创新能力也相对较弱，因而不宜担任需要创建或创新能力的任务。组织完善和发展安定的企业，宜用猫头鹰型的企管人当家。

他们尊重传统、重视架构、事事求据，喜爱工作安定的性格，是企业安定力量的来源。然而，由于他们行事讲究制度化，事事求依据和规律，故会将细节条理化，事事检查以求正确无误，甚至为了办事精确，不惜对人吹毛求疵或挑剔别人的错误，以显现自己一切照章办事的态度和求取完美的精神，不易维持团队内的团结精神和凝聚力。

■ **变色龙型（整合型 1/2 Sigma）**

变色龙型的人中庸而不极端，凡事不执着，韧性极强，善于沟通，是天生的谈判家，他们能充分融入各种新环境、新文化且适应性良好，在他人眼中会觉得他们"没有个性"，故"没有原则就是最高原则"，他们懂得凡事看情况看场合。美国前国务卿基辛格、诸葛亮都是这种类型，我国香港和台湾地区是"变色龙"型的人较多的地区。

工作风格的优点：善于在工作中调整自己的角色去适应环境，具有很好的沟通能力。

缺点：从别人眼中看变色龙族群，会觉得他们较无个性及原则。

变色龙型的人的工作风格的主要行为：

综合老虎、孔雀、考拉、猫头鹰型的人的特质，看似没有突出个性，但擅长整合内外资源；没有强烈的个人意识形态，是他们处事的价值观。

变色龙型的人具有高度的应变能力。他性格善变，处事极具弹性，能为了适应环境的要求而调整其决定甚至信念。

变色龙型的领导人，是支配型、表达型、耐心型、精确型四种特质的综合体，没有突出的个性，擅长整合内外信息，兼容并蓄，不会与人为敌，以中庸之道处世。他们处事圆融，弹性极强，处事处处留有余地，行事绝对不会走偏锋极端，是一个办事让你放心的人物。然而，由于他们以善变为其专长，故做人不会有什么立场或原则，也不会对任何人有效忠的意向，是个冯道式的人物。部属会难以忍受其善变和不讲原则的行为；当他们上司者，则会日夜担心不知何时会被其"出卖"。

变色龙型的领导人既没有突出的个性，对事也没有什么强烈的个人意愿和侧重，事事求中立并倾向站在没有立场的位置，故在冲突的环境中，是个能游走折中的高手。由于他们能密切地融合于各种环境中，他们可以为企业进行对内对外的各种交涉，只要任务确定和目标清晰，他们都能恰如其分地完成其任务。

（以上文字摘编自豆丁网，2019 年 4 月 15 日）

课后习题

一、多项选择题

1. 创业团队领袖的必备条件是（　　）。
   A．有魅力　　　　　B．有亲和力　　　　　C．有胸怀　　　　　D．有管理能力
2. 导致创业团队的风险的因素有（　　）。
   A．盲目照搬　　　　　　　　　　　　　B．缺乏明确的目标
   C．利润分配方式不完善　　　　　　　　D．团队成员的选择有偶然性
3. 下列哪几项属于设置合理的组织结构原则？（　　）
   A．依据部门的重要性　　　　　　　　　B．部门越多越好
   C．组织内部分工明确　　　　　　　　　D．考虑管理单位和内控的要求
4. 以下哪几项不是领导活动的灵魂？（　　）
   A．果断　　　　　　　B．决策　　　　　　　C．英明　　　　　　　D．组织力
5. 领导者是任何组织都不可缺少的，领导者必须发挥（　　）三个方面的作用。
   A．指挥　　　　　　　B．协调　　　　　　　C．激励　　　　　　　D．组织

二、判断题

1. 建设团队文化向心力是企业的灵魂和基因。（　　）
2. 创业团队的风险有技术风险和管理风险。（　　）
3. 团队文化是激励组织内创新活动的主要动力。（　　）
4. 团队凝聚力是指团队对成员的吸引力，成员对团队的向心力，以及团队成员之间的相互吸引。（　　）
5. 团队文化是一种集体文化，需要全体成员的共同参与。（　　）

三、简答题

1. 请简要回答团队如何规避风险。
2. 请简要说明你的团队是怎样设计企业组织结构的，受哪些因素影响。
3. 如何打造团队核心竞争力？

延伸阅读　俞敏洪讲创业公司搭建组织结构的重要性

刘邦为什么会成功？刘邦的成功特别简单：

第一，他有足够的社会经验和背景。因为他本身就是个"小官僚"，他知道封建社会时期官僚体系到底是怎么回事，他知道如果一件事情要做起来的话，搭建人才结构和搭建组织结构的重要性。当时的造反派，远远不止刘邦和项羽两个人。只有刘邦在最开始就着手搭建人才结构和组织结构，并把这个结构搭建得非常好。

第二，刘邦知道什么人应该用在什么地方，他从来没有乱用人，每一个人都用得非常到位。

第三，刘邦用的这些人组建了一个很好的创业团队。

第四，新朝廷还没有成立的时候，刘邦的组织结构就已经搭建起来了。

不要以为公司的组织结构不重要，开心网大家都知道，它本来应该做成中国最大、最好的互联网平台，最后成为一个年收入几千万元的游戏公司。他的创始人在回顾过往的经历中，认为自己纯粹专注于技术，但是忘了在最关键的时刻搭建公司的组织结构。

还有一个典型例子——凡客，其实我还是其中股东。我觉得他们的口号、宣传做得非常好，在上升期的时候，我对这个公司是绝对看好的，只要沿着原来的发展思路，再把公司组织结构做好，往前走就非常好了。但是，凡客犯了一个严重的错误，为了投资人的愿望、为了上市，拼命追求公司要有更大的规模。我当时都买凡客的东西，凡客以前应该卖跟青年时尚相关的所有东西，但是因为组织架构的问题，最后就崩盘了，就没有了监控，所有东西都开始卖。直到有一天，创始人陈年走到库房里，发现什么都卖了，发现不对了，等到发现不对却已经回不来了。这是什么概念呢？在公司发展过程中，组织结构不严密以及管理上失控，造成第二步的困难。

如果每一件事情真的那么容易干成，那项羽为什么失败？项羽犯了两个错误：第一，他认为自己是全天下最优秀的人才，项羽手下是没有谋士、没有将领的，他们全给气跑了，留下一个所谓的亚父，到最后也被气跑了。第二，项羽认为自己只要下一个指令就行了，没有一点组织结构概念。所以，他打下了整个秦帝国以后，他只做了一件事情，就是分封。他自己都没有想过要造一个帝国，他想着衣锦还乡，他完全不听任何的意见和建议，最后的结果就是兵败。

（以上文字摘编自搜狐网，2018年9月10日）

❖ **思考与讨论**：选择了团队成员后，不但要利用金钱、职位、荣誉来激励团队成员和员工，还要构建组织结构，让整个公司的业务能有所承载，有条不紊地运行。所以，创业不是说说就能成功的，很多创业者做到一半就退出了，原因是创业者本身就没有做好准备，而不是项目本身不好。请以小组为单位，设计本团队的组织结构以及探讨团队合适的激励模式。

第 3 单元　选择创业项目

【单元内容摘要】

本单元主要设置了选择项目、把握创业机会、分析市场需求三项任务。这三项任务是在学习前两个单元的基础上,进一步对理论知识进行实践应用,旨在帮助学生对创业基础知识做到融会贯通,能够根据市场需求选择创业项目,根据消费者需求选择创业营销模式,真正加强所选创业项目的可行性。

【学习目标】

- ❖ 掌握选择创业项目的技巧;
- ❖ 把握创业机会;
- ❖ 分析市场需求。

【学习方法】

❖ **头脑风暴法**:学习者在团队中与团队成员一起积极进行创新思维的讨论和分析,让头脑风暴成为常态,打破惯性思维,让学习者拥有创新思维,能够提出创造性意见,并找到适合团队发展的创业项目。

❖ **案例分析法**:明确创业者身份,与组建的创业团队共同拟定创业项目,并按照可行性方案逐一讨论。在整个创业项目的选择过程中,需尽可能地列举可行性方案,对案例进行分析,从中发现创业机会,培养创业者捕捉创业机会的能力。

❖ **比较分析法**:学习者依据案例分析,将多种案例列举出来并进行比较分析,对比出最适合创业团队的创业项目,依据调研后的比较分析结果,进行可行性分析。

【准备工作】

❖ **资料准备**:在进行创业项目的选择之前,需要搜集企业案例,明确案例中企业成功或失败的原因,将这些原因进行分析汇总,整理成有价值的理论资源,以便让团队在选择项目时可以更加合理、可行,提高创业成功率。

❖ **团队准备**:在创业项目的选择上需要明确团队成员价值观,了解团队整体的发展方向与目标,明确团队成员分工。掌握每个人及团队整体的优劣势,依据团队整体情况选择适合团队的创业项目,提高团队整体实力。

❖ **条件准备**:学习环境应该便于团队开展讨论,方便授课教师随时加入团队进行针对性指导;团队应准备好信息记录的设备,如纸和笔、录音笔、笔记本电脑、手机等,以便随时记录团队讨论结果和思想碰撞的亮点；学习空间应该配备网络环境，便于学习者随时通过网络搜索相关信息、查阅有关资料；教学环境应配备多媒体教学设备，学习者应能够熟练使用相关的课程学习系统或平台。

【注意事项】

❖ **转换身份**：学习者需要进入角色，真正模拟创业团队，共同协作，完成选择创业项目的相关任务。同时，树立问题意识，增加创业项目的选择范围，提高选择创业项目的可行性，强化学习效果。

❖ **查阅资料**：学习者养成查阅资料的习惯可以有效弥补创业者自身知识、技术的不足，结合当下互联网与大数据，合理运用创业者自身资源，积极积累适合的资料、资源。

❖ **典型借鉴**：学习者需要注意借鉴成功企业的经验，吸取失败企业的教训，做到取长补短。在典型案例的分析中，强化理论知识，做到举一反三。

任务7　选择项目

【要点总括】

❖ **思政要点**：注重择善而行，不忘初心，在选择创业项目时不能为了高利润而选择违法、欺诈的创业项目，更不能不择手段地进行推广营销。

❖ **理论要点**：
（1）了解选择创业项目的原则；
（2）明确创业项目的路径与方式；
（3）掌握项目的 SWOT 模型分析。

❖ **技能要点**：
（1）查阅资料和整合信息的能力；
（2）把握重点和凝练特色的能力。

【引入案例】　择善而行，不忘初心

选择在人生中至关重要。在相似的教育背景下，仅仅是生活中的小事，也可能因为做出不同的选择而造就不同的人生。

一对兄弟的母亲在他们小的时候买回来两双鞋子，一双布鞋，一双皮鞋。毋庸置疑，皮鞋谁看了都想要，比布鞋要体面得多。弟弟没耐住性子，首先向母亲开口要皮鞋。母亲很不开心，用孔融让梨的故事教导弟弟要学会谦让，不能不考虑别人、总自私地考虑自己。听到这里，哥哥心里萌生了撒谎的想法，于是主动选择布鞋，放弃皮鞋，母亲因此而将皮鞋作为奖励给了哥哥。在之后的人生选择中，哥哥学会了不择手段地去得到他想要的东西，直到进了监狱变成犯人。

另一对兄弟也经历了类似的情景，他们的母亲在他们小的时候买回来两个芒果，一个大芒果，一个小芒果。毋庸置疑，大芒果比小芒果看起来香甜可口得多。当母亲问及想要哪一个的时候，弟弟开口要了大芒果。这时候，哥哥做出了正确的选择，他也想要大的，于是他告诉母亲,因为他们都是母亲的孩子,所以应该通过比赛得到大芒果。母亲答应了,于是他们开始比赛劈柴,谁先劈好谁就可以得到大芒果。最后,哥哥赢了。此后的人生中,哥哥无论想得到什么东西,都会去努力争取做到最好,因为他知道,只有他努力做得比别人好,才能得到更好的。

尽管是生活中的小事,却因为选择而不同。人生如此,创业亦是如此。

❖ **案例分析**:选择对于人生至关重要,所以选择一个好的创业项目,对于创业者来说也是至关重要的。创业项目的选择是创业者创业的基础,要明确创业目标,选择恰当的创业模式,及时观察有效的创业信息,才能预防多种创业风险,最终实现创业梦想。要观察创业者的能力和素质是否适合创业,是否有意愿创业。如果具备创业者素质并有创业意愿,那么在创业开始之前应该结合自身情况,选择适合创业者的创业项目并对创业项目进行多方面的考察与市场分析。"圣人择可言而后言,择可行而后行。"尽管创业者不是圣人,但是无论创业者选择什么样的行业,什么样的项目,都应坚守行业准则,明确创业理念,拥有创业的初心。

❖ **延伸问题**:作为创业者,你的创业初心是什么?

子任务7.1 选择创业项目的原则

【考核指标】

❖ **理论指标**:掌握选择创业项目的3个原则。
❖ **实践指标**:基于创业项目的原则最终确定适合自己的创业项目。

7.1.1 熟知原则

【箴言警句】知己知彼,百战不殆;不知彼而知己,一胜一负;不知彼,不知己,每战必殆。——《孙子·谋攻篇》

(1)要熟知自己,了解自身情况。创业者在创业之前,首先要对自己进行了解,必须非常清楚地认识和判断自身情况。既需要从专业、经验、技能等方面考虑,也需要从自身的性格、爱好、家庭、社会关系、资源等方面考虑,全面分析创业者的优势与不足,尽可能详细地列出对自己的认识和判断,才能最大限度地提高创业成功的概率。

(2)熟知经济环境,了解市场情况。对于所要创业的地区要开展有针对性的调研,分析当地发展的相关政策、经济、自然和人文资源等情况,搜集具有市场价值的行业数据,深入了解拟创业项目的竞争对手情况,明确行业中竞争对手的数量,每个竞争对手在行业中的实力、规模、水平以及他们的发展方向。创业者应该顺应市场,结合国家扶持、鼓励的相关政策与法律法规,明确国家扶持力度,了解行业壁垒,深入开展市场调研。结合市场调研的数据,敏锐捕捉创业机会,对创业项目进行可行性分析,让创业项目在选择上更科学、更理性。这更能让创业者看清哪些项目尽管不显眼但却发展前景很好,哪些项目尽管繁荣红火但却已经逐步萎缩。最后,将这些可行性分析与市场情况汇总给相关专家,从而得到反馈意见,并不断调整创业计划,定量、定性地分析与评估,最终得出完善的可行性方案。创业者对所选项目的熟知,可以有效缩短融入行业的时间,提升创业成功率。

【引入案例】 李彦宏创业项目选择

李彦宏最初选择回国创业的时候,有三个创业方向可以选择,分别是电子商务、翻译和搜索引擎技术。选择做什么是他创业首先要解决的问题。风投公司建议做翻译;合伙人徐勇是电子商务出身,电子商务又刚刚兴起,所以徐勇建议做电子商务;但最后他决定做搜索引擎。李彦宏是技术出身,在 1996 年的时候就发明了超链分析,这是一种先进的搜索引擎技术。在李彦宏开始创业的时候,谷歌还并不是很有影响力的公司。李彦宏放弃了另外两个项目,一方面他认为搜索引擎是他擅长并且具有技术优势的项目,可以集中精力保持领先地位;另一方面,他认为搜索领域具有巨大潜力。李彦宏选择项目会看这个项目的未来发展,依据他对互联网的敏感度,他可以清晰地看到搜索引擎技术的行业现状和未来走向,这种理念更加坚定了他的选择。尽管他创业初期正是电子商务非常火热的时候,很多人都跟风选择电子商务创业,但李彦宏认为,那样就只能吃别人的剩菜残羹。当时国内的搜索引擎行业是一片空白,但是分析行业的未来走向,这就是正确的选择。果不其然,百度成为一匹无可匹敌的黑马。李彦宏今天的成功验证了他独到且长远的眼光,他分析市场未来,向前看两年的选择,也是值得我们学习的,科学的选择是商业选择的基本要求。

❖ **案例分析**:正确的选择是创业的基础,案例中李彦宏没有选择去听从别人,而是遵从自己的判断,他坚定自己的选择,这是创业成功的根本。但是,他的选择并不是盲目的,他的取舍也是有依据的,凭借着他自身的技术优势结合未来互联网的发展趋势完成了他创业项目的选择,这个正确的选择让李彦宏的百度成为当时一匹无可争锋的黑马。

❖ **思考感悟**:创业的机会是从选择对的创业项目开始的。结合对某个或某些市场机会从发现、把握到利用的过程,正确的选择就可以最大限度地减少不必要的错误与风险,更能让创业者在创业过程中如鱼得水。

7.1.2 需求原则

【箴言警句】顾客就是上帝。——马歇尔·菲尔德

(1)看准行业需求。通常用生命周期理论来判断一个行业的发展,每个生命周期包含进入期、成长期、成熟期和衰退期。所以,对于大学生创业者来说,要看清行业所处的阶段,选择有发展前景的行业,选择市场畅销的产品,选择市面空白的区域,这些都对创业的影响至关重要。这样在行业蓬勃发展的带动下,更能提升创业项目成功的概率,实现创业者的创业梦想。

(2)看准国家需求。对于创业者来说,想要大展拳脚干一番事业,就必须了解目前国家政策偏向于什么方向,国家政策的支持对创业企业的帮助是不可估量的。国家政策扶持的行业可以相对容易地进入市场,在大环境的推动下有利于大学生创业者降低创业风险,更容易获得创业成功。

(3)看准消费者需求。创业项目的选择是以市场为导向的,创业企业是为解决客户需求而存在的。企业要瞄准消费者需求,从市场需求角度出发去做详细的市场调研也是创业过程中必不可少的环节。

【引入案例】 满足个性化需求

随着科技的飞速发展，产品的各种功能也正在或已经被开发，消费需求也从原来的衣食住行，向彰显个性的方向发展。只有满足不同的消费者个性化需求，才能从眼花缭乱的产品中脱颖而出，聚焦消费者不同品位的眼光。"DIY"这个词是 20 世纪 90 年代在 PC 硬件行业最早提出的，到 2000 年达到顶峰。戴尔就是一个偶然抓住了 DIY 营销机会的例子。戴尔听取顾客的意见，从顾客需求角度出发，绕过零售商，利用网络直销，提升顾客购买便捷度，同时也提高了销售效率。类似案例还有"超级女声"，利用互动充分享受娱乐元素的 DIY 消费。在我们的生活中也有很多这样的产品，包括 DIY 植物、DIY 巧克力，又或者汽车、手机美容等，都是针对消费者不同的消费需求从而提供必要的技术支持，彰显产品满足个性化需求的各种方式。

❖ **案例分析**：随着生活水平的提高，市场的消费需求也变得越来越高，消费者对未来生活的追求有了质的改变，消费者需求从最低的生理需求层次转向更高需求层次。消费者对商品的品质、个性化服务、用户体验等方面有了更高的要求。为了满足市场的需求，创业者必须满足消费者的个性化需求。但个性化并不是创业者个人的特立独行，创业者需要在市场基础上将市场个性化需求的实用性与个性化的尺度把握好。为了能够更好地延长个性化产品的销售周期，创业者必须随时关注并分析消费者的消费需求变化，并不断创新，才能跟得上不断变化的消费者需求，这种创新不仅是产品的创新，更是渠道的创新、模式的创新。

❖ **延伸问题**：大学生消费群体有哪些与其他消费群体不同的个性化需求？

7.1.3 适合原则

【箴言警句】知人者智，自知者明；胜人者有力，自胜者强。——《老子》

无论什么行业都会有精英，尼采曾经说过，"是金子总会发光的"，但是对于创业来说，出类拔萃的行业精英未必意味着可以做好一个创业者。"金子"没有"光源"也是不会发光的，所以创业者也并不一定是各行各业都做得很优秀的行业精英，创业需要适合自己。每一名创业者都有不同的社会关系、经验、能力和视角，除了要考虑前述两个原则外，还必须考虑创业项目是否适合自己，是否是自己能力所及的，如何让自己的经验与技术得到全面发挥。对于大学生创业者来说，大部分是首次创业，在创业项目的选择上还要选择适合自己团队成员的创业项目。只有适合整个创业团队的创业项目才能让团队成员目标一致，心往一处想，劲往一处使，才能让整个创业过程顺利、有效地进行。

针对大学生创业者，从适合原则角度出发，总结为以下几点：

（1）对于创业项目不需要太多团队成员就可以完成。当代大学生的个性都很强，而过多的团队成员有可能造成在需要提出创业决策时意见不够统一，而一旦出现意见不统一的情况就会造成群体的矛盾和冲突，对创业企业的发展造成严重影响，甚至有可能导致创业的失败。

（2）创业项目的风险要相对可控，尽量选择创业风险小的行业。风险和收益是相辅相成的，但是大学生创业者大部分是首次创业，无论从心理承受能力还是资金风险的承受能力上都是有限的。尽管他们具有创业激情，但是他们对企业的把控能力和行业状况的分析能力不足。所以，选择风险小的创业项目可以让大学生迅速融入创业的环境中，更容易带来创业成功的体验，还可以让创业者持续地提升抗风险能力。就算失败了，风险小的创业项目也可以降低创业者的损失，对创业者的心理打击也是较小的，还可以总结经验，东山再起，再次创业。

（3）尽量选择回款快、资金周转周期短的创业项目。在大学生创业过程中，资金是一个不得不考虑的因素，资金受创业者本身经济条件和初次创业的限制。大学生创业者接触的可融资渠道有限，如果遇到资金断流或资金周转周期较长，容易造成创业企业的资金链断裂。尽管国家出台了很多相关的帮扶政策，但是接触不到有效的融资渠道或因为创业项目尚未成熟，这些都会让正处于创业初期的创业企业因得不到及时的资金支持而中途夭折，这也是很多初创企业所面临的问题。

【引入案例】 创业者融资方案要更灵活

娱乐工场创始合伙人刘献民希望创业团队既能把握好目标用户的喜好，又对未来趋势有比较深刻的洞见。不仅如此，创业团队要有迫切感，也要开始尝试获取收入，虽然不一定是很高的收入规模，但至少能让团队养活自己。另一方面，他也希望创业团队增强融资能力，融资方案要更灵活。事实上，好的融资方案能与投资机构进行比较好的沟通，还能够帮助创业团队提升获得投资的概率。

1. 好项目的通用标准

对于大多数创业者来说，好项目的通用标准包括以下两个方面。

（1）能赚钱，符合市场需要，有一个好的商业模式。

当前，创业项目的选择并不简单，一般来说，新项目如果是工业服务类的，最好能与实力较强的大、中型企业配套，或者为国家、地方即将启动的投资项目服务。创业项目如果是生活消费类的，需要认真地做好市场调查，确定产品和服务的市场容量与市场需求，回报要与投资成比例，风险要控制在可以承受的范围之内。

（2）适合自己经营，可操作性强，能利用各项资源条件，发挥优势。

2. 如何选择适合自己的项目

（1）要对现阶段国家政策进行认真的学习。

通过学习，明确哪些行业是鼓励发展的，哪些是加以限制的。选择的项目一定要有发展前景，绝不能只看眼前利益而误了远大前程。

（2）分析自己。

通过分析自己的优势和不足，找到适合个人能力以及外部条件的项目，同时考察自己的创业动机和目的。比如，我为什么要创业？通过创业，我想实现什么目标？我愿意付出多少精力、时间和努力来创业？通过分析后，我们大概可以了解自己可以做什么。

（3）选择自己熟悉的行业。

选择项目时，如果我们没有一技之长，又没有经商经验，就要避开科技含量高的行业。最好从传统的行业领域开始发展，并且要寻找社会适应面广、消费群体大的项目来做，这样风险就会相对小一些。比如：食品店，民以食为天，食品店的适应面就很广，几乎人人都会光顾；虽然利润低，但是相对稳定。

（4）判断项目是否适合自己。

在判断时，我们可以问自己以下问题：我熟悉这个行业吗？我有这个方面的资源优势吗？我能发挥特长吗？我能筹集到足够的资金吗？能在我选定的区域经营吗？是我喜欢的业务吗？

3. 立足乡土，发现商机

（1）与农村基础设施建设相关的项目。农村基础设施建设主要有节水灌溉、人畜饮水、乡村道路、农村沼气、农村水电、草场围栏等"六小工程"。"六小工程"及社会主义新农村建设都是国家构建和谐社会的基础工程，绝大部分都被列入了地方政府的财政预算，实际上是国家对农村的一个新投入。这些工程会带来对建设材料的大量需求，刺激钢材、水泥、砖瓦等建材企业的增加。

（2）节水、净水、节能等技术的推广应用，为我们带来新的机会。

（3）随着农村农民居住集约化，生产方式合作化，生产工具机械化进程的推进以及农村道路、通信、供水、供电、燃料供给设施建设，很多的设备设施需要更新，为扩大内需、增加消费提供先决条件。这些设施的建成和使用，为我们创造出管理、运行和维护这些设施的创业机会。

（4）农村新能源的开发和商业化应用。随着新农村建设的推进，农民的生活方式会发生根本性的变化，安全、经济、实用的新能源开发和商业化应用是有广阔市场的，这将给创业带来大量的新机会。

（5）社区建设和管理也给农村基础设施建设带来新的创业机会。农村生活城镇化，使集中居住后产生与城市管理相似的社区管理模式，这就产生了物质和精神两方面的需求。从物资上，社区的设施和环境建设及管理发展，带来对建设材料的需求和施工的需求；而从精神上则是文化娱乐的普及推广，也会促进农村文化产业的发展，创造新商机。

❖ **案例分析**：上文的分析，不同投资人有不同的投资重点，这些对于创业者来说可能有一些借鉴意义。选择项目不能毕其功于一役，心里太着急。应该用更理性态度用相当一定时间选择可以经营几年甚至毕生经营的项目。但从本质上来说，创业者不管在什么时候都需要静下来思考："如何才能让项目更好地生存和生长？"

❖ **思考感悟**：当下是创业者最受瞩目的时代，大众创业、万众创新。但这也是对创业者要求最高的时代，正确的选择是创业的基础，项目就是我们整个事业发展的基础元素，所以选择好项目对于我们以后的投资发展非常有必要。

子任务7.2 选择创业项目的方式

【考核指标】

❖ 理论指标：
（1）明确选择创业项目路径的4个步骤；
（2）认识选择创业项目的3种方式；
（3）了解SWOT模型分析。

❖ 实践指标：针对自己团队的创业项目做SWOT模型分析。

【引入案例】学生创业案例

小张是广大毕业生中的一员。在他毕业这一年，经过一番深思熟虑，他与同寝室的几个室友一起在学校创业园租了一个办公位，成立了一间工作室。面对既没有社会经验也没有人脉资源的难处，他打算在互联网上寻找出路，寻求一些以推广、公关为主的业务。经过努力，他找到寻求食品公司赞助辩论赛的执行者。他也是抱着试试看的心态和对方商谈，很幸运，他拿到了这个项目，赚到了第一桶金。虽然赚到的钱并不多，但至少可以使工作室运转起来。接下来的一年，工作室稍有起色。一次工作室遇到了需要垫付经费的项目，但在这次项目完成后，却迟迟没有收到垫付的资金，工作室一下子面临倒闭，还欠下贷款，发不出工资，吃饭都很难解决了。但是他并没有气馁，深入思考陷入如此被动局面的原因，分析自身的优势、劣势和所面临的机会与挑战，总结经验，以避免此类事情再次发生。随后带领初创人员，齐心协力，一起度过了最为艰难的时期。一年后，事情有了转机，他从之前的合作伙伴那里得知有新的产品发布会分包项目，他立即与这家厂商负责活动策划的副总取得联系。此时的他，已脱离初创时的稚嫩，他凭借自身积累的丰富活动策划经验、稳健的形象，以及一直以来的成功案例，顺利地拿下了这个项目。以后的日子他开始了更为长久的计划，一步步向着自己曾经梦想的方向努力。

❖ **案例分析**：在案例中可以看到，在选择创业项目时经验和心态是很重要的。但是思维更是重中之重，用具有前瞻性的思维正确认识创业项目的本质，打破惯性思维，突破思维定式，积极捕捉创业信息，基于创业项目的正确选择，才会最终获得创业的成功。

❖ **思考感悟**：在国家"大众创业、万众创新"的时代背景下，很多大学生会有创业的想法，但是创新创业的成功并不是说说就可以的，还需要付诸行动和锲而不舍的努力。经验是可以借鉴的，但是没有一个模式是可以复制到所有人身上的。创业者必须将借鉴的经验变成自己可以适用的方法，用开阔的思维、正确的方式选择正确的创业项目。

7.2.1 选择创业项目的路径

【箴言警句】 在创业过程中，如果说压力，我认为选择什么不做是非常大的压力，因为在这过程中受到的诱惑太多了，每一个新的概念都可以做很大的东西。在商业上的策略不是决定做什么，而是决定不做什么。——黄明明

在选择创业项目的方式中，首先要明确选择创业项目路径的4个步骤：

（1）需要先大范围地选择有意向的创业项目，拓宽选择创业项目的渠道，挑出哪些是可以选择的行业。

（2）根据大范围选择出来的行业，再缩小范围筛选出适合长期发展的创业项目。

（3）将可以长期发展的创业项目有序地罗列出来，结合自身情况选择一个适合自己的创业项目。

（4）根据选择出来的创业项目制订创业计划，做创业项目的市场调研与可行性分析，最终，将想法变成实际可行的创业项目。对于创业者来说，光有目标是不够的，还需要知道如何去一步一步地通过自己的努力实现这个目标，树立正确的目标和锲而不舍、脚踏实地地去

努力同等重要。

【引入案例】 大学生农村创业好项目推荐

随着社会的进步，城市的就业压力大大增加，很多从农村来的大学生陷入"工作难"的局面，其中部分大学生选择回乡创业。下面介绍几个大学生农村创业好项目，以供参考。

1. 乡村风味饭店

如今城市里的人吃腻了饭店的菜肴，倒想品尝一下农家风味的菜，特别是乡村人家自己种的菜，环保绿色又健康。在乡村比较繁华的地段开一家乡村风味饭店，推出农家的风味菜，一定能吸引城市的食客。

2. 农机具租赁店

对于普通农民而言，购置农业消费机械及相关配套机具，投资大、运用时间短。如果在农村开家农机具租赁店，既可满足农民耕作的需求，又可降低农民的购买本钱，有一定的市场前景。

3. 农村新型互联网创业项目——照片书

随着科技的进步，人们越来越喜欢用照片记录生活的每一天，似乎这一切看起来是那么完美。但是当人们随手拿出相机或者手机记录自己生活的时候，这一切却都被封存在没有任何生机的存储设备里，显示不出活力。

照片书的出现对此给出了完美的解决方案。

首先，照片书是一款个性化影像产品，可以将电脑中零散的数码照片，按一定的规律和要求整理、排版后，用专业数码影像印刷机印刷出来。

其次，照片书还能根据顾客选择的主题模板装订成书、成册，方便翻阅和收藏。因为使用了数码印刷技术，照片书可以一本起印、装订成书，轻便、易带、好收藏。

4. 野菜专卖店

随着生活水平的提高，人们在蔬菜的消费观念上也发生了很大的变化，不但讲究蔬菜的品种、花色、营养等基本要素，而且把无公害绿色食品列为首选。如果能顺应人们的这一需求，将偏僻山区自然生长的山野菜收集、快运到城市里，开办一家野菜专卖店，肯定大受欢迎。

5. 农产品加工

我国是农业大国，但农产品深加工产量占农产品总产量的比例偏低，较落后。以玉米为例，美国深加工玉米产量占玉米总加工量的20%以上，品种超过2000个，而我国玉米深加工量不足玉米总产量的9%。选择农产品加工项目进行创业肯定大受欢迎。

（以上文字摘编自《大学生创新创业指导》，徐桂萍等主编，中国传媒大学出版社）

❖ **案例分析**：在优质创业环境背景下，很多大学生选择返乡创业。大学生应该如何选择适合的农村创业项目呢？案例中列举了适合大学生农村创业的项目，从这些创业项目的选择路径中可以看出，大学生群体有更开阔的眼界、更专业的技术、更清醒的头脑，所以面对大学生返乡创业国家也是非常支持的。大学生返乡创业不仅能够直接带动农村发展，而且拓展了农村脱贫致富的渠道与方式。

❖ **延伸问题**：运用创业项目路径的4个步骤，排除大部分行业，圈出重点项目，列出可做事情，点出能做想法，选择创业团队的拟创业项目。

7.2.2 选择创业项目的方式

【箴言警句】为学日益，为道日损，损之又损，以至于无为，无为而无不为。

——《老子》

（1）有稳定收入的创业者。对于有稳定收入的创业者，他们的创业风险很低，具有一定的专业经验和资源，但创业者需要处理好自身本职工作与创业的关系，了解发展的主次，一般这类创业者在完成好本职工作、确保稳定收入后才进行创业。毕竟职业的发展能够提升自身能力和资历的增长，但对于利用闲暇时间开拓自身事业增加收入也是无可厚非的。这类创业者最重要的就是遵守工作的职业道德，保证自身的职业操守和信用，不泄露原有公司的任何商业机密，诚信创业。

（2）小商品个体工商户。小商品个体工商户投入小，风险也相对较低，这类创业者需要选择市场需求紧俏的小商品进行创业。这种方式对创业者的要求不高，只要肯吃苦，对市场分析准确，销售渠道畅通，小商品市场发展起来也是很容易的。但依靠小商品市场的创业方式，首先一定要选择人气旺的市场，人流量大是销售的基本条件，也是基本保障。其次，要对经营的商品非常了解，并且对进货与销售渠道足够熟悉，确保商品能从小商品市场中发展起来。

（3）代理销售。对于这种创业方式，投入较大，是具有一定风险性的，但回报是相对可观的。由于这种方式已有太多人用过，所以在选择这种创业方式时还需要更加谨慎。这类创业者需注意以下几点：

①自有资金是否充足，自身素质与能力是否能够满足项目要求，自身资源是否足以承担风险，不可轻易尝试超越自身能力的事。

②自身是否了解代理销售商品所在行业的特点，其商品销售市场的需求、趋势与发展，在销售市场环境中消费者的购买能力与习惯，明确代理销售商品的创业风险。

③要考虑创业项目的前期投入费用是否合理，所签署合同中创业者的权利是否平等，签署的合同中是否存在资金陷阱，合同中相关的义务创业者是否有能力做到，创业者是否能承担法律风险，所代理的商品渠道、质量等方面是否符合相关的行业规定等。

【引入案例】 拓展：互联网创业方式

（1）电子商务。正如我们所熟知的诸多电子商务平台，经销商通过淘宝、微信、微博等方式进行线上销售，可以通过平台打开全国市场，省掉很多中间环节。

（2）O2O 模式。直接服务消费者，打通了线上线下的信息和体验环节，让线下消费者避免了因信息不对称而遭受的"价格蒙蔽"，同时实现线上消费者"售前体验"，由规模化走向多元化。

（3）商贸物流。经销商集合批发、零售、住宿、餐饮、居民服务等商贸服务业及进出口贸易相关的物流服务的优势，建立"互联网+"物流商业模式。

❖ **案例分析**：互联网是消费主流，互联网的创业模式更大程度地让创业者拥有全国乃至世界的平台，互联网取消中间环节且占据价格优势，创业成本也相对较低。创业者可以依据自身的资源出发，选择适合自己的创业方式。

❖ **延伸问题**：身边哪些创业成功案例采用了互联网创业方式？

7.2.3 项目的 SWOT 分析

【箴言警句】责其所难，则其易者不劳而正；补其所短，则其长者不功而遂。

——《资治通鉴》

（1）SWOT 模型。

①内部环境部分（主观因素）：

S（Strengths）：优势，指内部环境中的优势部分；

W（Weaknesses）：劣势，指内部环境中的劣势部分。

②外部环境部分（客观因素）：

O（Opportunities）：机会，指外部环境中的机会因素；

T（Threats）：威胁，指外部环境中威胁因素。

（2）SWOT 分析战略。

第一部分：SO 优势与机会战略。

第二部分：WO 劣势与机会战略。

第三部分：ST 优势与挑战战略。

第四部分：WT 劣势与挑战战略。

（3）创业项目的 SWOT 分析。

第一方面：SO 优势与机会战略。以创业项目的内部优势与外部机会作为基础制定战略，使战略充分发挥创业项目的长处，同时能够最大限度地发挥创业项目的外部机会。

第二方面：WO 劣势与机会战略。以创业项目的内部劣势与外部机会作为基础制定战略，使战略最大限度地弥补创业项目的劣势，同时最大限度地利用创业项目的外部机会。

第三方面：ST 优势与挑战战略。以创业项目的内部长处与外部挑战作为基础制定战略，使战略能够最大限度地发挥创业项目的优势，同时可以最大限度地回避或消除创业项目的外部威胁。

第四方面：WT 劣势与挑战战略。以创业项目的内部劣势与外部挑战作为基础制定战略，使战略最大限度地避免创业项目的短处，同时最大限度地消除创业项目的外部威胁。

【引入案例】**沃尔玛百货**

沃尔玛百货有限公司（简称沃尔玛）由美国零售业的传奇人物山姆·沃尔顿先生于1962年在阿肯色州成立。经过数十年的发展，沃尔玛已经成为美国最大的私人雇主和世界上最大的连锁零售企业。目前，沃尔玛在全球 27 个国家开设了 11300 多家商场，下设 58 个品牌，员工总数 220 多万人，每周光临沃尔玛的顾客超过 2.75 亿人次。

1991 年，沃尔玛年销售额突破 400 亿美元，成为全球大型零售企业之一。1994 年 5 月美国《财富》杂志公布的全美服务行业分类排行榜显示，沃尔玛 1993 年销售额高达 673.4 亿美元，比上一年增长 118 亿美元，超过了 1992 年排名第一位的西尔斯（Sears），雄踞全美零售业榜首。1995 年沃尔玛销售额持续增长，并创造了零售业的一项世界纪录，实现年销售额 936 亿美元，在《财富》杂志美国最大企业排行榜上名列第四。事实上，沃尔玛的年销售额相当于全美所有其他百货公司的总和，而且至今仍保持着强劲的发展势头。

沃尔玛何以从一家小型零售店发展成为全球第一零售品牌？山姆·沃尔顿在其自传开篇写的那句话——"学会珍惜一美元"——足以表明他的态度。也正是这样，沃尔玛始终坚持如一的全球采购策略、低价采购策略，是沃尔玛取胜的法宝。

❖ 案例分析：

（1）根据沃尔玛的案例我们来做一下 SWOT 分析：

①S（Strengths）优势：成本优势；管理优势；集中采购优势；先进信息技术支持的国际化物流系统；

②W（Weaknesses）劣势：采购流程复杂；地域文化差异；不专注于某一产品；

③O（Opportunities）机会：电子商务；供应商、供应链大数据；

④T（Threats）威胁：其他商家联合对抗；供应商潜在矛盾；不同国家政治问题。

（2）分析后得出的策略如下：

①贯彻节约开支的经营理念；

②物流循环链条作为战略实施载体；

③利用发达的高科技信息处理系统。

❖ 思考与感悟：结合大学生环境情况，进行大学生创业的 SWOT 分析。

①大学生创业的优势：思维活跃，敢想敢干，是未来的主流消费群体等；

②大学生创业的劣势：缺乏经验，容易冲动，抗风险能力不足，人脉匮乏等；

③大学生创业的机会：国家政策的大力扶持，多方创业贷款的鼎力支持，丰富的校园师资资源等；

④大学生创业的威胁：资金压力过大，竞争压力过大，亲人期望的压力过大等。

实践训练

【实践训练】给自己的创业项目做 SWOT 分析并制定策略。

【训练要求】以小组为单位，对拟定的创业项目进行 SWOT 分析，至少分析出 4 条优势、劣势、面临的机会及威胁，然后针对分析出的现状制定至少 4 条应对策略。

【范例】

创业项目：机甲大师（手机配件店）

（1）S（Strengths）优势：较小店面即可运营；受众广泛；一个人就可以经营一个店面；可做到产品样式丰富多样；可在产品上叠加多种元素；可做到私人定制，使产品更有个性。

（2）W（Weaknesses）劣势：产品容易滞销；销量难以保证稳定；难以满足所有客户的需求；店铺分布容易扎堆，造成较为激烈的竞争环境。

（3）O（Opportunities）机会：自媒体火爆网络，认真做内容就会有市场；个性化需求日益增长；互联网环境下，较为容易寻求到有个性的供货商；电子商务兴起。

（4）T（Threats）威胁：造假问题困扰整个市场；供货商提供的产品难免存在质量问题；同类型产品竞争激烈；一些不可抗力导致线下销售遇到阻碍。

应对策略：

（1）利用互联网、自媒体等方式推销自己的产品，线上和线下同步销售。

（2）设计 DIY 手机壳等配件的产品，使每位顾客都可以定制与众不同的个性化产品。
（3）与部分优质供货厂商建立长期合作关系，反馈并改进产品的质量问题。
（4）努力做好自身产品内容设计，制订长远的更完善的产业链计划。

课后习题

一、单项选择题

1. SWOT 分析中字母 T 代表什么含义？（　　）
   A．优势　　　　　　B．劣势　　　　　　C．机会　　　　　　D．威胁
2. 以下属于 SWOT 分析的是（　　）。
   ①优势　②劣势　③机会　④威胁
   A．①②　　　　　　B．①②③　　　　　C．①③④　　　　　D．①②③④
3. 以下不是创业原则的是（　　）。
   A．知己知彼原则　　B．适合原则　　　　C．需要原则　　　　D．盈利原则
4. 以下哪个选项不属于创业企业的竞争优势？（　　）
   A．销售能力优势　　B．人力资源优势　　C．技术技能优势　　D．国家政策优势
5. 企业优质人才属于企业 SWOT 分析中的哪一项？（　　）
   A．优势　　　　　　B．劣势　　　　　　C．机会　　　　　　D．威胁

二、判断题

1. 问题是创业机会的来源之一。（　　）
2. 选择创业项目毫无风险，无须提前防范。（　　）
3. 选择一个切入点是选择创业项目的路径。（　　）
4. 选择创业项目不应该因人而异。（　　）
5. 知己知彼是选择创业项目的原则之一。（　　）

三、简答题

1. 简述大学生创业的 SWOT 分析。
2. 简述选择创业项目的原则。
3. 简述选择创业项目的方式。

延伸阅读　董明珠的创业精神

格力电器董事长董明珠说过一句话："我不觉得自己很强大，只是在做一件事而已。但做决定时，果断是不可缺少的。"

进入格力以来，董明珠说她只做了一件事，那就是做"好空调，格力造"。

一谈起空调，从空调各个零部件的成本、各种技术的应用、市场销售价格及对手的价格和销售策略，董明珠都能如数家珍。董明珠从一名普通的销售人员做到拥有 8 万名员工公司的总裁，她自己的经历已然证明了一点，这就是她身上那股劲儿：只要有目标，就一定会实现。

现在的格力深深打上了董明珠的烙印，强调核心技术，强调工业精神。

在中国,99%的家电业都有与外资合资的背景,将别人的技术转化为自己的产品。格力也曾经持同样的观点。所以在20世纪90年代,董明珠也曾赴日本,希望以最简单的购买方式,直接从日本企业手中换取核心技术,以便在国内的竞争中赢得主动。但是日本人拒绝了格力,"这种技术我们是不会卖的,因为它现在是世界上最先进的技术"。日本人的话点醒了董明珠,让她真正意识到:跟外资合作无非是别人将即将淘汰的技术给你,而他们会有更新的产品、更新的技术与你竞争,而且还能用这些淘汰技术获得另外的收益。"只有走中国创造之路,才能有中国制造的天下",这让格力在痛定思痛中开启了自主研发之路。为此,格力付出了10年的时间。

2009年,格力反过来再次与日本企业大金空调合作,双方站在了一个完全平等的地位上,并且改变了过去简单购买别人技术的合作方式。合作公司以技术攻关为主业,格力出资5.1亿元实现控股,对方出资4.9亿元,然后共同研发、共同享有从这家公司中所产生的科技成果。

"格力掌握核心科技"这句话在格力内部也经历了几个阶段:最早的是"8年不回头"、就是8年消费者不回头;后来格力又推出了"6年免费服务",强调"没有售后服务的服务是最好的服务",这相当于把自己逼到了墙角。"工业精神就是要精益求精。"董明珠说。

在格力的生产车间及实验室里,随处可见体现着"董氏风格"的标语,"绝不拿消费者当试验品""创造不需要售后服务的产品才是好产品""严禁返修机进入市场"等。

格力研发中心有4个特殊的实验室,分别研究在微生物、雨打、噪声及模拟环境中对空调运作的影响,模拟环境设计了从高温80℃到低温-30℃时空调温度、湿度及风速的运转情况。正是有了这种前期准备,格力在新疆克拉玛依市场已经占到了80%以上的市场份额。而在前几年的南方严寒天气时,格力空调也经受住了考验。

(以上文字摘编自《创新创业指导与训练》,陈承欢等编著,电子工业出版社)

思考与讨论:分组讨论董明珠的创业史对你的启示。

任务8 把握创业机会

【要点总括】

❖ **思政要点**:识别创业机会的过程中要知道什么能做、什么不能做。任何可以把握的创业机会都要脚踏实地、求真务实。

❖ **理论要点**:
(1)创业机会的概念、来源与发现;
(2)创业机会的特征与类型;
(3)影响创业机会识别的因素;
(4)创业机会识别的原则与过程;
(5)筛选创业机会的方式方法。

❖ **技能要点**:
(1)查阅资料和整合信息的能力;
(2)把握重点和凝练特色的能力;
(3)识别问题和解决问题的能力。

【引入案例】 在校大学生当上早餐店老板

小王是大三在校学生，不过，他又不仅仅是一名学生，还有一个身份，那就是校门口早餐店的店主。一次赶着上课排队买早餐的经历让他发现了商机，他在校门口租了一辆移动餐车，想以此方式开始他的创业经历。最初的移动餐车，生意并不是很景气，受到周围门店的竞争压力，加之学业的压力，使小王的早餐生意从最初就并不顺利。

不服输的他开始思考如何拉拢客户，于是开发了新式早点，最初只有馒头、花卷、鸡蛋、牛奶等，在收集同学的多方建议后，加入了蛋堡、手抓饼、各色酱料等，以满足不同同学的不同需求；在校园中开始加大早餐宣传力度，在校园的重要位置张贴海报；推出了新的优惠力度，消费超过10元可以进行抽奖，有机会获得10元消费券或者免单机会等多项优惠；一步到位送货上门，他为了给同学们按时送早餐，经常要早起两三个小时。就这样，他的生意开始好转，从最初的无人问津到门庭若市，再到后来租了第2辆、第3辆餐车，营业额从最初的每天个位数到如今的每天4位数，他的早餐事业看到了希望。他最感动的还是来自身边同学的鼓励。有几次送早餐，送到了同班同学的寝室，他自己还有点儿不好意思，可同学们反而都很佩服他，还鼓励他要好好努力，说以后做他的长期客户。"我想把早餐店好好做下去，不仅仅是为了赚钱，更是为以后创业积累经验。"他觉得，在这次创业过程中，体会到了自主创业的艰辛与快乐，而这也是一堂人生的实践课。

❖ **案例分析**：创业机会无处不在，创业者要学会如何发现这些创业机会。在案例中，创业机会在生活中比比皆是，每一个机会都来自一个问题，这个问题就是市场痛点。很多人会选择把问题理解成为一种困难，而不把这种问题理解成为一种机会，但机会恰恰就是隐藏在这些痛点背后的，创业者必须拥有一双发现机会的眼睛。

❖ **延伸问题**：结合案例举例说明你生活中的创业机会都有哪些。

子任务 8.1 解读创业机会

【考核指标】

❖ **理论指标**：
（1）掌握创业机会的概念；
（2）了解创业机会的5个来源；
（3）理解创业机会的7项发掘方式。

❖ **实践指标**：识别生活中的创业机会。

8.1.1 创业机会的含义

【箴言警句】回头看我的创业历程，是不断寻找、不断纠正的过程。——吴锡桑

（1）创业机会的含义：创业机会也可以称为商业机会或市场机会，主要是指具有较强吸引力的、有利于市场运营的一种市场活动的过程（即机会窗口），最终可以满足消费需求，为客户创造价值，也可以体现在增加原有产品的价值或先进的服务体系中。创业机会集合了

社会、经济、技术、环境等变化因素,从变化中将新产品、新技术、新服务等以不同的方式进行组合,最终展现出新的消费场景。

(2)创业机会的本质:本质为价值创新,需求是价值创新的基础,以消费者需求为导向,创业者依据此机会可以为客户提供有价值的产品或服务,同时自身也有一定的收益。

(3)机会窗口:市场上存在的创业机会是有时间限制的,这个期间即为窗口期。创业者必须在这个窗口期抓住机会,抓住获得盈利与投资回报的时效,才可能促使创业成功。

【引入案例】 郭敬明案例

郭敬明是80后比较熟悉的作家,曾常年位居中国作家收入排行榜前列,他的作品有很多,包括《梦里花落知多少》、《迷藏》、《小时代》、《岛》系列、《幻城》等。

郭敬明从大学时期便开始创业,他有惊人的商业嗅觉,在大学时成立了"岛"工作室,出版了《岛》系列小说,构建产业链立体服务模式,创作音乐小说,拍摄电影、偶像剧,整体布局青春读物的消费者产业链。创业者就是要满足消费者的需求。郭敬明满足了年轻人对于爱情的畅想,对于成功的渴望。郭敬明真正用心创作出了满足大众需求的作品,所以,真正重要的其实是郭敬明本人。

❖ 案例分析:在案例中可以清楚地看到郭敬明对创业的热情,他从大学时期就开始创业,创业让他有了对商业敏锐的嗅觉,这让他平时会更多地去留心观察、收集信息、分析问题,增强发现机会的敏感性,而这也是把握创业机会最重要的能力。

❖ 思考感悟:无论经验、技术、视野、专业知识等,都有可能会对创业形成阻碍,只有敏锐的商业嗅觉和锲而不舍的努力才能突破阻碍,最大限度地避免创业风险。相信这些积累会对创业的成功有决定性的帮助。

8.1.2 创业机会的来源

【箴言警句】 不能等别人为你铺好路,而是自己去走,去发现错误,而后,创造一条自己的路。——罗伯特

(1)问题意识。客户的需求是创业的根源,而需求来自一双可以发现问题的眼睛。每一个需求背后都有一个问题存在,只有善于发现问题、解决问题,才能更好地找到创业机会。

(2)不断变化的市场环境。很多创业机会应运而生,市场环境的变化可以引起整个社会观念的变化、消费结构的变化、消费者需求的变化、政府政策的变化等。面对变化,积极应对变化,才能从任何一个微小的变化中发现创业机会。

(3)发明创造。历史上,每次重大的变革都是由产业结构的变化而引发的,这些产业结构的变化又是由于每一个发明创造而产生的。发明创造能更好地满足消费者的需求,用与时俱进的新产品为市场带来新的创业商机。

(4)竞争。没有竞争就没有进步,竞争者的短处就是创业者的机会,任何能快速解决竞争对手不足的产品或服务都是商机。

(5)创新。创新是国家进步的助推器,只有知识和技术不断地更迭才能激发消费者对消费需求层次的提升。创新不仅能够带来新的消费观念,更能满足新的市场需求,衍生出新的

延伸产品或服务，通过引导消费者而带来新的创业机会。

8.1.3 创业机会的发现

【箴言警句】运筹帷幄之中，决胜千里之外。——《史记》

（1）从特殊事件中发掘；
（2）从矛盾事件中发掘；
（3）从已有市场结构的变化中发掘；
（4）从社会变化发展趋势中发掘；
（5）从原有工作程序中发掘；
（6）从新认知中发掘；
（7）从新技术中发掘。

科宝整体厨房

科宝整体厨房如今在国内非常有名，但是科宝在起步时是专做抽油烟机的。后来科宝的创始人蔡明发现，不少消费者在买了抽油烟机以后，还会向他们定做几个吊柜、橱柜，以便放置一些厨房用品甚至冰箱等电器。这时候科宝才开始有意识地向整体厨房转型。"那时我们理解的整体橱柜就是做几个柜子，把燃气灶和其他厨房用具放在一块儿就行了。这种状况一直持续到1999年5月，我去德国科隆参加每两年举行一次的家具配件展，才算是开了眼。看了展会，我发现自己以前做的东西，那哪能叫整体厨房，简直就是垃圾。"

展会结束后，蔡明从德国直接去了意大利，雇了一位意大利司机，从北边的威尼斯出发一直南下。"我让那司机帮我安排好路线，一路上，只要门上写着Cucina（意大利语'厨房'），我就进去看。看了几十个厂家，每个厂家都有几十个甚至是上百个款式。古典的、现代的、大众的、前卫的，各种流派都看了个遍。"这一路看了20多天，蔡明回到国内，决定把他们以前做的东西全部推倒重来，把欧洲的各种流派、款式融进自己的理念。科宝，或者说蔡明，在做整体厨房若干年后，一直到1999年的欧洲之行，才明白什么是真正的整体厨房，这就是"行千里路"的作用。开阔眼界后的管理者，将原本平庸的企业带入了一个全新的境界。与此同时，管理者自己也进入了一种新境界，发现了一片新天地。

（以上文字摘编自《大学生创新创业指导》，徐桂萍等主编，中国传媒大学出版社）

❖ **案例分析**：真正的整体厨房概念被开阔眼界后的蔡明带入了一个全新的境界，科宝整体厨房凭借着开阔的眼界让自身也进入了一个新境界并发现了一片新天地。创业机会就蕴藏在这些新视野的背后，创业机会会因为认知的改变而改变，提高自身的能力与素质、开阔眼界，才能拥有更宽、更广地发现创业机会的渠道。

❖ **思考感悟**：成大业者必须有远大的目标、志存高远，但也要脚踏实地、求真务实。尽管资源有限，但是创意无限，需要提升创业素质、整合创业资源，从中获取新的创业机会。

子任务 8.2　了解创业机会的特征与类型

【考核指标】

❖ **理论指标：**
（1）明确创业机会的 3 个一般特征；
（2）认识创业机会的 3 种类型。

❖ **实践指标：** 将识别到的创业机会根据特征按类型分类。

8.2.1　创业机会的特征

【箴言警句】创业就应该做一件天塌下来都能够赚钱的事情。——李嘉诚

（1）创业机会的一般特征：

①普遍性。创业机会具有普遍性。每一个创业机会都是很普遍、很自然地存在于每一个有市场、有经营的地方，它存在于每一个经营活动之中。

②偶然性。创业机会具有偶然性。每一个创业机会的出现都会有一个"意外"，因为这种"意外"对环境造成了不同程度的问题，而这些问题是需要市场解决的，而这些"意外"都是偶然的。综合所学不难发现，每一个创业机会在发现的过程中都具有捕捉的不确定性。

③消逝性。创业机会具有消逝性。创业机会稍纵即逝，它会随着一些客观条件的变化而变化，它有可能会消逝或者流失。

（2）创业机会的其他特征：

①具有吸引力；
②具有持久性；
③具有及时性；
④具有可实现性。

【引入案例】　"牛仔大王"李维斯

当年李维斯像许多年轻人一样，带着梦想前往西部追赶淘金热潮。一日，突然间他发现有一条大河挡住了他西去的路。苦等数日，被阻隔的行人越来越多，但都无法过河。于是陆续有人向上游、下游绕道而行，也有人打道回府，更多的则是怨声一片。而心情慢慢平静下来的李维斯想起了曾有人传授给他的一个"制胜法宝"，是一段话："太棒了，这样的事情竟然发生在我的身上，又给了我一个成长的机会。凡事的发生必有其因果，必有助于我。"于是他来到大河边，"非常兴奋"地不断重复着对自己说："太棒了，大河居然挡住我的去路，给我一次成长的机会，凡事的发生必有其因果，必有助于我。"果然，他真的有了一个绝妙的创业主意——摆渡。没有人吝啬一点小钱坐他的渡船过河，迅速地，他人生的第一笔财富居然因大河挡道而获得。一段时间后，摆渡生意开始清淡。他决定放弃，并继续前往西部淘金。来到西部，四处是人，他找到一块合适的空地，买了工具便开始淘起金来。在刚到西部的那段时间，他多次被人欺侮，有一次被人打完之后，看着那些人扬长而去的背影，他又一

次想起了他的"制胜法宝"。终于,他又想出了另一个绝妙的主意——卖水。西部黄金不缺,但似乎自己无力与人争雄;西部缺水,可似乎没什么人能想到它。不久他卖水的生意便红火起来。慢慢地,也有人参与了他的行业,再后来,同行的人已越来越多,竞争越来越激烈。终于有一天,李维斯不得不再次无奈地放弃卖水的生意。然而他立即开始调整自己的心态,再次强行让自己兴奋起来,又一次想起他的"制胜法宝",并开始调整自己注意的焦点。他发现来西部淘金的人,衣服极易磨破,同时又发现西部到处都有废弃的帐篷,于是他又有了一个绝妙的好主意——把那些废弃的帐篷收集起来,清洗干净,就这样,他缝成了世界上第一条牛仔裤!从此一发不可收拾,最终成为举世闻名的"牛仔大王"。

(以上文字摘编自《创新创业指导与训练》,陈承欢等编著,电子工业出版社)

❖ **案例分析**:当今很多的创业者对创业都是非常有信心的,也认为自身非常有想法、有很好的点子。虽然好的想法和创新的点子是非常必要的,但并不是每个想法和创新的点子都适合作为创业机会去创业。案例中,李维斯的选择首要考虑的都是在他所处的经营环境中行得通的,这也是在选择创业机会时必须首先考虑的。其次,在案例中,当他意识到了一个可行性方案时,他就马上去做了,这样就把握住了创业机会,说明创业机会是具有时效性的,它必须在有效期间被实施。如果别人抢先了,或者存在的商机被解决了,那么市场被占有后,这个创业机会就不再有效了,甚至在社会的发展中涉及的某个行业都会随之消失。最后,他找到多个创业机会后,只有最后一个创业机会获得了创业的成功,原因就是创业者需要具备创业机会中必要的资源或者技术,具有核心竞争力,这样才能最终实现创业的持久成功。

❖ **思考感悟**:培根曾经说过,"只有愚者才等待机会,而智者会去创造机会"。所以创业者需要认识创业机会、发现创业机会,因此,思考创业机会的特征是非常有必要的。并且,创业者应该学会如何在生活的点点滴滴中注意周围的情况,多开展头脑风暴,学会打破思维惯性,培养创新思维,寻找创业机会。

8.2.2 创业机会的类型

【**箴言警句**】做企业要讲竞合环境。现在全世界的环境也是一个竞合的环境。得意不可忘形,失意不可丢失信念。——杨宁

(1)技术机会。在新科技不断突破和社会科技不断进步的背景下,技术的变革带来了很多新的创业机会。这些新的突破实现了新技术与旧技术的交替,在原有产品上实现新功能,解决新技术带来的或衍生的新问题,这些都是技术带来的创业机会。

(2)市场机会。市场营销环境的变化,源于尚未满足或尚未完全满足的市场需求。由于市场的新需求而产生的市场变化,市场供需不平衡而造成的市场波动,由于中外市场的差距产生的隐含商机,由于先进产业在地域之间的转移而形成的市场上产业结构的变动,这些都是由于市场而带来的创业机会。

(3)政策机会。由于政府制定新的政策、新的法律法规,而产生的行业或市场的变化所带来的机会就是政策机会。政策机会也会由于国家转移重点发展计划,或原来没有受到重视的市场随着政府的开发而被重视,从而从中获取新的创业机会。

【引入案例】 比尔·盖茨案例

比尔·盖茨出生于美国西部的西雅图。他在读私立中学时，正是计算机兴起的时候，比尔·盖茨所在的学校是西雅图不错的私立中学，用巨资购置了一台计算机。比尔·盖茨也从那个时候起开始接触计算机，并爱上了计算机。后来，比尔·盖茨考上了世界著名的哈佛大学，读大学的比尔·盖茨听说了第一台个人计算机问世的消息，一下子激发了他前所未有的激情，他认为这是百年不遇的机会，于是决定从哈佛退学，全身心投入计算机浪潮中。他和好友成立了公司，取名微软，此时微软还不成气候，但比尔·盖茨和他的朋友却已小有名气。

1981年，IBM公司正式推出新型个人计算机，当时引起巨大轰动。但更引人注目的是，操作系统部分是由比尔·盖茨的微软为IBM公司提供的技术支持。之后，微软正式成为个人计算机软件的一匹黑马，而26岁的比尔·盖茨也一鸣惊人，成为新一代美国青年崇拜的偶像人物，登上了计算机软件世界的巅峰。

❖ **案例分析**：正是因为市场上计算机的兴起，再加上比尔·盖茨敏锐的商业感知力，他抓住了机遇并获得了成功。他还具备技术优势，能准确地分析市场，所以，比尔·盖茨的成功也是有迹可循的。

❖ **延伸问题**：结合案例举例说明生活中的创业机会的类型都有哪些。

子任务8.3 识别创业机会

【考核指标】

❖ **理论指标**：
（1）掌握影响创业机会识别的4个因素；
（2）了解创业机会识别的3个过程。

❖ **实践指标**：识别创业机会，选定创业项目。

8.3.1 影响创业机会识别的因素

【箴言警句】征服自己需要更大的勇气，其胜利也是所有胜利中最光荣的胜利。

——柏拉图

（1）相关从业经验。相关从业经验一方面是创业者在创业过程中发展的指引，调查发现，大部分创业机会其实都是在复制或修改以前的想法或创意，相关从业经验可以更好地让创业者快速了解创业产业的内涵与动态，掌握行业内部规则和规律，这样就可以科学地筛选与判断。但另一方面，相关经验有时也让创业者形成一种定势思维，这种习惯性的定势思维会对创业者在创业企业的变通和创新上形成一种阻碍。创业者在某种程度上应该摆脱定势思维的影响，积极创新，让经验变成促进创业发展的原动力。

（2）专业知识。创业机会在识别的过程中尽管是灵光一现，但是任何一次的灵光一现都是基于固有的专业知识，这些原有的专业知识形成了创业者对创业机会的认知过程，这些认知让创业者比其他人拥有更多的警觉和敏感性。

（3）社会关系网。社会关系网是创业者的个人资源，创业者个人社会关系网的广度和深度影响着创业机会的搭建，更高价值的社会关系网让创业者拥有比其他人更多的创业机会。除了创业者个人关系网以外，创业者还需要建立科学有效的消费者消费网，对消费者的实际消费能力、消费体验、消费习惯等进行类比分析，清晰地画出消费者"画像"，以此为基础提高创业产品的合理性，让创业者对创业机会更具敏感性。

（4）创造性。在众多的商业传奇故事中，都是因为具有创造性的思维而缔造了商业的奇迹，在识别创业机会的过程中将想法付诸实践的过程也是不断反复创造的过程。创造性贯穿整个创业始终，是影响创业发展的根源。

【引入案例】 诺基亚的衰落

在 20 世纪末和 21 世纪初，诺基亚曾是全球最大的手机制造商之一，也是消费者首选的手机品牌之一。在一些新兴市场，这家有 150 多年历史的芬兰公司，甚至已经成为手机的代名词。但是在达到顶峰后，诺基亚开始慢慢地走向衰落。

为了挽回颓势，诺基亚在 2012 年 2 月采用了新的战略，公司决定放弃经营多年的 Symbian 系统，转而投入微软的 Windows Phone 系统。尽管这一战略转变取得了初步成效，但依然很难使诺基亚重回昔日的辉煌。

诺基亚为何迅速走向衰落？2007 年，以 iPhone 为代表的智能手机时代到来，诺基亚并没有跟进，而是嘲讽乔布斯先把品牌知名度转化为市场份额。在模拟机转 2G 时代，诺基亚通过下一代技术，即 2G 技术，超越了摩托罗拉。但是 2G 转 3G 的智能手机时代，诺基亚却没有跟上潮流，时代的机会变成了别人的，诺基亚因此一步步衰落。

2008 年，Android 手机时代到来，三星、HTC 都因 Android 提高了品牌知名度，诺基亚依然固守自己开发的难用的 Symbian 系统。虽然后来又有其他尝试，但都是走走停停，不了了之。

2009 年，触摸屏时代到来，诺基亚固守于自己熟悉的手机物理按键。并不是诺基亚没有掌握触摸屏技术，而是诺基亚坚信手机就应该是手机。没想到的是，智能手机虽然还是手机，但手机功能只是这个设备上几十个重要功能之一。

2011 年，诺基亚首次推出基于 MeeGo 平台的 N9 智能手机，但这已经远远落后于 Android 和 iOS。不过，当时诺基亚已经与微软达成合作协议，将放弃自主研发的 Symbian 和 MeeGo，主推 Windows Phone 系统。这同时意味着 N9 的消亡。

在 21 世纪初，诺基亚是全球移动通信领域的霸主，利润率和出货量均遥遥领先于竞争者，该公司股东对此非常满意。但这种成功使诺基亚在面对互联网企业的冲击时变得反应迟钝。除了苹果公司前 CEO 史蒂夫·乔布斯之外，其他许多公司的 CEO 都非常乐意告诉股东是时候享受成果了，事实上这是最危险的做法。在 21 世纪初，诺基亚真正需要努力的是想办法在新一轮互联网公司的冲击下生存下来，因为这些互联网公司非常清楚，数据时代将取代语音成为移动通信领域的新趋势。

（以上文字摘编自《大学生创新创业指导》，徐桂萍等主编，中国传媒大学出版社）

❖ **案例分析**：影响创业机会识别的因素有很多，在案例中诺基亚曾是全球移动通信领域的霸主,是遥遥领先其他竞争者的行业龙头,但是在市场的浪潮中,诺基亚停止了创新,不积极应对市场需求,一味地"吃老本",最终被市场所淘汰。市场的迭代是非常快的,随着新一轮全球技术革命在移动互联网领域取得了巨大的进展,移动手机终端的需求也有所改变,所以尽管是移动通信领域的霸主,也抵挡不住市场的变化,只有不断地创新才能发现机会。了解影响创业机会的识别因素,能更好地让创业者快速成功。

❖ **延伸问题**:还有哪些企业在市场的变革中被各种因素影响导致成功或是失败的?找出具体案例进行分析,以作业形式上交。

8.3.2 创业机会的识别过程

【箴言警句】观乎天文以察时变,观乎人文以化成天下。——《周易》

(1)机会搜索。任何一个创业机会都是在寻找中产生的,任何市场的需求与尚未利用的资源都是需要被感知才能发现的,这需要创业者在整个经济体系中进行搜索,去发现具有价值的创业机会。

(2)机会识别。在寻找到有价值的创业机会后,创业者要对搜索到的创业机会进行识别。首先,要衡量创业机会是否具有市场发展潜力,在行业中现状如何;其次,要结合自身状况,创业机会是否适合创业者自身,创业者是否可以将创业机会付诸实践。

(3)机会评价。机会评价主要从调研开始,全方位考察创业机会的各项指标,将创业机会规范科学地列举成可量化的指标,直到断定这个机会是否值得进一步深入开发,并衡量资源的组合是否足以创造商业价值。

【引入案例】**四川航空免费大巴**

四川航空公司推出了一套让航空公司、汽车公司、乘客和大巴司机四方利益体共赢的商业模式——免费大巴。我们来分析一下这种商业模式的创新是如何运转的。

(1)乘客,乘客只要购买四川航空五折以上的机票,就可以免费乘坐大巴车去市区,在这个过程中乘客省下了约150元从机场到市区的打车费,还可以享受上门接送且乘机五折的待遇。

(2)大巴司机,从四川航空公司购买17.8万元的风行菱智MPV休旅车,可以获得市区到机场的专线特许运营权,不需要再交任何其他管理费,并且司机每承载一名乘客,可以获得四川航空25元的劳务费。

(3)风行汽车公司,省下了超过200万人次受众群体的广告费;四川航空公司要求司机在载客途中向乘客详细介绍这辆车子的性能、结构、油耗、性价比等资料,为乘客提供体验式服务,做义务销售员。每辆车可搭载7名乘客,按每天跑3个来回计算,150辆车每年带来的广告受众人数约为230万人次,其宣传效果可想而知。

(4)四川航空公司,一次性从风行汽车公司订购150辆风行菱智MPV休旅车,每辆车原价14.8万元,四川航空公司只花9万元,节省870万元。将这些车转手以17.8万元的价格卖给汽车司机,每辆赚8.8万元,150辆赚取1320万元。

❖ **案例分析**:案例中免费大巴是"诱饵",这种共赢的方式让四川航空公司与多方合作公司结成利益共同体，最终锁定消费者，用周到的服务开发潜在客户，同时结合广告让多方各取所需，又达到了对自身的宣传作用，形成了产业链、利益链。另外，风行菱智MPV为四川航空公司分担成本，司机为风行菱智分摊成本，而消费者分担口碑成本，摊薄了四川航空公司的原有成本。多方的利益形成利益链，实现自身利益最大化，四川航空公司将这种模式放大，积累大量的客源，打造一个共赢的商业平台，用不同的方式实现盈利。

❖ **思考感悟**：四川航空公司以客户需求为导向，与多方公司合作共赢，打造了新颖的营销方式，在这个过程中可以看到机会的识别过程，需要发现客户的需求，整合自身资源，然后经过调研，最后落实。

8.3.3 筛选创业机会的方式方法

【箴言警句】任何一种行业，如有一窝蜂的趋势，过度发展，就会造成摧残。

——李嘉诚

一般来说，需要一层一层地筛选才能找到适合的创业机会。

首先，要筛选出适合自己的创业机会：

（1）对于他人控制的资源，创业者是否可以得到；
（2）创业者是否具备能够与竞争者抗衡的能力；
（3）是否具备可以在原有市场基础上创新的能力；
（4）面临风险时，是否有承受风险的能力。

其次，要筛选出来具有优势的创业机会，一般有以下几点：

（1）五年内快速稳步增长；
（2）创业者具有或可以获得创业机会中所需的关键因素；
（3）创业者具有创业企业的核心技术能力；
（4）可以以核心技术能力为基础创造更好的市场需求；
（5）创业者可以承受创业机会中所带来的相应风险。

【引入案例】小李案例

小李是一名机械类专业毕业的学生，毕业后不懂得筛选创业机会就盲目创业，听说生鲜行业好就一头扎进生鲜领域，听说DIY产品新奇又跟着别人做DIY蛋糕店，觉得朋友开的面馆不错又去做面馆，结果一事无成。在他没有创业信心的时候参加了学校组织的创业培训，系统地对自己的创业资源进行分析，认真筛选适合自己的创业项目。经过筛选，小李发现自己最大的优势就是多年所学的专业。于是，他整合身边的创业资源，开阔自己的视野，及时调整，最后开了一家汽车维修美容店。在他的努力下，客户越来越多，生意也做得越来越红火。

❖ **案例分析**：创业是一件系统化的事，小李的案例展现出了认真筛选创业项目的重要性。只有筛选出适合自己的创业项目，才能展现自己的优势，弥补自身的不足。小李也及时地认识到了自身的优势，调整方向，筛选出正确的创业项目，最终获得了创业的成功。

❖ **思考感悟**：筛选出适合你自己的创业项目。

实践训练

【实践训练】分享一个创业机会。

【训练要求】发现并分享一个自己发现的创业机会,用至少 300 字写出打算如何将这个创业机会付诸实践,以及可能发生问题的应对措施。

【范例】

创业机会:近年来互联网带来了大量的创业机会,短视频行业呈快速上升势头。

第一步,做自媒体,利用抖音、快手等视频平台,做能够抓住公众眼球的内容,让公众记住自己的与众不同之处,要做到标新立异,有了更多人的关注就能带动更多的流量,也就是成为网红。

第二步,有了更多人的关注就可以吸引到需要推广的商家,或者我们主动联系商家拉赞助,将商家需要向消费者传播的产品植入自己的视频中,要注意定期更新视频,持续增加自身的被关注度。

第三步,有了资金就可以开发自己的产品或者项目,将自己的品牌打入人们的生活,甚至成立自己的公司。

整个过程的设想成分偏多,可能面临如何做视频都不能吸引公众视线的尴尬境地,要从社会热点问题出发,立意健康,传播正能量,要选择公众更方便接受、喜闻乐见的方式做自媒体。实际上,做自媒体的路可能并不像想象中顺利,必要的时候需要坚持下去,有可能只是坚持了一点点就会有很大的改观。

课后习题

一、单项选择题

1. 如何研究市场动向?(　　)
 A. 研究市场难点　　B. 研究社会热点　　C. 研究市场需求　　D. 以上都是
2. (　　)是机会识别的前提。
 A. 创业愿望　　B. 创业能力　　C. 创业环境　　D. 社会经济条件
3. 技术机会主要表现为(　　)。
 A. 新技术代替旧技术　　　　　　B. 实现新功能
 C. 创造新产品的新技术的出现　　D. 以上都是
4. 政策机会主要包括(　　)。
 A. 法律法规开禁带来的创业机会
 B. 因政府在地区政策上的差异而带来的创业机会
 C. 新政策的实施所带来的创业机会
 D. 以上都是
5. 以下不属于影响创业机会识别的因素的是(　　)。
 A. 先前经验　　B. 社会关系网络　　C. 盈利性　　D. 专业知识

二、判断题

1. 提出问题是创业机会的来源之一。（ ）
2. 选择创业项目毫无风险，无须提前防范。（ ）
3. 专业知识是影响创业机会识别的因素之一。（ ）
4. 创业机会主要包括技术机会、市场机会和政策机会3种类型。（ ）
5. 满足顾客需求是创业的根本目的之一。（ ）

三、简答题

1. 简述创业机会的特征。
2. 简述影响创业机会的因素。
3. 简述创业机会的识别过程。

延伸阅读　郭敬明与小时代

郭敬明，这个伴随着80后长大的名字，如今他的小说也影响着90后，并开始被00后所喜爱。这里不评判郭敬明的文学水平、导演水平，只以一个创业者的身份来看，他是极其成功的。

郭敬明大学时期便开始创业，虽然他常年霸占中国作家收入排行榜榜首，但是他在商业上的成功甚至让他的作家身份也黯然失色。如果你觉得这个瘦弱的男人只会玩弄一些小女生喜欢的华而不实的文字，那么你就太小看他了，郭敬明绝对有着惊人的商业嗅觉。

郭敬明在大学时便成立"岛"工作室，出版一系列针对自己小说受众的杂志与期刊，而后成立上海柯艾文化传播有限公司，逐渐建立起自己的商业版图。

而且，以今天各个期刊纷纷转型产业链服务来看，郭敬明早在2005年就察觉到了这一点，从那时起他就为刊物读者提供"立体服务"。例如推出音乐小说《迷藏》，推出小说主题的写真集，拍摄《梦里花落知多少》偶像剧，在青春读物的基础上打造了一条属于自己受众的文化消费产业链，开始深耕产业布局。

而今，郭敬明已经用自己的小说《小时代》拍出了电影，第一部便取得5亿元的票房……知乎上有人这么描述郭敬明："其实中国的年轻人并没有什么本质的变化。对于大学和社会的幻想，对于爱情和成功的畅想，对于华服美食的渴望，是每一代中学生的必由之路。真正重要的其实仍是郭敬明本人。他或许是中国这二十年来唯一一个认真去满足上述需求的作者。"真正伟大的创业者需要满足大众的需求。

❖ 思考与讨论：你认为是什么使得郭敬明拥有敏锐的商业嗅觉？

任务9　分析市场需求

【要点总括】

❖ **思政要点**：注重营销手段的规范性，不能为了高回报、高利润而不择手段地进行推广营销。

❖ 理论要点:
(1) 明确市场动向的研究方向;
(2) 了解消费者需求分析;
(3) 掌握推广营销策略。

❖ 技能要点:
(1) 查阅资料和整合信息的能力;
(2) 掌握分析和数据整理的能力。

【引入案例】 肯德基案例分析

1986年9月下旬,肯德基快餐店开始考虑打入人口众多的中国市场。他们面临的首要问题是:第一家肯德基店址应当选在何处呢?这一决策对将来肯德基在中国市场的进一步开拓至关重要。现在有3个地点可供选择:上海、广州、北京。

(1) 上海。上海是中国较大的市场,当时有1100多万居民、19000多家工厂,是中国最繁忙的港口城市。上海也是中国最繁荣的商业中心,其优越的经济地位在国内显而易见。上海的明显优势是在这里容易获得合乎质量的充足的肉鸡供应,通过兴办合资企业,泰国的正大集团已经在东南亚地区建立了10个饲料厂和家禽饲养基地,可以为上海供应肉鸡。肯德基的东南亚办公室与正大集团有着良好的关系。虽然上海一向是主要的商业中心,但改革开放初期人民收入水平增长不快,能否迅速接受西方快餐文化还是个疑问。而且它的噪声和污染令旅游者感到沮丧,西方游客不多。

(2) 广州。广州是可供选择的另一个方案。它位于中国南部,离香港很近,作为中国最早的14个沿海开放城市之一,广州在批准外资项目、减免税收和鼓励技术开发方面被授予了更多的自主权,而且广州市民的收入水平近几年增长很快。广州是西方商人经常光顾的地方,同时也是旅游者从香港出发一日游的好地方。广州与香港相距不到120千米路程,公路、铁路交通都很便利。在广州做买卖很容易得到肯德基香港办公室提供的服务。另外,广东地区的中国人也更熟悉西方管理惯例和西方文化。广州和香港同样讲粤语,差别不大,初步调查表明找到一个充分供应肉鸡的来源也没有什么困难。

(3) 北京。北京是中国的政治、文化中心,当时的北京有900万居民,人口数量仅次于上海。北京的外来人口数量众多,有潜在的消费群体。北京是中国的教育中心,是高等学府的聚集地,所有这些因素都造成人口大量涌入,这对肯德基销售的人民币结算部分是极为重要的。北京是那些向往故宫、长城、十三陵的国外游客的必到之地,这意味着肯德基将会有一个稳定的外汇收入。因此,如果在北京开设中国的第一家店,无疑将更大地吸引人们的注意力,并且不言而喻地表明政府的赞同态度,这将有助于今后往其他城市的进一步发展。调查也表明,北京城郊有好几个家禽饲养基地。然而,从政治方面来说,外商在北京经营,政府可能会比较关注。

时任肯德基东南亚地区高级管理者的托尼·王及其团队权衡各个方案的利弊得失后,决定把北京作为其进入中国的首选城市。

(以上文字摘编自《创新创业指导与训练》,陈承欢等编著,电子工业出版社)

❖ **案例分析**:肯德基的成功除了品牌的优势外,在选址上是具有敏锐的商业眼光的,结合市场分析，研究市场动向，了解每个区域情况，剖析地区差异，总结分析并结合品牌情况找准市场定位，市场入驻非常成功。

❖ **延伸问题：** 麦当劳和肯德基在市场运营上有哪些异同？

子任务 9.1　研究市场动向

【考核指标】

❖ **理论指标：** 掌握市场动向的 3 个研究方向。
❖ **实践指标：** 针对自己团队的拟创业项目研究市场动向。

9.1.1　剖析地区差异

【箴言警句】天时不如地利，地利不如人和。——《孟子·公孙丑下》

当创业者明确创业应选择什么行业，适合做什么项目，如何捕捉并把握创业机会后，创业者还需要研究市场，了解市场动向，明确市场营销推广方向。

市场是由思想主观意识和市场需求的客观因素构成的，只有创业者主观与客观一致才能实现创业的成功。因此，机会从来都留给有准备的人，创业者应该做一个有心人，时刻关注市场动向，捕捉有效的市场信息才能把握商机，并更好地为创业打好基础。

然而，研究市场动向首要就是剖析地区差异。不同地区有不同的地理因素，从而会产生地域上的限制与差异，自然每个地区对产品和市场都有不同的需求。关键在于，要学会发现因地区不同而产生的地域差异，从而可以缩短产品进入市场的时间。

9.1.2　研判社会焦点

【箴言警句】思路决定出路，布局决定结局。——牛根生

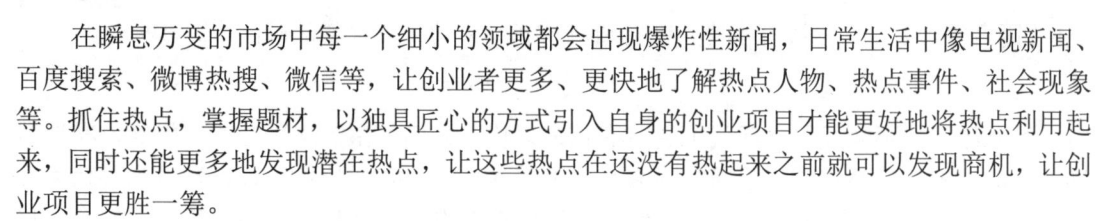

在瞬息万变的市场中每一个细小的领域都会出现爆炸性新闻，日常生活中像电视新闻、百度搜索、微博热搜、微信等，让创业者更多、更快地了解热点人物、热点事件、社会现象等。抓住热点，掌握题材，以独具匠心的方式引入自身的创业项目才能更好地将热点利用起来，同时还能更多地发现潜在热点，让这些热点在还没有热起来之前就可以发现商机，让创业项目更胜一筹。

所以，这些社会焦点也是我们研究市场动向的重中之重。对社会的热点和焦点的分析，让创业者能更清楚市场的动向，分析市场的趋势，让创业者更清楚自身创业企业在市场大环境中的地位。

【引入案例】*雾霾背景下的创业机会*

互联网时代做产品，一定要让用户尖叫和惊喜。

第一，"三个爸爸"空气净化器是刚需，尤其是到了雾霾高发期，大家戏称陷入"十面霾伏"，PM2.5 成了大家不可回避的关注点。因此，空气净化器符合大趋势，在中国拥有较

为广阔的市场需求。

第二,"三个爸爸"的产品,质量过硬,现在市面上的部分空气净化器效用一般,"三个爸爸"空气净化器在净化甲醛方面的功效是普通净化器的九倍,这是国家最权威的检测机构检测出来的结果。我们的标准是"三个爸爸"净化器出风口的空气质量PM2.5保持在0.5毫克以下。

第三,产品本身具有传播能力。首先,产品具有温度感。我们做的不是冷冰冰的硬件,而是将爸爸对孩子浓浓的关爱注入了产品里。当提及这个产品时,大家想到的不是空气净化器这个冷冰冰的名词,而是爸爸为孩子打造的一室洁净呼吸的情感。其次,"三个爸爸"这个名字让产品具有"话题性"。其实"三个爸爸"这个名字源于我们三个创始人都是有孩子的爸爸。但是比如说我们的广告屏"妈妈,我要三个爸爸",很容易让人关注和产生传播。这句话放在过去可能会让人产生反感,但是非常适用于开放、自由、个性的今天。

在京东众筹平台上,"三个爸爸"空气净化器众筹金额排名第一,并且远远高于第二名和第三名。现在京东副总裁到哪儿讲座都提一下他们的众筹平台,提一下"三个爸爸"的成果。

(案例摘自百度文库,2015年3月28日)

❖ **案例延展:** 我国很多地区受空气污染困扰,雾霾频繁爆发,于是很多针对环境问题的产品、药品大卖,口罩日常一天在京东平台就可以销售出300万只以上。由于这种对于环境问题的高度重视,多种应对环境问题的产品应运而生。各种新闻媒体聚焦空气污染问题,针对此类问题都有深度的调查,消费者已经不满足于口罩等产品,于是这给创业市场带来了又一个商机。"三个爸爸"产品,针对儿童呼吸健康问题研发主要适用于儿童的空气净化器,让孩子享受干净的空气是诸多父母的心愿,产品也自然备受关注。

❖ **延伸问题:** 目前人口老龄化是社会焦点,讨论如何捕捉焦点需求、发现创业机会。

9.1.3 紧跟消费潮流

【箴言警句】一个人再有本事,也得通过所在社会的主流价值认同,才能有机会。

——任正非

随着经济的不断发展,现代生活节奏越来越快,人们的生活水平也逐渐提高,在快节奏的生活方式下,消费升级也随之而来。而随着80后、90后的年轻人逐渐成为现代消费的主力军,产品的营销方式也随之升级,以适应快节奏的生活需求,满足消费者的个性化选择。

在消费潮流的驱动下,消费特点也从传统单一的产品向多种个性化需求转变。消费升级后消费更偏向于年轻化消费群体,消费者关注的是更具特色的消费产品。只有紧跟消费潮流,才能找到更多的市场商机,了解更多的商业信息,促进企业改进升级,更好地适应市场。

【引入案例】眼镜市场势将风云再起

由中国、美国、澳大利亚合作开展的防治儿童近视研究项目调查报告显示,中国近视人口占全国总人数的33%，是世界平均水平22%的1.5倍，目前我国有近4亿人近视。据全国学生体质最新调研报告显示：中国青少年近视率高居不下，其中小学生近视发病率为22.7%，中学生为55.22%，高中生为70.34%，大学生更是高达85%。加之中国已经进入老龄化社会，目前全国50岁以上老年人口约有2.4亿，90%以上需要佩戴老花镜。

仅在近视镜和老花镜这两块市场的商机就不可估量，再加上太阳眼镜、司机防护镜、电脑防辐射镜等各种功能智能眼镜也已越来越多地进入了人们的生活，市场前景可以说十分可观。

中国眼镜市场的现状千头万绪，但唯一能让我们笃定的是：中国眼镜市场商业模式亟须创新，势必要给老百姓一个物美价廉的全新体验。

随着现代科技的发展，面对大数据时代、物联网时代所带来的人性化、智能化的行业变革，Google Glass、联想M100等高科技眼镜的出现更是让传统眼镜市场措手不及、应对无招，本来销售手段就单一的中国眼镜市场若再不进行革新和升级，真的要在前狼后虎的夹缝中"喘息"了。

面对这一切，要盘活中国眼镜市场，专家指出，并非手足无措。目前的中国眼镜市场，谷歌眼镜Google Glass的"高大上"着实有点雷声大雨点小，高昂的价格让众多消费者"望镜兴叹"。因此，老百姓亟须一款"接地气"人人都消费得起的物美价廉的产品，既符合实际需求，又能跟得上时代发展的潮流。

庞大的市场潜力，引来了大量外资。在传统和现代之间，我国眼镜市场势将风云再起。专家预测：具备现代化的研发理念、创新的商业模式、接地气的亲民价格等要素构成了中国眼镜市场发展的必备基本条件，创业者应敏锐把握这难得的创业良机。

（以上文字摘编自《创新创业指导与训练》，陈承欢等编著，电子工业出版社）

❖ **案例分析**：紧跟消费潮流，案例中风云再起的眼镜市场给了很多创业者难得的创业机会。案例中可以看到，新的研发理念、新的商业模式以及更加接地气的价格构成了眼镜市场新的创业环境，这种新的创业环境是在传统的市场背景下结合消费者需求形成的，让市场紧跟潮流的方向更新、更快地发展。

❖ **延伸问题**：分组讨论还有哪些紧跟潮流的创业机会。

子任务9.2　分析消费者需求

【考核指标】

❖ **理论指标**：
（1）明确消费者群体的4个类型；
（2）认识消费者4点市场期望；
（3）了解消费者需求的7种特征。

❖ **实践指标**：
（1）对消费者需求进行市场分析；
（2）明确创业项目的市场消费群体。

9.2.1 消费者群体类型

【箴言警句】这个世界并不在乎你的自尊，只在乎你做出来的成绩，然后再去强调你的感受。——比尔·盖茨

（1）老客户、大客户。老客户对企业是至关重要的，对于老客户、大客户，企业必须用最优质的政策。但是，无论从规模或者是数量上都要进行控制，保证老客户与大客户的优势，这类客户群体具有一定忠诚度。

（2）新客户、大客户。这类客户群体一般都在所在区域有一定影响力，这样的客户群体需要更多的沟通与精力。但如果合作失败，这类客户群体有可能转向竞争者阵营，会造成企业未来市场的被动性。所以，针对这类群体需要多方考虑，制订周密的计划后才可以合作。

（3）新客户、小客户。面对这类客户群体，企业一般具有主动选择权，对相对优质政策的下放，需要依其情况而定，同时也要结合企业自身的市场战略与发展方向来调整。这类客户群体是企业利润的来源，需要尽可能地开发，择优选择，还要尽可能地培养这类客户群体的忠诚度，让这类客户群体向老客户方向发展。

（4）老客户、小客户。这类客户是忠诚度很高的客户群体，他们对企业的整体文化、价值观等都具有非常高的认可度。这类客户群体很可能是企业培养出来的，他们是企业占比最多的客户群体，也是企业最重要的客户群体，企业要延续这类客户群体的忠诚度。尽管单个客户产生的利润可能有限，但总体利润是非常可观的。

江小白案例

"我是江小白，生活很简单"，这个广告大家一定不会陌生。江小白曾是江津老白干一类的白酒，作为曾经低端白酒逆袭成年销10亿元的网红酒，大部分人都是从它的文案开始认识它的。从原来的一瓶10块钱，加上了十二瓶格言文案，一瓶酒卖到了25元，从此定位于互联网文艺白酒，是80后、90后的挚爱。区别于茅台、五粮液，它主做青春小酒，颠覆曾经酒的内涵。它从广告创新到社会化营销，成功地将青春小酒的概念植入消费者观念。大部分人喝酒并不是为了喝醉，而是为了一种情感的宣泄，而江小白准确地抓住了消费者需求，做最懂消费者的白酒。每一句文案都是由公司的文案、设计师和编辑等众多人一起完成的，句句说出了喝酒人的心声，让喝酒人感受到藏在心底最深的情感。

❖ **案例分析**：案例中可以看到，现在没有"内容"的产品是很难成为爆款的。而"江小白"就抓住了这一点，它用"有种酒叫江小白"开始不断深入，打开了很多80后、90后的心声，占有了大部分的80后、90后消费人群的消费理念和价值主张。

❖ **思考感悟**："酒在杯里，情在酒里，话就不必藏在心里。""我们曾经都是梦想家，只是不再做梦，开始想家。""生活不止向往远方，还有这个老地方。"……这些"江小白"的"语录"，句句说到社会的中坚力量80后、90后的心坎里，这些话让一个产品不仅仅是产品，更有了内涵和文化的支撑，这样的产品更会让消费者发自内心地接受。

9.2.2 消费者市场期望

消费者市场期望有以下 4 点：
（1）期望市场上有满足消费者需求的商品；
（2）期望性价比高的商品；
（3）期望购买便利、快捷的商品；
（4）期望有优质售后服务的商品。

【引入案例】 胡润富豪榜

胡润富豪榜在一定程度上反映了中国经济形势变化，在中国已经连续发布很多年，排名尽管并不一定完全体现（可能会有一些隐形富豪没有上榜），但它是追踪记录中国企业家群体变化的一个重要榜单，它对社会及公众具有借鉴意义。而胡润富豪榜的诞生却是因为胡润本人为了满足消费者市场期望而产生的。胡润，就读于英国杜伦大学，学习中文专业，后到中国留学。每次回国，都有人问他一个看似简单却不知该如何回答的问题——中国什么样？在中国留学，对于这样一个简单的问题是不应该回答不上来的，但是偌大的中国，又应该从哪里说起，从哪里介绍这样一个有着五千多年历史的国家呢？胡润突然意识到，这就是消费者对市场的期望，他敏锐地意识到如果介绍中国最成功的 50 个人，就可以让你认识到中国几十年来的变化了。于是他把身边的这些信息视为消费者市场期望，基于期望做出了胡润富豪榜。

❖ **案例分析：** 胡润富豪榜的顺势而生就是基于消费者的市场期望。在市场上能满足消费者需求的商品才是被市场所需要的。对于初创公司来说，找准市场，充分认识市场，才可以满足客户的需求。

❖ **思考感悟：** 客户能得到物有所值的商品就是客户根本的心理，那么产品的价格就一定要以客户价值需求为准绳，把握好客户的定位，不能忽视客户对价值的需求。在此基础上，要满足客户对产品的需求，产品的质量是品牌的保证，是客户最关键的需求。最后就是对服务的需求，客户在购买产品的同时也是在购买服务。

9.2.3 消费者需求特征

【箴言警句】 经营管理，成本分析，要追根究底，分析到最后一点。——王永庆

（1）多样性。消费者有不同的职业、文化程度和生活习惯，也是由不同的收入水平、年龄、民族等构成的。那么，消费者就会有不同的兴趣、爱好，对消费商品、服务的需求也就各有不同、千差万别。

拿"衣食住行"中的"衣"来举个例子，有的人会关注质量，有的人会关注花色，有的人会在意品类，有的人会去了解款式，每个人的需求都不尽相同。对"食"来说也是一样的，消费者有喜欢酸的，有喜欢甜的，有喜欢苦的，有喜欢辣的，在食物上也是有着不同的习惯和多样的差异的。

（2）层次性。人们的消费需求是根据层次而截然不同的，一般来说，根据马斯洛需求层

次理论，生理需求是基本层次，安全需求在其次，在满足消费者基本需求后会向社会性需求以及精神需求的更高层次提升。

（3）联系性。除此之外，消费者在消费需求上对于某种商品的购买是具有联系性的。例如，消费者需要购买一双皮鞋，而在购买的同时，对于鞋油、鞋刷、鞋垫等商品也产生了消费需求。于是企业商品的衍生品也扩大了创业企业经营的市场，提升了创业企业准确了解市场发展的方向，这样才能更好地满足消费者的消费需求。

（4）可诱导性。消费者有很多消费行为不是事先就准备好的，消费者对一些不必要的消费行为并不会马上列入消费名单，这些并不是由于消费者消费能力不够，而是他们对消费商品的引导和调控不足。例如，消费者会因为产品的一些宣传广告、企业文化等转变消费需求，从不准备购买或者不准备现在购买而迅速演变成强烈的购买欲望，形成消费冲动。因此，国家相关部门要对消费者的消费需求进行启发、引导，让消费者具有正确的消费观念。

（5）伸缩性。消费者由于工作、家庭的变化，消费能力也随之变化，对商品价格高低的承受能力也会随之而变化。在日常生活中，生活必需品对消费者的消费需求弹性较小，人们对生活必需品的需求是有限度而且均衡的，无论外部的变化是怎样的，人对生活必需品的需求也不会增加或者降低；同样，生活必需品的销售价格的波动也不会对消费者消费需求有很大的波动。但是，对于像中、高档奢侈品以及耐用性高端消费品，包括衣服、装饰品的选择性是非常强的，那么就造成了消费者消费需求的伸缩性是非常大的。一般来说，随着消费者消费能力的增强，消费者的消费速度会增快，购买量也会大幅度提升，于是需求量也会有所变化。

（6）时代性。随着时代的发展，消费者的很多消费趋势会根据社会的时代精神、社会发展的层次和环境的影响而产生很多不同。例如，"得到 App""喜马拉雅 FM"等，都是由于时代对科技化的文化产品需求日益递增的原因而出现的。

（7）发展性。随着国家的强大，社会生产与发展水平也有了很大的提高，随之而来的就是消费者人均收入的不断提升，国家也出台了多种促进消费的政策与方式，于是很多奢侈品品牌大量涌入市场，被消费者逐渐接受，消费者的需求从实用性向高质量产品需求发展，于是消费者需求在被一种消费品满足了以后还会有新的需求产生。

【引入案例】 剖析"e袋洗"的商业模式设计

张荣耀在20世纪90年代初创立了荣昌公司，做皮货洗染，后来进入洗衣行业，成立了"荣昌洗衣"，20多年发展了1000多家连锁店。

传统的洗衣行业表面风光，毛利挺高，其实净利润很低，因为房租占了很大一块儿，而且还在不断上涨。随着竞争加剧，行业发展面临困境，同时用户的痛点也非常突出。

于是，张荣耀决定创新商业模式，于2013年创立e袋洗，基于移动互联网，以O2O模式提供洗衣服务。e袋洗上线不到半年，在北京地区粉丝突破10万人，日单突破1000单。2015年4月份日订单突破10万，创造了行业纪录。2014年获得腾讯投资，估值2亿美元；2015年获得百度等投资，估值10亿美元。

下面梳理一下e袋洗商业模式的设计。

1. 用户痛点

传统洗衣行业，到店洗衣是一件很麻烦的事情。首先要自己上门到洗衣店，到店后要一件一件清点、填单，洗好后还要自己去取，非常麻烦。用户有时间时，洗衣店可能关门了，好不容易到了洗衣店往往停车难。

时间问题、堵车问题、停车难问题、营业时间不能满足用户的取送需要，且价格高，服务不标准化，这些用户痛点再加上自身经营面临的困境，使张荣耀在很多年前就开始思索转型。

2. 价值主张

e袋洗的价值主张非常清晰：基于移动互联网的"O2O在线洗护平台"。这是对荣昌洗衣自身的彻底革命，把自己原来的1000多家店全部关掉，完全变成一个线上服务的O2O公司。传统企业二次创业发新芽，长出新锐的互联网家政行业标杆品牌。

为了解决用户痛点，张荣耀最先做的转型探索不是做e袋洗，而是用更现代化的方式洗衣服。他在2000年开始和新浪合作，通过新浪网给洗衣店导流，这让他意识到，他的行业不仅是洗衣服，而且是经营数据的行业，拥有庞大的用户数和频次。

2004年，张荣耀对荣昌洗衣进行信息化改造，通过"一带四""联网卡"，在一家洗衣店周边设立四个收衣点，消费者用一张"联网卡"就能在其所有的洗衣门店使用。这次信息化改造虽然不属于重大的战略调整，但是为后来的e袋洗的推出打下了很好的基础。

3. 解决方案

（1）产品与服务。

先看e袋洗的产品和服务，即创造了什么样新的用户体验。

传统洗衣店是按件收费的，e袋洗则是按袋计费，给你一个专业的帆布袋收取衣服，装多少都行，e也是"1"的意思，一袋99元（原价158元）。用户通过微信下订单，2小时内有人上门取件，一分钟完成交接、封袋，拿回去清洗，72小时以内送回，用户体验非常好。e袋洗将衣服分类、检查，全程高清视频监控，洗衣过程可跟踪。用户体验不只是省心，服务也更好，管理更规范，性价比高。

e袋洗迅速从北上广深拓展到省会城市，发展速度非常快。由于订单量太大，还是经常有用户投诉，e袋洗拿出足够的资金和诚意，对用户做出快速反馈，让有意见的用户重新建立好感。

（2）渠道与传播。

再看渠道与传播。原来的渠道是终端的洗衣店，e袋洗去中介化，直接通过O2O完成，房租和中间环节都没有了，1000多家店全部关掉，把所有的洗衣业务搬到手机上完成。

用户体验的渠道变成手机，代表了移动互联网的特质。e袋洗制定了O2O在线洗衣行业的标准，通过微信预约，去掉烦琐的流程，去掉纸质衣物明细单，变为微信推送。

清洗选择专业的洗衣工厂，清洗、消毒、熨烫。服务时自动推送，全程跟踪，每个环节都可在微信上与用户保持互动。

（3）交易结构。

交易结构，即生态圈。e袋洗采用"众包+外包"的模式。

所谓外包，就是把洗衣工厂外包给其他厂商，与传统的洗衣店、洗衣工厂合作。张荣耀在洗衣行业干了二十多年，对行业的品牌非常了解，知道哪个品牌的洗衣工厂更靠谱。行业的洗衣成本只占10%，房租、人工和设备折旧等占90%，所以选择高端与低端店面合作成本差别不大。为了保证洗衣品质，e袋洗只与一线品牌洗衣工厂合作。e袋洗制定了一套严格的标准，对合作的洗衣工厂的资质、品牌、店面面积、技术、员工数量、清洗流程等都严格把控和考核，以确保清洗的品质。

所谓众包，即以社区为单位招募配送人员，如社区内退休的大妈，让这些大妈配送，用户感受很亲切。由于取送衣服的半径不能太远，所以取送衣服的人员需求量非常庞大。e袋洗通过共享经济促进中老年人再就业，创造了社会价值。

（4）盈利模式。

如果在传统洗衣店，99元一袋肯定亏损，根本无法维持。在线上运作，则可把中间的成本砍掉，线上下单形成规模效应，边际成本递减，把节省下来的成本让利给消费者，消费者得到好处，自然会自发传播e袋洗。

（以上文字摘编自《创新创业指导与训练》，陈承欢等编著，电子工业出版社）

❖ **案例分析**：用户痛点是"e袋洗"案例中的重点，从用户痛点出发，找到相应的解决方案，提出相对应的价值主张。案例中的企业设计的基本逻辑首先是找到用户的痛点，从痛点切入，这个痛点不仅仅是用户痛点，还有行业痛点、社会痛点。比如，环境中的雾霾问题，国家政策中的二胎问题，食品安全的地沟油问题等。面对方方面面的痛点，谁先解决，谁就找到了商机。其次，要根据自身的不同情况找到自身创业企业的优势与核心价值，结合痛点聚焦并梳理清楚核心价值以及战略方案，这就是企业文化、产品定位以及品牌营销的基础。最后，要以上述两点为基础提出一个系统的解决方案。

（1）给用户提供具有最优质的用户体验的产品。最优质的用户体验的产品是具有舒适用户体验的产品，优质的用户体验服务能最大限度地消除或改善用户的需求。这样的产品才能在激烈的市场竞争中拔得头筹。

（2）营销手段。现今社会的O2O模式是互联网时代的主流，消费者从原来的购买者变成了参与者和传播者，市场营销模式和手段也有了本质的改变。

（3）模式选择。商业模式就是整个营销推广的过程产生的模式，包括供应商、加盟商、客户、政府以及中间环节中产生的合作、外包等关系，就是企业构建的一个生态循环。同时，很多的商业模式具有创新性，如果设计模式不够完善却一味地追求创新，会导致企业走向烧钱的道路，最终走向失败。

❖ **思考感悟**：

（1）创新。"e袋洗"的成功针对用户的痛点，大胆地从原有的1000家店面跳出来，打破固有的思维模式，善于捕捉创业机会，勇于创新，大胆改变，最终在成功创业基础上成功转型。

（2）适度。创新需要适度，创新具有超前性，但是任何过度的超前都会让创新失去价值。在案例中，"e袋洗"之所以成功是因为厚积薄发，多年的行业经验积累是"e袋洗"在进行信息化改造前的基础。跟"e袋洗"同时起步的还有很多的洗护平台，但是很多都没有达到预期的成效，这些问题都是因为能力无法驾驭产品，打破了适度的平衡，对陌生领域的开拓认知不足。所以，适度的创新才是创业的有效手段。

（3）不把利益放首位。以解决客户或市场的问题为根本，提供优质的用户体验。而不是以利益为中心，急功近利会让客户产生反感或误认为是陷阱。

（4）不断迭代。任何模式都可能会被模仿，任何产品都有可能被超越，所以一成不变是不可取的，任何成功与失败都是阶段性的。只有持续创新，不断迭代，才能保证不被淘汰出局。

9.2.4 消费者群体心理

【箴言警句】 不精不诚，不能动人。——《庄子·渔父》

（1）消费者群体分类。消费者群体大致可以分为6类，分别是：
①女性消费者群体；
②大学生消费者群体；
③少年消费者群体；
④青年消费者群体；
⑤中年消费者群体；
⑥老年消费者群体。

（2）不同消费者心理特征。

①女性消费者群体。女性消费者已成为现代社会的消费主体，抓住女性消费者群体的心理，就抓住了创业成功的机会。想要快速地实现创业成功，创业者的目标可以瞄准大部分的女性消费者，因为，她们不仅仅是消费者、购买者，她们还是绝大多数家庭购买的决策者，其中包含着男性、儿童、老人等。

调查研究表明，九成以上的女性有非理性消费行为，而这些非理性的消费行为往往受内在自身的情感、心情、喜好以及外在的打折、广告、销售人员等的影响，这些非理性消费的支出可以占到消费比例的20%左右。随着女性在社会上越来越独立自强，女性的经济能力也随之越来越强，经济能力决定了女性在家庭中的消费决策越来越具有决定性，这些在创业者眼中，就是无限的创业机会。

女性消费者群体的消费心理有以下几个特征：
- 关注自身的情感因素，同时夹杂着多种犹豫和攀比的心理；
- 关注产品外在呈现出来的元素以及产品多处的细节设计；
- 关注产品的实用性、便利性以及对生活质量提升的创造性。

这些更能激发女性消费者的消费能力，从这几点出发，生产并营销创业产品可以让销售事半功倍。

②大学生消费者群体。大学生是未来时代的创造者，越来越多的大学生崇尚个性，追求潮流，重视自身感受，愿意表现自己，愿意实现自身价值。

大学生消费群体的消费心理有以下几点：
- 具有潮流性，同时还要有差异性，能给大学生消费者带来区别于他人的差异性体现；
- 大学生消费者还并不是经济能力完全独立的个体，所以在价格和实用性上是大学生所重视的；
- 大学生消费者还注重个性化、DIY等，这些个性化的差异能展现大学生的创造性，能给他们带来与其他人不一样的潮流前卫性。

③少年消费者群体。这部分的消费者群体由14岁以下的消费者构成。这部分群体尚未成熟，还没有树立完善的是非观念，自控能力也相对较低，他们的经济能力尚未独立，消费心理和消费行为大都受其父母、监护人以及生活环境的影响。

根据年龄分，这类消费者群体可以分为儿童消费者群体和少年消费者群体。
- 儿童消费者群体。

随着儿童消费者群体的成长,他们的自我意识逐渐从生理本能开始调整,自我需求方向开始养成,同时从模仿向个性化消费转变,从感性消费逐渐向理性消费成长。

● 少年消费者群体。

这类消费者群体希望自身可以对所喜欢的商品经济独立,购买行为的倾向性趋于稳定,开始受社会群体和周围环境的影响。

④青年消费者群体。一般称 15~35 岁的少年向中年过渡期间的人群为青年消费者群体。青年消费者群体具有巨大的消费潜力,他们的购买行为具有发散性,对其他多类消费者都有不同程度上的影响,他们的消费能力也逐渐突出个性,体现潮流,追求时尚,冲动性强。

⑤中年消费者群体。这类消费群体一般是从 35 岁至退休年龄阶段的人。中年消费者群体在众多消费群体里占重要的地位,他们一般是消费的决策者,具有一定的消费能力。由于除自身外,还有父母、子女、伴侣等,所以他们的消费方向多注重耐用性、实用性。他们消费冲动性小,大多为理性消费;不盲目,计划性相对其他消费群体要强;他们创新性较小,大多数购买所需品。

⑥老年消费者群体。一般是指退休以后 60 岁以上的人群。随着公共卫生医疗水平的提升,卫生保健事业的长足发展,我国人口已呈现老龄化的大趋势,老年人口比例不断增加。而他们是一类比较特殊的消费者群体,是非常值得关注的群体。他们对健康相对重视,渴望健康且有质量的生活,需要被关爱、呵护。

所以,老年消费者群体消费方向大多是健康养生,他们的消费具有习惯性,更容易接受较强的补偿性消费。由于他们的自身生理情况,他们的消费观念更渴望具有便利性并有周到的售后服务。

美容品牌不走寻常路

小刘经营着一家美容品牌,她的品牌给众多爱美女性提供了一种较为贴心的选择。小刘依靠她的 App 平台,尽可能地提供多种选择,每位爱美女性都能从中找到自己心爱的一款产品。聪明的她发现,在当今的市场只有懂得如何迎合用户的需求才能更好地生存。她的平台不以产品为主,而以人为本,用平台区分不同人群,给每一位加入平台的用户贴上独有的标签,以标签区分客户群体,按照客户的喜好推送她们想要或者真正有需求的美容产品。

她的品牌更注重内容的打磨。所有的资源都在向着内容倾斜,公司可以没有人力资源,但是不能没有设计师。为了留住更多的用户,小刘的品牌有一个非常强大的设计团队,包括平面设计、UI 设计、软件开发、文案企划等。她的团队在生产内容、传播内容、网络推广方面非常擅长,这也是她最具竞争力的一个方面。另外,她从市场中攫取、转化信息,有着非常灵敏的嗅觉,从陌生人变成粉丝,粉丝变成顾客,从顾客变成代理,只需要几个步骤。她不是一个人在做项目,而是靠着万千用户的力量在做品牌。

不同于传统的产品研发思维,传统的做法是先出产品再投放市场,她则是先看市场再投放产品。她会先让平台的部分 VIP 用户去试用,广泛地听取各个群体的意见,改进后再投放市场。她明白自己抓住的用户是哪类人群,摸清这类人群的"脾气"以后,所有的一切都围绕着她们的生活的点滴形成。小刘并不是为了推销产品而推销产品,而是以推销的方式一点点占据她们的生活,然后一步步植入更多方面的产品,当然这完全不会局限于美容护肤的类别。

❖ **案例分析**：现今社会消费主体向年轻化转变，而案例中小刘的这个创业团队是从互联网中成长的，本身具备互联网属性。这支创业团队不是从销售产品的观点出发，而是从消费者的生活入手，让创业团队融入消费者的生活，更大强度地与消费者进行互动，强化用户黏度与复购率，打造了一个消费者的强互动平台。另外，她有专业的技术团队，团队以内容为主要传播主体，让消费者的理念从消费变成参与。

❖ **延伸问题**：查找案例，还有哪些品牌是依据互联网思维运营的？

子任务 9.3 推广企业产品

【考核指标】

❖ 理论指标：
（1）明确营销的 4 大经典理论；
（2）认识初创企业的 5 点营销策略；
（3）了解营销策略设计的 5 点基础；
（4）掌握营销的 6 大基本原理；
（5）企业推广营销策略的 4 个方向；
（6）网络营销的 5 种方式；
（7）营销环境与消费者主体变化的 3 个阶段。

❖ **实践指标**：熟练运用推广营销的方法，结合自身创业项目制定营销推广方案。

9.3.1 营销学 4 大经典理论——4P、4C、4R、4I

【箴言警句】一两智慧胜过十吨辛苦，脑袋决定口袋。——牛根生

（1）营销学经典理论——4P。
①产品（Product）；
②价格（Price）；
③渠道（Place）；
④促销（宣传）（Promotion）。

营销学中的 4P 理论最早是由杰瑞·麦卡锡（Jerry McCarthy）教授提出的。4P 理论主要是从企业的立场出发，从企业的产品、价格、渠道、促销四个方面进行考虑，为企业的营销策划建立一个有效的框架。

首先是产品（Product）。除产品本身外，产品还包括服务、人员等。它能够为市场提供被人们使用、消费的同时满足人们某种需要的任何东西。

其次是价格（Price）。产品的价格关系到企业的利润，产品的成本也直接影响着产品是否有利于促销，以及产品应该选择什么样的方式进行营销。价格主要是指顾客购买产品时所消费的价格，包括折扣等。价格受市场需求、竞争、成本等要素的影响。市场需求决定着产品的最高价格，产品的成本决定着产品的最低价格，但是产品的价格最终决策取决于竞争者同类产品的定价。

再次是渠道（Place）。产品从生产到消费者手中经过的各环节与过程就是产品的销售渠道。

最后是促销（宣传）(Promotion)。单一地说促销是片面的，促销只是其中的一部分，它包含产品一系列的营销行为，包括广告、公关、促销等宣传行为。

（2）营销学经典理论——4C。

随着市场竞争加剧，4P 营销理论受到了市场挑战，市场营销组合的焦点从企业自身向消费者的需求与期望转移，营销的 4P 理论从此向 4C 理论推进。营销的 4C 理论的核心就是顾客。

①产品（Product）转向客户（Customer）；
②价格（Price）转向成本（Cost）；
③渠道（Place）转向便利（Convenience）；
④促销（宣传）(Promotion) 转向沟通（Communication）；

首先是客户（Customer）。从 4P 到 4C 的过程，4C 理论以客户为核心，重点从产品转向客户需求。创业企业在提供产品和服务的同时产生了对客户需求的了解与研究，根据客户的需求提供客户所需的产品就是最重要的营销手段。

其次是成本（Cost）。从 4P 到 4C 的过程中把价格转向了综合权衡和分析客户所需的成本，成本包括企业的生产成本和顾客的购买成本。于是，在产品定价的过程中，最优选择应该是在能保证客户的心理价格的同时，还能让企业获得利润。客户在消费金钱的同时还消耗着时间、体力和精力，同时还承担着购买风险，所以 4C 理论中将 4P 理论的价格转向了成本。

再次是便利（Convenience）。从 4P 到 4C 的过程中把销售渠道转向客户购买的便利性。4C 理论强调客户购买的便利性不应该受到限制。电子商务的兴起在很大程度上提高了客户的购买方便性。便利性就是通过缩短客户与产品的物理与心理距离而提升产品被选择的概率，从而实现营销的目的。

最后是沟通（Communication）。从 4P 到 4C 的过程中把促销（宣传）转向了客户沟通。一切从客户角度出发，维护客户的忠诚度，把客户作为企业最宝贵的资源来看待。促销（宣传）是企业单向地向客户输送信息，而沟通则是双向的，与客户积极有效地形成双向沟通，建立客户关系。基于沟通的营销手段可以收集客户的购买信息、购买时间等数据，以此构建系统数据库，以便企业制定未来的营销策略与方向。

（3）营销学经典理论——4R。

市场决定着营销策略的调整，以客户为核心的 4C 理论随着市场的改变、客户需求的发展变化以及与社会原则发生冲突后，4C 理论也有了局限性。于是美国的唐·E. 舒尔茨提出了 4R 理论。

①Relationship（关系）。
②Retrenchment（节省）。
③Relevancy（关联）。
④Rewards（报酬）。

（4）营销学经典理论——4I。

在传统媒体时代，信息传播以单向、单一的方式流动，消费者只能被动接受。网络媒体带来了多种"自媒体"的爆炸性增长，消费者从单一的消费过程变成了参与营销过程；营销模式变成以创意内容为中心，以品牌信息为后盾；营销行为转向引导消费者消费。于是出现了 4I 网络营销原则。

①趣味（Interesting）原则；
②利益（Interests）原则；
②互动（Interaction）原则；
④个性（Individuality）原则。

【引入案例】 OPPO 与 vivo 品牌案例

对于 OPPO 与 vivo 这两个手机品牌大家并不陌生，这两个品牌避开了当下流行的互联网模式、社交网络模式，从精准目标市场定位出发进行整合营销。从品牌的设计上看，主要目标客户针对年轻人，下至高中生，上至年轻白领。它不同于小米偏专业的类型，定位简单精准，能够准确聚焦目标用户群体。在技术层面，基于用户导向的创新是行之有效的，这两个品牌深入探究用户需求，让产品简单、实用。两个品牌主打照相的广告语——照出你的美，从技术层面明确目标用户群体，精准定位。同时抢占高关注度的明星资源，在宣传方面做到高权威媒体广告轰炸，地面人海口碑传播，稳固品牌优势。这两个品牌的价值定位，更精准地强调了高品位的体验和社交功能。同时地推的蓝绿色调宣传植入式视觉冲击，准确的终端服务与体验加上统一标准的促销，配上敏捷的物流配送服务系统，简单极致地打造了强大的高精准营销模式。

❖ **案例分析**：通过案例我们发现，OPPO 与 vivo 深度了解用户需求，将用户需求作为品牌营销的基础，以用户导向为产品设计理念，将终端网络做到极致，提升品牌的终端网络覆盖力、影响力以及超越其他手机品牌的高效管控力，真正地构建了一个以用户需求为导向、简单极致的终端网络系统。

❖ **延伸问题**：列举并分析整理 OPPO 与 vivo 还有哪些针对用户需求开发的营销策略。

9.3.2 初创企业的营销策略

【箴言警句】 穷则变，变则通，通则久。——《易》

（1）初创企业的营销策略分为以下 5 点：
①分析微观环境，了解市场需求；
②发挥自身优势，研究客户需求；
③根据客户特征，制定销售策略；
④重策略，建立适合的营销网络；
⑤了解客户风险，注重客户财产安全。
（2）营销策略设计的 5 点基础：
①客户需求；
②产品优势；
③如何满足客户需求；
④建立完整营销体系；
⑤坚持并有效地完成方案。

(3)营销的6大基本原理:
①共赢原理;
②诚信原理;
③兴趣原理;
④社会效应原理;
⑤稀有原理;
⑥社会认可原理。
(4)企业的推广营销策略:
①终端品牌推广。创业者可以通过货品陈列、促销导购、传单宣传推广三个方向进行推广。
②渠道品牌推广。创业者可以通过对经销商给予多方面支持,包括培训、分享、分析、渠道政策支持等方式进行推广。
③互动品牌推广。创业者可以通过消费者返利、团购的方式进行推广。
④传媒品牌推广。创业者可以通过创意性软性文案、多渠道创意短视频等渠道进行推广。
(5)网络营销的途径与方式:
①网络营销途径:微信、微博、论坛、博客、网站、抖音、淘宝等方式。
②网络营销方式:
第一,以营销为核心;
第二,营销手段多元化;
第三,创意性文案;
第四,简单易懂;
第五,培养忠实用户。
③初创企业的社群营销策略:
第一方面,核心价值引导;
第二方面,有效引导;
第三方面,规则引导;
第四方面,人工引导;
第五方面,活动引导。

9.3.3 营销环境与消费者主体变化

【箴言警句】要永远相信:当所有人都冲进去的时候赶紧出来,所有人都不玩了再冲进去。——李嘉诚

任何的营销理论都是由两方面因素组成的:一方面是营销对象;另一方面是营销环境。产品销售的对象就是营销对象,也就是消费者;产品销售时的市场环境就是营销环境。营销环境对消费者主体分别有以下几个阶段的变化:
(1)第一阶段"以产品为中心",属于单纯的销售,以单刀直入为主要方式。
(2)第二阶段"以消费者为中心",围绕消费者需求,建立企业与消费者之间的密切联系,引导消费者的消费理念,提升消费者的消费意识,让消费者更加关注产品内在属性,包括内涵、文化等。

（3）第三阶段"以价值为中心"，消费者从单纯的消费变成了具有价值主张的消费整体，更加关注有价值的内容。所以互联网背景下的大数据营销、社群营销、场景化营销等顺应了时代，成为时代发展的趋势。营销更加关注高品质的内容、不同场景下的匹配、复杂大数据的分析以及高频次的社群化传播速度。营销环境与消费者主体发生了蜕变，营销环境更注重移动端，增设了多种营销场景、占据碎片化的时间与渠道，消费者与企业有更多的参与和互动，营销更加偏向于个性化、差异化。

实践训练

【实践训练9.1】便利店店址选择。

实践训练主题：现拟开创一家便利店，试参考以下原则和方法确定一个开设便利店的最佳地址。

1．选址原则

便利店店址选择要坚持方便顾客购买商品的原则，以节省顾客的购买时间，并最大限度地满足顾客的需要，否则将失去顾客的信赖、支持，便利店也就失去了生存的基础。便利店店址选择，以适应人流流向情况、人口分布，便利广大顾客购物为原则。在扩大销售的原则指导下，大多将便利店地址选择在城市繁华中心、人流必经的城市要道和交通枢纽、城市居民住宅区附近，以及郊区交通要道、村镇和居民住宅等购货地区，一般有以下4种类型：

（1）城市中的商圈；

（2）城市交通要道和交通枢纽的商业街；

（3）城市居民区商业街和边沿区商业中心；

（4）郊区购物中心。

2．选址考虑的因素

仅仅做出了便利店店址的区域位置选择还不够，因为在同一区域内，一个便利店可能会有好几个开设地点可供选择，但有这些地点对某一类便利店来说，就不一定是合适的开设地点，如果把便利店设在这里，就会直接影响便利店开业后的商品销售。因此，便利店的选址在做好区域或位置选择以后，还要细致地分析区域内的具体情况，做出具体营业地点的选择。

（1）分析交通条件。

（2）分析客流类型。一般便利店客流分为3种类型：

①自身客流；

②分享客流；

③派生客流。

（3）分析街道两侧的客流规模：

①分析竞争对手；

②分析地形特点；

③分析城市规划；

④分析便利店的户型。

（以上文字摘编自《创新创业指导与训练》，陈承欢等编著，电子工业出版社）

【实践训练9.2】校园便利店的营销策略。

实践训练主题：在学校附近开设一家便利店，消费群体主要以学生为主，具有购物次数多、数额小的显著大众性消费特点。目前，便利店以食品、文具生活用品为主导型商品。便利店拟采取以下营销策略。

1．开业期间开展促销活动

开业期间，到校园便利店购买任何商品满 30 元，凭收据即有机会赢取 100 元校园便利店消费券。连续 6 个星期，每周送出 1 张消费券；同时有大量精美礼品，100%中奖。开业期间，前 50 名顾客排队领取价值 10 元的抵价券。在校园便利店买任何正价货品满 30 元，凭抵价券即可抵去相应金额，但抵价券不可重复使用。

2．优惠活动

（1）当天消费正价商品满 20 元凭小票可免费获得精美小礼品。

（2）可领取校园便利店积分卡，将每次消费额（满 10 元）的金额计入积分卡（1 元 1 分），月积分满 150 分即可抽奖（100%中奖）。最高奖项为校园便利店 50 元消费券 1 张。

（3）实行早餐 VIP 制，在校园便利店预定早餐的顾客可享受早餐送货上门的服务，若预定 1 周 5 天早餐的顾客还可享受 9 折优惠。

（4）每天 1 款特价商品，保证低于当地任何超市的价格，特价商品限量出售。

3．定价策略

便利店商品定价一般比超级市场高 20%左右，且通常不采用降价促销手段，毛利率较高。但因为校园便利店的目标群体都是经济情况不宽裕的学生，因此，校园便利店应在保证不亏损的前提下，尽量调低价格。

拟采取以下定价方式：

（1）逆向定价。考虑到大学生的承受力，先通过调查得出学生愿意并能承受的价格，再考虑成本费用，以获取一定的利润。

（2）对比定价。校园便利店参考商圈附近 3～5 家同业商店的定价，而拟定明确、系统的价格策略。校园便利店若经营与超市相同的产品时，价格不可太高，否则会留下价格很高的恶劣印象；经营超市没有的商品或自有产品时，才可拉高价格，用这部分商品互补盈亏。

（3）差别定价。销量大、受欢迎的产品定价不宜过高；有特色的自有产品才是校园便利店利润最高的部分；无利的便民服务尽量做到顾客满意，定价应尽量压低，以树立形象为目标。

付款方式应支持传统的现金、银行卡刷卡消费。此外，一些学校有专用的校园卡，用于饭堂餐费、热水费等，条件允许的话，可以与校方联系，让学生刷校园卡付款，真正在校园内实现"一卡通"。

（以上文字摘编自《创新创业指导与训练》，陈承欢等编著，电子工业出版社）

❖ **延伸问题**：结合案例，思考并列举开校园咖啡店的 3 点营销策略。

课后习题

一、单项选择题

1．以下不属于营销学 4R 理论的是（   ）。
   A．关联 Relevancy   B．关系 Relationship
   C．记忆 Remember   D．报酬 Rewards

2. 以下不属于女性消费者消费心理的是（　　）。
   A．新鲜奇特　　　　B．攀比犹豫　　　　C．实用便利　　　　D．产品细节
3. 以下不属于网络营销途径的是（　　）。
   A．微信　　　　　　B．论坛　　　　　　C．短视频　　　　　D．广播
4. 别出心裁的广告比较容易引起哪类消费者的关注？（　　）
   A．女性消费者　　　B．老年消费者　　　C．儿童消费者　　　D．中年消费者
5. 从营销理论角度，营销推广的最终目的是（　　）。
   A．满足客户需求　　B．赚钱　　　　　　C．把产品卖给客户　D．企业发展

二、判断题

1. 时装是时尚商品，它随着流行趋势变化，所以，消费者购买服装时，首先会考虑它的时尚性。（　　）
2. 当消费者产生某种需要后，便会有一种心理紧张和不适，这种紧张成为一种内驱动力，驱动人们寻求满足这种需要的目标和对策，驱使人们购买，以满足这种需求。这一特点在理性型消费者中表现得尤为突出。（　　）
3. 伴随着人们生活水平的日益提高，消费者的审美观念趋向个性化，要求商品多样性。仅靠单一爆款消费的时代一去不复返了。（　　）
4. 市场营销最重要的特征就是要考虑企业利润。（　　）
5. 对于营销策略来说，防御性策略是最优选择。（　　）

三、简答题

1. 简述女性消费者群体的消费心理特征。
2. 简述消费者需求特征。
3. 简述营销学4大经典理论。

延伸阅读　用社区思维打造一个会沟通的女性品牌

据报道：范小米和她的团队大概用了8个月的时间，通过卖化妆品赚了三千多万元。这个过程，她的团队从刚起步不到10个人发展到快60人，而她们的社区平台，粉丝量已达120万人。

范小米这个团队里面，几乎没有人具有传统属性。她们的特点是不以产品为导向，而是以人为导向，通过"社区思维"来圈住用户，进而植入产品。

以下来自创始人的自述。

1. 以价值观来提炼用户，用强相互社交沉淀粉丝

我是通过做社区来运营的，我有我的目标人群，假定她们是18～30岁这个区间的人群，然后定位她们是高端或者是中高端的客户。我通过圈养这些女性来进行转化，也就是说我不是以产品为导向，而是以人为导向的。我认为，我让她们有了我的群体之后，就可以植入任何的产品，如化妆品。

我首先提炼用户，这个用户并不一定要求她是80后或90后，当然我们比较偏向80后、90后，这和我们的特点以及产品的特点有关。我们提炼用户是以我们的价值观为导向的，

我们所传递的一定是对品牌的一个迷恋,对女性生活解放的向往和时尚女性的一个生活方式。

2. 媒体思维做产品,颠覆传统做营销

我们注重做内容,这和传统的公司设置不一样。传统公司可能比较注重组织架构,一些行政部门,包括 HR,这些我们都没有。我们所有的东西都是围绕做内容而生的。因为我们要圈养住我们社区里的人,所以我们的设计团队很强,这也是我们最重要的一个方面,包括平面设计师、UI 设计师、开发师、段子手、文案企划等。我们团队在做内容并传播内容、网络推广方面非常擅长,这也是我们有竞争力的一个地方。另外我们有信息攫取部门、信息转化部门,从陌生人变成粉丝,粉丝变成顾客,从顾客变成代理,只需要几个步骤。当然我已经把这个步骤无限放大,不是我一个人在做项目,我们能够打造 100 个甚至 1000 个项目,这就是互联网的中心化。

产品的研发是以倒推的方式进行的。范小米自主研发自营品牌,研发团队有上海等地的,同时与国外跨境包括瑞士、日本的研发团队进行合作。我们跟传统的公司是不一样的,传统的公司是先出产品再投放市场,我们先看市场再投放产品,先让我们的粉丝人群去试用,然后做决定,当然我们可以设计品牌导向。

因为我公司不是传统的公司,所以没有刻意去寻求怎么将传统转型;甚至没有去考虑传统是怎样的,应该怎么去变,而采用的是互联网思维。我和我的团队本身就是在互联网时代成长起来的,不存在一个很痛苦的转型。所以我们一开始做的时候,这就是个自然而然的过程。

我们是有自媒体属性的,做自媒体本身就是我们的强项,我们注重做内容,并不总做产品,我们采用媒体思维做产品。因为现在找流量很方便,所有的东西都是透明的,将这些小流量聚集起来其实是很简单的,重点是你怎么把你这个流量沉淀下来。其实,方法也很简单,但你得有不同,你每一次内容的迭代,每一个不同的互动,都是一个变现。也就是说,你要明白自己想抓住的精准的用户是哪类人群。在了解这些人的特征以后,所有的一切都是围绕她生活的方方面面形成的,不是单纯为了切入产品而切入产品,而是先切入她的生活,占有了她整个生活的方方面面之后,再往里面植入东西、植入产品,如化妆品甚至更多的东西。

总的来说,范小米通过强相互社交解决客户体验和信任的问题,用优质内容打造平台和社区,以颠覆性的营销思维强化用户黏度和复购率。而在商业模式和盈利模式方面,范小米想做的是通过人与闲置空间加上电商平台的互动,从而打造一个互联网物流。

❖ **思考与讨论**:阅读案例,简要阐述范小米是通过"社区思维"来圈住用户的,他满足了消费者的哪些需求?

第 4 单元　新创企业

【单元内容摘要】

在"大众创业、万众创新"热潮下,越来越多的大学生选择创业。本单元主要是让创业者在充分了解、合理运用创业政策的前提下,学会如何科学规划企业布局,正常申报企业,准确做好财务预测,保证顺利开办企业,以及怎样在法律范围内履行社会责任,规避创业风险,保障企业权益。

【学习目标】

- ❖ 掌握和利用相关创业政策;
- ❖ 把握企业规划布局;
- ❖ 学会申报企业和财务预测;
- ❖ 了解企业法律问题和社会责任;
- ❖ 懂得规避创业风险。

【学习方法】

❖ **案例分析法**:通过引入与所学知识点密切相关的案例,并对案例进行认真分析,使学习者对相关知识的把握不仅仅停留在理论上,更能反馈在实践中,反馈在实实在在的事例上,感触深刻,举一反三,深刻把握所学内容。

❖ **情境模拟法**:学习者需要把自己真正当作一名创业者,一步步学习并利用对自己创业有用的政策,合理规划企业布局,申报企业,进行企业成本和收入的预测,准确预测企业利润,还要以人为本履行社会责任,用法律武器保护自己的企业,学会规避企业风险。把自己当作一名真正的创业者,才能切实体会创业的过程。

❖ **多次演练法**:在学习财务预测时,通过不同的数据,反复对企业成本费用和销售收入进行不断的演练,直到能够学会并准确预测,这样才能确保精确预测企业利润,保证财务账目清晰,保障企业权益。

❖ **目标学习法**:通过完成每一个小的知识点,来保证每个学习任务的完成,进而推动本单元知识得到很好把握,以此来确保顺利开办企业,保障企业权益。

【准备工作】

❖ **资料准备**:国家和地方政府积极顺应时代潮流,响应"大众创业、万众创新"热潮,出台了一系列有利于创业者的政策,学习者需要对这些有利政策的材料进行收集和整理。而且有些政策在法律上有明确规定,同时为了开办企业不触犯法律,也需要对相关的法律知识进行深入学习。

❖ **知识储备**:在开办企业前,需要储备管理学、心理学、经济学、伦理学等多个学科门类的相关知识,尤其是需要掌握一些市场营销、财务管理、统筹学等相关知识,用于科学合理规划企业布局,准确进行财务分析,确保企业权益得到保障。

❖ **团队准备**:企业并不都是个人独资企业,很多是合资企业,这就需要在各方面充分发挥团队的力量。因此,在学习过程中,需要针对团队成员的各自优势和特点,通过讨论进行分工。团队成员先以普遍涉猎方式学习全部内容,基本掌握相关理论知识;再以重点学习方式分别查询资料,进行学习资料汇总和分享汇报,提高学习效率和效果。

❖ **条件准备**:学习环境应该便于团队开展讨论,方便授课教师随时加入团队进行针对性指导;团队应准备好信息记录的设备,如纸和笔、录音笔、笔记本电脑、手机等,以便随时记录团队讨论结果和思想碰撞的亮点;学习空间应该配备网络环境,便于学习者随时通过网络搜索相关信息,查阅有关资料;教学环境应配备多媒体教学设备,学习者应能够熟练使用相关的课程学习系统或平台。

【注意事项】

❖ **转换身份**:学习者需要进入角色,真正模拟企业工作状态,各司其职,努力完成团队工作任务。同时,应该树立竞争意识,认真对待团队项目的设计和实施,强化学习效果。

❖ **查阅资料**:学习者需要养成查阅资料的习惯和方法,合理运用网络、图书、政策文件等资源,并注意鉴别资料正确性和适用年限。

❖ **典型借鉴**:学习者需要注意借鉴成功企业的经验,吸取失败企业的教训,做到取长补短。通过对典型案例的分析和总结,丰富和完善理论知识,为以后的创业就业提供理论依据。

任务10 运用创业政策

【要点总括】

❖ **思政要点**:在目前就业困难增大的情况下,国家和各级政府积极响应"大众创业、万众创新"号召,出台了一系列促进就业的创业政策,真正服务于人民。

❖ **理论要点**:
(1)了解创业政策的产生背景;
(2)清楚创业政策的发展及演变;
(3)懂得利用创业政策。

❖ **技能要点**:
(1)能够发现创业政策;
(2)善于筛选创业政策;
(3)学会运用创业政策。

【引入案例】DIY 西点烘焙工作室

经营者小于是某高职院校城市轨道交通运营管理专业的一名即将毕业的大学生，在学校的学习过程中，通过创新创业实践课程的学习，产生了自主创业的想法。在和指导老师沟通后，小于参加了学校的西点培训班，凭借创业热情和勇于钻研的精神，小于很快就掌握了西点的制作技术，并开发出了独特的西点 DIY 制作方法。在创业指导老师的帮助下，小于和其他两名同学一起组建了创业团队并参加了省级高校创新创业大赛。在比赛中，小于带领团队依靠新颖的创意和熟练的制作技术，得到了评委老师的一致认可，获得了大赛的二等奖。

在实习结束后，小于和团队成员通过创业老师的介绍，在国家级创业平台申请了一笔可观的创业贷款作为启动资金，凭借参加创业大赛积累的经验很快就成立了一家 DIY 西点烘焙工作室，专门为工作室周边的白领、宝妈提供有创意、制作精美、口味独特的烘焙产品。产品一经推广，即获得广大客户的一致好评，在开业的短短半年时间里，小于就还清了创业贷款，完成了就业和自主创业的目标。小于说，如果没有学校创业课程的启发和创业老师的指导以及国家创业平台的资金支持，烘焙工作室不可能在短期内建立起来并取得好的业绩。

❖ **案例分析**：从案例中可以看出，小于的创业成功离不开学校创业课程的引导和国家创业平台提供的支持。面对就业压力，怎样利用有效的资源提升自身的能力，增强自身实力，在就业、创业中脱颖而出，成为当代大学生首先需要思考的问题。

❖ **延伸问题**：国家出台了针对大学生创业的政策，为广大毕业生提供了良好的创业平台。把握住这些创业政策并运用到创业实践中去，摆脱毕业即失业的困境，完成人生的自我蜕变。那么，对于创业政策，你了解多少呢？

子任务 10.1 掌握创业政策

【考核指标】

❖ **理论指标**：
（1）了解创业政策的背景；
（2）掌握创业政策的发展及演变；
（3）理解企业政策的意识塑造。

❖ **实践指标**：学会对创业政策进行意识塑造。

10.1.1 创业政策的背景

【箴言警句】鸟欲高飞先振翅，人欲上进先读书。——李苦禅

进入 21 世纪以来，伴随着国民经济的快速发展，以及居民受教育意识的不断上升，我国的高等教育事业进入了蓬勃发展阶段，各高校大都进行了扩招。尤其是近年来，大学毕业生人数逐年增加，大学毕业生就业形势也越来越严峻。据国家相关资料统计，2013 年我国

大学生就业形势依然严峻,高校毕业生人数高达 699 万人,相比 2012 年增加 19 万人……2014 年首次突破 700 万人,2016 年高校毕业生更是多达 765 万人,而 2019 年达到 834 万人,2020 年达到 874 万人,2021 年达到 909 万人,2022 年高校毕业生规模甚至高达 1076 万人。

在高校毕业生人数不断攀升的情况下,几乎每年都成为"最难就业年",大学生就业形势逐渐严峻起来。而从国内外的经济形势看,全球经济增长速度正在放缓,我国经济发展进入了新常态,使就业市场竞争日趋激烈。

为了缓解大学生就业压力、促进经济社会发展,从 2002 年起,我国政府开始陆续提出鼓励和支持大学生自主创业的新型就业政策。

2014 年 9 月夏季达沃斯论坛上,我们国家领导人提出,要在中国土地上掀起"大众创业""草根创业"的新浪潮,形成"万众创新""人人创新"的新势态。

2015 年 5 月 7 日,我们国家领导人先后来到中国科学院和北京中关村创业大街考察调研,指出推动大众创业、万众创新是充分激发亿万群众智慧和创造力的重大改革举措,是实现国家强盛、人民富裕的重要途径,要坚决消除各种束缚和桎梏,让创业创新成为时代潮流,汇聚起经济社会发展的强大新动能。

在"大众创业、万众创新"浪潮下,创业的机会和政策优惠也越来越多。

……

党的二十大报告提出,优化民营企业发展环境,依法保护民营企业产权和企业家权益,促进民营经济发展壮大。中央经济工作会议强调要从制度和法律上把对国企民企平等对待的要求落下来,从政策和舆论上鼓励支持民营经济和民营企业发展壮大。这为我们深化对社会主义市场经济体制的认识,优化民营经济发展实践提供了重要指南。

10.1.2 创业政策的发展及演变

【箴言警句】让创业者的创业之路不再困难! ——张浩

面对日益增加的就业压力,早在 2009 年,我国就提出了引导和鼓励大学生自主创业的口号。党的二十大报告进一步明确全力做好高校毕业生就业创业工作,将教育高质量发展的成果有效转化为经济社会高质量发展的动力。大学生创业者作为年轻一代的创业人,具有年纪轻、精力旺盛、理论知识和综合素质比较高等优势。但是由于创业环境复杂多变,很多大学生创业者依旧面临着资金短缺、缺少经验积累、人际关系匮乏等实际问题,致使大学生创业的实际成功率相对较低。为此,中央和地方政府管理部门及教育系统都先后出台了一系列的措施,帮助大学生取得创业的成功。

(1)创业政策的含义。大学生创业政策是指国家为了鼓励和扶持大学生自主创业、缓解大学生就业压力、促进经济社会发展而出台的经济政策,是针对大学毕业生等特殊群体为创业主体提供有效的资金、政策扶持的一系列的政府行为。大学生作为未来经济发展的主体人群,其就业形势和创业能力对我国未来经济发展起着决定性作用。由于大学生学习内容单一,社会经验不足,在创业过程中面临许多意想不到的障碍,往往导致创业失败。为了培养大学生的创业意识和创业积极性,政府从理论培训、社会实践、资金政策等方面对大学生创业进行有效的扶持,提高了大学生创业的成功率,缓解大学生就业压力,促进经济社会发展。

(2)创业政策的发展阶段。创业政策的发展可以分为两个阶段:第一阶段是创业政策的指导时期,这一时期,从中央到地方相继出台了一系列政策,有效地指导和支持了大学生的创业活动；第二阶段是对创业政策的落实和创业理论的实践。

①第一阶段：创业政策的指导阶段。

● 创业教育与创业培训。

创业教育是高校基础教育的重要组成部分，国家一直都比较重视创业教育的发展，并推出了相应的政策，促进教育事业的发展。例如，2002年教育部召开了普通高校"创业教育"试点工作会议，正式发文确定9所高校为创业教育试点院校，并给予资金和政策支持；2006年，扩大创业教育试点范围；2008年《国务院关于做好促进就业工作的通知》（国发〔2008〕5号）和2010年《关于实施大学生创业引领计划的通知》（人社部发〔2010〕31号）均提出"加强创业意识教育"；2012年《教育部关于做好"本科教学工程"国家级大学生创新创业训练计划实施工作的通知》（教高函〔2012〕5号）提出高校创业教育培训的具体措施；2015年出台的《国务院办公厅关于深化高等学校创新创业教育改革的实施意见》（国办发〔2015〕36号）提出要全面推进创业教育；2020年教育部发布《教育部关于应对新冠肺炎疫情做好2020届全国普通高等学校毕业生就业创业工作的通知》（教学〔2020〕2号）文件，强调要充分利用各类国家、省和高校教育资源，开发、共享一批线上就业创业精品课程和就业创业讲座视频，对毕业生进行线上创业教育和培训。

● 税费减免和财税扶持。

2003年针对普通高等学校毕业生从事个体经营出台了比较具体的有关收费优惠政策；2006年和2007年国务院多个部委联合发布通知进一步"实施创业税费减免"；2010年提出"大学生自主创业3年内每年减免8000元税费"的减免标准；2013年财政部和国家税务总局出台《关于支持和促进就业有关税收政策的通知》，明确提出"国家限制行业以外的所有项目都可享受大学生创业的相关财税扶持政策"；2022年《财政部税务总局关于进一步实施小微企业"六税两费"减免政策的公告》（2022年第10号）指出党中央、国务院持续推进减税降费的决策部署，进一步支持小微企业发展。

● 融资支持。

启动资金是创业成功的重要资源，创业资金不足是影响创业成功的关键因素之一。因此，2006年国家出台的相关政策中提出"为大学生创业提供小额担保贷款"；2008年中国人民银行、财政部、人力资源和社会保障部联合出台《关于进一步改进小额担保贷款管理积极推动创业促就业的通知》（银发〔2008〕238号），通知扩大了借款人范围，提高贷款额度；之后的创业政策都涉及融资政策，国家努力开拓融资渠道，为创业者提供资金支持；2021年颁布的《银行保险机构进一步做好地方政府隐性债务风险防范化解工作的指导意见》（银保监发〔2021〕15号），进一步规范化融资，其可执行性和可操作性均出现较大幅度提升。

● 创业基地与创业服务。

国家注重为大学生创业提供服务，积极设立大学生创业基地，孵化科技创新创业项目。2004年4月共青团中央、劳动和社会保障部出台《关于深入实施"中国青年创业行动"促进青年就业工作的意见》，提出"普及创业意识，培养创业能力，提供创业服务，优化创业环境，完善对青年的就业服务"；2006年和2007年相关政策提出"建设大学科技园以及创业孵化机构，加大创业培训力度，建立创业孵化基地"；2010年的就业政策和《关于实施大学生创业引领计划的通知》着重提出要为大学生创业提供指导服务和孵化服务，开展大学生创业培训（实训）；2020年颁布的《国务院办公厅关于提升大众创业万众创新示范基地带动作用进一步促改革稳就业强动能的实施意见》（国办发〔2020〕26号），强调支持高校毕业生、返乡农民工等重点群体创业就业,努力把双创示范基地打造成为创业就业的重要载体、融通创新的引领标杆、精益创业的集聚平台、全球化创业的重要节点、全面创新改革的示范样本,推动我国创新创业高质量发展。在政策(见表4-1)影响下,各地纷纷建立创业基地和孵化器,为创业活动提供服务,营造良好的创业环境。

表4-1 国务院及相关职能部门发布的创业政策(2000—2022年)

时 间	文 件 名 称	政 策 内 容	发 布 部 门
2000年1月	《人事部关于做好2000年全国普通高等学校毕业生接收工作的通知》	鼓励和支持毕业生到非国有制单位就业或自主创业	人事部
2001年1月	《教育部关于做好2001年全国普通高等学校毕业生就业工作的通知》	加快建立集教育、管理、指导和服务等功能于一体的毕业生就业指导和服务体系	教育部
2002年2月	《关于进一步深化普通高等学校毕业生就业制度改革有关问题的意见》	鼓励和支持高校毕业生自主创业,工商和税收部门要简化审批手续,积极给予支持	教育部、公安部、人事部、劳动保障部
2003年6月	《关于切实落实2003年普通高等学校毕业生从事个体经营有关收费优惠政策的通知》	针对2003年普通高等学校毕业生从事个体经营出台了比较具体的有关收费优惠的政策	财政部、发改委
2004年4月	《关于深入实施"中国青年创业行动"促进青年就业工作的意见》	普及创业意识,培养创业能力,提供创业服务,优化创业环境,完善对青年的就业服务	共青团中央、劳动和社会保障部
2006年5月	《十四部门关于切实做好2006年普通高等学校毕业生就业工作的通知》	扩大创业教育试点范围,设立大学科技园以及创业孵化机构,加大创业培训力度,建立创业孵化基地,实施创业税费减免,小额担保贷款	国务院十四部委联合
2007年4月	《关于切实做好2007年普通高等学校毕业生就业工作的通知》		国务院办公厅
2007年8月	《关于进一步加强创业培训推进创业促就业工作的通知》		劳动和社会保障部
2008年2月	《国务院关于做好促进就业工作的通知》	建立健全政策扶持、创业服务、创业培训三位一体的工作机制。增加融资渠道,放宽市场准入限制,加强信息服务,加强创业意识教育	国务院
2008年8月	《关于进一步改进小额担保贷款管理积极推动创业促就业的通知》	扩大借款人范围,提高贷款额度,对个人新发放的小额担保贷款最高额度由2万元提高到5万元	中国人民银行、财政部、人力资源和社会保障部
2010年5月	《教育部关于大力推进高等学校创新创业教育和大学生自主创业工作的意见》	大力推进高等学校创新创业教育工作,加强创业基地建设,打造全方位创业支撑平台。进一步落实和完善大学生自主创业扶持政策,加强创业指导和服务工作。加强领导,形成推进高校创业教育和大学生自主创业的工作合力	教育部
2010年4月	《关于实施2010高校毕业生就业推进行动大力促进高校毕业生就业的通知》	继续加强创业教育,开展大学生创业培训(实训),加大对大学生创业的政策优惠扶持(如大学生自主创业三年内每年减免8000元税费)之外,着重提出了要为大学生创业提供指导服务和孵化服务	人社部、教育部、财政部、中国人民银行、国家税务总局、国家工商行政管理总局
2010年5月	《关于实施大学生创业引领计划的通知》		

续表

时间	文件名称	政策内容	发布部门
2010年10月	《关于支持和促进就业有关税收政策的通知》	扩大享受自主创业税收优惠政策的人员范围，旨在鼓励以创业带动就业	财政部、国家税务总局
2012年2月	《教育部关于做好"本科教学工程"国家级大学生创新创业训练计划实施工作的通知》	鼓励参与高校利用自主科研经费或其他自筹经费，增加立项项目	教育部
2013年5月	《国务院办公厅关于做好2013年全国普通高等学校毕业生就业工作的通知》	加强创新创业教育，培养学生"勇于创业、敢闯敢干"的精神，加大对高校毕业生自主创业支持力度，鼓励毕业生自主创业	国务院办公厅
2014年5月	《国务院办公厅关于做好2014年全国普通高等学校毕业生就业创业工作的通知》	要切实加大就业专项资金的投入力度，确保各项促进高校毕业生就业创业政策落到实处	国务院办公厅
2015年5月	《国务院办公厅关于深化高等学校创新创业教育改革的实施意见》	落实各项扶持政策和服务措施，重点支持大学生到新兴产业创业。鼓励社会组织、公益团体、企事业单位和个人设立大学生创业风险基金	国务院办公厅
2016年2月	《人力资源社会保障部关于做好2016年全国高校毕业生就业创业工作的通知》	着力加强创新创业教育和自主创业工作	人力社会资源保障部
2016年11月	《教育部关于做好2017届全国普通高等学校毕业生就业创业工作的通知》	深入推进创新创业教育和自主创业工作	教育部
2018年3月	《人力资源社会保障部关于做好2018年全国高校毕业生就业创业工作的通知》	着力抓好就业创业政策落实，着力强化就业服务保障，着力推动创业带动就业	人力社会资源保障部
2018年11月	《国务院关于做好当前和今后一个时期促进就业工作的若干意见》	加大创业担保贷款贴息及奖补政策支持力度	国务院
2019年12月	《国务院关于进一步做好稳就业工作的意见》	促进劳动者多渠道就业创业，大规模开展职业技能培训，做实就业创业服务，做好基本生活保障	国务院
2020年3月	《教育部关于应对新冠肺炎疫情做好2020届全国普通高等学校毕业生就业创业工作的通知》	落实大学生创业优惠政策，加强创业平台建设，举办中国"互联网+"大学生创新创业大赛，鼓励和支持更多毕业生自主创业	教育部
2021年3月	《人力资源社会保障部关于做好2021年全国高校毕业生就业创业工作的通知》	落实政策拓宽渠道，引导扶持创业创新。各地要结合创新驱动、新兴产业发展，积极支持有意愿、有潜能的毕业生投身创业创新	人力社会资源保障部
2021年11月	《教育部关于做好2022届全国普通高校毕业生就业创业工作的通知》	实施"2022届全国普通高校毕业生就业创业促进行动"，健全就业创业促进机制，推动就业创业工作提质增效，促进高校毕业生更加充分更高质量就业	教育部

从表4-1中列举的政策内容可以看出，这一阶段我国的创业政策处于理论支持和政策引导阶段。这一阶段的主要作用是为那些有创业意愿并付诸行动的大学生创业者提供帮助和支持，属于创业政策的提出和起步阶段。

②第二阶段：加强创业政策的落实和创业理论的实践阶段。

由于部分高校对创业政策的宣传力度不够，大学生普遍"不知道创业政策"，或者"不了解创业政策的具体内容"；同时，部分创业政策实施过程和结果没有做到完全透明和公开，创业大学生中存在观望甚至怀疑的态度，自然减弱了政策的实施效果。因此，通过创业教育、新闻媒体、网络等途径，采取大学生喜闻乐见的形式，加强大学生创业和创业政策的宣传力度，营造支持、鼓励大学生创业的良好氛围，就成为这一阶段的主要任务。

同时，由于缺乏创业启动资金是大学生创业面临的最大问题，政府先后制定了小额担保贷款、财政资金支持补贴、天使投资、创业种子基金等支持大学生创业的融资政策，对于缓解大学生创业资金困难确实起到了重要的作用。但是有的政策要求门槛相对较高，使一些政策无法惠及大多数大学生创业者。例如，湖北省和武汉市的小额担保贷款政策均要求"依法取得个体或合伙经营工商营业执照"，而创业大学生往往在获得营业执照时就面临资金困难问题，就算符合资金申请条件其过程也需提交系列材料、经过多道程序，手续烦琐，"远水解不了近渴"。因此，加大扶持力度的同时，对大学生创业的资金扶持尽量前移，对有创业前景和完善计划的项目迈出第一步时给予帮助；简化审批手续，加强资金使用的监管；不断拓宽融资渠道，激励民间资本对创业活动的参与，使政策能真正落到实处。保证大学生创业项目的顺利实施，创造完成"大众创业、万众创新"的必备条件。

创新创业政策发展的第二阶段针对上一阶段创业政策取得的成果和存在的不足，加强了政府职能的转变，对大学生创业者的帮助不只是停留在理论指导和政策扶持层面。要落到实地，认真负责地为大学毕业生的创新创业工作做好指导和保障工作。

● 加强创新创业的教育力度。

各高校除开展线下创业教育外，还顺应网络时代的特点，开展线上创业教育，如中国大学生 MOOC、爱课程、智慧职教等网络课程平台都及时推出了名师、名家所讲授的创业教育课程，这大大填补了各高校师资力量建设的不足。开展创新创业网络教育，投入小、成本低、质量高、效果好，不失为创业教育课程体系建设的重要一环。

● 提升大学生创业者的实践能力。

使大学生创业不仅仅停留在思想层面，更能够锻炼学生的动手能力，使其在校内参加一定的创业项目的筹备、启动，增强大学生创业者对自主创新创业的理解。

各高校纷纷组建自己的创业团队，筹备创业项目，通过组织筛选后，参加由教育部门组织的大学生创新创业项目比赛，通过激烈的竞争和角逐，既能锻炼大学生的动手实践能力，又能够发掘出更多的适合大学生创业的项目，加以扶持和指导。将理论知识转化为实际成果，完成毕业即就业的创业目的。

● 政府部门简化流程。

登记注册流程简化：凡申请从事个体经营或申办私营企业的，可通过各级工商部门注册大厅优先登记注册。申请人只需提交登记申请书、验资报告等主要登记材料，可先予颁发营业执照，并在一定期限内按规定补齐相关材料。

费用减免：除国家限制的行业外，工商部门自批准其经营之日起 1 年内免收其个体工商户登记费、管理费和各种证书费。对申办高新技术企业的，如资金确有困难，注册资本达不到最低限额的，允许分期到位。高校毕业生从事社区服务等活动的，一定期限内免予办理工商注册登记，免收各项工商管理费用。

- 金融贷款优惠。

优先贷款支持，适当发放信用贷款，加大高校毕业生自主创业贷款支持力度，对于能提供有效资产抵（质）押或优质客户担保的，可由高校毕业生为借款主体，担保方可由其家庭或直系亲属家庭成员的稳定收入或有效资产提供相应的联合担保。对于贷信良好、还款有保障的，在风险可控的基础上适当发放信用贷款。

简化贷款手续：通过简化贷款手续，在一定期限内周转使用合理，确定授信贷款额度。

利率优惠：对创业贷款给予一定的优惠利率扶持，视贷款风险程度不同，在法定贷款利率基础上可适当下浮或上浮。

- 税费减免优惠。

对新办的从事咨询业、信息业、技术服务业的企业或经营单位，对新办的独立核算的从事交通运输业、邮电通信业的企业或经营单位，对新办的独立核算的从事公用事业、商业、对外贸易业、旅游业、仓储业、居民服务业、饮食业、教育文化事业、卫生事业的企业或经营单位，对到"老、少、边、穷"地区新办的企业，可以免征或减征一定年限、比例的所得税。

自 2015 年以来，国家在发出"大众创业、万众创新"的号召后，又发布了《国务院关于大力推进大众创业万众创新若干政策措施的意见》（国发〔2015〕32 号），从 9 大领域、30 个方面明确了 96 条政策措施，全力打通决策部署的"最先一公里"和政策落实的"最后一公里"，成为推动"大众创业、万众创新"的系统性、普惠性政策文件。明确加快实施创新驱动发展战略，充分发挥市场在资源配置中的决定性作用和更好发挥政府作用，加大简政放权力度，放宽政策、放开市场、放活主体，形成有利于创业创新的良好氛围，让千千万万创业者活跃起来，汇聚成经济社会发展的巨大动能。构建有利于大众创业、万众创新蓬勃发展的政策环境、制度环境和公共服务体系，以创业带动就业、创新促进发展。

2016 年，中共中央、国务院印发《国家创新驱动发展战略纲要》，提出创新驱动发展是立足全局、面向全球、聚焦关键、带动整体的国家重大战略，是加快推进社会主义现代化、实现中华民族伟大复兴的必由之路；明确了未来 30 年创新驱动发展的目标、方向和重点任务，成为新时期推进创新工作的纲领性文件和建设创新型国家的行动指南。习近平总书记在全国科技创新大会上的讲话中强调，实施创新驱动发展战略，是应对发展环境变化、把握发展自主权、提高核心竞争力的必然选择，是加快转变经济发展方式、破解经济发展深层次矛盾和问题的必然选择，是更好引领我国经济发展新常态、保持我国经济持续健康发展的必然选择。

2017 年，为了充分释放全社会创新创业潜能，在更大范围、更高层次、更深程度上推进"大众创业、万众创新"，国务院发布了《关于强化实施创新驱动发展战略进一步推进大众创业万众创新深入发展的意见》（国发〔2017〕37 号），指出"大众创业、万众创新"深入发展是实施创新驱动发展战略的重要载体，已成为稳定和扩大就业的重要支撑、推动新旧动能转换和结构转型升级的重要力量，提出了"进一步优化创新创业的生态环境，进一步拓展创新创业的覆盖广度，进一步提升创新创业的科技内涵，进一步增强创新创业的发展实效"四个方向目标，明确了"加快科技成果转化、拓展企业融资渠道、促进实体经济转型升级、完善人才流动激励机制、创新政府管理方式"五个方面的具体实施意见。

中央连续三年出台了关于加快实施创新驱动发展战略的重要文件，进一步强化了政策供给，突破了发展瓶颈。在宏观层面，通过体制机制改革、搭建创业平台、营造创业环境等，充分激发了各类市场主体和全社会的创新创业活力，推动更为广泛、更为深入的创新创业实践，大众创新创业热情空前高涨，培育新动能初见成效，引领创新创业可持续、高质量深入发展。在微观层面，进一步扩大科研机构和高校科研自主权，改进科研项目和经费管理，深化科技成果权益管理改革。截至 2017 年年底，全国共有各类众创空间 5500 余家，全国科技企业孵化器数量超过 4000 家，创业孵化平台当年孵化团队和企业超过 50 万家，平均每天新增企业 1.6 万家。我国科技创新由跟跑为主转向更多领域并跑、领跑，成为全球瞩目的创新创业热土，迎来了新一轮创新创业的热潮。

2019 年财政部、税务总局、人力资源社会保障部、国务院扶贫办联合印发了《关于进一步支持和促进重点群体创业就业有关税收政策的通知》（财税〔2019〕22 号），对有关税收减免政策做出具体说明，进一步支持和促进了重点群体创业就业。

10.1.3　创业政策的意识塑造

【箴言警句】一个真正的企业家，不能只靠胆大妄为东奔西撞，也不可能是在学院的课堂里说教出来的。他必须在市场经济的大潮中摸爬滚打，在风雨的锤炼中长大。

——王均瑶

意识的塑造有很多种方式，最有效的就是理解并亲自参与实践的方式。创业政策的意识塑造简单来说就是将创业政策的具体内容深深地植入大学生的意识里，使其熟练掌握国家的创业政策，掌握创业政策的具体应用方法。在今后的就业和创业中充分利用创业政策，获得相应的帮助。目前创业政策意识塑造的主要执行人是各高校的创新创业教育部门，因此，对创业政策意识塑造的方法有以下几种：

（1）创业教育师资专业化。创业教育事业是一个新课题、新项目，多数高校都在自行摸索和建设之中。开展创业教育，师资力量是关键。因此，打造一支高水平的教师队伍，就成为各高校开展创业活动的关键。由于创业教育是一个新时代的新命题，多数高校的创业教育建设都经历了一个从无到有、由表及里、不断完善的过程。大多数高校的在校教师都主要从事原专业的教学与科研工作，对新时期的创业教育缺乏相应的了解和系统化的认知。因此，各高校应积极引进一批懂政策、有经验的专门从事创业教育的教师来开展教学活动。同时，各高校应积极培养本校有意愿、有兴趣从事创业教育的教师外出学习、培训，开拓视界、提高认识，并在较短的时间内形成一支能够开展创业教育的师资队伍。

（2）创业教育课程建设专业化。各高校都将创新创业教育课程纳入了学科体系，将创业教育目标融入人才培养方案，编入高校教学计划中，同时设定相应课时和学分，使培养创新意识和创业能力课程成为学生的必修课程。高校还针对不同学科和专业的学生特点，不断调整完善创新创业教育的实训环节和实训方案，在适当条件下还通过校企合作，把仿真、模拟的创业转化为真实岗位的创新创业，让学生做到真学、真懂、真会、真行。

子任务 10.2　利用创业政策

【考核指标】

❖ 理论指标：

（1）掌握做好企业筹备工作需要的创业政策；

（2）掌握启动创业项目需要的创业政策；
（3）掌握更好地运营创业企业需要的创业政策。
❖ **实践指标**：在对企业（项目）分析中找出如何利用创业政策。

10.2.1 利用创业政策做好企业的筹备工作

【箴言警句】不要说没体力，不要说对手肘子硬，不要说球太滑，你只需做好基本功。就算对手难缠，就算他小动作多，就算他嘴里不干净，你只需做好基本功。——李宁

大学生创业项目的实施不是头脑一热的临时决定，也不是只凭干劲就能成功的。要想创业成功，就需要有合理的规划布局和认真细致的筹备工作。针对大学生对自身和社会认识的不足，国家出台了一系列的创业政策，帮助大学生创业者取长补短，做好创业项目的筹备工作。

为了更好地为大学生创业提供思路和实战经验，自2013年起，全国各高校相继成立了创新创业教育的专门机构，帮助大学生了解创新创业政策，启发大学生的创业思路，并通过组织创新创业大赛，为大学生提供创新创业的实战平台，发掘出富有含金量的创业项目加以完善和扶持，促进这些项目的快速孵化并提高成功概率。

党的二十大报告提出，"坚持多劳多得，鼓励勤劳致富"，"鼓励共同奋斗创造美好生活，不断实现人民对美好生活的向往。"这实际上是对改革开放以来勇于创业创新、劳动致富的民营经济人士的再动员、再号召。

【引入案例】 从校园"小卖部"起家

谢玲万，是该院的一名大四学生。大一刚进校时，谢玲万带的钱还不够交学费，那时，他就决定以后要自己挣钱交学费，养活自己。

"很多人都想创业，只是很多人不知道从何入手。"谢玲万说，他的创业是从校园中的"小买卖"做起的。谢玲万发现学生喜欢看《英语周报》，他就通过努力当上了校园代理，最终做了700份左右，挣了六七千元，淘到自己的第一桶金。

后来，一个偶然机会，谢玲万看到教务处贴的征订下学年教材的通知，学生可自愿购买，他从中发现了商机。他就跑到书城、旧书市场联系资源。由于自己卖的教材便宜，很受学生欢迎，"做得最好时，一年能挣八九万元"。

（以上文字摘编自百度文库，2022年10月27日）

❖ **案例分析**：这个创业故事告诉我们，企业的创意和筹备工作是一个偶然和漫长的过程。大学生本身由于社会阅历比较少，对这方面并不熟悉，可以从身边的"小商机"做起。因此，积极参加学校组织的创新创业实践课程，在学校和老师的指导及带动下，积累经验，获得机会就显得尤为重要。

❖ **思考感悟**：随着国家创业政策的不断完善，各级部门为广大大学生创业者提供的创业实践平台越来越完善。只有充分利用这些实践平台，不断地丰富自身的经验，才能在今后的创业过程中少走弯路，取得创业的成功。

10.2.2 利用创业政策启动创业项目

【箴言警句】 年轻创业者不要只想不做,一定要实践。还要有不怕失败、承受压力的胸怀。——高元坤

创业项目的启动是复杂而烦琐的,无论是办公选址还是人员搭配、登记注册等业务,都会消耗创业者大量的时间和金钱。对此,国家先后制定了"一站式"登记注册创业公司的相关规定,并且建立了大学生创新创业产业园区和孵化基地,为大学生创业提供人力物力的支持。大学生创业者合理有效地利用国家制定的创业政策,不仅能够节省创业的时间和成本,还能更有效地促进创业项目的启动和发展。

【引入案例】

李毅是某师范学院 2021 届生物科学专业本科毕业生,毕业后在学校大门斜对面筹办了一间餐馆。李毅的餐馆打扫得整洁干净,餐桌和凳子摆得十分整齐。对于办餐馆一事,李毅告诉记者,他于 2021 年 6 月份毕业后,觉得就业竞争激烈,而他又没有做老师的打算,就想到了自主创业,自己开餐馆做起了老板。据他介绍,他的餐馆租的是一间民房,共三层,目前经营面积 300 多平方米,每月租金 2200 元,开业前期准备工作,包括装修、购买餐桌、餐具和凳子等物品,花了 6000 多元,加上其他的一些花费,共用了 1 万多元。2021 年 11 月 22 日开业,从目前的经营情况来看,餐馆一般周五到周日生意爆满,平时前来消费的顾客就不是很多,支出略大于收入,因此目前餐馆面临着许多困难。对此,李毅告诉记者,创业之初总是伴随着艰难困苦的,得下功夫,另外大学生完全可以做好每一件事,工作并没有贵贱之分。

(以上文字摘编自百度文库,2022 年 4 月 12 日)

❖ **案例分析**:目前,虽然国家出台了一系列鼓励大学生自主创业的优惠政策,但是不难发现大学生创业之路异常艰难。大学生创业成为当前就业"热"中的"冷"选择。少数人的成功和多数人的失败表明,大学生创业还有很长的路要走,需要政府和社会的指导、扶持保护,使优惠政策真正落到实处,建立一条有效引导青年创业、有利于培养创业人才的"绿色通道"。

❖ **思考感悟**:国家、政府、学校提供了良好的创业政策平台,不仅为大学毕业生,也为广大的基层工作者提供了继续教育和创业平台。充分把握创业政策的脉搏,完成自我人生的蜕变。

10.2.3 利用创业政策更好地运营创业企业

【箴言警句】 工作上的执著实际上是人的一种意志。——张近东

企业的运营会遇到各种危险和机遇,大学生创业者只能算是商场上的雏鹰,如何能够在竞争激烈的市场上带领自己的企业披荆斩棘、稳步前进,这是一个合格的创业者必须思考的问题。那么,如何能够避免企业运营过程中的风险,把握发展的机遇呢?充分掌握和利用国

家的创新创业政策，无疑是一个非常优先的选择。

【引入案例】

北京易得方舟信息技术有限公司是由清华大学学生于1999年创建的，它是国内第一家由在校大学生创业、吸引风险投资创办的互联网公司。FanSo作为ICP因特网内容提供商公司开辟了"新闻在线"、"环球影视"、"啸林书院"、"打开音乐"、"游戏辞海"和"我的家"等频道，FanSo还提出了一套全新的"CampusAge中国高校电子校园解决方案"，为加速中国高校校园电子化建设进程服务。FanSo已经从一个不到10人的创业团队发展成为拥有100余名员工的初具规模的商业公司，2021年再次成功融资660万元，其页面浏览量已经突破250万，在四个月内就成长为教育网内最大的站点。

（以上文字摘编自陶豆网，2023年2月21日）

❖ **案例分析**：就其案例自身来看，FanSo的成功有以下几个方面：FanSo的创业理念就是源于校园、服务学生，其业务内容跟大学生的生活息息相关。FanSo的创业模式和创业的切入点可以说是很有特色的：一是它抓住了互联网发展的契机；二是它以学生和校园为主要服务对象，以大学为业务背景；三是FanSo引进了风险投资，风险投资在我国还是一个比较新鲜的事物，但对于创业初期的公司尤其是ICP公司的重要作用是显而易见的。资金问题一直都是困扰大学生创业的一个重要障碍。国家针对这一难点专门出台了一系列的创业贷款、创新基金等优惠政策，为大学生创业者解决燃眉之急，保证了大学生创业者的创业成功概率。

❖ **思考感悟**：作为即将步入社会的大学毕业生，资金问题一直是困扰大学生就业和创业的最大障碍。因此，合理利用创业政策提供的创业贷款，就成为很多大学生创业者的首要选择。只有充分利用创业政策，获得资金支持，创业企业才有可能顺利启动并得到长足的进步和发展。

实践训练

【实践训练】摘抄适合在校大学生的创业政策。

【训练要求】以个人为单位，阅读前面表格中的创业政策，从中找出你认为对在校大学生创业有用的政策，并说明原因，至少找出2个，字数不限。

课后习题

一、多项选择题

1. 2008年（　　）（　　）（　　）联合出台《关于进一步改进小额担保贷款管理积极推动创业促就业的通知》。

  A．中国人民银行　　　　　　　　B．财政部
  C．人社部　　　　　　　　　　　D．教育部

2. 国家出台了（　　）等政策，支持和鼓励大学生的自主创业。

A. 税费减免和财税扶持 B. 融资支持
C. 平台支持 D. 名师培训

二、单项选择题

1. 2014年我国大学毕业生已突破（　　）人。
   A. 300万　　　B. 500万　　　C. 700万　　　D. 900万
2. 2015年以来，我国针对创新创业提出的口号是（　　）。
   A. 大众创业、万众创新 B. 两手抓，两手都要硬
   C. 改革开放 D. 一部分人先富起来
3. 国家鼓励大学生自主创业是哪一年提出来的？（　　）
   A. 2007年　　　B. 2009年　　　C. 2014年　　　D. 2015年

三、判断题

1. 国家大力推进创新创业，鼓励大学生自主创业。（　　）
2. 各个高校对大学生创业项目采取积极鼓励的措施。（　　）
3. 国家专门出台了创业政策鼓励大学生创业。（　　）
4. 大学生创业项目可以无条件从银行获得贷款。（　　）
5. 大学生创业项目申请过程烦琐，需要提前做好准备。（　　）

四、简答题

1. 请简要叙述创业政策的含义。
2. 请简要叙述创业政策的发展阶段。
3. 请简要叙述从哪几个方面利用创业政策。

延伸阅读　一个不同寻常的求职网站

大学生经常怀抱着一种对未来美好的憧憬投入创业中来，但现实的洪流却经常无情地把他摧垮。统计显示，90%的新生创业企业都会在五年内夭折；幸存下来的10%的企业中，又有90%会在第二个五年内结束生命。也就是说大约99%的新创企业活不过十年，而其中大学生创业的企业尤甚。因为，我们的学校往往将学生培养成善于打工的职员，而不是善于创造工作机会和开办企业的创业者。下面的创业故事说明了大学生创业为什么会失败。

西安理工大学2019届毕业生小黄曾参加了西安市政府举行的全市落实创业政策恳谈会。会上，他一道出自己想建立一个大学生求职网站的想法就得到了市长的赞赏和支持。在市长的鼓励下，这个充满了创业激情的小伙子迅速完善了先前酝酿许久的创业计划书，架构起未来网站的基本框架。

小黄介绍说，在网站中，他将为企业和大学生搭建起一个长期稳定的接触平台，只要大学生和企业登录注册，双方就可以通过这个平台相互了解，企业甚至可以跟踪大学生在校期间的各方面表现，决定毕业时是否录用。接下来的几个月，小黄开始了广泛的市场调研。他亲自登门拜访20多家企业，与人力资源管理部门负责人沟通。这一想法得到70%的人的肯

定。"我会用两到三年的时间向外界推广网站，吸纳大学生和企业登录，并向企业收取一部分会员费。未来，在继续完善网站服务内容的基础上，推出一系列连带产品，我相信网站前景是广大的。"实际上，小黄已明确了网站的盈利模式。至于网站的长远规划，小黄表示他已制订了相应的计划。尽管制订了自己的创业计划、确立了盈利模式、进行了市场调研，也得到了父母兄长的资金支持，但小黄却忽视了创业最为关键的因素之一——组建得力的团队（因为社会经验不足，难免考虑不到，有时候竟把最重要的东西给忽略了）。"刚开始我以为这不是问题，会编程的人多，肯定能吸引到这样的人。"直到制订创业计划的后期，小黄才向身边好友发布信息，结果只找到一个做网站的高中好友。"人太少，编好这个网站的程序至少要两年。"小黄说，目前高校内具备这方面专长的人太少，而有丰富经验和能力的人又不愿意放弃工作跟他一起创业，好比没有左膀右臂，小黄孤军奋战的结果只能是败下阵来。"之前我却没有认识到这一点。"小黄感到有些后悔。他说，如果当初有人能给他指导和提醒，或许就不会出现这样的错误，"学校应该开设创业指导选修课，给有创业想法的大学生一定的指引。"

目前，小黄暂时放下了自己的创业计划，开始忙于找工作。"等有了几年工作经验，我还会继续完成创业梦想。"

(以上文字摘编自百度文库，2022年10月17日)

❖ **思考与讨论**：在上面的案例中，这个创业团队借助了哪些创业政策的支持？如果你在创业过程中遇到相似的困难，你要怎么去解决？

任务 11　开办企业

【要点总括】

❖ **思政要点**：诚信经营，信誉至上，新开办企业要在立足经济效益的基础上，把社会效益作为其经营的风向标。

❖ **理论要点**：
（1）明确规划企业布局；
（2）清楚申报企业注册登记、税务分析和资金筹措；
（3）掌握企业财务预测。

❖ **技能要点**：
（1）掌握市场调研、寻找创业机会的能力；
（2）具备独立注册登记企业的能力；
（3）具备筹措和管理企业资金的能力。

【引入案例】　"中国女大学生创业第一人"的创业故事

李玲玲被称为"中国女大学生创业第一人"。她在17岁时就发明了"高杆喷雾器"，并获得国家专利。2019年，还在华中科技大学新闻系上大三的李玲玲就已拥有7项专利，发明的防撬锁在第七届中国专利博览会上获金奖，拿到10万元创业风险基金，注册成立了天行健科技开发公司。李玲玲以专利入股，占公司四成股份。对一个初出茅庐的女大学生来说，创业两个字本身就意味着艰辛。她回忆说:"白天学校的保安不让刷海报,我们总是在半夜12点以后,偷偷跑到学校里面去刷。"事情并没有按既定轨道运行。不到一年时间,天行健公司就匆匆以倒闭收场。李玲玲回想说:"最大的障碍还是在于人际关系处理不当。大学生创业都有一个与生俱来的缺陷,那就是办事无头绪、人脉资源匮乏、不会处理人际关系。"从2021年开始,李玲玲把精力放在防盗门和装饰装潢上,重新注册海纳科技公司。在摸索期,她遇到了很多难题。"不是难,是非常难,比如说资金的压力、项目的改进、人员管理,包括社会关系,这些都碰到过。"经过几年的摸爬滚打,李玲玲的公司开始走上正轨。由于钢价不断上涨,防盗门成本增加。李玲玲顶住压力,既没有涨价,也没有减料,经久耐用的产品得到客户的认可,订单不断涌来。公司目前拥有真空转印、防撬多扣边、隐形中控锁等6项专利,应用到生产中的有4个。专利对于公司的发展功不可没——这位靠专利起家的"金点子姑娘",依旧有着难以割舍的专利情结。李玲玲解释说:"拥有自主知识产权,就拥有了竞争力。"近年来,李玲玲并购了综合网站"汉人网",经营的防盗门公司从开始的三个人发展到上千人,公司规模不断壮大。

(以上文字摘编自《大学生创新创业基础》,刘胜辉等编著,北京理工大学出版社)

❖ **案例分析**:创业企业的首要任务是从无到有,探索可实现的盈利模式并生存下来。正在创业的企业要想生存下来,自然会碰见许多波折和问题。要破解创业企业的生存难题,需要创业者确立战略意图,培育核心竞争力,追赶和挑战行业领先企业,最终推动企业的成长和长远发展。

❖ **延伸问题**:新创建一家企业需要具备哪些条件?

子任务 11.1　规划企业布局

【考核指标】

❖ **理论指标**:
(1)掌握企业布局的3种选择;
(2)把握商业模式选择的价值和原则;
(3)区分企业组织形式的3种类别;
(4)明确企业组织场所选择的影响因素和基本步骤。

❖ **实践指标**:模拟创办一种类型的企业组织。

11.1.1　企业商业模式选择

【箴言警句】当今企业之间的竞争,不是产品之间的竞争,而是商业模式之间的竞争。

——彼得·德鲁克

在行业竞争不断加剧的环境下,企业商业模式的选择显得尤为重要。对那些通过运用独特的商业模式成就企业辉煌业绩的公司的研究,我们了解到,成功的商业模式也是有迹可循的。一般来说,成功的商业模式能够合理高效地配置企业内部资源,整合企业各部分实现高效运作,发挥自身优势,具有差异性及难以模仿性。同时,成功的商业模式还要能够为企业的相关群体而不仅是企业自己本身创造优厚的利润,并且能够增强企业在行业中的竞争力,使得企业可以持续地发展。

(1)商业模式选择的价值。商业模式是企业战略层面的概念和描述,选择一种商业模式对于企业来说就等于是在选择一种商业上的战略。商业模式的价值呈现在企业发展的各个方面,不管企业正处于初创期、成长期、成熟期还是衰败期,都需要根据企业外部宏观环境和企业内部微观环境变化进行商业模式革新。为了达成企业和客户的双重价值,就要选择和企业自己本身的状况相匹配的商业模式,实现企业的长久发展。详细来说,以下几个方面可以展示商业模式选择的价值。

首先,有效的商业模式可以提高创业企业的成功率,而且还可以推动企业健康成长。创业者如果发现了机会,往往都是刻不容缓地进行开发,而结果大多以失败收场。有些创业者的创业失败原因并不是创业者工作不努力或机会不好,而是创业者没有在用心开发机会的过程中对创业活动进行调和,没能把握好创业机会的内在经济逻辑。创业者往往比较注意价值创造因素,重视满足顾客需求和解决实际问题,但是却对同样重要的价值获取因素视而不见,忽视可行性分析和获取收益。而且,商业模式以机会为中心,包括价值创造与获取的内在经济逻辑,是对企业系统的整体描述。企业进行商业模式创新,意味着构建特有的资源组合形式,它难以被其他企业复制但是却有可能改变整个产业的经济性,拥有很大的经济潜力,从而有可能为企业快速成长打下基础。同时,因为商业模式会关注企业系统平衡,因而能较好地减轻或避免企业快速成长引发的问题,从而实现企业快速成长过程的平稳发展。

其次,有效的商业模式有利于整合企业能力和资源,形成企业竞争优势。商业模式在把握企业内外部资源和条件的基础上,以战略为先导,实施计划、组织、指挥、控制及协调功能,将企业战略具体化,分解成若干明确目标,并细化到各部分各层次以指导其运作。了解了企业存在的优势与不足,企业自身在构建商业模式时才能趋利避害,构建起与企业所具有的优势资源和能力相匹配的、高效配置和整合的商业模式。企业是由很多个不同功能的环节有机组合、共同作用,从而发挥效能的。每个部分的职责不同,其资源配置状况和给企业带来的利益也存在差异,要将资源消耗较大、价值创造能力较弱的环节从企业商业模式中剔除,进行企业组织模式与价值链重构,只做企业较好的且利润空间较大的环节,从而实现企业资源与能力的合理高效配置,提高运营效率。企业根据战略规划实现商业模式内部结构的有效组合,充分发挥企业资源和能力优势,以利于提高组织运营效能,从而推进企业战略目标的实现。此外,资源的集中有利于加强提升企业的核心能力,进而创造更大的价值。例如,生产企业把握利润较高的研发和营销环节,将消耗较大、企业资源占用较多的生产环节外包,形成"哑铃型"组织结构,这在实现资源有效配置的同时也提高了企业市场竞争力。

再次,有效的商业模式有利于企业把握市场机会,使其适应内部和外部环境的变化。在某种程度上,企业是无法预知未来环境变化的。由于企业内外环境的不确定性,使得企业有可能因为环境的突变而造成内部运营出现矛盾与不和谐,导致错失有利的发展机遇,甚至使企业提前进入衰退期,从此走向衰败和消亡。有效的商业模式本身具有一定的组织灵活性,以客观合理假设企业的内外环境为前提,以发展企业和实现企业的持续盈利为目的。它能够通过商业模式运作过程中的不和谐因素,在一定程度上预警未来环境的变化,从而调整或变革企业内部的商业模式,以使企业适应未来环境的变化,并适时抓住市场机遇,实现企业持续发展。因为商业环境的复杂性增加以及创新的不断激励,使企业要比以往更加频繁地搜寻价值增值的机会,导致现行的商业模式对一些企业的竞争力产生阻挠。因此,有必要围绕企业的能力建立一种新的商业模式，以使企业能够灵活反应，不断地创造机会，迅速抓住机会并获利。同时，新的商业模式要能建立一种新的领导模式，以有效地管理知识和人力资源。

最后，有效的商业模式有利于实现企业、客户及企业网络中相关利益成员的多方共赢。企业的存在是为了盈利，但是随着市场竞争的加剧，企业可能连基本的生存都成了问题。为了在激烈的竞争中存活下来，企业不但要以客户为导向，为客户提供更多的价值，同时还要注意那些与企业有关的合作网络成员利益的提高，实行多方共赢。成功的商业模式能够更好地满足客户的需求，而且能够适时创造和引导客户需求，并以企业自身能力的提高来实现企业提供的产品或服务价值的提高，以及成本降低，从而提高客户价值。成功的商业模式可以使企业自己本身得到不断完善，企业能力不断提高，在企业价值不断提高的同时帮助其网络成员实现能力和价值的提高。例如，沃尔玛公司在实施其全球采购系统，帮助企业降低采购成本的同时，也使其合作伙伴运营系统得到完善和提高，使伙伴的企业价值得到提升。因此，商业模式不仅是企业自身价值创造的载体，同时也是促进企业与客户及其网络成员实现利益共赢的有力武器。

（2）商业模式选择的原则。通过对那些具有代表性的成功型企业商业模式的探究，我们能够发现成功者的共性，例如，与竞争对手拥有明显的差别，不容易被竞争对手模仿，不但可以增加企业的核心竞争力，还可以提高企业的市场竞争力和市场影响力，明显促进企业盈利能力的加强，促进企业持续快速地成长，等等。为了能够使企业商业模式发挥效用、取得成功，我们在选择时就会根据一定的原则来进行，以保障所选择实施的商业模式对企业发展最为有利。

①可操作性原则。企业商业模式必须具有可操作性，才可以最后成功地实行商业模式的创新。一般影响到可操作性的因素主要有 3 个方面。一是企业的战略目标。必须对企业内部与企业的经营管理系统进行有机整合，并与企业自身状况融为一体，形成内外相匹配、行之有效的模式，才能是一个成功的商业模式。所以，只有与企业战略目标相匹配的商业模式，才可以顺利实施。二是企业资源和能力。选择商业模式是为了可以最有效地利用企业资源和能力，使企业发挥最大利用价值，从而使企业价值最大化。三是企业的实力。企业的实力不但反映在资金的实力方面，更可以反映在经营运作的能力方面。如果资金实力不是很突出，企业还可以借助外力来解决资金问题；如果企业的经营运作能力不突出，那么对于商业模式的实施就会有很多的困难。所以，这就需要企业根据自己本身的实力来选择切实可行的创新路径，以此来保证所选择商业模式的成功实现。

②创新性原则。企业商业模式是否有效，还可以反映在这个模式是否有创新性上，也就是能否表现出企业自身的独特优势。创新性主要反映在两个方面。一是与竞争对手之间有很明显的差别。众所周知，差异性是企业竞争优势的主要来源，所以企业在选择商业模式的时候，首先就要考虑如何与竞争对手形成明显的差别，通过这种差异来为企业带来明显的比较竞争优势，并且打造企业自身独具特色的品牌价值，以及为顾客创造新价值。二是不易模仿性。前面所说的差异性是一个相对比较短期、比较静态的概念，随着竞争对手的不断休整，这种差异性很容易被竞争对手模仿甚至超越，因此企业很难长期保持竞争优势。而不易模仿性是一个相对比较长期、动态的概念，企业为了长期保持自己本身的这种独特优势，可以根据内外部环境的变化，适当地优化调整企业的价值活动，使其他竞争对手难以模仿。如果企业商业模式的创新性很弱或很容易被其他的竞争对手所模仿和赶超，那么竞争对手就可以通过简单的模仿获得同样的竞争优势，然后使企业很难继续保持比较竞争优势，甚至沦落到劣

势的竞争地位，至于持续盈利和高速成长更是无从谈起。通过有效的企业商业模式创新，不但能够增强企业的核心竞争力，还可以使企业长期保持比较竞争优势，保证企业的持续盈利和快速发展。也可以说，创新性是评价企业商业模式创新是否有效的最核心的一个方面。

③盈利性原则。选择商业模式的根本目的是获得更大的价值，这里的价值主要包含三个方面。一是为企业带来丰厚的利润。企业进行商业模式创新的根本原因是为了获得丰厚的回报，成功的商业创新可以不断加强企业的盈利能力，最后实现企业的这个最终目标。二是为顾客创造更多的价值。我们都明白，顾客是企业一切价值活动的起点，也是企业实现价值的基础，所以能够为顾客创造更多价值的商业模式创新才是成功的、有效的。三是为其他主要利益相关者创造更大的价值。从企业的长期成长来看，需要企业强化与企业内外部主要利益相关者之间的关系，或者建立更加紧密的伙伴关系，如战略联盟，从而使得企业在实现自己本身经营目标的同时，也可以为利益相关者创造更多的价值。只有企业与其主要利益相关者之间实行了共赢，才可以保证企业商业模式创新的成功。那些损害主要利益相关者利益的企业商业模式创新不可能被视为有效的。

④竞争性原则。企业通过选择成功的商业模式，一方面可以加强企业的竞争能力，特别是企业核心竞争力，而且企业的市场影响力会持续加强，企业在行业中的地位也会不断提高；另一方面也会相应地加强企业的市场势力。市场势力是企业影响和控制所售产品价格的能力，也称为企业的定价能力。要是企业的市场势力达到一定程度，市场的竞争秩序就会发生根本性变化，甚至产生垄断。市场势力的经济效应是扭曲资源分配，把收入从消费者向生产者进行转移和再分配，同时降低社会总体经济福利。因此，在挑选企业商业模式时，还需要遵守竞争性原则。要是通过企业商业模式创新，企业迅速成为垄断者，将会造成竞争者的利益、消费者剩余（消费者消费一定数量的某种商品愿意支付的最高价格与这些商品的实际市场价格之间的差额）和社会福利的损失，那么这种创新的有效性也将大打折扣。

⑤可持续性原则。一个成功的商业模式不是靠偶然的机会而成功的。把一朝成功的偶然当成必然，是经不起时间考验的。企业的发展存在形成、成长、成熟和衰弱这四个阶段，企业生命周期受到众多因素的共同影响，比如产业特征（朝阳产业或夕阳产业）、市场结构（垄断市场、寡头垄断市场、垄断竞争市场和完全竞争市场）和产品生命周期等。伴随着竞争的日益激烈，虽然大部分企业的平均寿命只有三到五年，但是仍然有很多成功企业已经存在了几十年甚至上百年，比如福特、IBM、通用电气、可口可乐、丰田、索尼和西门子等。商业模式创新也是这样一个动态的概念，伴随着市场竞争的加剧、市场环境的变化以及其他各种影响因素的不断变化而成长。所以，评价企业商业模式的创新是否有效，不能静态地看待，也不能只是看它短期的成功，那些一味追求短期利益（甚至采取损害消费者利益的短期逐利行为）而放弃长期发展的企业商业模式创新，即使它们短期的盈利能力再强、成长速度很快，也不可能被认为是有效的。要看商业模式的创新能不能使企业在比较长的时间范围内保持持续的成功，这就要看未来模式的走向以及对企业远期经营能力的持续影响。

【引入案例】 居泰隆公司的商业模式

居泰隆公司的商业模式可概括为：建立一套"信息系统"，将家具供应商和销售商整合起来，以减少中间环节，降低流通成本。

具体来讲，通过内部的"产品建模中心"，对家具厂商的产品进行信息化建模，使家具产品适合通过"信息系统"在电脑上进行展示。这样，零售终端就不必像传统的家居大卖场那样租用大面积的门店来展示家具，从而降低了家具零售环节庞大的展示成本。这使得居泰隆可以快速发展低成本的"连锁门店"，门店面积一般为1000m^{2}甚至更小，不到家居大卖场的十分之一。

顾客的采购信息汇集到居泰隆的门店（自营、合作、加盟）及网站，再通过信息系统传到厂商，实现需求多元化下的规模采购，又降低了采购成本。物流方面，由第三方物流公司负责统一配送，将货品配送到门店，再由门店负责配送到客户指定地点。最终，居泰隆通过家居用品销售的差价和合作伙伴（加盟门店、第三方物流公司）的佣金返点来获利。

对居泰隆而言，配送中心、产品建模中心、培训中心、网站等是内部利益相关者，它们都具备相对独立的资源、利益的输入/输出和利益诉求，可以作为交易结构分析的独立对象。至于物流公司、家具厂和顾客，则是居泰隆的外部利益相关者。门店由于既有加盟，又有参股，还有直营的，所以和居泰隆的培训中心等相比，属于外部利益相关者；而与客户、家具厂商等相比，又属于内部利益相关者。因此，我们可以将门店称为类内部利益相关者。

因此，现在居泰隆这家企业的"边界"可以有3种划分方式：一是只包括内部利益相关者；二是包括内部利益相关者和类内部利益相关者；三是包括所有的利益相关者，即整个交易结构。

（以上文字摘编自《大学生创新创业教程》，杭勇敏主编，中国言实出版社）

❖ **案例分析**：设计商业模式，不仅要关注"外部利益相关者"，还要关注"内部利益相关者"，以及介于这两者之间的"类内部利益相关者"，这为我们提供了思考企业的全新视野，有助于我们思考一个企业的"边界"究竟在哪里。这是设计商业模式非常重要的一步。

❖ **思考感悟**：利益相关者是企业做出选择需要重点考虑的因素。

11.1.2　企业组织形式选择

【箴言警句】事在人为，也就是说，办事就要找人，而且要找对人；人找得多了也不行，少了也办不成事；办不同的事找不同的人。现在，我已经弄清楚了。——陈镇光

一个建立组织和组织逐渐成长、发育的过程称为创业过程。创业第一步，除了做好资金、资源、心理等准备之外，极为重要的一件事就是针对自身情况，选择一个合适的组织形式。一般来说，个人独资企业、合伙企业和公司企业三种都是创业者可以选择的企业组织形式。

（1）个人独资企业。个人独资企业是最为简单的企业组织形式，是指依照《个人独资企业法》在中国境内设立的，由一个自然人投资，财产为投资人个人所有，投资人以其个人财产对企业债务承担无限责任的经营实体。

个人独资企业是非法人型企业，这种企业的财产归投资人个人所有，在企业财产无法清偿债务时，由投资人以个人独资企业以外的财产承担。个人独资企业尤其适于初涉市场、资金实力有限的创业者。

根据《个人独资企业法》规定，设立个人独资企业应当具备下列条件：
①投资人为一个自然人；
②有合法的企业名称；
③有投资人申报的出资；

④有固定的生产经营场所和必要的生产经营条件；

⑤有必要的从业人员。

(2) 合伙企业。按照《合伙企业法》在中国境内设立的，由各合伙人订立合伙协议，共同出资、合伙经营、共享收益、共担风险，并且对合伙企业债务承担无限连带责任的营利性组织为合伙企业。

合伙企业也是非法人型企业，不拥有法人资格。在现代企业中，合伙企业所占比例很高。中外实践证明，合伙企业是一种灵活、简便又不失一定规范和规模的企业组织形式。设立合伙企业应当具备下列条件：

①合伙人应当为两个或两个以上的具有完全民事行为能力的人。合伙企业建立时，没有民事行为能力的人与限制民事行为能力的人不可作为合伙人；法律、行政法规禁止从事营利性活动的人不可成为合伙企业的合伙人，如国家公务员。合伙人都应当依法承担无限责任或无限连带责任，不存在承担有限责任的合伙人。

②合伙企业必须有书面合伙协议。由各合伙人协商一致，明确各合伙人权利、义务的法律文件，为合伙协议。合伙协议应采取书面方式订立，经全体合伙人签名、盖章后生效。合伙人依照合伙协议享有权利、承担义务。合伙协议生效后，全体合伙人经协商一致，可以修改或者进行补充。

(3) 公司企业。

①有限责任公司。因为公司是所有企业组织形式中最成熟、最规范、最先进的，所以，许多投资者在进行投资时都选择了公司这一企业组织形式。依据我国的《公司法》（2018年10月26日修订）规定，建立有限责任公司，应当具备下列条件：

- 股东符合法定人数；
- 有符合公司章程规定的全体股东认缴的出资额；
- 股东共同制定公司章程；
- 有公司名称，建立符合有限责任公司要求的组织机构；
- 有公司住所。

②股份有限公司。股份有限公司是指将公司全部资本分为等额股份，股东以其所持股份为限对公司承担责任，公司以其全部资产对公司的债务承担责任的企业法人。设立股份有限公司，应当具备下列条件：

- 发起人符合法定人数；
- 有符合公司章程规定的全体发起人认购的股本总额或者募集的实收股本总额；
- 股份发行、筹办事项符合法律规定；
- 发起人制定公司章程，采用募集方式设立的经创立大会通过；
- 有公司名称，建立符合股份有限公司要求的组织机构；
- 有公司住所。

各种组织形式没有绝对的好与坏之分。对创业者而言，需要考虑的是选择哪种组织形式更有利于创业企业的生存与发展。

【引入案例】 老干妈陶华碧独自创业

要说贵州"老干妈"是与茅台齐名的品牌丝毫不夸张，这是一个每天卖出130万瓶辣椒酱，一年销售额高达 25 亿元的知名家族企业，其产品遍布中国各地的大小超市以及五大洲的 30 多个国家和地区，用娃哈哈一位经理的话说："有华人的地方，就有'老干妈'。"虽然现在创始人陶华碧已经完全退出企业管理，但是在她的企业创立之初，也仅仅是个人独资企业。甚至在企业运营之前，陶华碧只是在贵阳市南明区龙洞堡贵阳公干院的大门外侧，开了个十分简陋的小餐馆——"实惠餐厅"，专卖凉粉和冷面。这个餐馆其实就是她用捡来的半截砖、油毛毡和石棉瓦搭起的"路边摊"而已，餐厅的背墙就是公干院的围墙，根本谈不上是任何形式的"企业"。后来，在龙洞堡街道办事处和南明区工商局干部的反复游说下，再加上不少受其照顾的学生一再劝说，1996 年 8 月，陶华碧才借用南明区云关村村委会的两间房子，办起了"老干妈"辣椒酱加工厂，这时候才算有了个人独资企业的雏形。

（以上文字摘编自《大学生创新创业教程》，吴亚梅等主编，重庆大学出版社）

❖ **案例分析**：企业组织形式选择对公司的发展至关重要，"老干妈"创办之初，是由个人出资创办的，有很大的自由度，所有的决定权在陶华碧一个人，利益独享，自负盈亏。我国的个体户和私营企业很多属于此类企业。

❖ **思考感悟**：企业选择何种类型的组织形式，需要根据创办者的自身条件来做出选择，不能脱离实际盲目追求组织形式。

11.1.3　企业经营场所选择

【箴言警句】一个真正的企业家，不能只靠胆大妄为东奔西撞，也不可能是在学院的课堂里说教出来的。他必须在市场经济的大潮中摸爬滚打，在风雨的锤炼中长大。——王均瑶

企业需要有经营场所，企业的选址与未来经营发展有很大关系。对于创业者来说，尤其是以门店为主的商业或服务型企业，店面的选择往往是创业成功的关键。一个好的选址相当于创业成功了一半。

（1）企业选址的主要影响因素。经营地点的选择是创业者在创业初期面临的一大难题，影响选址的因素也很多，其中值得注意的因素主要有市场因素、商圈因素、政策因素、价格因素、交通因素等。

①市场因素。可以从顾客与竞争对手来考虑。从顾客角度看，要考虑经营地点是否接近顾客，周围的顾客是否有足够的购买力。对于零售业和服务业，店铺的客流量和客流的购买力决定着企业的业务量。从竞争对手角度看，经营地点的选择有两种不同的思路：一种是选择同行聚集的地方，同行扎堆有利于聚集和提升人气，比如当下的服饰一条街、建材市场、家电市场、小商品市场等；另一种思路则是"别人淘金我卖水"，别人都蜂拥到某地去淘金，我却以向淘金者卖水获取利润。

②商圈因素。选址时需要对特定商圈进行分析，如车站附近是往来旅客集中的地区，适合经营餐饮、食品、生活用品；商业区是居民购物、聊天、休闲的理想场所，除了适宜开设大型综合商场外，特色鲜明的专卖店也很有市场；电影院、公园和景点附近，比较适合经营食品、餐饮、娱乐、生活用品等；在居民小区里，只要是能给家庭生活提供独特服务的生意，都可以获得较好发展；在市郊地段，可以考虑向驾驶者提供生活、娱乐、休息和维修车辆等服务。

③政策因素。政策因素指的是经营业务最好能得到当地社区和政府的支持，至少不能与当地的政策相违背。对于创业者来说，尤其要做好实地考察，详细了解当地政府的管理要求。

④价格因素。创业者在购买商铺或租赁商铺时,要充分考虑价格因素,包括资金、业务性质、创业成功或失败后的安排、物业市场的供求情况、利率趋势等,以免做出错误决定,对企业的经营造成不良影响。

⑤交通因素。便利的交通不仅对生产型、制造型企业很重要,对于服务型、零售型、批发型企业也至关重要。

(2)企业选址的基本步骤。

①挑地方:确定人潮及流量。第一步,应当了解人们想要往哪里去,比如早餐店要在上班族会路过的地方开。可以花点时间,在目标地区计算上午、下午、晚上各时段的人潮,统计进入附近店铺的人数,看看经过的人当中上班族、学生、家庭主妇的比例,而且至少要在平日和周末各算一次,以清楚地了解人潮的分布状况。而且,除了人们往哪里去,还需要思考人们需要花多久才可以到达你的店面。越便宜的产品,顾客越不愿花时间;只有当购买高单价商品时,顾客才会忍受较长的交通时间。

②找地点:调查周围环境。有了预选的地点,第二步就要考察其周围环境。这时要从两种角度来观察:一是从商人的角度——什么样的现象体现该地点可以创造业绩?二是从顾客的角度——你会不会到该地点逛街?黄金地段也有冷门的地方,次级商圈也有热门的地点,找地点最怕的是只看到别人成功,就想在它旁边开一家店,除非你有把握实施差别化发展策略。除此之外,要注意坐落在对角或不远处的竞争对手会不会抢走你的生意,你是否能在顾客行动路线上抢先一步拦截顾客。要随时注意对手的位置,寻找足以抗衡的地点。

③看店面:建筑等于活广告。看店面,要先远看,再近看,想象你的店面在这个空间里的感觉,一旦店名放在招牌上,会很显眼吗?开车经过的人看得到吗?行人能从人行道上就注意到吗?好的店面就像活广告,不只是让人方便找到你,也能向路上经过此地的潜在客户展示自己。此外,建筑设计也是一个重点,这个地点适合你经营的行业吗?吸引人吗?即使在外观设计上相似的购物街,质量方面也可能相差悬殊。大楼的质量是否跟你的产品一样好?记住,一定要从品牌打造的角度来思考建筑物。

④选邻居:好的邻居可以让你少奋斗。顾客会认为,彼此相邻的店面,它的商品质量也有些相同,所以与差不多的品牌坐落在同一地点十分重要。在大商城旁开服饰店,在大超市旁开餐饮店,被大品牌所吸引的顾客也会被你所吸引。除此之外,要是能碰到一些像水果店或干洗店之类的优质邻居就更好,因为这些店面都有着"顾客多次到访"的机会,顾客把衣服送去洗,过了几天必定会再回来拿;超市、健身房等也有这种可以利用的人潮回流。要是能沾到它们的光,那对经营绝对是大大加分的。

【引入案例】 星巴克的经营之道

星巴克(Starbucks)是美国一家连锁咖啡公司,成立于 1971 年,是全球最大的咖啡连锁企业。星巴克看好中国市场的巨大潜力,致力于在中国长期发展,与中国经济共同成长。自 1998 年进入中国以来,星巴克已在包括中国香港、中国澳门和中国台湾在内的大中华区开设了近 2000 家门店,其中约 1500 家在中国大陆地区。支撑星巴克这份雄心的是一张明晰的开店选址图。星巴克选址首先考虑的是诸如商场、办公楼、高档住宅区等汇集人气、聚集人流的地方。此外,对星巴克的市场布局有帮助,或有巨大发展潜力的地点,星巴克也会把它纳入自己的"版图",即使在开店初期的经营状况不很理想。星巴克对开店的选址一直采取发展的眼光并从整体规划考量。选址的流程分为两个阶段。第一阶段，当地的星巴克公司根据各地区的特色选择店铺。这些选择主要来自三个方面：公司的搜寻，中介介绍，另外还有各大房产公司在建商业楼的同时也会考虑主动引进星巴克来营造环境。第二阶段，总部的审核。星巴克有独立的扩展部负责选址事宜，包括店面的选择、调查、设计等一系列工作。星巴克的中国公司将店面资料送至亚太区总部评估，总部会提供衡量店面的标准。

（以上文字摘编自《创业与创新实务》，王鑫等主编，北京理工大学出版社）

❖ **案例分析**：星巴克的成功首先得益于店面选址的高瞻远瞩，从整体上规则布局，放眼未来，并没有因为初期经营状况不理想而放弃企业的选择。

❖ **思考感悟**：企业的成功要求经营者有宽广的胸怀和视野，不能因为暂时的失利而放弃企业的长远目标。

子任务 11.2　申报企业

【考核指标】

❖ 理论指标：
（1）掌握企业注册登记的 6 个步骤；
（2）区分企业纳税的 8 个税种；
（3）明确资金筹措的 9 种渠道。

❖ 实践指标：模拟创办一家企业，列出注册登记流程和资金筹措渠道。

11.2.1　企业注册登记

【箴言警句】你的产品可能是最好的，但它们不在顾客需要的地方和时间出现，那就一文不值。——杰罗姆·麦卡锡

企业登记注册是确认企业的法人是否具有资格或营业资格，是企业在法律上成立的法定程序，即企业依照有关法律、行政规章，履行登记注册手续，经工商行政管理机关核准登记，取得法人资格或营业资格的过程。

企业登记机关是指国家授权的依法对企业进行登记注册和监督管理的机关。我国国家授权的企业登记注册机关是国家市场监督管理总局和地方各级市场监督管理局。

我国企业登记按照分级管理原则进行。凡属国务院授权部门批准设立的股份有限公司，以及国务院授权投资机构设立的有限责任公司和外商投资设立的有限责任公司，均由国家市场监督管理总局负责登记；凡属省、直辖市、自治区政府批准设立的股份有限公司，以及省、自治区、直辖市授权投资机构设立的有限责任公司和国家市场监督管理总局委托登记的公司，均由省、自治区、直辖市市场监督管理局负责登记；县、区级市场监督管理局则负责上述公司以外的其他各种企业的登记。

（1）企业名称预登记。初步拟订自己创办企业的名称后，要在注册前，到当地的市场监督管理局注册分局进行电脑查询，确定自己拟订的名称与别人已注册的企业名称没有重复。这个程序称为"名称查重"。要取得企业名称不相重的证明，拟订企业名称时，最好拟有 3~

5个名称备用，这样去市场监督管理局查询是否相重时就有备无患。

按照国家有关法律规定，企业名称具有专用性和排他性，一旦核准登记，在规定的范围内享有专用权，受法律保护，其他单位或者个人不得与之混用或假冒其名称。

（2）注册登记的主要内容。创业者要申领和填写一些表格，主要内容有企业名称、经营地址、企业负责人、《公司章程》或《合伙协议》、企业法律形式、经营范围、注册资本、从业人员和雇工人数等。

①企业名称。企业名称是一个企业区别于其他企业或组织的特定标准。新企业的名称要有高度的概括力和强烈的吸引力，这样才能做到名正言顺。既要合法，符合《企业名称登记管理规定》和《企业名称登记管理实施办法》相关要求，又要顺口响亮，朗朗上口，便于传播、宣传。例如，"可口可乐""百事可乐""淘宝""苏宁"等企业名称，都给消费者留下了非常深刻而美好的印象。

②经营范围。经营范围是企业生产经营的商品类别和服务项目。根据企业生产经营的商品类别和服务项目在企业中所占比重的大小，经营范围可以分为主营项目和兼营项目。经工商行政管理机关核准登记的经营范围是法定经营范围，企业不得擅自超越。如果在实际经济活动中超越核准登记的经营范围，就属非法经营了。从目前商业实践来看，个别超出经营范围的合同关系仍然是有效的，同样受法律保护。

③注册资本。注册资本是指公司自有的资金总额，包括固定资金和流动资金，它是公司财产的货币表现，并反映了公司的规模。注册资本不得虚设谎报，企业设立后不得抽逃，否则将被处以罚款，甚至构成犯罪，承担刑事责任。

④企业负责人。法人公司的负责人是法定代表人，法定代表人依照公司章程的规定，由董事长、执行董事或者经理担任，并依法登记。法定代表人变更的，应当办理变更登记。此外，独资企业的负责人是指投资者本人，合伙企业的负责人是由全体合伙成员推举的负责人。

⑤经营地址。经营地址是指公司主要办公或经营场所所在地。

⑥企业法律形式。企业分个人独资企业、合伙企业、有限责任公司（含一人有限公司）、股份有限公司四种类型。

⑦《公司章程》或《合伙协议》。《公司章程》对公司、股东、董事、监事、高级管理人员具有约束力。《公司法》详细规定了《公司章程》应当载明的事项，这些事项合在一起，共同构造了一个规范有序的公司内部法律结构。

⑧从业人员和雇工人数。从业人员是指企业中的全体生产经营人员。雇工人数是指不包括企业投资者在内的企业生产经营人员数。

（3）企业各类印章刻制。公司成立后，需要提供营业执照、法定代表人身份证明等材料到公安局特行科审批，审批通过后到指定的印章刻制单位刻制公章。企业的印章、银行账户、牌匾、信笺所使用的名称应当与登记注册的名称相同。刻制印章的工厂或刻字社，必须取得用章单位的上级委托书和公安部门的准许才能刻制。对伪造印章和使用伪造印章者，应当依法惩处。企业对印章要严格管理。使用印章，必须经本单位领导人批准。对非法使用印章的，应当根据情节轻重给予行政处分直至依法惩处。企业的印章，如因机构变动停止使用时，应当将原印章交回制发机关封存或销毁。

（4）组织机构代码登记。我国实行组织机构代码管理制度，根据《全国组织机构代码编制规则》国家标准，对境内的每一个机关、团体和企事业单位颁发一个唯一的始终不变的法定代码表示，组织机构代码已在银行、税务、统计、公安、外贸、海关等领域得到广泛应用。创业者应到市场监督管理局办理组织机构代码证书，办理时需提供营业执照、法定代表人身份证明、公章等材料。

（5）开设企业银行账户。账户是根据会计科目开设的，用来连续、系统记录各个会计科目所反映的经济业务内容的工具。银行账户就是客户在银行开立的各种存款、贷款、结算等账户的总称，是办理信贷、结算、汇兑和现金收付业务的工具。根据现行法律规定，每个独立核算的经济单位都必须在银行开户，各单位之间办理款项结算，除现金管理办法规定可用现金外，均需通过银行结算。企业开立银行账户是与银行建立往来关系的基础。银行账户包括基本账户、一般账户、专用账户、临时账户等。企业设立的时候，需要先开设一个临时账户。临时账户是为了完成现金出资，在企业设立以前，开立的一个临时的银行账户（验资账户）。这个账户必须注明临时用途。企业获得营业执照之后，该账户原则上转为基本账户，也可以申请注销，另开基本账户。

（6）进行税务报务登记。依法纳税是每个社会成员应尽的义务，企业纳税是要事先向税务机关登记才能实现的。创业者要在营业执照核发 30 日内，到税务局领取并填写"申请税务登记表"，提供全部有关证件或资料。其中包括：

①营业执照副本及复印件；
②组织机构代码证书及复印件；
③银行开户许可证复印件；
④法定代表人（负责人）或业主、财务负责人居民身份证、护照或者其他证明身份的合法证件的原件和复印件；
⑤经营场所房屋产权证书复印件；
⑥出租出借、承租承借房屋、土地合同复印件；
⑦成立章程或协议书；
⑧独立核算或非独立核算证明；
⑨非独立核算单位需持上级独立核算单位的税务登记表及复印件。

【引入案例】 赣南红土地上的追梦人

刘锦炽，2018 年毕业于华东交通大学软件学院。在北京工作数年后，回到家乡赣州创办赣州福雷斯文化传播有限公司，任总经理一职。

本科毕业后，刘锦炽在北京获得了很不错的就业机会，在拼搏奋斗多年后，却选择了回家乡创业。他当时渴望性格突破，渴望独创性，渴望摆脱束缚，内心向往自由，想给自己一个机会。之所以选择回家乡创业，是因为希望为家乡做出自己的贡献，且赣州位于江西这片红土地上，发展红色文化创意产业市场广阔，前景辽阔。

定下创业计划后，刘锦炽立刻付诸实践，先后花了 10 个月时间准备。其间，他走访各地成功的企业，通过聆听讲座了解产业的发展动向、发展经验和发展前景；拜访相关投资人，进行交流，洽谈融资方案。在近一年的准备期间，遇到困难是在所难免的，但刘锦炽却坚持了下来。困难和磨砺是成功的润滑剂，这也促使他越挫越勇，毫不畏惧地奋然前行。

同时，刘锦炽认为，工作与家庭应该是平衡的关系，怎样处理关键在于自己的决心和想法。谈及成功经验，刘锦炽表示，确定目标并坚持不懈地为之努力奋斗是至关重要的。目标就像灯塔一样，指引前进的方向。在确定目标之前，要根据实际情况进行探索。

他以公司开发的游戏"脐橙寻宝"为例讲解了"因地制宜"发展事业的重要性。脐橙作为赣州的特产之一，有一定的代表性和知名度，因此，以脐橙作为依托开发的游戏，受众面较大且有利于向外推广发行。如果开发之前，未对赣州的特色进行了解，结果难免事倍功半。确定目标之后，需要组建创业团队，并竭尽所能寻求社会的帮助。他强调办事讲究"合力"。社会提供的社会资源对于一个企业的发展也是不可或缺的。最后正如培根所说，"深窥自己的心，而后发觉一切的奇迹在于你自己。"自信，对于成功而言同样重要。

（以上文字摘编自《大学生创业基础》，屈振辉等主编，电子科技大学出版社）

❖ **案例分析**：对于兼职、实习，实践是检验真理的唯一标准，而社会无疑是检验自己的最好舞台。在选择打工或者实习职位的时候，万万不可盲目地选择，不能为了工作而工作。要选择与所学专业相关的工作。若想更多地锻炼自身能力，还应争取到成长型的公司工作，毕竟在成长型的公司中，发展空间更大，也能更好地历练自己，为日后工作提供宝贵的经验。

❖ **思考感悟**：成功的关键是要懂得未雨绸缪。

11.2.2 企业税务分析

【箴言警句】税收是我们为文明付出的代价。——奥利弗·温德尔·霍姆斯

税制改革后，我国企业缴纳的税金主要有增值税、消费税、所得税（包括企业所得税和个人所得税）、城市维护建设税、城镇土地使用税、印花税、关税等。各种税金的课税对象、计税依据和方法不尽相同。

（1）增值税。增值税是对销售商品或者劳务过程中实现的增值额征收的一种税。增值税是以商品生产和流通中各环节的新增价值或者商品附加值为征税对象的一种流转税，也是国际上公认的一个透明度比较高的"中性"税种。

①增值税的征税范围。增值税的征收范围包括在我国境内销售或者进口货物，提供加工、修理修配劳务，以及销售应税服务、无形资产或者不动产。

②增值税纳税人。增值税纳税人是指在我国境内从事增值税应税行为的单位和个人。增值税应税行为包括：销售和进口货物；提供加工、修理修配劳务；销售服务、无形资产、不动产。单位租赁或承包给他人经营的，一般情况下以承租人或承包人为纳税人；境外单位或个人在境内销售劳务，在境内未设有经营机构的，以其境内代理人为扣缴义务人；在境内没有代理人的，以购买方为扣缴义务人。纳税人分为一般纳税人和小规模纳税人，小规模纳税人是指年应税销售额 500 万元以下，小规模纳税人会计核算健全，可以申请登记为一般纳税人。

（2）消费税。消费税是对在中华人民共和国境内，从事生产、委托加工、零售和进口应税消费品的单位和个人，所取得的销售收入征收的一种税。消费税的纳税范围包括特殊消费品、奢侈品、非生活必需品、不能再生和替代的消费品等，不同类型的商品税率也不相同。

（3）企业所得税。企业所得税是对在中华人民共和国境内的企业就其生产经营所得和其他所得征收的一种税。企业所得税是从企业所实现的利润中缴纳的。

企业所得税的纳税义务人是指在中华人民共和国境内的企业和其他取得收入的组织，包括依法注册、登记的事业单位和社会团体。按纳税义务人纳税义务不同，分为居民企业和非居民企业。居民企业是指依法在中国境内成立，或者依照外国（地区）法律成立但实际管理机构在中国境内的企业。实际管理机构是指对企业的生产经营、人员、账务、财产等实施实质性全面管理和控制的机构。非居民企业是指依照外国（地区）法律成立且实际管理机构不在中国境内，但在中国境内设立机构、场所的，或者在中国境内未设立机构、场所但有来源于中国境内所得的企业。

企业所得税的征税对象包括生产经营所得、其他所得和清算所得。对居民企业而言，就其来源于中国境内、境外的所得作为征税对象。对非居民企业而言，征税对象有两方面：一是在中国境内设立机构、场所的，应当就其所设机构、场所取得的来源于中国境内的所得，以及发生在中国境外但与其所设机构、场所有实际联系的所得，缴纳企业所得税；二是在中国境内未设立机构、场所的，或者虽设立机构、场所但取得的所得与其所设机构、场所没有实际联系的，应当就其来源于中国境内的所得缴纳企业所得税。

（4）个人所得税。个人所得税是以个人（自然人）取得的各项应税所得为征税对象所征收的一种税，包括工资、薪金所得，个体工商户、个人独资企业和合伙企业的生产、经营所得，对企事业单位的承包经营、承租经营所得，劳务报酬所得，稿酬所得，特许权使用费所得，利息、股息、红利所得，财产租赁所得，财产转让所得，偶然所得和其他所得。

个人所得税的纳税人包括中国公民、个体工商户、外籍个人、香港同胞、澳门同胞、台湾同胞等。依据住所和居住时间两个标准，个人区分为居民和非居民。在中国境内有住所，或者无住所而一个纳税年度内在中国境内居住累计满一百八十三天的个人，为居民个人。居民个人从中国境内和境外取得的所得，依法缴纳个人所得税。在中国境内无住所又不居住，或者无住所而一个纳税年度内在中国境内居住累计不满一百八十三天的个人为非居民个人。非居民个人从中国境内取得的所得，依法缴纳个人所得税。

（5）关税。关税是指国家授权海关对出入关境的货物和物品征收的一种税。关税在各国一般属于国家最高行政单位指定税率的高级税种，对于对外贸易发达的国家而言，关税往往是国家税收乃至国家财政的主要收入。关税的征税基础是关税完税价格。进口货物以海关审定的成交价值为基础的到岸价格为关税完税价格；出口货物以该货物销售于境外的离岸价格减去出口税后，经过海关审查确定的价格为完税价格。关税应税额的计算公式为：应纳税额＝关税完税价格×适用税率。关税的纳税人为：进口货物的纳税人是收货人；出口货物的纳税人是发货人或其代理人；入境旅客行李物品和个人邮递物品的纳税人是其所有人、收件人或持有人。

（6）印花税。印花税是对经济活动和经济交往中书立、领受具有法律效力的凭证的行为所征收的一种税，因采用在应税凭证上粘贴印花税票作为完税的标志而得名。订立、领受在中华人民共和国境内具有法律效力的应税凭证，或者在中华人民共和国境内进行证券交易的单位和个人，为印花税的纳税人，应当依法缴纳印花税。印花税由纳税人按规定应税的比例和定额自行购买并粘贴印花税票，即完成纳税义务。证券交易印花税是印花税的一部分，根据书立证券交易合同的金额对卖方计征，税率为 1%。经国务院批准，财政部决定从 2008年 9 月 19 日起，对证券交易印花税政策进行调整，由现行双边征收改为单边征收，即只对卖出方（或继承、赠予 A 股、B 股股权的出让方）征收证券（股票）交易印花税，对买入方（受让方）不再征税，税率仍保持 1%。根据《关于对营业账簿减免印花税的通知》(财税〔2018〕

50 号）相关规定，自 2018 年 5 月 1 日起，对按万分之五税率贴花的资金账簿减半征收印花税；根据《关于对营业账簿减免印花税的通知》（财税〔2018〕50 号）相关规定，自 2018 年 5 月 1 日起，对按件贴花五元的其他账簿免征印花税。

（7）城市维护建设税。城市维护建设税是国家为扩大和稳定城市公共设施及基础建设而设置的一个税种。原来这一税种是按照流转税额为计算依据的，它不能很好体现享用市政设施与纳税义务相对应的原则。在 2019 年的税制改革中，通过扩大税基，在不增加企业负担的情况下，扩大城市维护建设税的收入规模，使不需缴纳城市维护建设税的外商投资企业也成为城市维护建设税的纳税人。因此，凡有经营收入的单位和个人，除有另外规定外，应都是城市维护建设税的纳税义务人。

城市维护建设税的计税依据，是纳税人实缴的增值税、消费税税额和出口货物、劳务或者跨境销售服务、无形资产增值税免抵税额。

纳税人所在地在市区的，税率为 7%；纳税人所在地在县城、镇的，税率为 5%；纳税人所在地不在市区、县城或者镇的，税率为 1%。

（8）城镇土地使用税。城镇土地使用税原来是对城市、县城、建制镇、工矿区范围内使用土地的单位和个人以实际占用的土地面积为计税依据，按照规定的税额计算征收的一种税。凡在城市、县城、建制镇、工矿区范围内的土地，不区分国家所有还是集体所有，都是城镇土地使用税的征税范围。

城镇土地使用税每平方米年税额：大城市 1.5 元至 30 元；中等城市 1.2 元至 24 元；小城市 0.9 元至 18 元；县城、建制镇、工矿区 0.6 元至 12 元。

【引入案例】《税费政策红利加速释放 进一步激发小微企业活力》

今年以来，税费支持政策步步加力，重点向小微企业倾斜，实施的一系列税费支持政策，既有退税、减税、免税、缓税政策，又有降费、缓费措施，为小微企业纾困解难，激发市场主体活力。

据了解，今年的税费支持政策包括优先安排小微企业退还留抵税额；对小规模纳税人阶段性免征增值税；将"六税两费"减免适用范围扩大至小型微利企业和个体工商户；对小微企业年应纳税所得额 100 万元至 300 万元部分，再减半征收企业所得税等措施。

"今年出台的税费支持政策对小微企业的扶持力度是非常大的，极大地减轻了企业的运营负担和成本费用，为稳住宏观经济大盘提供了有力支撑。"中国社科院财经战略研究院财政研究室主任何代欣对《证券日报》记者表示。

北京师范大学政府管理研究院副院长、产业经济研究中心主任宋向清对《证券日报》记者表示，今年的税费支持政策具有三大特点，一是政策及时有效，留抵税额有序退还；二是覆盖面广，受益企业多；三是力度大，助企纾困作用强。税费支持政策发力点多，落实到位，效果显著。

国家税务总局最新数据显示，今年 1 月 1 日至 9 月 20 日，各项税费支持政策为小微企业累计新增减税降费及退税缓税缓费 1.35 万亿元。留抵退税方面，今年 1 月 1 日至 9 月 20 日，小微企业共获退税 8902 亿元，占整个留抵退税金额的 40.2%；"六税两费"方面，今年前 8 个月，小规模纳税人"六税两费"减征政策进一步扩展至小型微利企业和个体工商户，新增减税降费 1036 亿元。

小微企业是经济发展的生力军，对税费政策感受最直接。铜陵正豪科技有限公司是一家主要生产电容器相关配件的小型企业，目前正处于快速成长期。"受疫情等因素影响，公司扩大生产和创新研发的资金压力很大。今年年初，在税务人员的辅导下，公司缓缴了182万元的税款。现在政策再延期，我们又能继续缓缴税款163万元，这为公司增添了稳产能拓市场的底气。"该公司财务负责人纪沿海说。

巨丰投顾高级投资顾问谢后勤表示，小微企业在推动就业、保障民生等方面占据非常重要的地位，税费支持政策通过减轻税费负担增加现金流，帮助小微企业解决了发展中遇到的实际困难。

谈及四季度如何支持小微企业发展，宋向清表示，下一步帮扶形式应以帮助小微企业建立"自我造血"功能为主，从而建立对小微企业的长效帮扶机制。同时，建议在大中企业与小微企业之间建立结对帮扶机制，对帮扶小微企业的大中企业在税收、信贷等方面给予优惠。在小微企业产品和服务营销方面，建议政府通过购买第三方服务或整合社会资源，向小微企业免费开放商业类服务平台，以拓展小微企业营销渠道。

何代欣认为，未来为小微企业纾困应当注意两个方面：一是要继续巩固减税、降费、缓税、退税的成果；二是财税政策与其他政策尤其是货币政策要有效配合，将小微企业的实际困难尤其是企业资金流困难和融资困难结合起来，实现有效帮扶。

（以上文字摘编自中国经济网，2022年10月15日）

❖ **案例分析**：当前，"减负"成为小微企业最为关注的焦点问题之一。为进一步支持小型微利企业发展，发挥小型微利企业促进就业、改善民生、维护社会稳定的积极作用，对小型微利企业给予了低税率优惠政策、减半征税优惠政策，并且优惠面不断扩大。自2008年以来，企业所得税减半征收政策历经多次重大调整，进一步扩大了优惠政策的覆盖面，所得税征收的调整必将对中小微企业的发展产生重要影响。

❖ **思考感悟**：税收是企业发展的挑战，但也会给企业带来机遇。

11.2.3 企业资金筹措

【**箴言警句**】风险和利益的大小是成正比的。——土光敏夫

（1）企业融资的概念。以企业的资产、权益和预期收益为基础，筹集项目建设、营运及业务拓展所需资金的行为过程即为企业融资。企业的发展是一个融资、发展、再融资、再发展的过程。一般企业都要经过产品经营阶段、品牌经营阶段和资本运营阶段。伴随着现代企业自身的不断发展，企业与社会专业机构协作，解决企业自己本身问题的现象越来越普遍。会计师事务所、律师事务所、财经公关、融资顾问等专业机构，为企业发展的各个阶段提供专业化服务。

（2）创业融资的必要性。企业创建之初需获得初始资本，之后开展经营活动需要运营资本，资本是企业创建和生存发展的一个必要条件，从起始建立到生存发展的整个过程都需要融资。创业融资是创业企业在新创、运营过程中，适时、有效地获取所需资金的过程。多数企业在创业初期需要筹集资本，主要是基于资本投入、启动资金、现金流和漫长的产品研发期的考虑。企业在早期需要购买资产、建造建筑物、购置机器设备等固定资产或者投资于其他资本项目，这需要大笔资本投入。在接下来的运营过程中，企业研发、新产品或新服务的

开发、日常经营以及扩大市场规模等也需要巨大的前期投资。

（3）创业融资渠道。资金是创业企业必备的要素之一，由于创业初期风险相对较大，创业资产相对较少，使得风险基金、银行贷款等机构不愿意向创业企业投资或者贷款，而创业者自身所拥有的资金往往难以满足创业发展的需要。据有关数据显示，85%的初次创业者都是在资金不足的情况下走上创业之路的。资金不足并不表示就不可以创业，因为这个时代可以有很多途径获得资金。

①自我融资。创业者自我融资主要依赖自己的存款，这是新企业创建初期的一个重要的资金来源。研究者发现，70%的创业者依靠自己的资金为新企业提供融资。即使是具有高成长潜力的企业，在很大程度上也都依赖创建者的存款提供最初的资金，如蒙牛的创业资金来源于几个创始人卖掉股票凑的100多万元。

②亲友融资。亲友被称为早期创业企业的潜在天使投资人，是常见的启动资金来源。大多数创业者都知道，比向天使投资和风险投资融资更快、更容易的方式就是向自己认识的人借钱。事实上，大多数天使投资人在投资创业企业之前都"要求"创始人能从朋友和家人那里融到一些资金。

③风险投资。风险投资（Venture Capital，VC）也称创业投资，是指风险投资者寻找有潜力的成长性企业投资并拥有这些被投资企业的股份，在恰当的时候取得高资本收益的一种商业投资行为。风险投资多来源于金融资本、个人资本、公司资本以及养老保险基金和医疗保险基金等；投资的领域主要是高新技术产业，包括计算机、网络和软件产业，医药、医疗保健产业，通信产业，生物科技产业，航天科技等；投资方式可分为一次性投入和分期分批投入，其中分期分批投入比较常见，既可以降低投资风险，又有利于加速资金周转。

风险投资具有其他融资来源所不具有的优势：无须创业企业的资产抵押担保，手续相对简单；通过该渠道融资没有债务负担；可以得到专家的建议，特别是高新产业，风险投资通过专家管理和组合投资，降低了由于投资周期长而带来的行业风险。风险投资非常重视对创业企业家的考察，包括个人的道德品质、经营一个处于成长阶段的公司的经验、在所从事行业中的技术水平、在管理工作中是否有过成功的记录、在所从事的行业里是否有敏锐的洞察力、能否掌握市场全貌并懂得如何去开拓市场等。

④天使投资。天使投资是指富有的个人直接对有发展前途的创业初期的小企业进行权益资本投入，以在体验创业乐趣的同时获得投资增值。天使投资是新创企业早期、面向成长时期的重要权益资金来源。天使投资者通常是两类人：一类是成功的创业者，他们主要是基于自己的经验提携后来者；另一类是企业的高管或者高等院校和科研机构的专业人员，他们拥有丰富的创业知识和洞察力，希望通过自己的资金和专业经验帮助那些正在创业的人，体验创业激情和社会荣誉，延续他们的创业梦想，期望获得投资回报，所以被称为天使投资。天使投资是风险投资的一种特殊形式。

目前，我国设立的有大学生创业"天使基金"，大学生开办企业可获得5万元~100万元的支持，其要求创业者达到自有资金与天使基金1∶1的投入比例。这个基金是专门为了激发大学生创业热情而设立的。天使基金以股份形式加入创业团队，因此，即使创业失败，也无须创业者赔偿。

一般情况下，一个公司从初创期到稳定成长期需要三轮投资。第一轮投资大多是来自个人的天使投资，作为公司的启动资金；第二轮投资往往会有风险投资机构进入，为产品的市场化注入资金；而最后一轮则基本是上市前的融资，来自大型风险投资机构或私募基金。

⑤商业银行贷款。商业银行贷款是中小微企业会努力尝试的融资渠道,但成功率非常低,中小微企业从银行获得的贷款一度不足银行系统贷款总量的10%(近几年已有大幅提升)。主要是因为中小微企业经营状况的高风险性与银行业的审慎原则存在显著冲突,银行在贷款过程中过于注重抵押物,因此无论是在发达国家,还是在发展中国家,中小微企业从金融机构贷款的数量均受到很大限制。尽管如此,仍有众多中小微企业乐此不疲。但是当企业发展到一定阶段,具有一定的信誉、资产或其他担保时,商业银行贷款也会成为企业发展资金的主要来源。

⑥担保机构融资。新创企业融资难,其中一个重要原因就是信用不足。为解决中小企业融资难的问题,我国从1993年开始设立专业性担保公司,担保公司从此作为一个独立行业出现。担保公司通过放大财务报告不规范、尚未成长起来的小企业的信用,达到为小企业增信的目的,从而解决中小企业的融资难题。融资性担保机构对中小企业的帮扶作用日益增强,新创企业在没有固定资产等抵押物的前提下,凭借担保公司的信用担保,就能从银行贷到周转资金。同时,担保公司可以利用注册资本最高10倍的杠杆来进行融资性担保,可以为缺乏贷款抵押物的中小企业分忧解愁,成为新创企业解决筹资难题的一大途径。

⑦政府创业扶持基金融资。最近几年来,国家大力推广创新创业,各级政府出台了一系列相应的创业扶持政策,特别是针对大学生创业的扶持政策,如2022年《教育部办公厅关于开展2022年高校毕业生就业创业政策宣传月活动的通知》(教学厅函〔2022〕7号)从放宽市场准入条件、享受资金扶持政策、实行税收减免优惠、提供培训指导服务等方面对大学生创业给予了创业扶持的指导意见,各地政府也相继出台了相关政策,采取了相关行动措施。

各省、自治区、直辖市均有专门设立的大学生创业扶持基金,以及大学生创业大赛项目平台,除了提供奖金、大学生创业服务外,还为大学生提供创业信息、就业创业培训。企业的注册、财务、税务、管理、运营等问题,都可以得到不同程度的服务和支持。

(4)创业融资技巧。小企业贷款难已是一个无法回避的事实,即使是一个好的投资项目,银行也不一定会予以照顾,在机会均等和其他条件相同的情况下,大中型企业会优先贷到款项。所以,投融资专家认为,贷款技巧在小企业融资中更为重要。企业融资包括以下技巧:

①建立良好的银企关系。
- 企业要讲信誉。企业在与银行的交往中,要让银行对贷款的安全性绝对放心。
- 企业要有耐心。在争取贷款时要充分理解和体谅银行的难处,避免一时冲动伤了和气,以致得不偿失。
- 要积极、主动、热情地配合银行开展各项工作。例如,积极配合银行开展各种调查,认真填写和报送企业财务报表,贷款到期要主动按时履行还款或延期手续,以取得银行对企业的信任等。

②写好投资项目可行性研究报告。投资项目可行性研究报告对于争取项目贷款具有十分重要的作用。企业在撰写报告时,要注意解决好以下几个问题:
- 报告的项目需要符合国家的相关政策,比如重点论证其技术的先进性、经济的合理性以及实际的可行性等问题。
- 要把重要问题讲清楚,对有关问题做出有力的论证。例如,在论证产品销路时,必须将市场对该产品的需求、当前社会的生产能力以及将来的趋势等做出分析和论证。

● 把经济效益作为可行性的出发点和落脚点。

③突出项目的特点。不同的项目有各自内在的特点，银行贷款也有相应的要求，报告中需要特别讲清这些特点，并且让其符合银行贷款的要求。

④选择合适的贷款时机。申请贷款的时机要注意不但要有利于所需资金及时到位，还要方便银行调剂安排信贷资金、调度信贷规模。一般来说，小企业如要申请较大数额的贷款，不宜安排在年末和季末。

⑤争取小企业担保机构的支持。小企业因为自有资金少、经营规模小，很难提供银行需要的抵押、质押物，同时也难以取得第三方的信用担保，因而要取得银行的贷款非常困难。这些固然是不利条件，但如果能和各方面搞好关系，融资工作提前做到位，得到小企业担保机构的支持，向商业银行贷款就会顺利很多。

【引入案例】兰州大成自动化工程有限公司创新基金

兰州大成自动化工程有限公司自运行一年来，主要进行产品开发，几乎没有收入，虽然技术的开发有了很大的进展，但资金的短缺越来越突出。当时正值科技型中小企业技术创新基金启动，企业得知后非常振奋，选择具有国际先进水平的"铁路车站全电子智能化控制系列模块的研究开发与转化"项目申报创新基金。为此，他们进一步加快了研发的速度，于1999年12月通过了铁道部的技术审查，取得了阶段性的成果。正因为企业有良好的技术基础，于2000年得到了创新基金100万元的资助，它不仅起到了雪中送炭的作用，而且起到了引导资金的作用。同年，该项目又得到了甘肃省科技厅50万元的重大成果转化基金，教育部"高等学校骨干教师资助计划"12万元的基础研究经费。2001年，针对青藏铁路建设的技术需求，该项目被列入甘肃省重点攻关计划，支持科技三项费用30万元。

（以上文字摘编自360文库，2018年9月2日）

❖ **案例分析**：企业要想在竞争中不断发展壮大，需要逐渐积累财富和实施融资，这是企业都要面临的问题。融资能否成功的关键要看企业的发展前景和经营者的经营理念。

❖ **思考感悟**：众人拾柴火焰高，合作才能共赢。

子任务 11.3　财务预测

【考核指标】

❖ 理论指标：
（1）理解企业成本费用预测；
（2）掌握企业销售收入预测；
（3）了解企业经营利润预测。

❖ 实践指标：学会计算企业经营利润。

11.3.1　企业成本费用预测

【箴言警句】省钱就是挣钱。——约翰·洛克菲勒成本费用预测分析是成本费用分析中不可缺少的重要组成部分。它对于保证企业成本费用计划的实现，改善经营管理，调动职工生产积极性，都具有十分重要的现实意义。

首先，成本费用的预测分析是保证完成成本费用计划的重要工具。企业在实际发生的成本费用水平的基础上，经过预测分析，就能测算出可能达到的成本费用水平。将预测数与计划数进行比较，就可预测成本费用计划能否完成。若不能保证计划完成，企业应尽快采取措施，以保证计划的实现。

其次，成本费用的预测分析是改善企业经营管理的重要工具。随着国内国际市场环境的不断变化和发展，单纯依靠事后的分析只会使企业处于被动地位。通过预测分析，找出影响成本降低的有利因素和不利因素，从而防患于未然。

最后，成本费用的预测分析是调动广大职工生产积极性的重要工具。企业成本费用指标完成的好坏与职工的切身利益紧密相关。通过成本费用的预测就能测算出成本费用计划的完成与否给职工带来的有利或不利影响，从而增强广大职工的责任感，充分调动他们的生产积极性。

成本费用的预测分析内容较广，这里主要介绍产品目标成本的预测分析、产品设计成本的预测分析和企业费用的预测分析。

（1）产品目标成本的预测分析。目标成本是一种预测成本，它是指产品、劳务、工程项目等在其生产经营活动开始前根据预定的目标所预先制定的成本。产品的目标成本是在产品经营开发阶段，经市场调研在确定售价和目标利润的基础上确定的一个成本限额。用这个成本限额去控制设计过程和试制过程，并可以作为编制成本计划的重要依据。

（2）产品设计成本的预测分析。产品设计成本是根据目标成本限额预测分析，选择新产品的设计方案。新产品的设计方案应该是运用先进技术和经济的加工方法来保证所设计产品既具有先进水平，又有经济效益，并且不超过已下达的目标成本限额。

产品投产前的成本预测分析主要是对产品设计生产工艺等可能采取的各种方案，从经济效益上进行反复对比分析，从中选出最优方案。

（3）企业费用的预测分析。企业费用按经济用途可分为产品生产成本和期间费用。企业费用预测也可分为产品生产成本预测和期间费用预算。产品生产成本的预测主要分为可比产品成本降低指标的预测和不可比产品成本计划指标的预测两种。

【引入案例】 日本丰田汽车精益生产的分析

20 世纪 40 年代，日本投降后，经济衰弱，许多企业都倒闭了。此时的丰田汽车，每月生产 1000 辆汽车，但因为销售不出去，无法回收资金，也濒临倒闭。

丰田汽车的副总裁大野耐一综合了单件生产和批量生产的特点及优点，提出了"在必要的时候做必要的产品"，即准时生产（Just In Time，简称 JIT）。JIT 以准时生产为出发点，达到降低成本、简化计划和提高控制的目的。首先要清楚指出生产太多所造成的浪费，然后对设备和人员等进行淘汰、调整。

JIT 生产方式的核心是看板管理。看板管理就是将传统生产过程中前道工序向后道工序送货，改为后道工序根据看板向前道工序取货。比如说，根据汽车种类的不同，写明发动机的数量，也可以通知生产车间生产。这既可以满足供需双方的要求，也解决了库存的问题。

其实丰田汽车采用了精益生产的方式，精益生产是指及时制造，消灭故障，消除一切浪费，向零缺陷零库存进军的生产方式。

JIT 生产方式的基本思想是"只在需要的时候，按需要的量，生产所需的产品"，即经济学原理中所讲的"以需定产"或"需求决定供给"的市场法则。丰田汽车就是依靠这种管理方式，大大降低了成本，在经济惨淡的市场上扭亏为盈，实现了增收。

（以上文字摘编自《企业经营管理通识教程》，孔维新主编，企业管理出版社）

❖ **案例分析**：在企业面临困境的情况下，降低企业经营成本是必然的选择。要及时调整企业战略布局，对企业成本进行预测分析，以免出现不可挽回的损失。

❖ **思考感悟**：成本观念是企业经营者首先要具备的，这是企业获取利润的必要条件。

11.3.2 企业销售收入预测

【**箴言警句**】顾客是重要的创新来源。——汤姆·彼得斯

在企业的整个财务计划中，最为关键的是销售收入的预测。对于没有历史数据（如新设立的企业），或者历史数据不准确、无太大参考价值的企业，可以通过目标市场容量的估计、行业（产业）的变化、竞争对手的情况、企业的市场渗透能力和渗透程度以及所需要的渗透时间等几个方面进行预测。

在企业的各种预测中，销售收入预测最为关键，可以说是"一着不慎，全盘皆输"。企业的销售收入取决于单位产品价格、销售数量以及收入的确认标准。

一般情况下，由于竞争的加剧与新技术的发展，企业单位产品的销售价格是下降的。国内不少企业，如个人电脑、手机的生产商和供应商，常常会出现销售数量与销售收入"非同步"增长的现象，俗语为"增产不增收"；再如低端 ERP 管理软件销售，由原先几十万元一套，到现在的几万元一套。

企业在预测销售收入时，还需要考虑其营业范围（包括主营业务和地域）是否改变。无论是国内上市公司还是非上市公司，由于收购重组、新领域的开发与成熟，公司经营范围特别是主营业务往往会发生很大变化。有些公司原先是加工企业，后来由于收购重组而变成主业为房地产的公司。比如，国内上市公司海尔、中兴通讯等，也开始在国外建厂，或将产品与服务销往世界市场。因此，公司在进行销售收入预测时，必须考虑其经营范围是否有重大变化。

有些企业处于创业期，基数小，公司成立头几年的收入增长速度较快，达到 50%、100% 甚至更高。例如，联想集团（Lenovo）1994 年在中国香港上市，上市前与上市后的头几年，销售收入增长很快。当时的总裁杨元庆就认为，即使卖电脑也能冲进世界"500 强"。但随后几年，由于国内市场日趋饱和，竞争加剧，联想销售收入增速骤降，某些年度甚至出现负增长。

当然，每个企业收入增长率趋于平均线的速度取决于行业特点、公司本身的竞争地位和竞争能力。有许多优秀的公司，能够比较长时间地坚持高速增长。了解收入增长的规律，有利于我们分析企业所属的行业、所处不同阶段的特点，避免不合理的假设，提高企业收入预测的准确性。

【引入案例】 **销售的奥秘**

我公司有一名销售顾问叫张佩苑,刚从江门五邑大学毕业,她问我:"如何才能成为销售冠军?"我想:她的成功欲望那么高,她就是未来的销售冠军!

我回答了这个新来的销售顾问:"有一名销售冠军告诉我,他发现了一个秘密:星期六和星期天来看车的人特别多,而且成交率很高。他还发现了一个秘密:我们在上班之前和下班之后也有不少人到展厅看车,这些人的购买意向也很高。所以这名销售冠军坚持早上班、晚下班,这是他成为销售冠军的秘诀。"

张佩苑采用我教给她的方法,坚持比别人早一个小时上班,晚上八九点钟别人早已回家,她还在打电话给顾客和等待是否有客人来展厅看车。就这样,张佩苑一天天坚持下去,很快积累了数量众多且成交欲望很高的顾客,结果,她连续三个月成为销售冠军。

(以上文字摘编自《奖我一台别克君威》,朱松满著,广东旅游出版社)

❖ **案例分析**:销售的成功要有好的方法,并且付诸行动,坚持不放弃。
❖ **思考感悟**:成功的背后,需要有强烈的进取心。

11.3.3 企业经营利润预测

【箴言警句】战略越精练,就越容易被彻底地执行。——约翰·里德

企业的经营利润是反映企业经营好坏和经济效益大小的一个综合性经济指标。投资办厂或投资生产某种产品的目的都是希望获得利润,因为创造利润、提高企业经济效益是企业经营思想的核心。在企业产品销售收入不变的前提下,成本低,意味着企业的纯收入增加,也就是企业利润的增加。也就是说,成本低,效益就高。

企业进行利润预测有两个主要目的:一是通过预期未来利润总额,以检查利润计划完成程度;二是通过利润变动的因素分析,以掌握各种影响因素变动对预期利润可能产生的影响。

(1) 利润总额的预测。根据前面的知识,我们知道:

$$利润 = 销售收入 - 销售成本$$
$$= 销售量 \times 销售价格 - 销售成本$$

所以相应可得到:

$$预期利润 = 预期销售收入 - 预期销售成本$$
$$= 预期销量 \times 销售价格 - 预期销售成本$$

假定预测期内产量和销量大体一致,则有:

$$预期销售成本 = 固定成本 + 单位变动成本 \times 预期销量$$

因此:

$$预期利润 = 预期销量 \times 销售价格 - 固定成本 - 单位变动成本 \times 预期销量$$
$$= (销售价格 - 单位变动成本) \times 预期销量 - 固定成本$$

例如,某种产品每件价格为 50 元,每件变动成本为 35 元,固定成本为 40000 元,预期下一季度销售量为 5000 件,则有:

$$预期利润 = (50 - 35) \times 5000 - 40000 = 35000 (元)$$

(2) 利润变动的因素分析及影响预测。通过利润的公式可以看出，影响利润的因素有销量、销售价格、固定成本和单位变动成本。下面分析并预测每个因素变动对利润产生的影响。

①增加销量对利润的影响预测。根据利润的预测公式，在其他条件不变的情况下，由于销量增加，则有：

预期增加的利润额＝（销售价格－单位变动成本）×预期增加的销售量

上例中，假设预期销售量增加到 8000 件，则有：

预期增加的利润额＝（50－35）×（8000－5000）＝45000（元）

②提高价格对利润的影响预测。假如其他条件不变，由于价格提高，则有：

预期增加的利润额＝（预期提高后价格－提高前价格）×原定销售量

上例中，如果销售价格从每件 50 元提高到每件 55 元，则有：

预期增加的利润额＝（55－50）×5000＝25000（元）

③降低单位变动成本对利润的影响预测。假如其他条件不变，由于单位变动成本降低，则有：

预期增加的利润额＝（降低前成本－预期降低后成本）×原定销售量

上例中，假设预期单位变动成本从 35 元降低为 32 元，则有：

预期增加的利润额＝（35－32）×5000＝15000（元）

④节约固定成本对利润的影响预测。假如其他条件不变，由于固定成本降低，则有：

预期增加的利润额＝降低前的固定成本－降低后的固定成本

上例中，如果预期固定成本从 40000 元降为 35000 元，则有：

预期增加的利润额＝40000－35000＝5000（元）

上述各种因素变动所引起的综合结果是：

预期利润总额增加额＝45000＋25000＋15000＋5000

＝90000（元）

【引入案例】 阿里巴巴的多元化经营

阿里巴巴公司是成立于 1999 年的一家私营企业，目前运营着三个网上交易平台 www.alibaba.com、www.1688.com、www.taobao.com，分别作为将中国和其他制造业国家的出口企业介绍给国外的买家的世界上最大的进出口网站，中国国内贸易的最大在线交易平台和中国国内 C2C、B2C 网上交易平台。阿里巴巴在短短 12 年的时间里从一家全部资产不足 50 万元的小型企业发展到如今中国最大的电子商务集团，这一成就的取得与阿里巴巴独特的企业理念密不可分。阿里巴巴始终坚持以服务中小企业为主，"让天下没有难做的生意"是他永远不变的使命，秉承"客户第一"的宗旨是他一直的坚守追求。虽然阿里巴巴已经取得了巨大的成就，但其目标是成为一个持续经营 102 年的优秀企业，他当然不会就此满足，为了追求更大的发展空间，从电商的天猫淘宝，到蚂蚁金融、菜鸟网络、阿里云，再到多元化投资优酷土豆、UC、魅族、高德地图、华数、百联等，可以说是多面开花。阿里巴巴选择了走多元化之路，以追求更高的利润。

（以上文字摘编自百度文库，2022 年 12 月 1 日）

❖ **案例分析**：由于阿里巴巴公司的多元化经营，才使得企业真正发挥了电子商务的优势，并由此使整个企业成为如今中国最大的电子商务集团，从而获得了长足的发展。

❖ **思考感悟**：企业要想获得利润，就要不断进行变革。

实践训练

【**实践训练**】计算企业的经营利润。

【**训练要求**】以个人为单位，结合学过的财务知识，按照企业利润分析公式，一步步计算出企业的利润，步骤不可省略。

【**范例**】某企业的主营业务收入为150万元，主营业务成本是85万元，主营业务税金及附加费为5万元，其他业务利润为35万元，管理费用和营业费用为10万元，制造费用为25万元，利息收入为5万元，补贴收入为8万元，营业外支出为3万元，所得税为8万元。营业利润是多少？

课后习题

一、多项选择题

1. 下列哪些是商业模式选择的原则？（　　）
   A．可操作性原则　　　　　　　　B．创新性原则
   C．可持续性原则　　　　　　　　D．盈利性原则和竞争性原则
2. 企业商业模式可操作性的因素有哪些？（　　）
   A．企业的战略目标　　　　　　　B．企业资源和能力
   C．企业的实力　　　　　　　　　D．企业名称
3. 企业选址的影响因素有哪些？（　　）
   A．市场因素　　　　　　　　　　B．爱好因素
   C．商圈因素　　　　　　　　　　D．交通因素
4. 融资渠道主要有（　　）。
   A．自我融资和亲友融资　　　　　B．风险投资和天使投资
   C．政府创业扶持基金融资　　　　D．商业银行贷款和担保机构融资
5. 以下属于注册登记内容的有（　　）。
   A．公司名称和经营地址　　　　　B．公司负责人姓名和公司种类
   C．经营方式和经营范围　　　　　D．注册资本和从业人员人数

二、判断题

1. 商业模式的价值仅仅体现在创业初期，在企业处于成长期、成熟期或是衰退期就无法体现了。（　　）
2. 成本费用预测分析是成本费用分析中不可缺少的重要组成部分，它对于保证企业成本费用计划的实现，改善经营管理，调动职工生产积极性，都具有十分重要的现实意义。（　　）
3. 各种组织形式有绝对的好与坏之分，对创业者而言，一定要选择好组织形式，只有选择正确了，才能有利于创业企业的生存与发展。（　　）

4. 个人独资企业是由一个自然人投资，财产为投资人个人所有，投资人以其个人财产对企业债务承担无限责任的经营实体。（　　）

5. 股份有限公司是指将公司全部资本分为等额股份，股东以其所持股份为限对公司承担责任，公司以其全部资产对公司的债务承担责任的企业法人。（　　）

三、简答题

1. 简述商业模式选择的价值。
2. 简述商业模式选择的原则。
3. 简述我国企业缴纳的主要税金。

延伸阅读　企业应如何纳税

黑龙江省哈尔滨市某私营工业企业2019年度生产经营情况如下：

（1）销售收入4500万元；销售成本2000万元；增值税700万元，销售税金及附加费80万元。

（2）其他业务收入300万元。

（3）销售费用1500万元，其中包括广告费800万元、业务宣传费20万元。

（4）管理费用500万元，其中包括业务招待费50万元、新产品研究开发费用40万元。

（5）财务费用80万元，其中包括向非金融机构借款1年的利息支出50万元，年息为10%（银行同期同类贷款利率为6%）。

（6）营业外支出30万元，其中包括向供货商支付违约金5万元，接受市场监督管理局罚款1万元，通过政府部门向灾区捐赠20万元。

（7）投资收益18万元，其中包括从直接投资外地居民公司分回的税后利润17万元（该居民公司适用的企业所得税税率为15%）和国债利息1万元。

已知：该企业账面会计利润628万元，该企业适用的企业所得税税率为25%，已预缴企业所得税157万元。

❖ 思考与讨论：

（1）计算该企业2019年度的应纳税所得额。

（2）计算该企业2019年度的应纳企业所得税税额。

（3）计算该企业2019年度应（退）补的企业所得税税额。

任务12　保障企业权益

【要点总括】

❖ **思政要点**：坚守企业使命，强化企业基本的社会责任，提高企业对社会发展的贡献。

❖ **理论要点**：

（1）企业的法律问题和社会责任；

（2）创业风险概述和分类；

（3）创业风险的规避。

❖ 技能要点：

（1）正确运用企业相关法律政策的能力；

（2）切实履行社会责任的能力；

（3）把握规避创业风险的能力。

党的二十大报告强调指出，要"优化民营企业发展环境，依法保护民营企业产权和企业家权益"，标志着我国坚持和完善产权保护制度的伟大实践将进入一个新的发展阶段，民营企业家的人身财产安全和每个公民的合法权益将得到更加有效的保护，对于激励广大民营企业家放心投资、安心经营、专心创新、用心发展，将产生巨大的作用。

【引入案例】急于创业，轻信加盟商承诺——大学生口述辛酸历史

投资加盟店不用管理坐在家里就能等分红？

今年25岁的小于两年前毕业于沈阳某大学，一直想自己创业赚钱。今年5月，小于看到一家拉面店招加盟商，他就按照店里菜单上的加盟电话与拉面店的老板取得了联系。老板告诉小于，他下面的所有加盟店都采用托管模式。小于只需要投资七八万元，其中包含房租一年不到3万元，装修3万元，保证金1万元，以及兑店铺所需的费用，后续店内的一切事务他都不用参与，每月10日只管拿店铺收益。急于创业的小于开始了投资。

经营两月没等来分红被告知亏损

今年8月初，小于的店铺装修完毕，却被老板告知，除了当初承诺装修费用3万元以外，还需要他拿3万元设备费。除此之外，店里的一些设施也都被标了高价，考虑到房屋装修完了，小于不得不又从老板那里采购了这些设备。小于一算，投资这家店总共花了15万元，超出预计3万元左右。但考虑到利润率会很高，小于还是坚持开了店。

9月10日，小于兴冲冲地找到老板拿分红钱。可老板却告诉他，店面一直亏损，没有利润可言。

收回店铺却成单方面违约

心急的小于决定收回这个店，由自己管理。在考虑到诸多因素后，小于脑中有了脱离加盟公司自立品牌的念头。很快，小于辞退了之前店内的服务员，重新雇了员工。可是令小于没想到的是这家公司却停止了给小于供货，导致店铺无法正常经营，只能闭店。小于打电话协商，却被告知小于属于单方面违约，老板单方面终止了合同。当小于希望能退还保证金时，却发现合同对于退还保证金这块写得很模糊，小于咨询律师后得知退还可能性不大。小于统计了一下，自己损失了10万元左右。

创业莫急，需有自我防范意识

小于希望可以借助他这次创业失败的案例，来告诉更多即将或正在创业的大学生，在创业过程中，特别是这种加盟创业，在签署加盟协议时，要做到要求对方将口头协议落到纸面上，一切以书面合同为准，仔细阅读合同上每一个条款，特别注意一些模糊不清、有歧义的语句。

对于拟加盟的项目要做好详细的调查，包括公司实力、产品定价、成本控制等。可以走访其他家店铺，做到知晓任何可能产生费用的环节。分析成本，对成本细化。还应切记：低投资、高回报的项目是不存在的。此外，还应当提前做好市场调查，做到理性投资，要有自我防范意识。

（以上文字摘编自东北新闻网，2017年12月8日）

❖ **案例分析**：小于急于创业，轻信加盟商承诺，只看到加盟给企业带来的利益，没有看到其中存在的风险隐患，也没有仔细阅读加盟协议，更没有对加盟项目进行详细的调查，所以，在出现问题时，不能有效地拿起法律武器保护自己的合法权益，导致企业利益受损。

❖ **延伸问题**：想要保障企业利益，需要了解哪些基本信息？

子任务 12.1　清楚企业权益

【考核指标】

❖ 理论指标：
（1）了解企业基本法律问题；
（2）掌握企业的重要法律知识；
（3）理解企业社会责任的重要作用。

❖ 实践指标：懂得如何使企业受到法律保护并履行社会责任。

12.1.1　企业的法律问题

【箴言警句】所谓企业管理就是解决一连串关系密切的问题，必须有系统地予以解决，否则将会造成损失。——普赛尔

创业者在创建和经营企业前，必须了解和学习相关的法律知识，这是创业成功的必要条件。对企业创办者而言，最重要的是认识到这些问题，以免由于早期处理法律问题的失误而给新创企业带来沉重的代价，甚至使其夭折。然而，尽管创业者不会有意触犯法律，但往往在实际创业中，有很多大学生忽视法律问题，带来不少不必要的麻烦和损失。当然，创业过程所涉及的法律问题是相当具体和复杂的，所以，此处我们仅选取与大学生创业联系较为紧密且必须掌握的部分法律问题进行介绍。

（1）企业的法律问题。一个社会的法律规定，为其公民能做什么或不能做什么建立了一个框架，这个法律框架同样在一定程度上允许或禁止创业者所做的某些决策和采取的部分行动。显然，创办新企业会受到当地法律的影响，创办者在创建新企业之前必须了解这些因素。

企业在初创时，创业者往往面临的法律问题有：企业形式的确定，税收记录的适当设立，协调融资和租赁等相关问题，申请专利，合同起草，商标及版权保护。在每一个企业创建活动中，都有特定的法律和规定决定创业者能做什么和不能做什么，创业者必须熟悉相关的法律法规。而且法律环境对初创企业的影响并不会停止，当新企业创建起来并开始运营后，仍然有与经营相关的法律问题。例如，人力资源或劳工法规可能会影响员工的雇佣、报酬以及工作评定的确定；安全法规可能会影响产品的设计和包装、工作场所以及机器设备的设计和使用，对环境污染的控制以及物种的保护。尽管许多影响可能在某一企业达到一定规模时才产生，但事实上，新企业都追求发展，这意味着创业者都会面临这些问题。尤其重要的是，一定要明确认识到，无论企业涉及的法律问题有多少，依法纳税都贯穿于企业发展的始终。

（2）企业的法律组织形式。在创建新企业之前，创办者应该事先确定企业的法律组织形式。一个新创企业可以选择不同的组织形式，或者由个体创办单一业主制企业和一人有限公司，或者由几个人创办合伙制企业，或者成立法人公司制企业。各种法律组织形式没有绝对

的好坏之分，对创业者来说各有利弊。但无论选择哪种形式，都必须根据国家的法律法规要求和新创企业的实际情况，科学衡量各种组织形式的利弊，决定合适的组织形式。目前实行的《中华人民共和国个人独资企业法》、新的《中华人民共和国公司法》和《中华人民共和国合伙企业法》使我国企业法律形式基本上与国际接轨。按照中国企业法律条款的有关规定，初创企业可以选择的组织形式有个人独资企业、合伙企业、有限责任公司和股份有限公司（关于企业组织形式的选择，在前述章节有详细介绍，这里就不再赘述）。

（3）企业需要了解的重要法律知识。创业者在企业初创的经营和管理过程中，必须了解并遵守与企业创建以及经营管理有关的法律法规知识，以确保本人和他人的利益不会受到非法侵害。与创业有关的法律主要涉及知识产权、竞争、质量和劳动等方面。

所谓知识产权，是指人们对自己通过智力活动创造的成果所依法享有的特定权利。专利、商标、版权等都属于知识产权范畴，这些也是企业的重要资产。知识产权也可以带来许可经营收入，如可以通过许可证经营或出售。实际上，几乎所有的企业（包括新企业）都拥有一些对其成功起关键作用的知识、信息和创意。传统观念将物质资产如土地、房屋和设备等看成企业最重要的资产，而现在知识资产已逐渐成为企业最具价值的资产。对于创业者来说，为了有效保护自己的知识产权，也为了避免无意中违法侵犯他人的知识产权，了解知识产权内容及相关法律是非常必要的。

①专利与专利法。专利一般是由政府机关或者代表若干国家的区域性组织根据申请而颁发的一种文件，这种文件记载了发明创造的内容，并且在一定时期内产生这样一种法律状态，即获得专利的发明创造在一般情况下他人只有经专利权人许可才能予以实施。在我国，专利分为发明、实用新型和外观设计三种类型。专利制度主要是为了解决发明创造的权利归属与发明创造的利用问题。专利法可以有效地保护专利拥有者的合法权益。创业者对其个人或企业的发明创造应及时申请专利，以寻求法律保护，使自己的利益不受侵犯，或者在受到侵犯时有法律依据提出诉讼，要求侵害方予以赔偿（参见《中华人民共和国专利法》及其实施细则）。

②商标与商标法。商标是指在商品或者服务项目上所使用的，由文字、图形、字母、数字、三维标志、颜色组合和声音等，以及上述要素组合构成的显著标志，它用以识别不同经营者所生产、制造、加工、挑选、经销的商品或者提供的服务。商标是企业的一种无形资产，具有很高的价值，这种价值体现在其独特性和所生产的经济利益上。保护和提高商标的价值，可以为企业带来巨大的收益。商标包括注册商标和未注册商标，目前我国只对人用药品和烟草制品施行商标强制注册。通常所讲商标均指注册商标，注册商标包括商品商标、服务商标和集体商标、证明商标。注册商标的有效期为十年，可以申请续展，每次续展注册的有效期也为十年。商标注册申请人必须是依法成立的企业、事业单位、社会团体、个体工商户、个人合伙以及符合《中华人民共和国商标法》（2019年修正）第十七条规定的外国人或外国企业。

③著作权与著作权法。著作权也称版权，是指作者对其创作的文学、艺术和科学作品依法享有的权利。

著作权包括发表权、署名权、修改权、保护作品完整权、复制权、发行权、出租权、展览权、表演权、放映权、广播权、信息网络传播权、摄制权、改编权、翻译权、汇编权以及应当由著作权人享有的其他权利共17项权利。对著作权的保护是对作者原始工作的保护，著作权中的署名权、修改权、保护作品完整权的保护期不受限制，而其他的保护期限为作者终生及其死亡后五十年。我国实行作品自动保护原则和自愿登记原则，即作品一旦产生，作者便享有版权，无论登记与否都受法律保护；自愿登记后可以起证据作用。国家版权局认定中国版权保护中心为软件登记机构，其他作品的登记机构为所在省级版权局（参见《中华人民共和国著作权法》及《计算机软件保护条例》）。

除了与知识产权相关的法律法规外，还有反不正当竞争法、劳动合同法等法律法规也是创业者及其新创企业所应当了解和关注的。

（4）税法问题。依法纳税是每个企业和公民应尽的义务，创业者学习和了解国家税收政策及有关规定，对于确保合法经营和企业正常业务的开展都是十分有利的。

税收制度是国家各种税收法令和征税办法的总称，我国社会主义税收制度是遵循"公平税负，普遍纳税，讲求效率，加强调控，简化手续"的原则建立起来的。税法是税收制度的核心，税收制度是国家法律的重要组成部分。国家与纳税人之间的征纳关系在税收制度中有明确规定，税收制度是国家向纳税人征税的法律依据和操作程序。纳税人除了必须按照税法规定依法纳税外，同时，也有拒绝缴纳不按税法规定征收税款的权利。违反税法的任何单位和个人，都要受到法律的追究。

现行税法明确规定，纳税人在开业的一定时间内应当向当地税务机关办理税务登记。税务登记是确定纳税人履行纳税义务的法定手续，生产经营者在开业、歇业、合并、分设、迁移时，都应在工商行政管理部门批准之日起30日内，持有关证件向当地税务机关办理开业、变更或注销税务登记。

税制改革前，我国大多数所需缴纳税种大致可分为国税和地税两部分。国税局核定缴纳的主要是增值税（部分企业还要缴纳消费税等其他税种）；地税局核定应缴税种主要为营业税、个人所得税、企业所得税、城建税、教育附加税等。目前，国税局、地税局已合并。

【引入案例】租赁不慎，创业夭折

小鹏是某高职院校的连锁与经营管理专业大三学生，他与另外同寝室三位有创业想法的同学一拍即合，打算每人投资5000元准备创业开家奶茶店。他们看中了学校对面一个闲置的理发店门面，承租者是一位姓孙的中年女老板，她同意以15000元转让这个店面两年的使用权，但前提是要求不要让房东知道店面转租给了他们，一旦房东问起，一定要说他们几个大学生是帮她打工的，以此避免房东找麻烦。小鹏等人虽然知道孙老板是承租者，不是真正的房东，但涉世未深的他们并不清楚一定要经过房东的同意才能租房，以为只要签了租房协议就能够保障他们的权利了。小鹏及伙伴们和孙老板签订了租赁协议后，首次支付了8000元房租。当小鹏等人正在对店面进行装修时，房东闻讯赶来阻止。房东表示，他和孙老板签订的合同上非常清楚地标明了"该房子只允许做理发店，并且不允许转租"。由此，房东与孙老板发生了激烈的冲突，并锁住了店门。不甘示弱的孙老板也跟着在店门上挂了一把锁，这几把锁锁死了小鹏他们的创业之路。

此后，孙老板就消失得无影无踪，手机也关机了，也没和小鹏他们做任何解释。房东更不愿意和小鹏他们协商，反正人家房租已经收到了年底。但是，这样可苦坏了小鹏他们这几个想创业的大学生，付给孙老板的8000元房租，加上门面装修花费了6000多元，以及进货花去的钱，4人共同出资的一万多元钱花得已经所剩无几。后来，幸好孙老板终于出现了，她向小鹏等人提出了两个方案：一是小鹏等人将剩下的7000元租金交齐，她再想办法和房东协商,让房东同意他们经营;二是如果要她退还8000元房租,小鹏他们必须把已经装修了的店面恢复原状,并补偿她两个月的误工费。

❖ **案例分析**:从这个案例当中,我们看到了小鹏等人不具备创业相关的法律知识,在创业初期就遭遇重大挫折。根据我国相关法律规定,在没有征得房东同意的情况下,擅自转租房屋是无效的行为,那么,所签订的有关店面转让的协议同样也无效。如果协议双方都知情,而因合同无效所造成的损失理应由双方共同来承担。小鹏等人所支付的装修费用以及孙老板的门面误工费加在一起,双方应各承担一半。如果孙老板不接受这样的条件采取逃避的方式,那么小鹏应该向法院提起诉讼,用法律的手段解决纠纷。如此看来,由于相关法律知识的缺乏,不但创业失败了,还造成了损失,更是带来了一系列的麻烦。

❖ **延伸问题**:了解和学习与创业相关的法律知识,对初创企业的经营和管理重要吗?

12.1.2 企业的社会责任

【**箴言警句**】每一个人都被生命询问,而他只有用自己的生命才能回答此问题;只有以"责任"来答复生命。因此,"能够负责"是人类存在最重要的本质。——维克多·弗兰克

企业要想生存和发展,就必须承担相应的社会责任,这是毫无疑问的。所以,初创企业首当其冲的是认识和理解企业的社会责任。只有对企业的社会责任有正确的理解,才能从长远上指导企业的发展。企业履行社会责任,这不仅是适应社会发展和经济全球化的需要,也是企业可持续发展的基础,更是企业应尽的义务和责任。所以,企业要想得到长远发展,必须履行社会责任。

企业社会责任的推进不能仅仅依靠政府的推动,企业社会责任最后还是要落实到企业自身的实施上,因此,应该从企业自身入手,建立完善的企业社会责任自律机制,从企业内部入手约束企业行动,使其符合企业社会责任规范。

(1)树立"以人为本"的经营理念。

坚持以人为本是提高企业社会责任意识的重要保证。以人为本既是企业管理的基本原理之一,又是企业社会责任的应有之义。从企业角度看,企业管理的目的就是满足人民日益增长的物质和文化生活的需要,提高人的生活质量,实现人的成长。而在企业的诸多生产要素中,人是最具活力、最有创造性的生产要素。坚持以人为本是企业实现有效管理、提高经营水平的前提条件之一。从社会范围看,企业是社会经济活动的主体之一,在实现自己的经营目标过程中,不应当损害其他经济活动参与者的利益,而这正是企业应承担的社会责任之一。具体到经营活动中,就要求企业提高安全生产标准,树立"生命至上,安全第一"的理念。"安全第一"原本是企业经营中一种常识性的要求,但近几年来,在企业生产和社会生活中重大事故层出不穷。发生这些重大事故的原因是企业在"安全"与"生意"、"利润"的抉择中做了错误的选择。要落实"生命至上,安全第一"的理念,首先,企业领导层要转变认识,即安全投入不是一种成本,而是一种回报丰厚的投资;其次,企业要改进目前的安全生产管理体制。"生命至上,安全第一"是维护员工权益的底线要求。而提高和改善员工福利、关心员工身心健康则是针对企业社会责任的更高要求。这不仅会影响企业员工的工作积极性和创造性,也影响着企业发展和社会进步。事实上,国外一些成功的企业已经在这方面做出了重要的示范。如20世纪50年代,美国福特走出低谷的诀窍之一就是大幅度提高员工工资。

"让福特员工都成为中产阶级"的理念为福特赢得了社会赞誉和市场美誉，也为企业赢得了巨大的利润。

（2）完善法人治理结构。

对企业而言，企业社会责任不应仅是一种理念，而更应落实为具体的行动。当然，由于企业首先是经济组织，追求利润是它的本性，因此，如果期望所有的企业都将承担社会责任变成一种自觉的行动，也许并不现实。在这一情况下，适当的制度保障才是解决问题的关键。近年来，通过什么方式以及建立什么样的制度，从而实现从企业内部来落实这种责任逐渐成为学术界的一个重要的研究课题。学术界已经达成一个普遍的共识，那就是从整个社会来看，有效的法人治理结构是实现社会责任分担的微观基础。只有建立这一基础，政府的很多调控和监督举措才有可能发挥作用。也就是说，政府和社会对企业的引导与监督最终是建立在企业自身完备制度的基础上的。总体而言，中国企业的治理结构还不够完善。特别是很多私营企业，往往忽视企业内部的制度建设。不过，我们也应看到，已经有相当部分的企业实现了原始积累，正朝着规范化企业的目标迈进。企业对于社会所产生的作用也越来越大，企业的行为给社会环境带来了更深层次的影响。而企业的法人治理结构则是决定企业行为的重要影响因素。企业治理结构的设计，不能仅以实现企业和股东的利益为目的，同时还要考虑企业社会责任的承担问题。企业不应仅寻求公司股东的最大利益，在具体决策时，也应对其消费者、商业伙伴、员工、所在社区利益等利益相关者加以考虑，以完善其社会责任。在董事会的构成问题上，传统意义上的企业较为简单，即股东大会选举产生董事，至于股东大会选举何种人士担任企业的董事，完全是企业股东自己的事情，法律并没有太多的强制性规定。这种法律环境，为企业选择董事创造了很大的空间，股东在选举董事的时候，主要考虑的也仅仅是企业的经济功能，即以能否为股东创造最大的利润作为选举董事的主要标准。在这种情况下，董事会的职能也仅仅是实现企业利润的最大化。但是，在现代社会，企业除了为股东创造利润外，还要承担一定的社会责任，企业董事会的构成在这方面也应做适当的考虑。

现代企业经营日益专业化和复杂化，对于经营者的要求越来越高，经营者的自身素质也越来越决定着一个企业的发展。而且股东会是非常设机构，不可能对企业的任何突发事件通过定期召开股东大会及时做出处理。同时，一些股东"搭便车"现象的存在也表明了股东会中心主义的不足。从国外的经验看，早在1937年，德国就率先强化董事会职权，此后，其他西方各国企业在立法中也逐渐放弃了股东会中心主义，建立了以董事会为中心的治理结构。我国企业法的修改也应顺应这种发展，确立董事会中心主义，让董事会对更加广泛的利益主体负责，授权董事在做出企业经营决策时适当地考虑其他利益相关者的利益，而不是只对股东负责。

另外，在董事会成员的构成上，我们也可以借鉴发达国家的经验。比如设置独立董事，适当地增加外部董事的比例，以纠正目前企业法中内部董事比例过高的现象。这里的外部董事是指在董事会中设置一个由来自企业外部，且独立于企业业务执行委员会的外部董事组成的内部委员会，专门行使经营监督职权。这个外部董事应当由职工和社会人士来担当。此外，企业法中应明确董事对利害相关者负有一定的忠实义务和注意义务。也就是要求董事在履行职责时，应适当地照顾到利益相关者的合法利益，否则应当承担一定的责任。在现行的法律框架下，企业董事会具有广泛的裁量权，在企业社会责任这一议题上，董事会扮演的角色格外重要。

企业承担社会责任必然要与企业利益、股东利益发生矛盾和冲突，调整这些矛盾和冲突，协调各方利益使其一致,是完善企业治理结构的主要目标。在企业中,如果有一个构成合理的董事会,企业承担社会责任问题并不是一个遥不可及的理想。而董事会的构成是否合理,董事的选任制度将起关键性的作用。

这一新的企业治理结构具有非常重要的意义。职工董事、监事制度是企业社会责任在法人治理结构中的体现。让职工参与企业治理不仅是企业社会责任理念在职工利益领域的表现形式,它还有利于完善企业经济民主,改善劳资关系,提高企业经济效益。实际上,社会上有很多职工利益受损的例子,导致这一现象的原因是,在原有的企业治理结构中没有企业职工代表,职工的利益常常被忽略,职工的呼声得不到反映。而我们倡导的这一新的治理结构,就要求企业保护职工的利益。从这个意义上说,职工参与公司治理,会促进公司社会责任的承担。

(3) 公司社会责任信息披露。

定期公布企业履行社会责任报告是促进企业积极推行社会责任的形式之一,目前多数跨国企业均采取企业社会责任报告的形式公布自己履行社会责任的状况,以接受社会监督。企业社会责任报告的形式从原先纯粹的环境报告变成了可持续发展报告,内容涉及社会、环境、经济等多方面,这种形式已经成为报告的主流。除发布独立的企业社会责任报告外,越来越多的企业把企业社会责任信息作为年报的一部分对外发布。从报告的深度和具体情况来看,报告的内容以环境问题的披露为主,涉及最多的社会问题通常包括劳工标准、工作条件、社区参与和慈善捐赠。尽管有多数报告提到如盈利等财务信息,但是仅有少数报告从更广泛和可持续能力层面讨论了商业活动的影响。为此,欧洲财政经济会计专家联盟(UEC)建议,企业社会责任报告必须获得与财务报告同等的地位和分量,包括必须进行独立的审核。英国规定,上市公司自 2005 年起必须在企业运营和财务报告中陈述其社会和环境表现。以上阐述了公司层面促进社会责任的主要方式,此外还有一种社会责任投资,这种行为的主体既可以是公司的原有股东,也可以是持币观望的其他投资者,也有专门的投资基金。对于承担社会责任的公司,他们愿意持有该公司的股票,或者买入更多的股票;对于不愿意承担社会责任的公司,他们或者卖出该公司的股票,或者撤出投资,使其遭遇融资困境。这种方式主要是在金融市场上影响企业的融资环境来修正企业的不负责任的行为。社会责任投资则专门支持履行社会责任的公司。

从目前我国的情况看,按时披露有关企业社会责任信息的企业并不多,因此,这方面努力的空间还很大。随着企业社会责任意识的逐步增强,这方面的制度会得到逐步建立和完善。

(4) 将企业社会责任融入企业文化中。

企业社会责任意识是企业文化中最具有基础性的内容,它不仅可以渗透到企业文化的其他要素和环节,而且还可以在企业经营管理的各个环节体现出来。将企业社会责任融入企业的企业文化中去,并把它作为企业文化的基础,使企业社会责任意识成为企业价值理念系统中重要的组成部分和基础性因素。就我国而言,目前企业这方面的意识还很不够。很多中小企业主认为,我们是中小型企业,企业的关键是生存,谈不上企业文化建设问题。其实,每一个企业在发展过程中,不管规模大小,都必然有其独特的文化雏形,这些雏形表现为一种松散的、自发的、以创始人为核心的文化,充分显现出创始人的自我修炼程度。创始人以自身的思想和行为直接影响到企业的员工,并有意识或无意识地对企业员工进行灌输,使之融入企业管理行为中,并逐渐形成企业独特的价值观、道德观,从而形成一种企业凝聚力,使之推动企业向前发展，达到企业文化的真正内涵。有眼界的企业创始人，必然有塑造企业文化的远见和构思。企业文化是企业生存的基础、发展的动力、行为的准则、成功的核心。中小企业的生存、发展、行为和成功也存在塑造企业文化的问题，只不过是因企业规模和发展阶段不同，企业文化塑造的力度和角度也就不同。

一些民营企业也在强调企业文化的重要性，希望企业文化能够给企业带来效益，以促进企业的可持续发展。但是，企业很少去认真思考企业文化建设的根基在哪儿，只是喊喊口号、装装门面，这不仅直接影响民营企业自身的寿命，还会对社会造成越来越严重的负面影响。其表现主要有三点。一是企业道德标准比较模糊，甚至很多时候被忽视，致使企业缺乏基本的道德底线。直接表现出来的就是有的民营企业非法雇用童工，其生活和工作条件差，工资低；有的民营企业定了许多不合理的规章制度，损害员工的身心健康；有的民营企业为了赚钱，竟敢置顾客的生命于不顾，生产危害性极强的食品残害人命，等等。这些均须受到法律的约束，犯法者应受到法律的处罚。二是缺乏诚信。在竞争日趋激烈的今天，诚信是市场经济对企业的基本要求，是企业的信誉之源、立身之本、发展之基。没有诚信原则就没有市场经济秩序，就没有市场经济效率，也就没有市场经济的生命力。"诚招天下客，誉从信中来"，这既是千古经商法则，更是市场经济有序运行的内在要求。三是社会责任心匮乏。一些民营企业忽略了企业社会责任对生产安全、职业健康、劳动者合法权益以及环境保护等的关注。企业为了自己短期利益，不顾自己的社会责任，处处以眼前的得失为重，不从企业长期利益或企业员工的利益出发考虑问题，更不会考虑整个社会的利益，企业的行为游离于社会责任之外，最终必将被社会所淘汰。

企业社会责任既是历史的产物，又处于与时俱进的演绎中。企业社会责任的构建是一个系统工程，依赖于由法律强制、行政干预、经济调控、社会监督、责任认证、企业内部治理和企业自律自愿等方式相结合所形成的一套多层次的制度安排。因此，这就需要政府、民间组织和企业自身多种行为主体共同发挥作用。

【引入案例】 彭浩：让人人都喝上健康水

当人们都争相到中国的长寿之乡——广西巴马品尝"神仙水"时，武汉中地水石环保科技有限公司的彭浩正在研究如何将普通水处理成"神仙水"。他自豪地告诉记者："经我们处理后的水，质量已经跟广西巴马的水非常相近。"该公司是中国地质大学（武汉）第一家由在校生创办的科技型企业，创办人彭浩是这所大学的博士研究生。

让人们喝上健康水是彭浩的心愿。在他的家乡四川大巴山山区，人们深受水源污染之苦，有的人甚至因此患上癌症，而这并不是个别现象。据环保部（今生态环境部）今年 3 月 14 日发布的首个全国性研究结果显示，我国有 2.5 亿居民的住宅区靠近重点排污企业和交通干道，2.8 亿居民在使用不安全饮用水。

在填报高考志愿时，彭浩选择了地下水科学与工程专业。大学期间，在班主任马传明的指导下，他常常早上 6 点就跑到实验室，一直工作到晚上 11 点。2011 年，他成立了大学生创新创业团队，开始从事地质材料的水处理技术研发。

2012 年，彭浩跟着导师做水文地质调查项目时，发现甘肃地下水经过沉淀后仍然很浑浊，杯底甚至有泥土。此后去其他地方，彭浩一次次遇到类似的情况，他越来越想把净水技术投入实践。

彭浩团队研究的基于地质材料的净水技术不但能去除水里的有害物质，还能够释放人体所需的微量元素。这一技术受到水文地质专家袁道先院士的公开推荐。

在校团委的帮助下，武汉地质资源环境工业技术研究院投资 150 万元，注册了武汉中地水石环保科技有限公司，由彭浩团队控股 70%。

"产品计划 8 月面世，一部分产品已经无偿送到甘肃地区。"彭浩说。当初选择投资方时便要求拿一部分产品做公益，他希望，每卖出去 10 个产品，就捐 1 个产品做公益。

"创业只能是寂寞的，因为要走的路太多。"彭浩自己有时候也想放松，"但肩上的责任让我停不下来。"

（以上文字摘编自百度文库，2021 年 8 月 27 日）

❖ **案例分析**：企业的经营和发展必然会受到社会因素的影响和制约，与社会发展相适应已成为现代企业成功的重要因素。这就需要企业主动承担相应的社会责任，也即由"经济人"向"社会人"转变。也正是在这个意义上，企业理所应当同其他社会主体协同合作，不遗余力地参与到构建和谐社会的伟大事业中去。

❖ **延伸问题**：对于企业的社会责任，你有何看法？

子任务 12.2　规避创业风险

【考核指标】

❖ **理论指标**：

（1）理解创业风险概念和 6 个特征；

（2）了解创业风险 6 个分类标准及其内容；

（3）掌握规避创业风险的 6 个方面。

❖ **实践指标**：在对企业（项目）分析过程中至少从两个方面来规避创业风险。

12.2.1　创业风险概述

【箴言警句】任何时候做任何事，订最好的计划，尽最大的努力，作最坏的准备。

——李想

（1）创业风险概念。所谓创业风险，一是指风险因素，即创业过程中有可能遇到某些风险因素的干扰；二是一旦某些风险因素真正发生，创业者即会阶段性遇到很难克服的困难，导致创业活动很难推进，甚至导致创业的失败。

（2）创业风险的特征。

①客观性。像地震、台风、洪水、瘟疫、意外事故的发生等，都不以人的意志为转移，它们是独立于人的意识之外的客观现象。人们只能在一定的时间和空间内改变风险存在和发生的条件，降低风险发生的频率和损失程度，而无法彻底消除风险。客观性要求我们正视创业风险，并积极对待创业风险。

②不确定性。影响创业的各种因素是不断变化、难以预测的，这就造成了创业风险的不确定性，这种不确定性是风险的本质。但这种不确定性并不是指对客观事物的全然无知。人

们可以根据以往发生的一系列类似事件的统计资料，经过分析，对某种投资风险发生的频率及造成的经济损失程度做出主观上的判断，从而对可能发生的风险进行预测和衡量。风险的测量过程就是对风险的分析过程，它对风险的控制与防范、决策与管理具有举足轻重的影响。

③相关性。相关性是指投资者面临的风险与其投资行为及决策是紧密相连的。同一风险空间对不同的投资者会产生不同的风险，同一投资者由于其决策或采用的策略不同，会面临不同的风险结果。实质上，风险空间是由决策空间和状态空间结合而成的。状态空间是客观必然的，人们无法自由选择；而决策空间是人们根据状态自主选择的结果，决策正确与否，直接影响人们面临的风险及其程度。

④损益双重性。如果能正确认识并充分利用风险，反而会使收益有很大程度的增加。例如，开发一个房地产项目，若预期收益很大，那么风险也必定大。如果形势不好，极有可能发生亏损；若形势转为有利，收益也会大为增加。这就是损益的双重性。风险结果的双重性说明对待风险不应该消极地预防，更不应该惧怕，而是要将风险当作一种经营机会，敢于承担风险，并在同风险斗争中战胜风险。

⑤可变性。风险在一定条件下是可以转化的。这种转化包括：一是风险量的变化，随着人们风险意识的增强和风险管理方法的完善，某些风险在一定程度上可以控制，其发生的频率和损失程度可降低；二是某些风险在一定的空间和时间范围内被消除；三是产生新的风险。

⑥可测性。虽然个别风险的发生是偶然的，但通过对大量事件的观察，则可以发现其规律。根据大量资料，利用概率论和数理统计的方法可预测风险事故发生的频率及损失程度，并构造出损失分布模型，成为风险估测的基础。

【引入案例】 即开即关仓买店

李丽是某高职院校市场营销专业的学生，她一直就有一个梦想，那就是自己当老板。她看到邻居在小区里开了一个仓买店收益一直不错，颇为心动。于是，毕业后李丽就租了小区内一个库房作为店面，并筹集了 2 万多元钱作为启动资金，她进了一些货品，开了一家仓买店。但是经营了一个多月后，李丽的仓买店就撑不下去了，不得已只能关张。为什么同样是仓买店，邻居可以干得红红火火，李丽的店就经营得如此惨淡呢？原来，李丽为了突出自己仓买店的特色，没有像邻居一样进茶、米、油、盐等大众用品，而是把经营范围锁定在沙司、奶酪、芝士等一些西餐调味食品上。但是，小区里的居民对她的货品需求量少，加之她的店铺位置在小区边缘，而且营业时间不固定，由着她的性子开，生意怎么可能火起来。

当地创业培训中心专家指出，李丽创业之初求新求异的心理，很多大学生都有，它发挥好了是优点，但如果处理过头就是致命的缺点了。经营需要有自己的特色，但是必须符合市场环境的客观需要。像李丽的食品杂货店之所以会关张，就是因为她没有搞好市场调研，这个仓买店如果在一个涉外社区内也许会经营得很好，但是她选择的是一个普通居民区。普通社区里的仓买店对茶、米、油、盐的需求远远要大于沙司、奶酪、芝士等西餐调味品。再加之店铺的选址不合适，营业时间不固定，也是李丽创业失败的原因。

（以上文字摘编自百度文库，2021 年 3 月 21 日）

❖ **案例分析**：人们都说创业有风险，投资需谨慎，这是一个不变的真理。我们对于创业公司的前途预知能力是比较弱的，可能不会想到以后会发生什么样的事情，所以在创业过程中要对创业风险有充分的认识。

❖ **延伸问题**：对于创业风险，你是如何理解的？

12.2.2 创业风险分类

【**箴言警句**】互联网行业的创业往往是苦尽甘不来的，要随时做好失败的心理准备，人才和资金是所有创业企业都会面临的问题。——张本伟

（1）按创业风险产生的原因划分。按创业风险产生的原因进行划分外，可分为主观创业风险和客观创业风险。

①主观创业风险：是指在创业阶段，由于创业者的身体与心理素质等主观方面的因素导致创业失败的可能性。

②客观创业风险：是指在创业阶段，由于客观因素导致创业失败的可能性，如市场的变动、政策的变化、竞争对手的出现、创业资金缺乏等。

（2）按创业风险产生的内容划分。按创业风险产生的内容划分，可分为技术风险、市场风险、政治风险、管理风险、生产风险和经济风险。

①技术风险：是指由于技术方面的因素及其变化的不确定性而导致创业失败的可能性。

②市场风险：是指由于市场情况的不确定性导致创业者或创业企业损失的可能性。

③政治风险：是指由于战争、国际关系变化或国家或地区的政权更迭、政策改变而导致创业者或企业蒙受损失的可能性。

④管理风险：是指因创业企业管理不善产生的风险。

⑤生产风险：是指创业企业提供的产品或服务从小批试制到大批生产的风险。

⑥经济风险：是指由于宏观经济环境发生大幅度波动或调整而使创业者或创业投资者蒙受损失的风险。

（3）按创业风险对资金的影响程度划分。按风险对所投入资金即创业投资的影响程度划分，可分为安全性风险、收益性风险和流动性风险。创业投资的投资方包括专业投资者与投入自身财产的创业者。

①安全性风险：是指从创业投资的安全性角度来看，不仅预期实际收益有损失的可能，而且专业投资者与创业者自身投入的其他财产也可能蒙受损失，即投资方财产的安全存在危险。

②收益性风险：是指创业投资的投资方的资本和其他财产不会蒙受损失，但预期实际收益有损失的可能性。

③流动性风险：是指投资方的资本、其他财产以及预期实际收益不会蒙受损失，但资金有可能不能按期转移或支付，造成资金运营的停滞，使投资方蒙受损失的可能性。

（4）按创业过程划分。按创业过程划分，可分为机会的识别与评估风险、准备与撰写创业计划风险、确定并获取创业资源风险以及新创企业管理风险。

①机会的识别与评估风险：是指在机会的识别与评估过程中，由于各种主客观因素，如信息获取量不足、把握不准确或推理偏差等使创业一开始就选错方向的风险。另外，机会风险的存在，即由于创业而放弃了原有的职业所面临的机会成本风险，也是该阶段存在

的风险之一。

②准备与撰写创业计划风险：是指创业计划的准备与制订过程带来的风险。创业计划往往是创业投资者决定是否投资的依据，因此创业计划是否合适将对具体的创业产生影响。创业计划制订过程中各种不确定性因素与制订者自身能力的限制，也会给创业活动带来风险。

③确定并获取创业资源风险：是指由于存在资源缺口，无法获得所需的关键资源，或即使可获得，但获得的成本较高，从而给创业活动带来一定风险。

④新创企业管理风险：主要包括管理方式，企业文化的选取与创建，发展战略的制定，组织、技术、营销等各方面的管理中存在的风险。

（5）按创业与市场和技术的关系划分。按创业与市场和技术的关系划分，可分为改良型风险、杠杆型风险、跨越型风险和激进型风险。

①改良型风险：是指利用现有的市场、现有的技术进行创业所存在的风险。这种创业风险最低，经济回报有限，即风险虽低，但要想生存和发展，获取较高的经济回报也比较困难。一方面会遭遇已有市场竞争者的排挤或进入壁垒较高的限制；另一方面即便进入，想要占有一定的市场份额也非常困难。

②杠杆型风险：是指利用新的市场、现有的技术进行创业存在的风险。该风险稍高，对一个全球性公司来说，这种风险往往是地理上的，常见于开辟新市场，如城市轿车企业利用原有技术进入农村市场。

③跨越型风险：是指利用现有市场、新的技术进行创业存在的风险。该风险稍高，主要体现在创新技术的应用方面，往往反映了技术的替代，是一种较常见的情况，常见于企业的二次创业，领先者可获得一定的竞争优势，但模仿者很快就会跟上。

④激进型风险：是指利用新的市场、新的技术进行创业存在的风险。该风险最大，如果市场很大，可能会带来巨大的机会，对于第一个行动者而言，其优势在于竞争风险较低。但是知识产权保护力度很弱，市场需求不确定，确定产品性能有很大的风险。

（6）按创业中技术因素、市场因素与管理因素的关系划分。按创业中技术因素、市场因素与管理因素的关系划分，可分为技术风险、市场风险和代理风险。这三类风险之间相互作用，使得创业企业运作的各个层面上的诸多因素的不确定性更加复杂，并且在创业企业不同的发展阶段上，各因素的风险性质也将产生一定的变化。

12.2.3　创业风险的规避

【箴言警句】 公司是个是非地，商场是个是非地，商人是个是非人，挣钱是个是非事，变革的年代是个是非的年代，怎么样在这么多是非里面无是非，这就要求人有非常好非常稳定的价值观。是非取于心，很多是非是心不平产生的。

——冯仑

经营企业的最终目的是盈利，无论制订可行性报告、工作计划还是活动方案，都应该明确如何获得利润。但是，任何一个创业的投资，又都是风险与成功并存的。因此，如何规避创业风险，提高创业成功的概率，是大学生创业者必须认真思考的问题。

（1）充分做好创业准备。大学生如果有创业想法，想创业，那么一定要充分做好前期准备工作，否则，盲目决定创业将会埋下风险隐患。要在充分了解自己专业、个性特征、特长等的基础上，通过政府政策扶持、高校创业指导，结合地方、地区经济特点、社会发展需要，选择适合大学生创业者特点，符合个人兴趣爱好的项目进行创业。在创业之前，可以一方面在企业打工或者实习，积累相关的管理和营销经验；另一方面积极参加创业培训，积累创业知识，接受专业指导，为自己充电；再者，还可以参加各类创业大赛（比如挑战杯、创青春、互联网+等大学生创业大赛），模拟创业，以此来提高创业的成功率。除此之外，大学生不仅要提高创业法规及政策素养，还要尽量掌握广博的知识，拥有一专多能的知识结构，才能进行创造性思维，做出正确的创业抉择。以上各种途径，可以帮助创业者充分做好创业准备，减少大学生创业的盲目性，降低创业失败的风险，以此来规避创业风险。

（2）科学、合理地筹措、运用资金。资金是企业生存与发展的基础，是企业进行经营活动的血脉，没有资金，再好的创意也难以转化为现实的生产力。在获取资金前，首先要明白自己需要多少资金，如何获得资金，资金的来源渠道如何。在创业初期，大学生要开阔思路，多渠道融资。除了银行贷款、自筹资金、民间借贷等传统途径外，还可以充分利用风险投资（虽然风险高，但回报也高）、创业基金（如中国社会福利基金会、中国青年创业就业基金会）等融资渠道。同时，也可以利用各类大学生创业大赛这个融资途径，例如，由共青团中央等单位主办的挑战杯大学生创业大赛，为冠军提供10万元的创业资金，大学生参加此类创业大赛，既可以锻炼创业能力，又可能获得高额的创业资金。企业创办起来后，就必须考虑是否有足够的资金支持企业的日常运作。同时，还必须建立健全资金的内部控制制度，加强企业资金的管理，确保企业资金的安全完整、正常周转和合理使用，减少和避免损失或浪费。而要建立健全行之有效的内部控制制度，应针对企业经营活动中的各项风险点，对业务流程重新组合，按照"职能分割，制约监督"的原则，建立业务管理、风险管理、财务管理三位一体的管理控制平台，完善事前防范、事中控制和事后监督的控制体系。

（3）组成最大合力的合作团队。大学生创业不应是一个人的单打独斗，因为一个人的能力是有限的，而应建立一个由各方面专才组成的合作团队，大家既有共同理想，又能有效地使技术创新与经营管理互补，保证团队形成最大合力，在市场竞争中获胜，推动企业发展，取得创业成功。为了保证即使面对分歧也能科学决策，以及保证团队成员有效地推进工作，必须建立健全各项制度。制度具有全局性、稳定性、长期性的特点，要不断加强团队制度建设，坚持依靠制度管人管权管事，依靠制度约束和规范成员行为。各项工作的制度建设主要包括组织制度、议事规则、生产经营管理制度、财务管理制度、绩效考评制度、工作纪律和奖惩制度等。要通过完善的制度来减少和避免不利于团队团结和创业企业发展的行为发生，保证创业工作有序、规范和稳定。用制度明确团队成员的权利和义务，制定合理的创业团队内部股权分配办法。整个创业过程涉及的解决团队分歧的制度都必须以规范化的书面形式确定下来。

（4）塑造专而精的创业技能。创业能力是一种以智力为核心的具有较高综合性要求的能力。智力技能创业，这是大学生创业的特色之路。一些风险投资家往往就因为看中大学生所掌握的先进技术，而愿意对其创业计划进行资助，因此就要求创业者要有深厚的专业基础和较好的管理能力。身处高新科技前沿阵地的大学生，在这一领域创业有着"近水楼台先得月"的优势，网易、腾讯等大学生创立企业的成功，就是得益于创业者的技术优势。但并非所有的大学生都适合在高科技领域创业，打算在高科技领域创业的大学生，一定要注意技术创新，开发具有独立知识产权的产品。与此同时，大学生创业者容易仅凭着一腔热情和一项技能而忽视企业管理的重要性。一个企业能够正常运行，不仅要选定好的项目、良好的资金保证，还必须有一批高素质的企业管理者。这批管理者不能仅仅依靠书本上学过企业管理和经营的知识，更重要的是要投身企业管理的实践。

（5）努力丰富社会经验。良好的交际能力是创业成功的加速器。大学生思想比较单纯，涉世不深，经验缺乏，资源不足。在当今提倡合作双赢的时代，过去那种单枪匹马的创业方式已越来越不适应时代的需求。扩大社交圈，通过朋友掌握更多的信息、寻求更大的发展，日益成为成功创业的捷径。同时，由于很多创业者投入很大精力在产品研发上，对所处的社会、政治、政策、法律环境了解不深，对突发事件缺乏敏感性和应变能力，对紧急事件的处理不够恰当或者失误，将会直接导致创业活动的失败。所以，创立企业并不是一个孤立的生产单元，要认识到它与周围世界的联系，注意观察相关法律、政策信息，及时制定和调整企业生产策略。

（6）极力提升心理素质。创业者开始创业，必须对自己有信心，相信自己能成功、能做好，否则就难以坚持下去。创业是一份极其挑战自信心的工作，只有不断相信自己，才能不断战胜不可能。如果在创业过程中，出现不自信的心理状况，那创业就会遭遇挫折，会受到阻碍；创业者遇到困难需要冷静，不能随意、急躁，否则易浪费很多创业机会。在实际的创业过程中，遇到难题是很正常的，如果一味放弃，将会一败涂地。因此，沉稳冷静的心态是很重要的。在冷静下来之后，还需要善于思考。创业者要能吃苦，不怕吃苦，才能制胜。有很强的嫉妒心理，就会心胸狭窄，做事情就不能踏实肯干。多疑是不良的情绪，容易产生悲观心理，造成团队人心涣散，工作执行力和效率下降。

最后还要锻炼受挫能力，遇到挫折后应放下心理包袱，仔细寻找失利的原因，属于主观原因的就要调整自己的动机、追求和行为，避免下次出现同样的错误；属于客观或社会因素中自己无能为力的因素的，也不要过于自责、自卑或者固执，应坦然面对、灵活处理，争取新的机会。即使失败，也要振作起来，使自己始终保持斗志和信心，直至创业成功。

总之，全球经济不确定性仍然广泛存在，机会与风险并存，创业对勇于在经济大潮中展示自我的大学生来说是一把双刃剑。大学生是否具备风险防范意识和抵御风险的实践能力，将直接影响创业的成败。

实践训练

【实践训练】撰写一份创业风险分析报告。

【训练要求】以个人为单位，结合学过的创业知识，分析该范例中存在的创业风险，以及至少从两个方面谈该如何规避创业风险，字数不得少于 200 字。

【范例】

2018 年 12 月 24 日，某高职院校 5 名食品营养与检测专业的毕业生，每人自筹资金 4 万元，共计 20 万元，在哈市某著名景点开了一家"营养面馆"，并打算 5 年后在黑龙江省内开 10 家连锁店。这 5 名毕业生没有积蓄，原本打算先把这个面馆经营好，积累了一定的经验和资金后，开始发展"营养面馆"连锁店，设想把"营养面馆"开到全国每个城市，最终走向世界。可没想到的是，空有梦想，没有详细计划，没有合理规划，店面租金就花去了他们的全部资金，他们 5 人又各自向家人、朋友借款支撑局面，合伙人之间也没有明确的职务分工，而且还都各自忙个人的事情，"营养面馆"长期处于"营养不良"状态，一直没有人管理，经营状况可想而知，店铺也面临转让处境。就这样，这家"营养面馆"仅仅经营了 4

个多月，就不得不草草收场了。

课后习题

一、多项选择题

1. 企业可选的法律组织形式有（   ）。
   A. 个人独资企业　　　B. 合伙企业　　　C. 有限责任公司　　　D. 股份有限公司
2. 创业风险的特征包括（   ）。
   A. 客观性和相关性　　　　　　　　　B. 可变性和可测性
   C. 不确定性和损益双重性　　　　　　D. 稳定性和主观性
3. 知识产权包括（   ）。
   A. 专利　　　　　　B. 质量　　　　　　C. 商标　　　　　　D. 版权
4. 按创业风险对资金的影响程度，创业风险分为（   ）。
   A. 安全性风险　　　　　　　　　　　B. 收益性风险
   C. 流动性风险　　　　　　　　　　　D. 经济性风险
5. 按创业与市场和技术的关系划分，创业风险分为（   ）。
   A. 改良型风险　　　　　　　　　　　B. 杠杆型风险
   C. 跨越型风险　　　　　　　　　　　D. 激进型风险

二、判断题

1. 知识产权是人们对自己通过体力活动创造的成果所依法享有的权利。（   ）
2. 专利是指某个政府机构根据申请办理的文件。（   ）
3. 所谓创业风险，仅仅是指创业过程中有可能遇到某些风险因素的干扰。（   ）
4. 企业社会责任的推进不能仅仅依靠政府的推动，企业社会责任最后还是要落实到企业自身的实施。（   ）
5. 大学生创业只要做好充分创业准备，就能规避创业风险。（   ）

三、简答题

1. 请简要叙述企业面临的法律问题。
2. 请简要叙述创业风险的概念及其特征。
3. 请简要叙述大学生创业如何规避创业风险。

延伸阅读　大学生创业失败案例

由五名大学生创办的"小超之家"水果购物网站宣布倒闭，距离网站创办仅9个月时间。"创办之初公司设在中科院周围，6月份搬到了北大南门，主要针对北大在校学生和周边人群。"小朱说，他们在附近租了房，用于货物中转和储存。从四道口的农贸市场批发水果，按照网上的订单骑自行车送货。"后来订单逐渐增多，每天的营业额达到两千多元，几个人忙不过来了，雇了四名员工送货。"尽管如此，刨去员工工资、房租等费用，每个月仍然是亏损的。

大学生创业失败的原因

刚出校门的大学生满腔热情进行创业，有的成功，有的失败，但以失败者居多。分析原因却具有普遍性，这里做个深度分析，给即将创业的大学生引以为鉴。

（1）**盲目崇拜偶像**。在很多青年心目中，创业英雄已然成为他们最崇拜的人，无形中就使得大学生创业者"唯其马首是瞻"，凡是李开复、史玉柱、马云、俞敏洪说的，就是对的。殊不知，这些成功的企业家自有他们令人望尘莫及的能力或品质，但成功永远是小概率事件，那些商业奇迹多少都有幸运的成分，而幸运却是不可复制的。创业者一定要因事因地独立自主思考和判断对那些成功案例中的方式方法也要有辩证的批评的眼光，不可简单照搬

（2）**轻信**。要么被合作方表面的热情和口头承诺所蒙蔽，既不做逻辑上证伪的反思，又不做独立深入的调研，轻易上当受骗；要么是在没有考证对方商业信用的情况下把大批货物发过去，最终收不回货款；要么是轻信对方吹得天花乱坠的新技术最终浮出水面的却是粗制滥造的东西。

（3）**迷信理论模型**。高学历的创业者往往有纸上谈兵的倾向，他们把各种营销曲线模型和时髦的商业模式理论背得滚瓜烂熟，可到了商业实战上，却寸步难行，任何理论都有其边界和适用范围，特别是在中国这个转型期的市场经济初级阶段商业生态极端复杂的现实面前，亦步亦趋地套用西方经济学模型显然是不行的，最终还要相信人脉就是钱脉，所以要建好团队。

造成这样的结局原因有二：一是中国学生从小到大，一心读书，两耳不闻窗外事，严重缺乏社会实践经验；二者也暴露出高校教育模式的软肋，这与中国高校缺乏批判性思维和能力知识教育有关。

创业失败了怎么办

1. 及时有效的沟通

沟通可能需要花费很多时间和精力，很多创业者可能认为这些时间和精力原本可以投入到公司更重要的产品、市场或管理上。实际上，身经百战的企业家应该知道事实并非如此。

哪怕创业失败了一次或几次，良好的沟通依然可以维护创始人的声誉，尤其是对于风险投资人来说，他们大都是成熟的资本家，有风险承担能力和识别能力，有效沟通和妥善处理创业的失败，可能让风险投资人更加理解创业者并看好你的未来，甚至还有可能投入更多资源帮助创业者转型。

同理，创始人需要与合作伙伴及公司的员工等各方做好沟通工作。没有人喜欢坏消息，但谁也无法逃避，最好的方式就是鼓起勇气去面对和尽力补救。

2. 善始善终，创业路上请勿埋雷

如果创始人已经决定不再继续支撑苦苦挣扎的创业企业，就需要知道应该如何依法妥善终止现有企业的途径和必经程序。

（1）**清算**。清算是注销公司的必经程序，公司注销清算程序是股东的法定义务。公司股东如果不办理清算注销手续，损害了债权人的利益，债权人有权以股东为被告，要求股东承担清算赔偿责任、连带清偿责任。因此创业者作为公司股东应当积极履行清算义务，避免在自己的创业道路上埋下法律地雷。

（2）**注销**。要依法终止一家公司，只有经过清算程序，清理债权债务、处置剩余财产，并注销登记才能最终消灭其法律人格。公司注销可以简单概括为两种情形：一种是自行注销还未到资不抵债境地的情形，另外一种是资不抵债的情形。

3. 创业失败者的未来之路

创业是一个学习的过程，而失败是一个学习总结的机会。除了总结失败原因，认真审视自己，为未来创业之路做好更充分的准备之外，创始人也需要学习了解其他能使公司走出困境的方式。

（1）业务转型或连续创业。创业企业最大的优势莫过于船小好调头，转型容易，如果实在坚持不下去，重新开始一个新的创业项目也未尝不可。此时，如果你做好了沟通工作，你会发现业务转型或连续创业竟然比想象的要容易多了。

（2）卧薪尝胆。如果创业者发现自己不适合创业或者想要等待更好的创业时机，就算再去找一份工作也没有什么大不了。等到时机成熟准备充分，再次东山再起也未尝不可。

（以上文字摘编自《创业首页》，2022年4月2日）

❖ **思考与讨论**：大学生创业存在哪些创业风险？你身边的创业者存在这样的问题吗？在创业的过程中，你觉得该如何进行规避？

第5单元　实施创业计划

【单元内容摘要】

本单元主要设置了编制创业计划书和开展商业路演两项任务。这两项任务是在学习前四个单元的基础上，进一步根据理论知识进行实践应用，旨在帮助学习者对创业基础知识做到融会贯通，能够编制出完整、科学的创业计划书，完成专业、精彩的商业路演，为高职学生参与创业赛事打下基础，也为后续的创业实践做好准备。

【学习目标】

- ❖ 掌握创业计划书的主要内容与撰写技巧；
- ❖ 把握商业路演的基本形式和重要策略；
- ❖ 利用所学知识参与到赛事中。

【学习方法】

❖ **情境模拟法**：学习者需要真正将自己当作一名创业者，与已经组建的创业团队共同拟定创业项目，并按照创业计划书的主要内容逐一探讨，详细制订计划内容。在商业路演过程中，需尽可能模拟真实的路演环境，身临其境感受路演氛围。

❖ **多次演练法**：开展商业路演前，演讲者需通过多次模拟演练，由团队其他成员倾听并指出不足，做出多次修正。演讲者在反复训练时能够对 PPT 演讲内容做到了如指掌、近乎流利背诵。需深化对团队创业计划书的了解和认知，提升对路演过程的掌控力，找到适合自身的表述方式和肢体语言。

❖ **相互问答法**：在编制创业计划书时，团队成员应注意针对重要内容相互提问和作答，以便更加清晰地厘清计划思路，完善计划内容。在商业路演练习中，团队成员也需要针对阐释内容进行互问互答，模拟路演可能遇到的问题，找出矛盾点，做出合理修订。

❖ **求同存异法**：不同创业类型企业在创业计划书撰写和开展商业路演时侧重点会存在差异。因此，创业计划书的制作以及商业路演的设计都需要考虑团队的实际情况，既要对规定内容做出纲领性认识和分析，又要对选择的重点内容进行全面着重的行研究和讨论，以便突显团队项目特点和优势。

【准备工作】

❖ **知识储备**：在进行创业计划书撰写和商业路演设计前，需要储备管理学、心理学、经济学、法律学等多个学科门类的相关知识，特别需要重视积累企业管理、市场营销、财务管理等理论知识，以便使创业计划书设计更加合理，增强路演人的讲演信心。

❖ **团队准备**：创业计划书的撰写和商业路演的设计需要发挥团队的力量。因此，在学习过程中，需要针对团队成员的各自优势和特点通过讨论进行分工。团队成员先以普遍涉猎方式学习全部内容，基本掌握相关理论知识；再以重点学习方式分别查询资料，进行学习资料汇总和分享汇报，提高学习效率和效果。

❖ **条件准备**：学习环境应该便于团队开展讨论，方便授课教师随时加入团队进行针对性指导；团队应准备好信息记录的设备，如纸和笔、录音笔、笔记本电脑、手机等，以便随时记录团队讨论结果和思想碰撞的亮点；学习空间应该配备网络环境，便于学习者随时通过网络搜索相关信息，查阅有关资料；教学环境应配备多媒体教学设备，学习者应能够熟练使用相关的课程学习系统或平台。

【注意事项】

❖ **转换身份**：学习者需要进入角色，真正模拟企业工作状态，各司其职，努力完成团队工作任务。同时，应树立竞争意识，认真对待团队项目的设计和实施，强化学习效果。

❖ **查阅资料**：学习者需要养成和掌握查阅资料的习惯和方法，合理灵活运用网络、图书、政策文件等资源，并注意鉴别资料的正确性和适用年限。

❖ **典型借鉴**：学习者需要注意借鉴成功企业的经验，吸取失败企业的教训，做到取长补短。在典型案例的分析中，强化理论知识，做到举一反三。

任务 13　编制创业计划书

【要点总括】

❖ **思政要点**：注重企业诚信，撰写的创业计划书内容应符合项目实际，不能夸大其词，更不能存有虚假或不实的内容。

❖ **理论要点**：
（1）创业计划书的概念和价值；
（2）创业计划书的体例和内容；
（3）撰写创业计划书的注意事项。

❖ **技能要点**：
（1）查阅资料和整合信息的能力；
（2）措辞得当和精练表述的能力；
（3）把握重点和凝练特色的能力。

【引入案例】永远相信美好的事情即将发生

小米公司正式成立于 2010 年 4 月，是一家以手机、智能硬件和 IoT 平台为核心的互联网公司。创业仅 7 年时间，小米的年收入就突破了千亿元。截至 2018 年，小米的业务遍及全球 80 多个国家和地区。

小米的使命：始终坚持做"感动人心、价格厚道"的好产品，让全球每个人都能享受科技带来的美好生活。

小米公司成立时就有一个宏大的理想：改变商业世界中普遍低下的运作效率。小米有勇气、有决心、有毅力推动一场深刻的商业效率革命，把每一份精力都专心投入做好产品，让用户付出的每一分钱都物有所值。在众多领域，小米都以一流的品质、紧贴成本的定价改变了行业面貌，大大加速了产品普及。"感动人心，价格厚道"这八个字是一体两面、密不可分的整体，远超用户预期的产品，还能做到"价格厚道"，才能真正"感动人心"。

小米的愿景：和用户交朋友，做用户心中最酷的公司。

优秀的公司赚的是利润，卓越的公司赢的是人心。小米是一家少见的拥有"粉丝文化"的高科技公司。对于小米而言，用户非上帝，用户应是朋友。为感谢"米粉"的一路相伴，小米将4月6日这一天定为"米粉节"，每年4月初都会举办盛大活动与"米粉"狂欢。自2015年起，每年年底小米都会举办小米家宴，邀请"米粉"回家吃"团圆饭"。同时，小米员工还会自发地为"米粉"手写10万张明信片，这是小米不一样的地方，是小米人发自内心、一笔一画亲手表达的情感，这是对愿景的最好诠释，这是和"米粉"交朋友的实际行动。

小米的核心价值观：**真诚，热爱。**

真诚就是不欺人也不自欺；热爱就是全心投入并享受其中。2010年，小米创始人共饮一碗小米粥，开启了"小米加步枪干革命"的故事。2018年员工5周年活动上，雷军说道："老员工是小米最宝贵的财富，没有老兵，没有传承。没有新军，没有未来。"

（以上文字摘编自小米企业官网，2020年5月23日）

❖ **案例分析**：在小米官网公开的信息中，可以非常清晰地看到企业定位和主营业务，并能够快速地找到小米的硬核管理团队、企业文化、产品类型、定价策略、商业模式、业绩报告等信息。这些公开信息使得浏览者能够全面了解小米公司，在简短精炼、绘声绘色的介绍中小米公司的形象已然展现在人们面前。

❖ **延伸问题**：想要了解一个企业需要知道哪些必要的信息？

子任务 13.1 认知创业计划书

【考核指标】

❖ **理论指标**：
（1）掌握创业计划书的1个概念；
（2）了解创业计划书的4个作用；
（3）理解创业计划书的10项内容。

❖ **实践指标**：完整践行创业计划书编制的5个流程。

13.1.1 创业计划书的概念和作用

【箴言警句】管理就是预测和计划、组织、指挥、协调以及控制。——亨利·法约尔

无论是参加创业赛事还是入驻大学生创业园，申请者及其团队往往会被要求提交一份"创业计划书"。那么，什么是创业计划书？创业计划书对每一个创业团队的价值和作用是什么呢？

创业计划书亦称为商业计划书，是创业者针对项目的市场前景、主营业务、产品或服务、生产和销售计划、财务计划、人事计划等方面进行的先期预测和详细说明，是一份向投资者或投资公司、合伙人、消费者等群体做出的书面可行性商业报告，用以呈现新创企业的全部内在和外在因素，并就企业未来发展情况进行合理性预测的文件。

编制一份创业计划书需要根据相对标准的文件格式，用书面语言对企业或项目的现实状况和未来发展预期进行说明。一份好的创业计划书能够非常清晰地对企业或项目进行描述，既起到对外说明展示的作用，又能帮助创业者厘清创业思路，做出科学规划，提醒创业者应该注意和规避的问题，以及如何从内部和外部聚集资源，创造企业发展和项目运行的适宜条件。

一般来说，创业计划书的具体作用表现在以下几个方面：

（1）创业计划书能够帮助创业者准确把握企业未来走势。通过编制创业计划书，创业者能够清楚地梳理创业思路，订立科学合理的创业目标，明晰企业未来发展方向。创业计划书可以说是企业运行的纲领性文件，在执行创业计划过程中，创业者能够有效避免企业运行偏离轨道，使每一个分目标的完成都围绕总目标进行。当然，创业者也可以根据企业运营实际情况，对计划中出现的问题和不足做出实时修正和调整，对既定的因市场外部条件改变等原因而无法达成的目标做出及时更改，使企业始终在正确的轨道上发展，处于良性发展的态势。

（2）创业计划书是创业者及其团队的共同愿景，是团队成员的黏合剂。创业计划书既是对企业现实状况的描述，也是对未来发展的预期，可以说是连接企业发展现实与理想的桥梁。在创业计划书中，有对企业发展目标的科学阐释，也有对企业发展战略的清晰规划，更有对企业发展进程的合理布局。所以，创业计划书也是企业发展的宏伟蓝图，是创业者及其团队对企业未来的美好愿景，它构成了团队共同奋斗的精神支柱，也是团队凝聚力的迸发点。一份好的创业计划书能够让团队每个人都明确企业的成长路线，使成员保持思想和行动的一致，增强组织的紧密团结，使团队成员在共同的愿景中，建立彼此信任和相互支持的良性关系，进而同甘共苦，心往一处想，劲往一处使。

（3）创业计划书是投融双方建立联系的纽带。创业计划书通常被视为创业者与投资人之间的纽带，也是创业者获得融资的敲门砖。一般情况下，投资人或投资机构会根据创业计划书的内容，分析融资企业现实状况和未来走势，获取融资企业技术优越性、市场竞争力、资金需求和偿还能力等详细信息，也能够判断融资企业主要管理团队的发展潜力。正是根据这些信息，投资人或投资机构做出是否投资的决定。一份好的创业计划书能够快速吸引投资人的目光，能够完美展现企业的优势和竞争实力，让投资人产生兴趣，增强投资意愿。当然，在投融双方未曾谋面的情况下，一份优质的创业计划书能够帮助融资企业获得与投资人面谈的机会，进而增加获得资金的可能性。

（4）创业计划书是企业正常运转并持续发展的重要保障。创业计划书归根结底还是企业发展的科学规划文本，无论是企业的创立还是后续的运营都需要围绕创业计划书中的团队组建规划、产品服务规划、生产销售规划、财务规划、风险规避规划等内容按部就班进行。因此，创业计划书是企业正常运转并稳定发展的重要保障，是企业经营活动开展的主要依据，是企业做出重大决策的重要支撑。一份好的创业计划书对于企业的经营活动具有指导意义，能够使企业一步步完成既定目标，实现蓬勃向上发展。

【引入案例】 尤丽的困扰

尤丽是一名大二的高职学生，也是学校大学生 KAB 俱乐部的骨干成员，学习市场营销的她一直想拥有一家化妆品店，实现自己的创业梦。尤丽将她的想法告诉了俱乐部里要好的几位小伙伴，伙伴们都表示非常感兴趣，一起帮着尤丽出主意。张华学习电子商务专业，她建议尤丽不要开线下门店，应该从网络营销做起。但是关于如何经营网店，尤丽感到一头雾水。沈月学习物流管理专业，她比较关心尤丽的进货来源和运输情况。但是尤丽并没有联系过化妆品公司，也没有想好经营什么品牌的化妆品。李鑫学习财务管理专业，在询问过尤丽设想的店面的规模、意向的品牌等信息后，李鑫帮助尤丽预估了一下开店的启动资金，尤丽大吃一惊，认为这对她来说是天文数字，根本没办法凑齐这么多钱。尤丽十分苦恼，感觉燃起的创业梦被泼上了一盆冷水。

❖ **案例分析**：在上述案例中，主人公尤丽是一名拥有创业梦想的大学生，但是想要践行创业梦想，她并没有做好准备。通过案例不难发现，尤丽没有针对个人的创业目标做出充分的调查，进行理性的思考，也没有制订科学有效的规划，从而在面对伙伴们提出的问题时才表现得手足无措。而正是由于对这些问题的认知不清，使得尤丽失去创业的信心，削弱了创业的积极性。

❖ **思考感悟**：事实上，商业模式的确定、启动资金的预测、主营产品的设计等内容，都需要创业者在实施创业前做出认真思考与合理规划。在没有明晰创业思路、制订科学创业计划前，想要办好一个企业是不可能的。

13.1.2　创业计划书包含的主要内容

【箴言警句】天才从来都不是在现行的游戏规则下翻些花样，而是在重新发明一种新的游戏规则。——艾尔文·雅各布

我们已经知道，一份好的创业计划书是企业经营活动的参照文本，能够帮助创业者及其团队准确把握企业未来走势，能够建立起团队成员的共同目标与价值追求，能够使投资人更清晰地认识融资企业，进而增加获得资金的概率。那么，创业计划书应该包括哪些内容？这些内容又能够发挥什么功效呢？

通常，创业计划书应该包括封面、企业（项目）摘要、业务描述（企业简介）、产品与服务、市场营销、创业团队、生产制造计划、财务分析、风险评估、附件共 10 个方面内容。

（1）封面。封面可以说是创业计划书的"门面"，好的封面设计能够突出企业（项目）特色，展现企业（项目）风采，并能够表述出全部想要传递给阅读者的信息，如企业（项目）的名称、主要从事的业务、企业的法人代表、联系方式、所在区域、官方网站等，这些信息应该便于后续的业务洽谈和投融对接。另外，创业计划书的封面需要精心地进行设计，要给人留有用心、精致、大气等第一印象。封面材质选择不一定要豪华奢侈，但也需要注意展示出企业的实力，让阅读者能够看到企业（项目）合作的诚意。

（2）企业（项目）摘要。企业（项目）摘要一般是用简短的高度凝练的语言清晰地呈现企业（项目）的概念与概貌、企业（项目）存在的市场机遇与实施的市场谋略、企业（项目）

的目标市场及发展前景、企业（项目）的竞争优势、企业（项目）的目标营收与盈利、企业（项目）的核心团队、企业（项目）的股权与融资等方面内容。通过摘要，阅读者能够首先对企业（项目）建立初步印象和基本认知，再根据需要进一步详细翻阅计划书内其他内容。

（3）业务描述（企业简介）。业务描述部分需要重点阐述企业的宗旨、存在的商机、所在行业的现状及发展趋势、企业（项目）的主要业务和阶段性战略等内容。通过业务描述，阅读者能够清楚地了解企业（项目）在做什么、能做什么、可以做到什么程度。同时，业务描述还需要重点剖析行业的发展程度、发展动态、政策导向、决定因素等，以表现出创业者及其团队对于行业具有深入的了解，是业内的行家里手，进而增强投资人等阅读者对企业（项目）经营的信心。

（4）产品与服务。产品与服务部分主要说明产品与服务的概况以及生产经营计划。在介绍产品与服务概况时，应该主要说明产品技术的概况，产品技术的核心竞争力，产品的名称、特征和用途，产品所处的生命周期，产品的市场前景，产品的技术改进与更新换代计划及其成本，产品的生产成本、利润来源和营利模式等。而在介绍产品技术概况时，则应主要说明新产品的生产计划、原材料的采购与供应商的状况、企业的生产技术能力、产品品质控制与革新能力、生产设备及厂房情况、生产工艺流程等内容。通过产品与服务的介绍，能够使阅读者明确企业（项目）的产品类型与技术的核心竞争力，介绍内容应该充分表达出产品（服务）的创新性和独特性，从而同竞品做出区分。

【引入案例】 NOLO VR——5G 时代全球移动 VR 的领航者

"NOLO 的硬件产品是当前全球唯一可商用的 VR 交互设备，目前全球主流的 VR 厂商都是 NOLO 的合作伙伴。"在"互联网+"大学生创新创业大赛舞台上，北京邮电大学"NOLO VR——5G 时代全球移动 VR 的领航者"项目创始人张道宁侃侃而谈，"我们用颠覆式的 VR 交互技术解决了困扰 VR 行业十多年的全球性技术难题，让沉浸式 VR 的价格门槛从一两万元变成一两千元，让设备从有线变成了无线，从不便携到可以随身携带。"

当前，人类正在经历从 PC 端到手机再到 VR 的计算平台迁移。"我们自主研发出的世界顶端空间定位技术，已获得 120 多个已授权的海内外专利，进入了 12 个主流国家。"张道宁介绍说，该项目产品在全球 VR 终端上的覆盖已达到微信在人们手机里的覆盖程度，他们同时也收获了全球 200 多家顶级的 VR 内容开发者合作伙伴，涵盖了教育、工业、医疗、娱乐等领域。此外，项目团队目前正在进行空间定位技术的芯片化，有望发布全球第一个 VR 交互芯片。

"很多人问我，你们公司为什么叫 NOLO？"张道宁解释说，"NOLO 是取自英文单词 technology 中间的四个字母，寓意以科技为核心。"在"5G+VR"的这个时代，中国要想真正地实现科技自立，还需要更多的有国际竞争力和国际影响力的科创公司。"我们要做更多底层技术的创新，做出口替代，让全世界人民的美好生活、沉浸式的数字生活离不开中国技术。"张道宁自豪地说道。（以上文字摘编自国际在线报道，2019 年 10 月 16 日）

❖ **案例分析**：党的二十大报告强调，"完善科技创新体系，坚持创新在我国现代化建设全局中的核心地位"。大学生创业企业不能忽视自主创新，没有掌握核心技术，企业的发展道路无法走远、走好。

❖ **思考感悟**：企业发展须谨记加快自主创新的紧迫感和危机感，避免核心技术"卡脖子"的被动局面，争取做行业领域的领航者。

（5）市场营销。在市场营销部分应该重点介绍企业（项目）所针对的市场、采取的营销战略、面对的竞争环境、竞争中的优势与不足，还需要预测产品的销售金额、增长率以及核心产品的需求状况等。其中，关于目标市场的剖析需要回答好细分市场是什么、目标客户群体有哪些、目标市场份额有多大等问题。关于竞争，需要注意分析竞争对手、应对策略、市场竞争的发展趋势、产品或服务在竞争中价格和质量等方面的优劣势等问题。关于营销策略，则需要关注和说明企业（项目）的营销机构及队伍建设、营销渠道、广告及促销方式、定价、市场开拓方式、市场可能存在的隐性危机及应对策略等内容。

（6）创业团队。关于创业团队的介绍也是创业计划书的主要部分，从人员的配备情况也能够反映出企业（项目）的可行性。通常，好的创业团队表现为人员的专业和岗位相匹配，成员的素质和能力相互补，团队具有统一价值观，团队拥有奋斗精神等。因此，在团队介绍的过程中，避免不了要叙述团队个人特质和岗位职责，并用表格、图示等方式清楚呈现出团队成员能力互补、素质相称、分工合理。此外，人力资源管理相关的内容也应该放在这一部分进行说明，例如，需要说明企业的管理机构、薪资待遇、考核及奖惩制度等，用以体现企业运行的专业性。

（7）生产制造计划。生产制造作为企业运营的关键环节需要体现在创业计划书中。在这个部分，创业者及其团队应该就厂房的选址和布局、机器和设备、生产工艺流程、产品包装和储存运输等内容进行详细说明。产品的质量检测也应该体现在这一部分，特别是经由权威机构出具的质量检验报告，能够提升阅读者对产品的信心和对企业的好感。当然，如果产品曾经获得过设计类奖项、发明类专利等应该重点标注出来；如果产品生产工艺实现了技术突破和革新，能够大大缩减成本，也需要突出展现出来。这些均能够充分说明企业（项目）实施的可能性，使投资人对产品产生兴趣。

（8）财务分析。财务分析部分需要能够展现企业的资金来源和使用情况，并且至少需要预测今后三年企业的成本、利润等发展情况。如果是已经成立并运行一段时间的企业，则需要提供过去的现金流量表、资产负债表、损益表以及年度的财务总结报告书等。一般情况下，企业（项目）的融资计划也需要放在财务分析部分说明，应向投资人展示企业（项目）所需要的资金额度、团队出资情况、资金需求计划、为实现公司发展计划所需要的资金额、资金需求的时间周期、资金的主要用途等，同时，还应清楚地告知投资人出让股权情况以及投资者的退出方式。

（9）风险评估。这个部分主要是详细说明企业运营或项目实施过程中可能遇到的风险，包括技术风险、市场风险、管理风险、财务风险及其他不可预见的风险等。当然，这里的风险评估和分析并不是去展示企业（项目）存在的问题，而是说明针对企业（项目）通常存在的风险，创业者及其团队将会采取怎样的措施和方法进行风险控制和风险防范，从而进一步展现企业（项目）的可行性。

（10）附件。附件的作用主要是添加和补充在前面9项内容中无法表述或表述不全面的问题。例如，展示企业成功的关键因素，说明为什么投资人应该选择该企业（项目），团队的主要负责人或企业总经理详细的个人简历（特别是获得过某些表彰或社会组织兼职情况），媒介关于产品的报道以及行政部门对企业（项目）的支持和关注，企业产品的样品、图片及说明，有关公司和产品的其他资料，创业计划书内容真实性承诺等。

13.1.3 创业计划书编制的基本流程

【箴言警句】为了能拟定目标和方针，一个管理者必须对公司内部作业情况以及外在市场环境相当了解才行。——青木武一

创业计划书是企业（项目）发展的蓝图，将指导一个企业运作、经营、管理等诸多环节。一份好的创业计划书一定是集体智慧的结晶，凝聚着企业（项目）主要成员、创业导师、行业企业专家等方方面面的力量。具有针对性和可行性的创业计划书在编制前需要经过充分的市场调研，创业计划书的内容应该基于企业成长和发展状况做出灵活的调整。一般来说，编制一份创业计划需要经过以下步骤：

（1）撰写团队组建环节。通常，在撰写创业计划书前，应该首先由主创成员组建一个撰写团队，每一个参与编制计划的人都需要对创业企业（项目）有足够的了解，对创业计划书包含的10项基本内容有着个人见解和看法，并具有相应的理论知识基础。团队成员在不断研讨中初步拟定一份粗略的计划方案，并就企业文化、主营产品、行业领域、客户群体等重要问题达成一致。

（2）计划构想细化环节。在形成粗略的计划方案后，做出统一的编制时间进度计划，根据撰写团队各人所长及其在企业（项目）中承担的职务（角色）进行分工。团队成员就各人领到的撰写任务查阅相关资料，做出全面细致的思考，落笔形成符合撰写要求的创业计划书文本，再由团队主要负责人进行文本的整合与梳理。

（3）实地走访验证环节。这一环节包含了客户群体调研、专家人物访谈、类似成熟企业调研和比对三个方面，针对不同写作部分，由团队成员进一步分工完成。在进行客户群体调研时，需要提前准备调研问卷、结构化问题清单以及企业简介和产品试用装，与产品或服务的潜在消费者取得联系，进行购买意愿、产品定价、购买周期等信息的收集，根据反馈情况，修订创业计划书内容。在专家人物访谈中，需要主动拜访创业导师、技术顾问、行业领域专家，就创业计划的主要内容进行介绍，将已初步形成的创业计划书交予专家审阅，征求修改意见。在类似成熟企业比对中，应选取目标竞争企业进行分析，在充分认识自身企业（项目）优劣势的基础上，提炼企业（项目）特色，做出商业模式、生产工艺、原材料选择等方面的创新计划，进一步完善创业计划书内容。

【引入案例】 国外热卖的皮卡车，为什么在中国却一直遇冷？

皮卡车可以载物，可以载人，底盘高、车体宽、越野性能强，乘坐舒适度较高，属于综合能力非常强的车型。正是因为这些优势，在国外，皮卡车的产量和销量都不错，很多居住在郊区或者农场的人，都会经常使用皮卡车。但是，引进中国市场后，皮卡车却没有得到中国消费者的青睐。原因是什么呢？

首先是政策限制。我国的车辆管理规定皮卡车属于小型载物车辆，驾驶皮卡车上道，必须获得货物运输的许可证件。同时，很多城市实施车辆流量控制，皮卡车被列在了限行车辆的行列里。所以，尽管皮卡车的用途很多，但这些用途却不能在中国市场得到淋漓尽致的发挥。

其次是实际需求。皮卡车尽管能够载人,但庞大的体型往往存在高油耗的缺陷,若单一用于家用载人,皮卡车并不是普通中国消费者的理想之选。再来说载物,一般家庭普通的家用车就能够满足载物需要;而商业用途载货,皮卡车显然又没有中大型货车具有优势。所以,纵观中国市场需求,皮卡车可以说是尴尬的存在,也只能"凉凉"了。

再次是环保要求。伴随我国对车辆的环保性要求越来越高,需要加柴油以及大排量的皮卡车显然成为管控对象,很多城市对皮卡车上道时间做出规定,某些路段限制皮卡车通行。给车主出行带来诸多限制的车辆,自然难以获得消费者的青睐。

最后是停车的困扰。我国汽车保有量持续增长,好的停车位在一二线城市已经成为奢侈品。又宽又高的皮卡车将占据更多的空间,使车主很难找到泊车位置,所以,皮卡车在多数中国消费者眼里是一款不太实用、不太方便的车型。

所以,在中国,行驶在道路上的皮卡车由于稀少很容易吸引人们的目光,普通家庭消费者也是带着欣赏的眼光来看待这一车型,真要购买时往往望而却步。

(以上文字摘编自百度百家号,2018 年 7 月 26 日)

❖ **案例分析:**上述内容是针对皮卡车在中国市场遇冷的原因分析。作为国外热销的车型,早期的皮卡车生产商和经销商也许对中国市场有着很高的期待。但是,当真正了解中国市场实际情况后,想必任何一家皮卡车生产商和经销商在进入中国市场前都会再仔细地思量一番。可见,在一个地域内热销的产品并不一定适合其他地域。因此,了解地方的实际情况,掌握消费群体的购买需求,是企业制订产品或服务计划的必由之路。

❖ **思考感悟:**任何创业计划书的撰写和创业计划的实施都不能离开对目标市场的考察,创业者百般努力研制出的产品也许近乎完美,但未必就是消费者所需要和所喜爱的。创业计划书的编制决不能闭门造车,只有经由市场调研环节,真正了解消费者心理,把握住消费者痛点,才能使产品或服务更为出色,使销售策略更为合理,使商业模式设计更为科学。

(4)文件定稿制作环节。由团队主要负责人在对创业计划书文档内容做出修订、调整的基础上,进行语言润色和格式调整,并针对组织结构、商业模式、营销渠道等内容,适当设计图表进行展示,使文档更具有观赏性,也能够体现主创团队对文件撰写的重视。在文件定稿后,针对企业(项目)设计特色封面,开展排版印刷和装订等后续工作。

(5)计划实施调整环节。实施创业计划书既定内容,使创业计划真正得到落实。在实施过程中,可基于市场发生的变化、企业(项目)自身的需要等原因做出适当修订和调整,始终保证创业计划书内容的科学性与合理性。

子任务 13.2　设计创业计划书

【考核指标】

❖ **理论指标:**
(1)明确创业计划书撰写的 4 项原则;
(2)把握创业计划书中的 8 个关键词;
(3)了解创业计划书需要的 4 个模型。

❖ **实践指标:**在对企业(项目)分析中用到至少 1 个管理学经典模型。

13.2.1　创业计划书的撰写原则

【箴言警句】少说空话，多做工作，扎扎实实，埋头苦干。——邓小平

通过前面的学习我们已经了解到，创业计划书是创业者与团队成员、投资人、消费者的沟通桥梁，企业（项目）的发展蓝图需要跃然纸上，清晰、准确、全面地呈现给阅读者，使人印象深刻，产生极大兴趣。想要撰写一份优质的创业计划书，应该注意遵守以下原则：

（1）开门见山，直入主题。一份优质的创业计划书应该具有吸引眼球、激发阅读兴趣的特点，投资人、消费者、大赛评委的时间宝贵，很难花费非常多的时间去阅读一份厚重的长篇幅的策划方案。也就是说，如果一份计划书在文本前做了过多铺垫，没有深入人心，让阅读者感觉拖沓或审美疲劳，那么，即使后面的内容非常精彩，也可能无法得到充分展现。所以，创业计划书做到开门见山、直入主题非常重要，撰写者需要用最精练的语言、最简单的方式、最美观的设计把计划书中的重点问题突出展示出来，让阅读者很容易找到想要了解的内容，再根据个人需要查找翻阅感兴趣的部分，这样有利于节约阅读时间，提升阅读好感，达到整体加分的效果。

（2）表述清晰，简单易懂。创业计划书的语言不一定要华丽，但表述必须清楚，切忌语言晦涩难懂、大段文字堆砌、专业词汇满篇、难以找到重点，不能给阅读者制造阅读文本障碍、降低阅读兴趣。此外，阅读创业计划书的投资人、消费者、大赛评委等可能不全是该行业或者专业的行家里手，不见得能够理解某些专业性词汇，也不一定十分了解一些专业知识或技术原理。这种情况下便要求创业计划书的编制者用通俗易懂的语言将复杂难懂的问题解释清楚、陈述明白，让阅读者与写作者能够同频，准确无误地接收到创业者想要传递的信息。一般情况下，醒目的标题、恰当的类比、适当的图示和表格是受到阅读者欢迎的。当然，也有例外，如果面对的阅读者是非常专业的人士，专业性的表述则是必要的，否则创业者可能会被看作是"外行"而难以获得信任。

【引入案例】 *程序员买包子*

妻子给身为程序员的老公打电话："今天晚上不做饭，下班顺路买一斤包子带回来，如果看到卖西瓜的，买一个。"

当晚，程序员老公手捧一个包子进了家门。

老婆怒道："你怎么就买了一个包子？！"

老公答曰："因为看到了卖西瓜的。"

❖ **案例分析**：案例虽然只是一个笑话，但却反映了隔行如隔山，不同专业背景的人在思维上存在差异的现实问题。电脑是没有思维的，程序在运行时是严格按照程序员的输入逻辑执行的，所以，程序员在思考时往往也模拟电脑的执行方式。老婆的话虽然有漏洞，却并不影响日常交流和理解，但到了程序员这里就闹出了笑话。再回看创业计划书，编制者在撰写过程中需要考虑到阅读者的专业背景，从阅读者的视角出发，基于阅读者思维来组织内容，这样才能更好地抓住痛点，增强专业严谨度和阅读兴趣。

❖ **思考感悟**：一份不能让投资人看懂并引起兴趣的创业计划书，即使外观再奢华、页数再厚重、辞藻再华丽、展现再专业，也难以发挥应有作用。

（3）诚恳诚信，情真意切。我们已经知道，编制创业计划书一般是为了让投资人了解企业（项目）的现实状况和未来发展趋势，为了让企业（项目）的成员建立共同的目标和相同的价值观，为了让消费者了解企业（项目）产品进而产生信赖，为了让大赛评委做出企业（项目）可行性的判断。因此，创业计划书的内容应该是能够具有说服力和感染力的，能够为阅读者所接受的。夸大其词的表述会给人一种难以信服的感觉，生硬枯燥、不具规范性，特别是具有明显漏洞的表述会令阅读者产生反感。所以，创业计划书的撰写需要诚恳地对内容进行表述，也需要带入真实情感，让阅读者看到创业者满满的诚意、奋进的态度、拼搏的精神。当然，诚信也非常重要，这是打动投资人和消费者的关键。

（4）基础扎实，未来可期。尽管创业计划书是对企业（项目）未来发展情况进行预期的文本资料，但并不意味着撰写者可以天马行空、随意畅想。一般来说，创业计划书所呈现出的内容应该是基于现实条件和客观因素做出的科学合理的预测和判断。所以，虽然是计划性的内容，但创业计划书的编制者必须将现有的情况陈述清楚。比如，团队成员的能力和分工情况，专业性强、学历高、有经验的团队更值得投资人信赖。再如，可靠的进货来源与可见的销售渠道能够让投资人看到企业（项目）的盈利可能性，增加获得投资的概率。又如，已经获得成果专利或者经由权威机构的认证，能够让消费者和投资人看到企业（项目）的不可替代性，进而增加合作的兴趣。当然，最为核心的还是要通过全部现实条件的陈列让阅读者看到企业（项目）能够经得起市场检验，能够持久地生存和发展。因为，只有未来可期的企业（项目）才能进入投资人的视野。

（5）认真仔细，避免差错。创业计划书是公开发布的文本资料，撰写者需要对所呈现的内容负责。一个小失误或者信息材料误差，都可能会导致企业（项目）白白丢掉宝贵的机会。因此，在创业计划书编写完成后，进行细致校对是必要的。前面我们已经了解到，一份优质的创业计划书需要集齐团队的力量，发挥集体的智慧，而分工撰写的计划书由于不同人想法和认识的不一致可能会导致文本在某些方面出现矛盾。那么，便需要负责汇总整理的团队成员认真阅读材料，检查是否存在前后内容不统一的问题。此外，在文本编制过程中，也会存在信息、文字、数字录入的差错，这种错误是最常见的，但只要足够细心、反复阅读，是可以有效避免的。

13.2.2 创业计划书的关键词汇

【箴言警句】抓反复、反复抓，抓重点、抓提高。 —— 张瑞敏

在创业计划书包含的 10 项基本内容中，还有一些关键性的词汇是创业者在编制计划书时不能忽略的。一方面，对这些关键性词汇的把握能够体现撰写者在企业管理方面的专业性，而围绕关键性词汇的针对性内容阐述和设计，可以帮助创业者快速梳理写作思路，找到创业计划书编写的落脚点；另一方面，这些关键性词汇也是投资人、消费者、大赛评委通常所关注的，在面对快速的高强度阅读要求时，阅读者往往会围绕这些关键性词汇找到相对应的内容，直接快速地查阅信息，对计划书做出评价，对结果做出判断和决策。下面将介绍创业计划书中必须包含的 8 个关键性词汇。

（1）商业模式。商业模式是一种包含了一系列要素及其关系的概念性工具，用以阐明某

个特定实体的商业逻辑。商业模式描述了公司所能为客户提供的价值以及公司的内部结构、合作伙伴网络和关系资本等用以实现（创造、推销和交付）这一价值并产生可持续盈利收入的要素。从商业模式的概念来看，它是一个整体性、系统性概念，由多个要素组成，而各个组成要素之间有着内在联系，构成了有机的整体，相互支持、共同作用，形成良性循环。一个成功的商业模式包含了八个方面要素，即客户价值最大化、整合、高效率、系统、盈利、实现形式、核心竞争力、整体解决。而商业模式是创业者在撰写创业计划书之前必须构思清楚的，这样计划书的各个部分才能由一条主线贯穿起来。

（2）企业使命。企业使命是指企业在社会进步和社会经济发展中所应担当的角色和责任，是企业的根本性质和存在的理由，能够用于说明企业的经营领域、经营思想，为企业目标的确立与战略的制定提供依据。企业使命是企业形象的直接描述，是企业生产经营的哲学定位。确定的使命为企业确立了一个经营的基本指导思想、原则、方向、经营哲学等，能够影响经营者的决策和思维。在创业计划书的封面，撰写者不仅要展示企业（项目）的名称，还应将企业（项目）的使命清晰地表述出来，直接明了地让阅读者知道你是谁，你能干什么。

【引入案例】 实体企业市场发展空间广阔，动力强劲，未来可期

"实体经济是立国之本，是中国经济的基石。我们扎根实业，也更加坚定了继续为之奋斗的决心。"听到党的二十大报告强调坚持把发展经济的着力点放在实体经济上，"爸爸的选择"创始人兼 CEO 王胜地感到十分振奋，他说："实体企业市场发展空间广阔，动力强劲，未来可期。"

2015 年互联网创新创业浪潮正盛，王胜地却转身投向制造业，做起了纸尿裤研发生产。"那时希望新国货品牌能够崛起，并销往全球。"尽管在新冠疫情的冲击下，原材料短缺，但他顶着压力建立了位于安徽滁州的原材料生产基地，与山东临邑的研发生产基地一同形成了全产业链，销售网络还搭建到了海外。

这些年来，王胜地最关心的是实体经济。"从国家政策到金融投资，都在大力支持、引导实体企业高质量发展。我们在做牢产业根基的同时，也将发力创新新材料研发，把科研成果写在祖国大地上。"他说，希望越来越多的青年创业者投身实业，用科技与知识的力量共同创造更大的社会价值。

（以上文字摘编中国青年网，2022 年 10 月 25 日）

❖ **案例分析**："建设现代化产业体系，坚持把发展经济的着力点放在实体经济上""全面推进乡村振兴，坚持农业农村优先发展"……党的二十大报告中诸多表述让青年创业者备受鼓舞、信心十足。实体经济是立国之本，是中国经济的基石。创业企业应明确使命，投身创业热潮，推动实体企业高质量发展，以青年创新创业之力，在现代化新进程中砥砺奋进。

❖ **思考感悟**：明晰企业使命能够帮助初创公司清楚知道自己是谁、服务于谁、依靠于谁，找到自身在市场上的位置，认识到自己的社会责任是什么，在什么领域能够做出怎样的贡献。

（3）组织架构。组织架构是指一个组织整体的结构，是在企业管理要求、管控定位、管理模式及业务特征等多种因素影响下，在企业内部组织资源、搭建流程、开展业务、落实管理的基本要素。在初创阶段，企业通常要用快速的反应保证自身生存。这时的组织架构应该

坚持简单原则，围绕企业运营需要设置部门，切忌部门杂多、结构复杂、设计臃肿，这样将导致流程割裂、效率低下、职责不清等问题，影响企业的成长。所以，创业（项目）计划书中，团队成员不宜过多，应注重组织机构的稳定性过渡或稳定性存在，分工清晰，有利于人员考核与部门协调，并能够使成员看到发展的空间。

（4）目标客户。目标客户即企业或商家提供产品、服务的对象。目标客户是市场营销工作的前端，只有确立了消费群体中的某类目标客户，才能展开有效的具有针对性的营销工作。那么，在撰写创业计划书的营销策划部分前，开展目标客户研究是必要的，包括消费者需求动机、消费者的购买意向、影响消费者购买动机的因素、消费者购买动机的类型等。

（5）企业核心能力。企业核心能力是企业在长期生产经营过程中形成的知识积累、专业技术和管理经验等方面的特殊技能，以及人力资源、财务资源、品牌资源、企业文化等特殊资源，是企业所独具的，与其他企业相区别的特殊能力。核心能力一般具有实现目标顾客所看重的价值、竞争对手难以模仿和替代、维持企业竞争优势的持续性等特征。鉴于核心能力是企业在持续竞争中的重要基础和动力源泉，因此，在撰写创业计划书时，创业者需要有意识地在各个部分体现出自身所具备的核心能力，使投资人对企业产生兴趣、增强信心。

（6）供应商合作伙伴关系。供应商合作伙伴关系是企业与供应商之间达成的最高层次的合作关系，它是指在相互信任的基础上，供需双方为了实现共同的目标而采取的共担风险、共享利益的长期合作关系。从概念不难看出，供应商合作伙伴关系是发展长期的、信赖的合作关系，通常有明确合约并由双方共同确认，关系的建立要求合作双方有着共同目标、相互信任、共担风险、共享信息。对于初创企业或项目来说，如果能够与知名企业达成供应商合作伙伴关系，那么，便有助于提升企业的名气，增加投资人的信赖度。所以，撰写创业计划书时，如果企业或项目已经与某个或某些企业签订了合作协议或意向性协议，需要在文本中表述出来，并提供相应的佐证材料。

（7）营销渠道。营销渠道是指某种货物或劳务从生产者向消费者移动时，取得这种货物或劳务所有权或帮助转移其所有权的所有企业或个人。简单地说，营销渠道就是商品和服务从生产者向消费者转移过程的具体通道或路径。营销渠道的选择会受到目标市场、商品属性、企业自身条件、环境状况等因素的影响。所以，创业计划书中对于营销渠道的说明，还应伴随着对企业或项目的目标市场大小、潜在市场需求量、市场竞争状况、产品市场周期、生产经营规模等方面的说明，以突显设计的合理性，让投资人等阅读者能够预判出企业或项目的市场量级与发展空间，做出科学的决策。

（8）融资方式。融资方式是指企业融通资金的具体形式，可以分为债务性融资和权益性融资两类。前者包括银行贷款、发行债券和应付票据、应付账款等，后者则主要指股票融资。而融资方式越多，可供企业选择的融资机会则越多。需要说明的是，创业计划书最常见的阅读者便是投资人，当投资人对项目感兴趣时，企业融资成功的机会将会大大提高。当然，此时投资人也会将注意力转移到最关心的融资方式上，有利于投融资双方利益的合理方式能够达到事半功倍的效果。因此，对于创业者来说，在确定融资方式时还要充分考虑经济环境影响、融资资金成本、融资方式的风险、盈利能力及发展前景、所处行业的竞争程度、控股权等因素。

13.2.3　创业计划书的表格和图示

【箴言警句】只有形式对心灵产生作用时，我们才能理解和欣赏一件作品；也只有通过

形式，我们才能理解内容并欣赏一件作品。——康定斯基

　　对于某些复杂问题，如果单一使用文字描述并不足以阐释清楚，这时往往需要借助图示和表格。在编制创业计划书的过程中，一些重要的问题特别是与数据相关的内容，如商业模式、组织架构、财务预算、产品性能、竞品分析等内容，使用文字阐述需要很大的篇幅，也会显得杂乱无章，如果配上精简、清晰的图示和表格则能够解决写作和阅读的困扰。

　　什么情况下应该使用表格和图示？又有什么作用呢？

　　（1）提供文字表述内容佐证，增加可信度。在创业计划书撰写过程中，创业者都会力求将企业（项目）当前的情况向阅读者进行全面展示，以说明自身实力和创业成功的可能性。但是，语言表述再好，阅读者也会带有疑虑。俗话说"耳听为虚，眼见为实"。为了能够增加文本信息的可信度，创业者必须摆出实据。那么，重要的图片佐证资料就必不可少了。例如，当创业者表示团队成员拥有高学历、具有专业性时，可以出示毕业证书和学位证书以作证明。又如，当创业者阐述与某某企业已经达成了合作意向时，没有什么会比合作意向性协议更能说明其真实性。再如，当创业者想要展现企业（项目）的核心竞争力时，发明专利或者实用新型专利等扫描件最能够为企业的自主研发能力加分。

　　（2）实现复杂分散问题整合，强化可读性。通过前面的学习我们已经知道，创业计划书的各个组成部分不是独立存在的，而是共同组成一个有机的整体，只有各部分之间相互补充、互为支撑，才能使计划书更加具有合理性和实践性。那么，想要写出一份优质的创业计划书，不仅要对必要的问题进行阐述，还需要将一些复杂分散问题整合在一起，梳理好各个问题之间的关系，使阅读者能够清晰地看到作者的逻辑脉络，找出想要叙述的关键点，这个时候一张图示或一张表格能够派上用场。例如，创业者在陈述企业（项目）的研发、生产、销售环节时，鉴于三个环节关联紧密，前后承接，可以通过绘制图示将环节关系清楚标识，再将各环节中的要素列到图示中，形成一个成体系的完整的流程图，高效进行展示。再如，财务预算在创业计划书中是必不可少的，但是数字表述起来会比较枯燥，尤其很多数字的罗列会降低阅读兴趣，因此，绘制一张能够将全部数字内容汇总在一起的表格是创业者在这部分阐述时最佳的选择。

　　（3）适度使用管理经典模型，体现专业性。创业计划书作为一种商业文件，归根结底属于管理学、经济学等范畴。如果在写作过程中能够适度套用一些管理学或经济学的经典模型，用经典理论对文本内容进行支撑，则会整体提升计划书的专业性，让阅读者对团队更加拥有信心。以下将介绍几种创业计划书可能用到的经典模型。

　　①波特五力模型。1979 年，哈佛大学商学院 Michael E. Porter 创立了波特五力模型（如图 5-1 所示），这一理论模型用于行业分析和商业战略研究。模型在产业组织经济学基础上推导出决定行业竞争强度和市场吸引力的五种力量。波特五力模型将大量不同的因素汇集在一个简便的模型中，以此分析一个行业的基本竞争态势。模型确定了供应商和顾客的讨价还价能力、新进入者的威胁、替代品的威胁、行业竞争对手企业之间的竞争五种竞争主要来源，并指出不同力量的特性和重要性因行业和公司的不同而变化。

　　②SWOT 分析模型。SWOT 分析模型是企业开展优势（Strengths）、劣势（Weaknesses）、机会（Opportunities）和威胁（Threats）分析的工具，主要用于对企业内外部条件各方面内容进行综合和概括，进而分析组织的优势和劣势、面临的机会和威胁，如图 5-2 所示。SWOT 分析主要着眼于企业自身的实力及其与竞争对手的比较，剖析外部环境的变化及对企业的可能影响。需要注意的是，开展 SWOT 分析需要对自身的优势和劣势有客观全面的认识，对

企业的现状和前景做出有效区分,但分析不宜过于复杂。

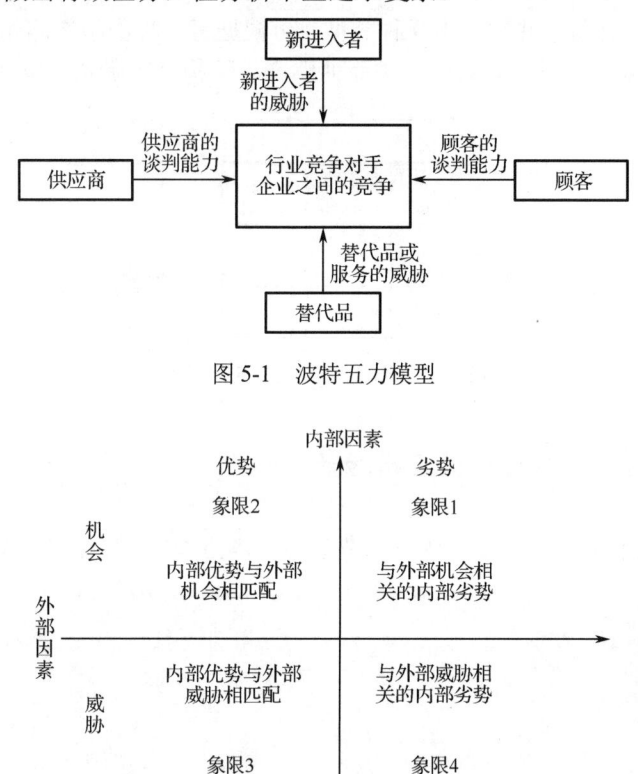

图 5-1　波特五力模型

图 5-2　SWOT 模型

③价值链模型。价值链模型将企业的行为分解成战略性相关的多个活动,认为企业的竞争优势来源于其自身在设计、生产、营销、交货等过程和辅助过程中所进行的诸多分离活动,这些活动是企业在竞争中获得优势的基础,而企业也正是通过比其他竞争对手更廉价或更出色地完成这些战略性活动而具有了竞争力。价值链的建立将有助于企业准确科学地分析各个环节所增加的价值,如图 5-3 所示。价值链列出了总价值、价值活动和利润,其中,价值活动是物质上和技术上界限清晰的各类活动,利润是总价值与从事价值活动的总成本之差。

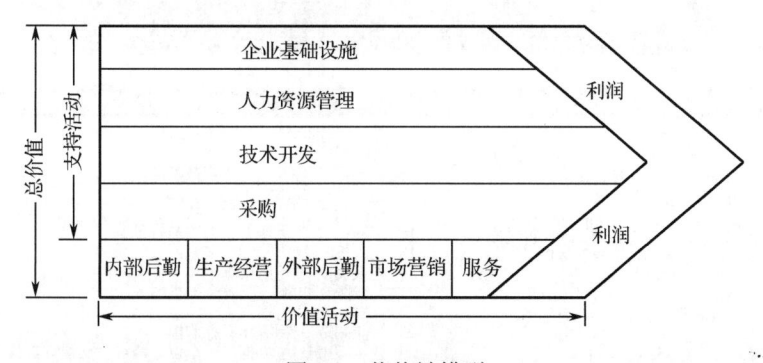

图 5-3　价值链模型

④GE 行业吸引力矩阵模型。GE 行业吸引力矩阵模型是一种规划企业产品组合、评价企业发展方向的战略分析方法,如图 5-4 所示。这种方法认为,除市场增长率和相对市场占有

率之外，还应该考虑市场吸引力和企业相对竞争地位等影响因素。因此，模型根据各因素对市场加以定量分析、评价，并划分出 9 种类型，可根据每一种类型实施相应的发展（建立）、维持（保持）和淘汰（退出）等对策，进而调整产品结构、明确企业发展方向。

图 5-4　GE 行业吸引力矩阵模型

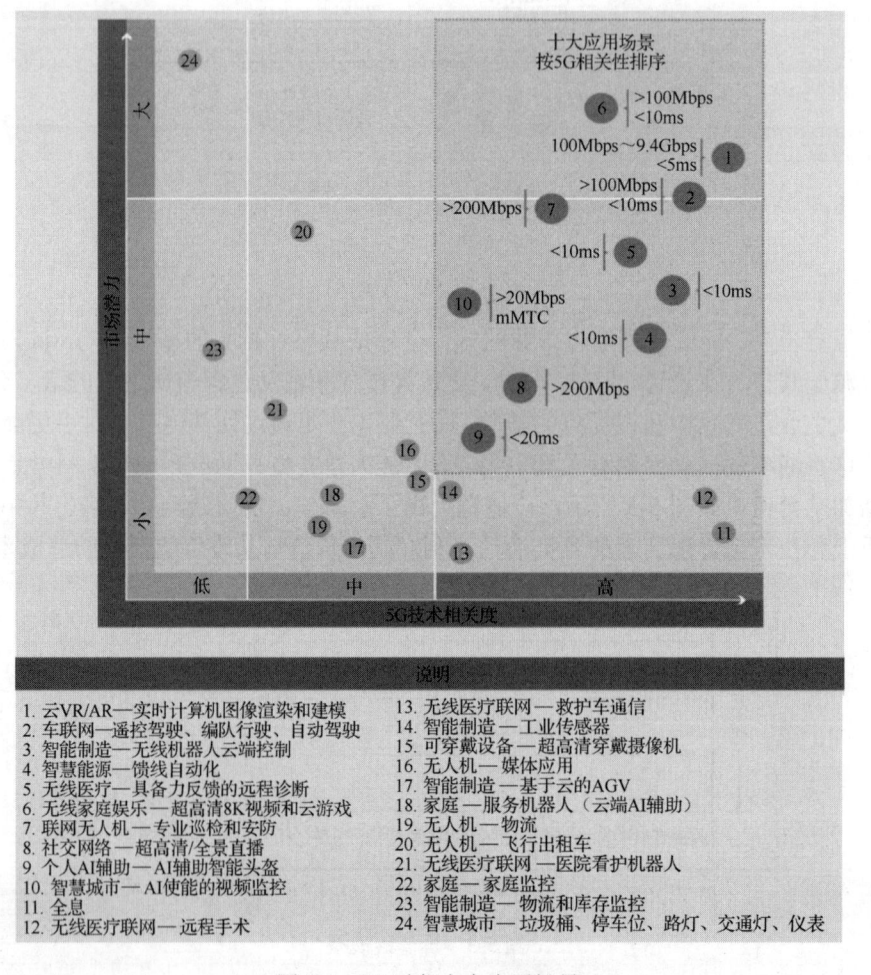

【引入案例】5G 时代十大应用场景

5G 时代十大应用场景如图 5-5 所示，节选自《华为 5G 时代应用场景白皮书》。

说明

1. 云 VR/AR——实时计算机图像渲染和建模
2. 车联网——遥控驾驶、编队行驶、自动驾驶
3. 智能制造——无线机器人云端控制
4. 智慧能源——馈线自动化
5. 无线医疗——具备力反馈的远程诊断
6. 无线家庭娱乐——超高清 8K 视频和云游戏
7. 联网无人机——专业巡检和安防
8. 社交网络——超高清/全景直播
9. 个人 AI 辅助——AI 辅助智能头盔
10. 智慧城市——AI 使能的视频监控
11. 全息
12. 无线医疗联网——远程手术
13. 无线医疗联网——救护车通信
14. 智能制造——工业传感器
15. 可穿戴设备——超高清穿戴摄像机
16. 无人机——媒体应用
17. 智能制造——基于云的 AGV
18. 家庭——服务机器人（云端 AI 辅助）
19. 无人机——物流
20. 无人机——飞行出租车
21. 无线医疗联网——医院看护机器人
22. 家庭——家庭监控
23. 智能制造——物流和库存监控
24. 智慧城市——垃圾桶、停车位、路灯、交通灯、仪表

图 5-5　5G 时代十大应用场景

（以上文字摘编自华为官网，2017 年 11 月 20 日）

❖ **案例分析**：本案例是《华为 5G 时代应用场景白皮书》中的一张示意图，用以说明 5G 时代的应用场景以及其与 5G 技术的相关度和市场潜力。通过图示，阅读者可以非常清楚地看到与 5G 技术相关的领域以及市场的大小，而这些信息如果通过文字来描述将会非常复杂，并且很难呈现场景之间的关系。

❖ **思考感悟**：使用图示或表格将想要表述的内容呈现出来是一种能力，每一名创业者都应该具备这种能力，进而可以让更多的投资人、消费者或是竞赛评委了解你的企业、你的思想，提高企业（项目）的认同度。

子任务 13.3　完善创业计划书

【考核指标】

❖**理论指标**：
（1）梳理创业计划书逻辑思路需要关注的 3 个问题；
（2）了解创业计划书信息要点补缺过程的 3 项重要工作；
（3）识别创业计划书通常存在的 4 类错误。

❖ **实践指标**：按照梳理逻辑思路、查补信息要点、修改行文错误 3 个步骤完善团队创业计划书。

13.3.1　创业计划书的逻辑思路梳理

【箴言警句】逻辑自有其形象感，就看你如何认识和呈现。——王安忆

创业计划书完成后的第一项工作就是整个团队聚在一起对计划书内容进行探讨，重新梳理文件的脉络，查看文件阐述内容的思路是否清晰，各个部分是否关联紧密，每一部分是否能够为其他部分做支撑，以及文件内容中是否存在相互矛盾的地方。这里，重新梳理创业计划书逻辑思路应重点关注以下 3 个方面：

（1）计划是否全面考虑到了阅读者需求。创业计划书是创业者和阅读者进行沟通的桥梁，而计划书撰写多数情况下是为了抓住阅读者的痛点，特别是让投资人对企业或项目建立充分的认识，增加对企业或项目的好感，增强投资意愿，这便要求创业计划书的撰写需全面考虑阅读者所想。通过前面的学习，我们已经知道创业计划书的阅读人群包括企业内部成员、投资人、竞赛评委、消费者等。而分析阅读者的心理需求可知，企业内部成员的需求通常是希望能够明确发展规划、项目实施流程，更好地为企业或项目做出个人贡献；投资人则更加看重项目是否具备市场价值，是否有发展前景，是否有升值空间，投资回报率是多少；竞赛评委更注重评判计划书撰写的专业性和项目实施的可行性，着重考察创业团队特别是领衔人物的创新意识和创业能力；消费者则更看重企业或项目的产品是否能够满足自身需要，是否具有其他商品不能替代的价值。一份好的创业计划书一定是根据阅读者所需进行的创作，那么，完善创业计划书也要以阅读者的心理需求为主线，一步步直逼心灵深处，引起共鸣。

（2）计划是否真正抓住了行业竞争的要害。创业计划书的优质与否绝不是字数决定的，文字多少、厚度如何只能看出撰写人的态度好坏，而能否达到预期效果还是要看能否抓住行业竞争的实际要害，一言以蔽之，就是通过表述是否说明了企业（项目）能够在市场上立足。

创业计划书撰写完成后的回看非常重要，通过再次审阅文件，能够进一步帮助创业者找到逻辑上、理论上和实施上的漏洞，让创业思路更加清晰。因此，需要检查计划书是否就行业竞争回答好了以下问题：行业在风口、在等风来还是风已过？社会经济消费水平是不是够好？技术是否足够成熟支持行业发展？发达国家对标情况如何？类似企业发展路径怎样？产业链上哪些企业在亏损、哪些企业在赚钱？行业竞争是分散还是集中？对手是谁？在做什么？差异化在哪里？为什么是现在做、在这里做、由我们来做？

（3）计划是否坚守了企业项目创建的初心。一般情况下，创业计划书的撰写逻辑应该与企业（项目）创建的初衷相吻合。创业者践行创业的动力源自内心的激情和对事业的热爱，无论企业今后发展到何种程度，扩展了哪些新业务，这份事业在本质上始终都应该与创业者的初心相吻合。否则，创业者很难维持创业激情，也无法实现自我突破，企业便会逐渐失去精神支柱。换句话说，在创业计划书的编制过程中同样也要注意保持创业项目的初衷，市场分析、客户分析、研发生产、融资计划等都应该围绕主营的产品，围绕主要的技术来进行，一切都是为了让创业项目能够真正实施下去，走得更好、走得更远。所以，在撰写创业计划书时，核心业务与核心竞争力必须明确凸显出来，让阅读者能够轻松地抓住企业或项目的主心骨。只有这样，创业计划书的内容才不会显得杂乱无章，也不会给人留有一种野心勃勃，什么业务都想做却什么业务都做不好、做不精的不良印象。

【引入案例】 匠心精神，成就小而美的百年老店

1917 年，井上丰作在日本东京创立东光舍，专门为美容师和美发师生产专用剪刀，鸡牌是东光舍剪刀于 1921 年推出的品牌。凭着对工匠手工加工技艺的执着，通过产品降低美容师的手的负担，东光舍确保持续用一个月以上剪刀也很锋利。鸡牌剪刀有两个刀刃，使用者可以通过螺丝随心所欲地进行调整。令人惊叹的是，凭借工匠老手的手腕和感觉，鸡牌剪刀可以实现 1‰毫米的精度。

几十年来，东光舍就是这样默默耕耘在日本本土市场。一个偶然的机会，鸡牌剪刀开始行销天下。有一年，一位日本美发师带着东光舍的剪刀入学伦敦维达沙宣发型设计学校，学校的老师们一用鸡牌剪刀就喜欢上了它，纷纷让日本美发师代购，于是在沙宣学校流行开来。伴随世界各地来到伦敦沙宣学校学习的美发师，鸡牌剪刀开始流传世界。1975 年，东光舍对品牌进行了再造，使用更加国际化的"JOEWELL"作为品牌 VI，但在产品上仍然保留了"鸡"的图形，因为用户还是更喜欢用"鸡牌"称呼东光舍剪刀。1977 年，作为为欧洲各国客户服务的第一窗口，东光舍在伦敦开设了第一家代理店；1978 年，东光舍开设美国洛杉矶分公司。一家小而美的企业，就像是朵朵蒲公英，随风飘向世界各个角落。

相传，曾经有德国刃具制造中心索林根的刀具老字号企业前往日本，希望与东光舍合作，但被东光舍直接拒绝，原因是制造方针不同——德国企业采用机械生产，而日本东光舍则坚持手工制作。"老手的手腕和感觉是机器替代不了的。"这是日本东光舍的产品信念和不懈追求。百年坚守，匠心如一。东光舍通过无止境的技术追求和高品质实现领先——坚持手工制造工艺，重视工匠技艺的代代传承并不断推陈出新，用匠心、匠艺和匠才，将产品和服务做到极致。

（以上文字摘编自品牌网，2017 年 7 月 4 日）

❖ **案例分析**：案例展现了坚持做手工剪刀的日本著名企业"东光舍"的品牌精神，是百年坚守与匠心如一成就了"东光舍"的辉煌，而它也在告诉每一位创业者坚持企业创办初衷的重要性。在创业过程中，随着社会环境和经济、技术条件的变化，企业会面临转型、变革的要求，但这并不意味着要放弃主营业务、放弃主干项目，变革是紧跟时代发展的创新，是在坚持企业立身之本的前提下做出的科学调整和有效转变。

❖ **思考感悟**：不管走多远，不能忘记来时的路，守住一颗初心是创业者在面对困难和挑战时依然勇往直前的精神源泉。无论面对多少可选项，无论依托一个项目可以分散出多少附属业务，创业者都需要把握一个原则，就是立志把现阶段企业的主营业务做强、做精、做大，因为这才是企业能够持续发展并做好其他业务的根本。而编制创业计划书的过程中同样需要把握这个原则，要让阅读者看到那份坚定和执着，而不是"这山望着那山高"地摇摆不定。

13.3.2 创业计划书的信息要点补缺

【箴言警句】只有先声夺人，出奇制胜，不断创造新的体制、新的产品、新的市场和压倒竞争对手的新形势，企业才能立于不败之地。——黄汉清

前面我们已经了解了创业计划书包含的 10 个方面内容，这些内容共同支撑着计划实施的可行性。通过计划书内容的介绍，呈献给阅读者的应该是一个活灵活现的企业或项目，人们能够看到它落地的可能，合理预期到它未来的发展。当然，这并不是简单地表述和陈列，主要框架搭起来还不够，还要对内容做进一步补充和润色，明晰内容、突出要点，这对编制者的文字功底、专业素养、逻辑思维都有着很高的要求。所以，创业计划书完成后还有必要经过信息要点查缺补漏的环节，把未尽事项说清楚，把主要观点说明白。通常，在信息要点补缺过程中需要完成以下 3 项重要工作。

（1）信息要点应注明，内容详略得当。大学生创业团队的创业计划书主体部分字数一般应控制在 2000～3000 字为佳，编制创业计划书需要在有限的字数内将各个方面内容完整地进行呈现。但这并不是说每一项内容的文字量都平均为 200～300 字，编写者还要注意详略得当，给重要的信息留下更多的篇幅以便能够更为深入地进行表述。一般情况下，创业计划书除封面和附件部分外，其他部分的主要内容、完成人和字数建议如表 5-1 所示。

表 5-1 创业计划书的主要内容

序 号	环节名称	主 要 内 容	完 成 人	字 数
1	计划书摘要	公司介绍、领衔人物及重要合伙人、主要产品和业务范围、市场概貌、营销策略、销售计划、生产管理计划、财务计划、资金需求状况等	总经理	400
2	业务描述（企业简介）	企业定位、性质以及企业经营理念和战略目标等	总经理	300
3	产品与服务	产品或服务的名称、特性、性能、用途，对客户的价值，产品或服务的研发和生产过程，产品或服务所处的生命周期，产品或服务的市场前景和竞争力，产品的品牌和专利情况，产品或服务的技术改进和更新换代计划及成本、利润、盈利模式等	产品或技术部经理	500
4	市场营销	需求预测、市场现状综述、竞争企业概览、市场区隔与特征分析，以及市场机构和营销渠道、销售计划和广告策略、营销队伍与管理、价格策略等	销售经理	500

续表

序 号	环节名称	主要内容	完成人	字 数
5	创业团队	团队成员专业能力互补,且能够彰显团队精神,成员职能应包括产品设计开发、市场销售、生产作业管理、财务管理等	人力资源部经理	400
6	生产制造计划	产品制造和技术设备现状、新产品的投产计划、对技术提升和设备更新的要求、质量控制与质量改进计划等	生产部经理	400
7	财务分析	产品在每一个期间的销量、每件产品的生产成本、每件产品的定价、分销渠道预期的成本和利润、人员工资成本、产品线扩张预期费用等	财务部经理	300
8	风险评估	存在的技术、市场、管理和财务风险有哪些,怎样应对这些风险,企业或项目还有哪些附加机会,创业企业近五年内的发展预测等	总经理	200
合计字数			3000	

（2）关键信息应突出，重点应醒目。创业计划书编制完成后，应再回看计划书内容，重点查看是否有关键信息的遗漏，并查看关键信息是否能够鲜明地展示出来。一般情况下，想要让关键信息醒目地展示出来可以采取以下方式：

◆ 放大或加粗文字。例如，将企业的文化、使命、愿景等加粗、放大，让阅读者可以在拿到计划书时第一时间关注到。

◆ 使用表格或图示。例如，将企业的团队用组织结构图进行展示，既显示企业内部结构设计合理，又能便于展示各成员岗位任职信息。

◆ 另起段落或另设标题。例如，在对产品性能、研发过程、生命周期、市场竞争力等内容进行说明时，堆砌成一段文字会显得比较冗长。可以每一项都另起一行，用特殊项目符号标识出来，使表述更为清晰。

◆ 插入批注或特殊符号。例如，在比对产品与其他竞品时可以使用"VS"等特殊字符做出标记，起到醒目标识的作用。

◆ 用优美的语言替代平铺直叙的陈述。例如，在介绍企业产品生产工艺流程时可以使用简单易懂的故事进行叙述，既引人入胜，又能将阅读者带入计划书的情境中。

【引入案例】三毫米的旅程，一颗好葡萄要走十年——看看长城干红的文艺煽情范儿

三毫米，瓶壁外面到里面的距离。
不是每颗葡萄，都有资格踏上这三毫米的旅程。
它必是葡园中的贵族；
占据区区几平方公里的沙砾土地；
坡地的方位像为它精心计量过，
刚好能迎上远道而来的季风。
它小时候，没遇到一场霜冻和冷雨；
旺盛的青春期，碰上十几年最好的太阳；
临近成熟，没有雨水冲淡它酝酿已久的糖分；
甚至山雀也从未打它的主意。
摘了三十五年葡萄的老工人，

耐心地等到糖分和酸度完全平衡的一刻才把它摘下；
酒庄里最德高望重的酿酒师，
每个环节都要亲手控制，小心翼翼。
而现在，一切光环都被隔绝在外。
黑暗、潮湿的地窖里，葡萄要完成最后三毫米的推进。
天堂并非遥不可及，再走，十年而已。

（以上文字摘编自豆瓣网，2013年10月23日）

❖ **案例分析**：这是一则长城干红葡萄酒的广告，讲述的是一颗颗葡萄变成葡萄酒的历程。文案用葡萄的故事代替了生硬的产地气候、品种筛选、技术要求等工艺流程介绍。仔细阅读不难发现，工艺流程内容已经融入了葡萄三毫米晋级的过程中，给人留下深刻印象，人们仿佛就站在了那一片轻风拂面的葡萄园，跟随葡萄酒酿酒师的脚步，领略每一道工序。

❖ **思考感悟**：创业计划书需要表述的内容是固定的，但表述的方式却是多样化的。创业者应该注重创业计划书内容阐述的精心设计，让每一个重要的细节都能够为阅读者所捕获，并且扎根到阅读者的心里。

（3）重要内容先自问，答案易找易懂。这里，还是要回到创业计划书的作用上。作为一种企业对外展示的文本材料，创业计划书应该能够达到解答阅读者的问题、牵引阅读者的思路的效果。这便要求在创业计划书编制完成后，撰写者转换角度，从投资人、大赛评委或者消费者等不同角度出发，列举出这些阅读者可能关注的问题，进行自我提问，在计划书的内容中寻找相应的答案，审阅计划书是否真正解决阅读者的疑问。通常，创业者需要尝试提出并解答以下问题：

◆ 是什么原因使得我们一定要做这样一个企业或项目？
◆ 我们通过什么样的方式方法来解决目前存在的问题？
◆ 为什么只有我们才能够解决好目前存在的问题？
◆ 企业或项目的产品和服务的落脚点是什么？用户画像如何？目标市场在哪里？
◆ 我们打算通过怎样的渠道推销产品或服务？为了推销我们做了哪些准备工作？
◆ 我们依托什么能够赚到钱？
◆ 需要拿出多少钱才能完成当前目标？我们将如何拿到这些钱？拿到的钱将花在哪些地方？
◆ 市场是否存在类似的产品？或者类似产品出现后我们将如何应对？

13.3.3 创业计划书的行文内容查错

【箴言警句】人不能没有批评和自我批评，那样一个人就不能进步。——毛泽东

经过了思维逻辑的梳理和重要信息点的查缺补漏，创业计划书完善的最后一步是开展行文错误的查找。当然，这里的行文错误不仅仅是指低级的语病和错别字，更重要的是查看创业计划书的内容有没有触碰初创企业的禁忌，触犯企业生存和发展的规则。那么，创业计划书的行文内容通常会出现哪些错误呢？

（1）没有具体的发展目标。创业计划书说到底还是一份计划，而计划最重要的就是要有目标，目标的制定应该遵循"SMART 原则"，也就是要具体的（Specific）、可以衡量的

（Measurable）、可以达到的（Attainable）、具有一定的相关性（Relevant）、具有明确的时限（Time-bound）。很多创业者在撰写创业计划书时经常容易犯的错误就是把创业目标写得过于"高大上"，乍一看感觉企业发展前途一片光明，但却经不起细品和深究。阅读者更希望看到具体而明确的发展目标，这有利于投资人做出决策、评审专家做出可行性分析。所以，创业者切忌将目标说得假、大、飘，实实在在的数据会给阅读者带来踏实的感觉，也为自身在制定执行过程时提供了指向。

（2）前后表述出现不一致。事实上，前面已经提到过行文前后矛盾的问题。由于创业计划书可能经过很多人的构思和创作，凝聚了多人的智慧，所以，在表述上极有可能出现不一致的问题。这就要求撰写者回看创业计划书的内容，反复检查是否存在自相矛盾或表述不统一的地方。比如，在财务预算中的人工成本与人力资源制定的工资标准是否一致，销售预测金额与营销计划、成本预测与研发生产计划等是否能够一一对应。再如，营销计划、合作计划、运输渠道等是否能够和既定的商业模式相吻合。

（3）过于高估创意的价值。创业始于创意，但绝非止于创意，创意本身再好也不能替代实践创造价值。创业计划书需要体现创新，这也是新创企业必须具备的。与竞争对手有所区别、在行业开辟了新的领域、在某项技术上有了新的突破是投资人非常乐见的，也是项目能够快速落地，企业能够高速发展的动力之源。但是，创意和创新并不等于不切实际的空想，归根结底，创意和创新必须建立在创业实践和真实业务的基础上，可执行、可实施才是根本。创业者常犯的错误是过度估计创意的价值，在计划书中利用太多的篇幅描绘企业或项目的创意是什么，而忘记告诉投资人自己现在具备什么、能做什么、准备怎么做，以及能为投资人带来什么。

（4）缺乏科学有效的调研。创业的开展必须要以市场的真实情况为依托，也只有符合行业成长规律、市场经济走势、科学技术进程的企业和项目才能真正立足并持续发展。创业者在编制创业计划书时最大的忌讳就是"想当然"，想象自己的产品能够解决消费者的需要，想象市场上没有同类的产品，想象原材料生产厂家的进货价格，想象营销渠道的下游客户都愿意为产品买单……没有调研，就没有发言权。消费者是否真的需要产品要问消费者才知道；市场有没有同类产品要考察后才知晓；原材料供应厂家的价格是什么，不接触、不联系永远不可能了解底线；下游企业是否愿意买单，不沟通、不社交永远不能达成协议。所以，创业计划书中呈现的任何内容都应该有真实的数据和切实的调研做支撑。一份缺乏科学有效调研数据的计划书很难服众。当然，如果没有调研也不能虚假谎报调研数据，这是很容易被识破的，一旦出现行业领域的常识性错误，便只会被阅读者弃如敝屣。

【引入案例】 创业大赛中，编造数据＝给自己挖坑

于爽是一名高职环境艺术设计专业的大三学生，借助家中做木质家具生意的基础，她开办了自己的家具设计公司。2019 年，作为学校创业社团的社长，于爽自己的公司报名参加了"互联网+"创新创业大赛校内选拔赛。由于是真实落地的企业，很多老师和同学都看好这个项目，认为有望冲击省级比赛。能够在大赛舞台上进行展示，对于创业者来说是一个绝佳的投融见面机会，所以，于爽也非常重视，希望将企业最好的一面展现给评委。

通过查阅资料，于爽发现大赛评委很看重已经成立公司的真实经营情况，真正有销量、已经开始盈利的公司获奖概率更大一些。然而，自己的公司刚刚成立 2 个月，除了接到家里家具厂的一份 2000 元设计订单外，并没有和其他企业合作。但是，为了能够在比赛中胜出，于爽灵机一动，在网上查询了一些家具生产厂家，编造了 5 万元的订单情况。

原以为项目可以很轻松突围校赛，晋级到省级决赛，结果却出乎意料。校赛阶段，于爽的创业计划便被淘汰了。原因很简单，在校赛路演时，评审专家连续抛出了"请说出委托你公司设计的企业负责人的名字""请说出你公司订单设计作品的名称""你公司接到最大的一项设计订单是什么时间，费用是多少"等一系列问题，假的真不了，于爽只能无言以对。尽管项目真实存在，但大赛评委专家还是认为于爽的创业计划书有作假嫌疑，不建议推到省级决赛。于爽很懊恼，苦笑道："真是自己挖的坑，哭着也要填上啊。"

❖ **案例分析：** 于爽的设计公司本是真实的项目，如果按照真实的情况和科学的预期进行表述应该是有很大机会冲出校赛推荐到省级决赛的。但是，为了能够加大获奖的筹码，于爽使用了"小聪明"，希望通过编造数据提升评审专家的好感。但是，试想一家刚刚成立的小设计公司，2 个月期间就能完成 5 万元的设计订单是不太符合常理的。所以，评审专家会追问创业者，以求证真实性。编造数据等于是给自己"挖坑"，面对一环套一环的追问，于爽自然是难以应对、无法圆谎的。

❖ **思考感悟：** 纸包不住火，编写再完美的谎言也总会被识破。创业计划书编制的最大忌讳就是编造数据信息。越是好看的数据越能够引起阅读者的注意，某些时候，激发了阅读者求证的好奇心不见得是一件好事，他们会在计划书的字里行间寻找线索，真实的数据经受住考验后会增加阅读者的好感，但如果是作假的信息则会引起阅读者的反感。所以，创业还是要脚踏实地。

实践训练

【**实践训练**】撰写一份企业简介。

【**训练要求**】以小组为单位，根据已经拟定的创业项目和确定的企业名称，撰写一份企业简介。简介应该包括企业的名称、经营理念、核心技术、主营业务以及产品特色等内容，字数为 300 字左右。

【**范例**】

中发天信（北京）航空发动机科技股份有限公司成立于 2016 年，在航空工业集团、中国航发集团、北京航空航天大学、清华大学、哈工大、中国民航大学、中国航发、中科院、中国电科等单位的产业资本及科研条件大力支持下，开展大型无人机运行保障、涡轮式航空发动机研发及生产、高性能任务载荷设计及研制、大型无人机维修维护和地面保障设备生产等相关业务，并致力于成为现代化、综合性大型无人机商业运营航空企业，向中国政府及相关部门机构提供大型无人飞行器的运营及衍生服务，覆盖气象、地质、海事、物流、消防、边防等多应用场景。公司专注于大型无人机产业，在该产业链的上、下游进行产业布局，下设五大业务板块：北京总部、江西科研生产基地、江西制造基地、成都制造基地、成都人工智能研究院。航空发动机业务板块，主要从事航空发动机研制、生产、配套、服务工作，目前是航空工业成飞航空发动机配套单位中唯一一家民营性质合格供应商。

（以上文字摘编自米有校园网，2022 年 4 月 21 日）

课后习题

一、多项选择题

1. 以下关于创业计划书封面的表述正确的是（　　）。
   A. 封面是创业计划书的"门面"，设计精美的封面更能引起阅读者的兴趣
   B. 封面应尽可能展现企业的基本信息
   C. 封面一定要使用奢华的材质以展示企业的财力
   D. 封面设计应该复杂多元以凸显企业的独特性
2. 创业计划书编制的基本流程包括（　　）。
   A. 组建撰写团队　　　　　　　　　　B. 细化计划构想
   C. 实地走访验证并定稿　　　　　　　D. 计划实施调整
3. 创业计划书的具体作用包括（　　）。
   A. 帮助创业者准确把握企业未来走势　B. 描绘发起者个人的成就愿景
   C. 投融双方建立联系的纽带　　　　　D. 企业正常运转并持续发展的重要保障
4. 梳理创业计划书逻辑思路应关注的内容包括（　　）。
   A. 计划是否全面考虑了阅读者需求　　B. 计划是否真正抓住行业竞争的要害
   C. 计划是否守住企业项目创建的初心　D. 计划是否全面包含文本规定的内容
5. 创业计划书编制过程容易出现的问题包括（　　）。
   A. 没有具体的发展目标　　　　　　　B. 前后表述出现不一致
   C. 过于高估创意的价值　　　　　　　D. 缺乏科学有效的调研

二、判断题

1. 创业者仅使用文字就能够将企业的商业模式、组织架构、财务预算、产品性能、竞品分析等内容表述清楚。（　　）
2. 商业模式是一种包含了一系列要素及其关系的概念性工具，用以阐明某个特定实体的商业逻辑。成功的商业模式应包含客户价值最大化、整合、高效率、系统、盈利、实现形式、核心竞争力、整体解决等要素。（　　）
3. 创业计划书的开篇应该做好铺垫内容，内容表述要优美含蓄，引起阅读者的兴趣。（　　）
4. 通过放大或加粗文字、使用表格或图示、另起段落或另设标题、插入批注或特殊符号、用优美的语言替代平铺直叙的陈述等方式能够凸显创业计划的重要信息。（　　）
5. 创业计划书文件的内容梳理和文字润色一定要求创业计划领衔人即总经理完成。（　　）

三、简答题

1. 请简要叙述企业使命的概念及其意义。
2. 请简要叙述订立创业计划目标应该遵循的原则。
3. 请简要叙述创业计划书阅读者的需求。

延伸阅读　某高职院校大学生创业园公开征集入驻企业（项目）的公告

为贯彻落实有关文件要求，XXX 学院围绕中国特色高水平高职学校建设理念和特色，结合自身实际，有效整合资源，以营造良好创业生态环境，激发大学生创新活力，提供创新创业必要条件和优质服务为宗旨，以低成本、便利化、全要素、开放式为原则，建设大学生创业园，现园区公开征集入驻项目，具体内容如下。

一、申报条件

符合国家相关法律、政策规定及下列条件的创业企业或创新、科研团队可申请入驻：

（1）申请人应为具有明确创业方案的在校大学生、XXX 市青年创业企业或创新、科技项目研发与成果转化团队（规模一般不少于 3 人）；

（2）企业经营产品或团队研发项目应技术含量较高、创新性较强、有较强的市场竞争力；

（3）具备一定的企业或项目启动资金和承担风险能力；

（4）具有较完善的企业或团队管理制度，入园后能够保证在园区正常开展工作；

（5）项目研发成果在 XXX 市范围内转化；

（6）企业或团队成员诚实守信、遵纪守法，无违法违纪和不良行为记录；

（7）自觉遵守大学生创业园相关管理规定。

二、申报材料

创业企业或研发团队申请入园，应在规定时间内提供以下资料：

（1）《大学生创业园入驻申请表》（见附件1）；

（2）创业计划书；

（3）企业营业执照、税务登记证、组织机构代码证、社会保险登记证复印件（仅适用于已注册公司申请入驻提交）。

三、申报流程

（1）创业企业（项目）填写提交《大学生创业园入驻申请表》，撰写并提交创业企业（项目）创业计划书；

（2）参加项目路演（具体时间将另行通知，请随时关注网站发布的信息）；

（3）评审委员会根据创业计划书及路演情况对企业（项目）的性质、规模、风险、收益等情况进行评估，确定是否批准入驻；

（4）准入企业（项目）名单公示；

（5）获得入驻批准的企业（项目）签订《大学生创业园入驻协议》；

（6）企业（项目）正式入驻大学生创业园。

四、享受条件

入驻园区企业（项目）可享受以下服务：

（1）创业企业综合性服务。园区对入驻企业实行统筹管理，建立项目档案，跟踪扶持，提供：创业场地和企业基本办公条件；专业技术服务平台和网络信息平台；孵化企业注册办理一站式服务；扶持资金和小额贷款申请指导服务；融资引进服务；法律、会计、审计、专利申请、企业管理咨询和辅导服务等；

（2）创业培训与交流服务。提供专业化创业知识培训和企业管理培训，定期组织大学生创业实践交流活动，开展创业理论与实践课题研究；

（3）基础设施资源共享服务。对入驻企业实行校内实验室、实训室与职教园区教学工场资源的全面开放；

（4）人力资源支撑服务。向入驻企业派出技术研发人员，推荐实习、就业人员，提供人力资源支持保障。

❖ **思考与讨论：** 申请入驻大学生创业园是创业计划书的重要用途。请以组为单位讨论并列出大学生创业园评审专家在阅读创业计划书时希望看到的内容。

任务14　开展商业路演

【要点总括】

❖ **思政要点：** 通过商业路演的实践，充分展示当代大学生拼搏向上、积极进取的精神风貌，营造和谐友善的商业氛围，强化诚信沟通与合作。

❖ **理论要点：**

（1）商业路演的概念、作用、分类与流程；

（2）商业路演的主要内容与设计安排；

（3）商业路演主讲人的基本要求与注意事项。

❖ **技能要点：**

（1）公开场合的表达表述能力；

（2）演示文稿的设计制作能力；

（3）路演文案的设计撰写能力。

【引入案例】用一个小球，守护一方碧水

"作为一群有梦想的年轻人，我们希望为祖国的'绿水青山'贡献微薄之力。"天津市职业大学"油光光改性纤维球"项目成员杨情如是说。

就是带着这样单纯的情感，杨情带领团队，在导师的指导下，历经两年时间，开发出一种具有可再生功能的改性纤维材料。"它有一个响亮的名字，'油光光纤维球'。"杨情介绍说，"它不仅能有效吸附含油污水中的油脂，在一定条件下还可以实现材料再生、反复使用，可大幅度降低含油污水的处理成本。"

据杨情介绍，相比传统活性炭、石英砂等吸附材料，"油光光纤维球"还具有质地轻、强度高、弹性效果好、物理化学稳定、比表面积大、孔隙率高等诸多优点；同时，由于表面具有较强的亲水疏油性质，它在吸附油脂后，经过简单的过程即可将所吸附的油脂全部释放，实现材料的二次利用。

为提供更优质的含油污水处理解决方案，项目团队以"油光光纤维球"为基础，开发了一种用于处理含油污水的一体化设备，通过设备及其填充的改性纤维材料的共同作用，不仅能将含油污水处理成清水，还能将吸附的油污收集起来进行再次利用，从而真正实现了将"一种污染变成两种能源（水资源和油资源）"的目的。

"这样能有效降低企业处理含油污水的成本，以完成三次工业试用估算为例，吨水处理成本的材料费用不高于0.24元/吨，约为常规处理成本的1/10左右，且无二次处理费用。以目前国内年产含油污水 10 多亿吨估算，如全部采用本产品替代，将实现产值近 3 亿元，同时，可为企业节约处理成本约 20 亿元。"杨情介绍道。

（以上文字摘编自中央广电总台国际在线网，2019 年 10 月 16 日）

❖ **案例分析**：作为"互联网+"大学生创新创业大赛参赛项目，天津市职业大学创业团队致力于保护"绿水青山"，其产品"油光光纤维球"以质地轻、强度高、弹性效果好、物理化学稳定、比表面积大、孔隙率高等诸多优点，守护了一方碧水，提供了含油污水处理优质的解决方案，充分彰显了"青年+创新创业"的无穷力量，践行了"我敢闯，我会创"的青春宣言。

❖ **延伸问题**：如何更好地突出项目特色和优势，在中国国际"互联网+"大学生创新创业大赛舞台上展现出有理想、敢担当、能吃苦、肯奋斗的科技创新工作者精神风貌？

子任务 14.1　认识商业路演

【考核指标】

❖ **理论指标**：
（1）熟知商业路演的 1 个概念和 4 项作用；
（2）了解商业路演的 3 种分类方式；
（3）熟悉开展商业路演的 7 个基本环节。

❖ **实践指标**：能够完整按照商业路演的 7 个基本环节完成小组商业路演任务。

14.1.1　商业路演的概念和作用

【箴言警句】演讲者的体态、风貌、举止、表情都应给听众以协调平衡乃至美的感觉。

——曲啸

路演最初是国际上广泛采用的证券发行推广方式，指证券发行商通过投资银行家或者支付承诺商的帮助，在初级市场上发行证券前针对机构投资者进行的推介活动。它是一种基于投融双方充分交流的条件下促进股票成功发行的重要推介、宣传手段，能够有效促进投资者与股票发行人之间的沟通和交流，以保证股票的顺利发行，并有助于提高股票潜在的价值。商业路演是在此意义上的演进，是通过现场演示的方法，引起目标人群的关注，使之产生兴趣，最终达成投融对接和产品推广的目的，通常是指企业代表在公共场所向观众讲解自己的企业产品、发展规划、融资计划，用以向他人展示和推广自己的公司、团队、产品和想法等。那么，路演的主要作用有哪些呢？

（1）补充计划，动态展示。在路演前，通常企业（项目团队）已经向投资人或者大赛评委等提交了书面的创业计划书。但是，由于书面资料呈现形式有限，部分内容通过动态图示或者视频等方式才能清楚明晰地表述出来，再加上一些重要内容是需要通过面对面的交流才能够进一步确定的，所以，路演也被看作是创业计划书的补充。参加路演的人员需要对计划书内容足够熟悉，将重要内容提炼出来加以强调，将亟待呈现但书面表达不够充分的部分拿出来加以补充说明。

（2）展示实力，强化信任。投资项目的达成很大程度上取决于投资者对融资者的信任，企业主创团队如果能够给人一种信赖感，让投资人感受到团队能做事、能做成事，那么，投融合作达成的概率会大大增加。而商业路演正是展现团队精神和表达主创人情怀的重要时机，一次成功的路演，要求企业代表能够表述出创业成功的信心和勇气，也要向投资人展示出团队的魅力和能力，这可以加强投资人对团队的信任，增加项目落地和企业发展的可信度，为投融双方的进一步沟通奠定基础。

【引入案例】 俞敏洪现身新东方在线路演，现场秒变粉丝见面会。投资人：挤不进去

2019年，新东方在线在香港举办路演，新东方创始人、CEO俞敏洪现身现场。俞敏洪在路演中主要陈述了三项内容：第一，2000年成立中国第一家在线教育公司，与联想合资，是新东方在线的前身；第二，互联网单向传授系统不是在线教育的真正本质；第三，地面和线上是两种人群，一种是希望通过高付费获得线下优质教育服务的人群，一种是希望通过网络便捷学习的广泛人群。他指出，教育产品必须具备三个板块：一是内容+教学系统；二是科技应用；三是教学，也就是教师，教育不光是内容传输，还要解决情感诉求。俞敏洪表示，个人投资新东方在线是为了表达要实实在在做在线教育的决心。

俞敏洪前往现场后，路演会秒变粉丝见面会，现场十分火爆，甚至有投资人感叹"挤不进去"。俞敏洪着装很休闲、时尚，还有不少粉丝投资人拿着《在绝望中寻找希望》过来找俞敏洪签名，一些人在含蓄一会儿后也主动上台找俞敏洪合影。

（以上文字摘编自腾讯网，2019年3月15日）

❖ **案例分析**：案例选自一则新东方在线香港路演的新闻。通过案例，我们能够看到新东方创始人俞敏洪个人魅力的爆棚。很多人都听过俞敏洪创立新东方的故事，都感动于创业过程中的拼搏和坚持，他的教育理念和情怀打动了人们。而新东方作为一个教育机构，创办至今，在教育行业取得了非常多的成就，可以用"学员遍天下"来形容。正是投资人对俞敏洪、对新东方的肯定和信任，使得新东方在线路演大获成功。

❖ **思考感悟**：在路演过程中，如果主讲人能够用语言的表述和个人的台风争得观众的信任，那么，路演成功的可能性便大大增加。就在短短的3～5分钟时间内，投资人也许不能快速地对项目是否可行做出当机立断的决定，而主讲人的表现往往会提高投资人的兴趣，使之有意愿进一步了解项目，进一步深入企业。

（3）聚集资源，筹募资金。这里要首先纠正一个错误的思想，即投资方与融资方见面只是为了募集资金。事实上，企业在初创期除了要筹集资金外，还需要聚集资源、凝聚智慧，而投资方不仅能够为项目的继续推进和企业的持续发展注入资金，同时还会为企业带来相应的资源。因此，商业路演的目的就是使企业代表与资源的拥有者进一步接触，通过沟通交流，在投融双方共同发展前提下，达成合作意向。

（4）宣传产品，树立品牌。除了公开展示企业的团队、理念、规划外，路演的重要作用还在于对外宣传产品。路演期间可以将企业产品实物带到现场，充分宣传产品的优势和特色，演示与竞品的比较效果，通过解说使观众对产品有更多的了解。当然，路演也给了企业代表"打广告"的机会，一次给人留有深刻印象的路演，讲演者的名字会被人们记住，产品的品牌也会为人们所熟知。可以说，路演为企业创造了一次宣传的机会，是企业形成品牌效益、

广泛得到关注的一次不可错失的良机。

14.1.2　商业路演的分类方式

【箴言警句】要开化人的知识，感动人的思想，非演讲不可。——秋瑾

　　通过前面的学习，可以明确的是商业路演的目标在于吸引观众驻足和倾听，将企业的理念、规划、团队以及产品的优势、特色、功效等进行宣传和推广。而根据目的、形式、场地、参加人员的不同，商业路演的内容设计和表述侧重点也会有所不同。根据形式、现场环境、参加人员的不同，可以对商业路演进行分类，按照不同类型的路演要求，创业者应进行内容和形式的针对性设计，以达到路演的目标。接下来，看看几种商业路演的分类方式。

　　（1）根据形式区分。根据形式进行区分，商业路演可划分为线下路演和线上路演。线下路演顾名思义就是现场路演，这要求企业代表与观众在统一的空间下，主讲人就准备的内容进行演说，观众在倾听路演内容的同时，对疑惑的问题和希望深入了解的内容进行提问，再由企业代表进行回答。线下路演营造了演讲者和观众面对面交流的环境，交流更加直接，感受更为直观，但也受到了时间和空间的约束。线上路演则是在一定的网络环境和相应的仪器设备下，演讲者就企业或产品的相关内容进行在线陈述，观众在线提问，演讲者在线作答。线上路演可以是同一时间段的连线沟通，也可以是网络视频资源的回查回看。所以，线上路演不受时间和地点的束缚，但缺少了面对面交流更为直观直接的优点。

【引入案例】**打破传统宣发局限，剧组走进直播间引热议**

　　在2019年12月4日晚，"李佳琪、胡歌直播"话题登上了热搜，当天晚上9点，电影《南方车站的聚会》的主演胡歌现身李佳琪的直播间。随后，演员桂纶镁、导演刁亦男也相继出现在直播间，观看人数最高达620万人次。此次，剧组驻扎直播间，进行了电影直播宣传。胡歌和桂纶镁现场讲述了电影的幕后故事，演唱主题曲，模仿李佳琪经典语录。短短的6秒钟时间，在线卖出了25.5万张电影票，还有许多粉丝因为没有抢到电影票嚷着"太遗憾了"。《南方车站的聚会》作为一部文艺片，能够有这样的成绩是非常难得的，这也让人们再一次见证了李佳琪的号召力和带货能力。随着时代变化与技术革新，传统的宣传、发布会已经无法满足电影的宣传要求，电影营销的方式正在求新求变。而鉴于淘宝直播是近期风头正旺的流量点，直播售票成为电影营销的一种新尝试。目前，已经有《南方车站的聚会》开了好头，后续淘宝直播是否会持续推出电影直播抢票，在形式和内容上还会有哪些创新，让我们拭目以待。

（以上文字摘编自中国经济网，2019年12月18日）

❖ **案例分析**：案例中，《南方车站的聚会》的导演和主演纷纷亮相直播间进行电影宣传，其目的是增加影片的曝光度，让更多人知道影片，产生观影意愿，购买电影票。而选择李佳琪直播间路演，一是看中了淘宝直播火热的流量点，二是看中了李佳琪直播的带货能力。而直播抢票的新颖形式则构成了营销噱头，吸引人们的参与，激发人们的购物冲动。影片直播售票为线上路演形式做了很好的例证，进一步展现了线上路演的灵活性和实效性。

❖ **思考感悟**：伴随互联网技术的发展和人们消费方式的转变，路演形式从线下到线上

发生了跨越性的变革，而线上路演的方式又呈现出多元化特征，诸如淘宝直播等在线路演平台的出现，给创业者带来了许多企业和产品宣传的机会，帮助创业者扩宽了销售的渠道。创业者应该不断跟紧时代脚步，创新路演思维，以新颖、独特、大众乐于接受为标准，选择合适的路演形式，开展路演内容设计，提升路演的效果。

（2）根据现场环境区分。根据现场环境进行区分，商业路演可划分为开放式路演和封闭式路演。开放式路演通常在商场、商业街或创业咖啡进行，路演的主讲人可以是确定的企业代表，也可以是自愿随机上场的企业代表，观众具有可流动性，企业的路演次数和形式一般不会受到严格限制。由于观众处于流动状态，开放式路演对演讲者的要求较高，需要演讲者有足够的号召力和感染力，需要使用生动有效的方式吸引观众，以达到宣传推广的目的。封闭式路演则在会议室、报告厅等空间进行，参加路演的企业代表和观众一般是明确的群体，带有明确的目标，参加路演的人员不能在场内随意走动。封闭式路演通常经过较为严密的组织，在流程、形式、时间等方面会做出相关规定，参加路演的企业代表应根据规定要求进行展演，观众则会根据既定目标和评分规则等对路演项目做出评价。

（3）根据实施目的区分。根据实施目的进行区分，商业路演可划分为融资性路演、竞赛性路演、推介性路演。融资性路演以融资为目的，观众主要是投资人，企业代表需要在规定的时间内将企业的发展前景、发展规划、资金需求、资金用途、股权出让比例等信息传递给投资人，帮助投资人认知企业、了解产品、预判发展，做出是否进入投融双方洽谈环节的决定。竞赛性路演以获得奖项为目的，主要观众包括投资人、高校教师、行业领域专家等群体，企业代表需要根据赛事要求，按照采分点设置情况将规定性内容在有限的时间内展示给观众。通常，竞赛设有相应的体系标准，包括路演人的现场表现、项目的可实施性、问题回答的流利程度等，评审专家会根据评分标准对路演情况做出综合的衡量与评价。推介性路演主要是面向消费者群体的路演，更侧重于对企业品牌和产品的介绍，企业代表需要抓住目标客户的购买需求，选择有效的方式说服目标客户购买产品。推介性路演的手段相对丰富，演讲者可以积极地与目标客户进行互动，以达到激发购买欲望、形成品牌效应等目的。

14.1.3 商业路演的基本环节

【箴言警句】演讲，不仅仅是一种职业，而且是一种事业，一种伟大的事业。演讲，不仅仅是一种科学，而且是一种艺术，一种卓越的艺术。——李燕杰

路演是一项重要的商业性活动，企业决定参加路演活动后便应该做好充分的准备，以使路演效果能够达到理想状态。一般情况下，参加商业路演需要经过以下7个环节。

（1）明确路演的情境。通过前一节的学习我们知道，不同的路演情境对路演内容和形式设计有着不同的要求。例如，推介性路演更侧重于介绍产品，产品优劣势分析、竞争产品比较分析、产品性价比分析等是讲演的重点。而融资性路演则更侧重于介绍企业的现实基础、发展规划、融资需求、股权出让等情况。所以，企业代表在参加商业路演前，首先需要明确路演所在的情境，及时了解参加路演的具体流程、展现形式、相关要求等，以便为后续的准备工作提供指向。

（2）选择路演的人员。商业路演从本质上来看属于一种宣讲活动，重点还是侧重于"讲"字，这便对上台讲话的人有所要求。一般情况下，能够代表企业在台上进行路演的人应该是

组织内部的核心成员，对企业相关情况足够熟悉，对企业产品足够了解，能够就企业运营发展的方向性问题和细节性问题都做出明确回答。从这一要求来看，企业的负责人或者项目的创始人是最为合适的，这也是一些路演活动会指定企业创始人或负责人参会的主要原因。当然，企业也可以根据不同的路演情境需要派出更加合适的人选，或派出路演团队参加。

（3）设计路演的文案。在明确路演情境、确定路演人员后，便需要开始设计路演文案了。路演文案也就是演讲过程中演讲人使用的讲稿，它涵盖了需要表述的全部信息。演讲者应该根据企业参加路演的主要目标，根据路演的通知要求，根据个人的表述习惯进行文案的编写和设计，并且文案应该主题明确、内容充实、逻辑清晰、重点突出、高度凝练、朗朗上口。

【引入案例】雷军：尽管大势不好，但好公司依然会脱颖而出

各位来宾，大家好！

此时此刻，此情此景，心情无比激动！

八年前，我有一个疯狂的想法：要用互联网方式做手机，提升中国产品的全球形象，造福全球每个人！说实话，几乎没有人相信这个疯狂的想法。谢天谢地，公司第一天开张，有13人一起过来一起喝小米粥。至今我都不知道，他们当时是否真的信了，他们都在现场，大家可以问问他们。今天还有175位小米同学们代表小米19000位员工到了现场，感谢所有的小米同学和小米家属们，大家共同努力，才铸就了小米今天的辉煌！

最近正是中美贸易战、全球资本市场风云变幻的时候，感谢十多万投资者在此刻真金白银的投入表达了对小米的认可和支持，包括李嘉诚、马云和马化腾等，感谢！尽管大势不好，但好公司依然会脱颖而出！

我要特别感谢全球米粉，八年前，我们研发了第一个产品MIUI，第一版只有100个用户。正是这100个用户支持，我们一步一步成长，才有现在的月活跃用户1.9亿人。我们今天特别邀请了6位从2010年开始就支持小米的米粉来到现场，一会儿敲锣仪式我会邀请米粉代表洪骏先生上台。我们所有的努力都是为了米粉的认可和满意，有了他们的认可，才有我们的成就。

我们还要感谢港交所和香港证监会。我们是互联网公司，从第一天开始就设置了同股不同权的制度。如果没有香港资本市场的创新，我们很难有机会在香港挂牌上市。我相信，香港会迎来更多优质的互联网公司！

从诞生的第一天起，小米每一寸血管里都流淌着创新的血液。但真正的创新从来不是轻轻松松得来的。没有不需要巨大付出的创新，也没有不经历无数挫折的创新，更没有不承受误解甚至非议的创新。越是理解这一点，就有越多的感恩。感恩所有给予我们的理解、信任、鼓励与支持！

感恩的话是说不完的，最好的感恩方式就是继续努力，继续加油！我们要努力做好产品，回报全世界支持我们的米粉；做好公司，回报我们的员工和广大的投资者。等会我们的股票开始交易，这对小米而言，是个全新的开始！

感谢大家！谢谢！

❖ **案例分析**：案例来自小米集团在香港主板上市时创始人、董事长兼CEO雷军的致辞。演讲展示了小米集团创办以来的历程和取得的成就。简短的文字涵盖了小米集团的创建目标、价值旨归、服务对象、经营理念等内容。文章情真意切，朴实真诚，让人们看到了企业的深厚积淀，也让人们增加了坚信小米集团未来不断发展的信心。

❖ **思考感悟**：路演的文案设计不一定使用多么华丽的辞藻，也不一定使用诗一样的排比句式。能够打动人的路演往往投入了真实情感，是演讲人用真诚、用真心讲好企业的故事。演讲者如果能够通过讲述把观众带到企业成长和产品发展的意境当中，让观众置身于企业，看到它的过去、现在和将来，那么，这场路演便是成功的。

（4）准备路演的材料。除路演文案外，参加路演还需要做好其他材料的准备，主要包括与文案相对应的电子演示文稿即路演 PPT、企业商业计划书、企业宣传片或产品介绍片、产品（实物、模型或试用装等）、企业产品的技术专利及权威机构的相关证明材料，以及具有重要价值的销售资质证明材料或销售授权证明材料，能够体现企业文化或社会影响力的报纸或期刊，能够体现企业核心竞争力的奖项和荣誉，观众可能提问的问题和准备的回答内容等。这些材料是企业运营发展和产品质量保证的强有力说明性材料，能够有效增强企业和产品的说服力，提升观众对企业的好感和信任度。

（5）排练路演的环节。在讲演文稿、路演 PPT 以及其他相关材料准备就绪后，演讲者需要进行路演环节的推演。推演过程不仅包括根据时间要求确定每一张 PPT 文稿对应的演讲内容，还包括确定企业宣传片或产品介绍片的播放时间、明确参加路演全部人员的登台顺序和站台位置、确定企业产品实物的呈现方式或样品发放的时间节点及形式、思考可能面临的问题以及回答内容（如果有多人登台，需要做好问题回答的分工，避免人员没有演说任务空站台的尴尬）、防范演讲台上可能发生的意外情况和解决方案等。当然，最重要的还是演讲人对讲演内容做到足够熟悉，牢牢把握每一项内容和每一个环节。

（6）进入路演的状态。在路演现场，演讲人需要提前候场，在后台做好演示文稿的存储和试播工作，并注意调整呼吸节奏，做好心理准备，进入演讲状态。在演讲过程中，表情应该自然得体，说话应该注意抑扬顿挫，表述应该注重情感投入，时刻牵引观众的注意力，带动观众进入演讲情境中，以达到加深印象、赢得好感的实际效果。同时，还应注意是否有问答环节，面对观众提问注意听清问题，对于表述不清楚或不明确的问题需有礼貌进行复述确定，给人一种沉着冷静、处变不惊的印象，也会为路演增色。

（7）做好路演的跟进。商业路演特别是融资性路演和推介性路演结束后，企业应该及时进行情况跟进。对于融资性路演，企业需要及时联系有意向的投资人，洽谈相关事宜，把握融资机会，集聚外部资源，为企业的进一步发展奠定基础。对于推介性路演，企业需要及时与目标客户沟通，搭建人脉网络，表达合作诚意，进一步扩展企业产品的销售渠道。当然，针对路演环节中出现的瑕疵，还需要查找原因、进行总结，为下一次商业路演积累经验。

子任务 14.2　准备商业路演

【考核指标】

❖ **理论指标**：
（1）掌握商业路演陈述的 10 项内容；
（2）了解路演演示文稿设计制作需要注意的 4 个方面；
（3）把握路演设计安排需要注意的 5 个方面。

❖ **实践指标**：能够根据路演陈述的内容和演示文稿制作的要求撰写 1 份路演文案、制作 1 份路演 PPT。

14.2.1 商业路演的陈述内容

【**箴言警句**】业务模式它当然是很容易拷贝的。问题是我们怎么去理解自己的企业，你到底是一种纯粹业务模式的优势，还是有业务模式之外的优势？企业的竞争力，不是简单的一种业务模式就可以取得一切，需要从内质细化上去挖掘，才有可能保持持续增长和发展。——周成建

事实上，商业路演中陈述的内容与创业计划书中内容保持着很大程度的相关性，甚至部分内容是对创业计划书内容的重复性强调。因此，商业路演陈述内容是在保持与创业计划书展示信息一致的前提下，进一步就计划书中的文本内容加以解释说明，或转变视觉听觉效果加以呈现。一般来说，商业计划书的陈述内容应该包括以下几个方面：

（1）抛出问题。在陈述的开篇，主讲人应首先抛出市场存在的需求或者大众亟待解决的问题，将观众带到现实情境中，使观众能够感同身受，特别要尝试激发那些了解行业市场现状的观众产生共鸣，突出市场需要，激发观众的兴趣，为后续的解说进行铺垫。

（2）企业愿景。在抛出问题后，表述企业致力于解决存在的问题和满足现实的需要。主讲人需要使用简练的语言讲述企业的现状，包括企业的名称、企业的使命、企业的定位，以及企业在现存问题或实际需求下能够做什么、是怎样做的。一言以蔽之，就是告诉观众，你的企业是做什么的。

引入案例 这是你熟悉的"江小白"——江小白官网的企业简介

江小白酒业是一家综合性酒业公司，拥有完备的全产业链布局，集高粱育种、生态农业种植、技术研发、酿造蒸馏、分装生产、品牌管理、现代物流和电子商务为一体。

当前，旗下拥有江记酒庄和驴溪酒厂生产酿造基地，江记农庄高粱种植基地，以及"江小白""江记酒庄""驴溪"等高粱酒品牌。其中，"江小白"已经成为年轻人首选的中国酒品牌，并远销海内外 20 多个国家。

江小白酒业致力于传统高粱酒的老味新生。其战略方向是，在传承传统工艺的基础上，推动中国酒利口化、时尚化和国际化实践，为消费者、合作伙伴和员工"创享愉悦"。

（以上文字摘编自江小白官网，2020 年 5 月 23 日）

❖ **案例分析**：这是一则来自江小白官网的企业介绍，不到 300 字的简介里，包含了"江小白"企业的性质、商业模式、目标客户定位以及战略方向，一个致力于传统高粱酒老为新生的企业总体形象呈现在人们面前。

❖ **思考感悟**：路演中，主讲人对企业的介绍并不用过多，也不用太复杂，只需将最重要的内容传递给投资人、评审专家、消费者等观众即可。

（3）主营产品。说明企业在做什么后，主讲人需要引出企业的主营产品，即能够真正解决问题、满足需求、直击痛点的产品是什么，介绍产品的名称、产品的性质、产品的功能、

产品的价值、产品技术等，加深观众对企业产品的印象和认知，看到产品的卖点和特色。

（4）市场规模。企业主营产品介绍完成后，主讲人需要针对产品的目标市场进行剖析，绘制目标客户群体画像，列举上下游产品以及同类或相似产品的销售数据，预估企业主营产品的市场规模，按照月份、季度、年度预估企业的销售量和销售额，展示企业未来发展趋势。

（5）商业模式。在预估市场规模后，主讲人需要向观众阐述企业与企业之间、企业的部门之间、企业与顾客之间、企业与各渠道之间的交易关系和连接方式，并特别注意阐释企业与用户、供应商、其他合作伙伴的关系，以及各个关系之间的物流、信息流和资金流，展示企业完整的运营流程及盈利方式。

（6）运营情况。主讲人在介绍企业运营状况时，对于已注册公司的，项目需要针对成本、销售额等数据进行说明，展示财务报告等文件中能够反映企业财务状况和经营成果的信息，为企业的良性发展提供佐证；对于未注册成立公司的，项目也需要阐述样品或试用装等制造数量、发放情况、反馈信息等内容，说明产品正在接受市场验证并拥有较好的发展前景。

（7）现存优势。在介绍企业现存优势过程中，主讲人可以使用对比的方式，通过与竞争企业和竞争产品进行比较分析，凸显企业在理念、人员、技术等方面的特色以及产品在原材料使用、制作工艺、生产流程、产生功效等方面的优势，彰显企业和产品的核心竞争力，说明企业和产品的不可替代性，进一步增强观众对企业和产品的信心。

（8）融资需求。在带有融资目标的路演中，融资需求构成了主讲人重点叙述的内容。主讲人需要将企业既定的资本结构、资本成本、融资用途、融资规模、融资方式、融资机构的选择依据、偿付能力、融资潜在风险和应对措施、还款计划等内容向投资人进行展示，为投资人分析和决策提供资料。

（9）团队成员。在大学生创业项目的路演中，主讲人需注意推出自己的团队，不仅包括介绍企业拥有的技术、销售、管理等方面的人才，能够支撑企业快速成长发展，还需重点推出企业拥有的导师团队，包括科研技术领域的专家、行业企业的专家、知名学者和研究人员等，以突出企业的人力资源实力。

（10）联系方式。在一些路演场合，企业的创业计划书不会发放给观众或部分发放给观众，那么，有意向的投资人或有意向的合作企业可能没有办法得到路演企业的联系方式。为了后续商务洽谈合作的顺利进行，在路演的最后，主讲人往往需要将自己的手机号、微信号等信息公布出来，以便与投资人、意向性合作企业保持联系。

14.2.2　商业路演的演示文稿

【箴言警句】 使用得当的话，道具能使演讲者的话更清晰、更有趣，也更容易记住。

——卢卡斯

商业路演的演示文稿也就是我们通常说的 PPT，以其直观的文字和画面与主讲人的陈述相配合，使路演的观众能够通过听和看全面有效地了解企业（或项目）情况。一份优质的商业路演演示文稿，起到重点信息强调、补充的作用，并以视觉上的美感或冲击力给观众留下深刻印象。那么，商业路演中的演示文稿设计应该注意哪些方面呢？

（1）演示文稿的背景模板。演示文稿设计制作的第一步是要找到一份合适的模板，而模板的选择决定了演示文稿的整体风格。在选择演示文稿背景模板过程中，设计制作者需要注意以下三个方面的问题：

①演示文稿背景模板的图片和色调应该与企业类型或主营产品相适应。比如，企业属于医药类行业，主营产品为药物，演示文稿的背景模板图片选择与医疗相关的内容，或者以淡蓝色和白色色调为主相对比较合适。再如，企业主营产品是婴幼儿产品，那么，选择颜色鲜艳、具有童话色彩的背景模板会相得益彰。

②演示文稿背景模板的结构框架应该清晰明了。网络资源中有非常多的演示文稿背景模板，并且模板本身带有结构框架。路演的演示文稿制作需要根据信息要点陈列的条目，选择合适的结构框架，以便层次清晰、结构分明地将信息呈现在演示文稿上。

③演示文稿的自动翻页、背景音乐或页面和字体动画效果等应该慎用。为了增强演示文稿的效果，达到吸引观众注意力的目的，设计制作者会用到演示文稿的一些软件功能，比如插入一些动画或动图，设置页面的自动播放，插入页面背景音乐等。但这些功能需要谨慎使用，注意不要喧宾夺主。同时，还要考虑到背景音乐是否会影响到主讲人的表达，页面自动播放是否能够与主讲人陈述步调一致，动画或动图效果过多是否会导致文稿页面卡顿而影响播放效果等。

（2）演示文稿的播放顺序。从功能来看，演示文稿主要被用于配合展示主讲人的陈述内容，这便对演示文稿的播放顺序有了具体的要求。一般情况下，路演的演示文稿控制在15～18页，播放顺序建议为：

第1页，演示文稿的封面，用于呈现企业相关信息。

第2页，演示文稿的目录，用于呈现即将介绍内容的框架。

第3～13页，演示文稿的主体部分，即用于展示需要陈述的市场痛点、企业愿景、主营产品、市场规模、商业模式、运营情况、现存优势、融资需求、团队成员、联系方式等内容，且演示文稿主体部分与主讲人陈述内容的顺序应保持一致。

第14页，演示文稿的补充，用于对企业发展愿景的重申，或添加表达期待合作的话语。

第15页，演示文稿的结尾，用于结束致谢，公布企业主要负责人的联系方式，通常以手机号码或微信二维码形式呈现。

（3）演示文稿的页面内容。确定演示文稿的播放顺序后，演示文稿页面的主题随之确定下来。围绕页面主题，设计制作者需要将重要的信息内容呈现在文稿的页面上。而在添加演示文稿内容时，需要注意以下几个问题：

①简洁明晰，控制字数和字号。演示文稿的页面最忌讳的就是通篇文字，密密麻麻的文字堆砌会大大降低观看者的兴趣，使文稿页面丢失美感。因此，设计制作者应注意控制放入页面的字数，并适当调整字号，使之能够清晰有条理地呈现给观众。

②重点突出，信息加粗或改色。与创业计划书的设计要求相同，演示文稿中的信息要点也应该通过加粗或改变字体颜色等方式进行特殊处理。但是需要注意页面上呈现的颜色不能过多，避免使人产生眼花缭乱的感觉，这样也不利于重点内容的凸显。

③详略得当，善用图片和表格。演示文稿是对主讲人陈述内容的补充和强调，有时也会起到提示的作用，但这并不是说将主讲人全部的陈述内容罗列在页面上。设计制作者应该挑选重点文字内容放置到演示文稿页面上，并注意将语言陈述过于烦琐或无法用语言表述的内容利用图片或表格来呈现，这样有助于减轻主讲人背诵稿件的压力，也能够强化表述的效果。

（4）演示文稿的辅助工具。最常见的配合演示文稿使用的工具是"翻页笔"。有了"翻页笔"，主讲人可以在远离电脑的地方进行演示文稿的页面切换；使用"翻页笔"可以使主讲人肢体语言表达更加自如，进而增加演说自信，提升演讲台风。当然，使用"翻页笔"也有一些注意事项：

①市面上多数"翻页笔"需要在电脑上提前插入接收器，主讲人上台前需要做好这项准备工作，并检查是否与电脑和软件适配。同时，"翻页笔"的使用有接收器距离的限制，主讲人需要注意不要超出距离限制。

②"翻页笔"有时可能出现卡顿或连击多个页面快速翻过的现象，这十分考验主讲人的临场发挥素质和应变能力，切忌因为页面出现问题而影响发挥。

③多数"翻页笔"会配有红色激光灯，用于辅助主讲人指示到页面的相应位置，但激光灯对适用屏幕有要求，因此，主讲人在演说过程中应该注意激光灯是否可用。

14.2.3　商业路演的设计安排

【箴言警句】精明的商家可以将商业意识渗透到生活的每一件事中去，甚至是一举手一投足。充满商业细胞的商人，赚钱可以说是无处不在、无时不在的。——李嘉诚

商业路演想要精彩特别，给人以深刻印象，除了需要主讲人有良好的发挥，表述上有极强的亲和力外，还需要对每一个环节进行精心的设计和反复的推演。路演通常的时间为 5～10 分钟，短时间内展示诸多方面的内容实属不易，而且还要符合观众的口味，烘托现场的气氛，让人们认识企业、了解产品、产生投资与合作意愿，这必然要对路演过程进行合理科学的安排。通常，商业路演设计离不开以下 5 个方面：

（1）准备好 1 个视频。有关企业的简介或者产品的介绍可以通过一段 1 分钟左右的短片来展示。事实证明，企业或产品介绍使用视频播放的效果比主讲人 1 分钟的讲述效果好很多。视频中包含图片、视频等素材，也包含背景音乐和解说词等元素，既涵盖了需要介绍的内容，又以影像和背景音乐制造视觉和听觉上的冲击力吸引观众注意力，达到快速传递企业和产品信息的目的。以一段震撼、优美或引人深思的视频作为商业路演的开场，可以有效带动观众的思绪，激发进一步了解的兴趣，为后续的阐释做好铺垫。

（2）讲好 1 个故事。人们在观看影片或话剧等作品时，会有这样一种感受，有贴近生活的素材、有跌宕起伏的情节、有感人肺腑的情谊的作品往往让人印象深刻，并很容易带动观众的情绪，而且相比枯燥无味的文件资料和条理分明的解释说明，人们更容易记住有背景、有情节、有人物的故事。商业路演的过程设计便要特别注意抓住这一点，主讲人需要尽可能把企业或产品的产生初衷、生产经营的历程、未来发展前景等以生动的故事形式展示给观众，这有利于戳中观众内心的情感甚至是"泪点"，将观众带入预设的情境中，产生对企业的信任和对产品的认同。

【引入案例】　"三个爸爸"打造极致空气净化器，讲述爸爸对孩子的爱

"我们是一群为孩子健康而偏执发狂的爸爸。今天我们为孩子造出了一款秒杀万元机的儿童专用净化器！"这是三个爸爸家庭智能环境科技（北京）有限公司 CEO 戴赛鹰在企业家黑马会全球路演中心路演的一句话，而正是这句话打动了他的观众，让人们看到了一款产品背后爸爸对子女执着坚强的爱，也是"专门为孩子做一款放心的净化器"的冲动得到了高榕

资本的认可，拿下了 1000 万美元的投资。

路演中，戴赛鹰讲到了医生朋友给他的告诫："儿童呼吸系统发育不完善，污染过滤能力仅为成人的十分之一到四分之一，需要特殊保护。"这句话戳中了许多父母的痛点，希望给孩子最好的保护，就要选一款专门适用于儿童的空气净化器，产品的核心卖点已经植入投资人和消费者的头脑中。

"三个爸爸"打出了很好的感情牌，讲述了三个父亲对孩子最深沉的爱。品牌诠释给人们的是：无论你是文艺青年、普通青年还是其他青年，无论你是"土豪""经济适用男"还是"草根"，我们相信，只要你是一位爸爸，一定和我们一样，想给孩子一个自由呼吸的家。所以，戴赛鹰讲述的不只是一台空气净化器的故事，而是唤起了千千万万父亲的使命与责任，让每个爸爸都行动起来，为孩子的自由呼吸而努力的号召，让"三个爸爸"品牌瞬间走红，得到投资人和消费者的信赖。

（以上文字摘编自品牌网，2019 年 6 月 17 日）

❖ **案例分析**：三个爸爸家庭智能环境科技（北京）有限公司由戴赛鹰、陈海滨、宋亚南三个爸爸发起，以"爸爸精神"为孩子做最好的产品是他们传递给人们的品牌正能量。"我不是为了认真，孩子是我的命根"最朴实的话，却诠释了父亲对孩子最深沉的爱，人们为之感动，对品牌产生了信赖。现如今，"三个爸爸"用偏执狂的精神为孩子做最好的产品已经得到了越来越多人的认可，"三个爸爸"的故事也成为商业路演的经典案例。

❖ **思考感悟**：讲述企业品牌故事、介绍产品由来，路演中，一个动听的故事要远比华丽的辞藻和绚烂的话语更能引人入胜，给人以深刻印象。把观众带入预设的意境中，能够更加让人们认同企业的理念、相信产品的技术、肯定团队的实力，这样，路演的目标才能更好地达成。

（3）回答好 5 个问题。"故事"的讲述只能引起观众的共鸣，激发观众的感性思维，而当观众恢复理性后，还是会将关注点放在路演企业和产品上。此时，主讲人需要回归到理性思维，认真地做好 5 个方面问题的回答，这 5 个问题可以用 4 个"W"和 1 个"H"来进行记忆。第一个是 Who，即告诉观众你是谁，你和你的团队在做什么，这是团队的介绍部分，用有力量的语言引出团队，让观众看出团队的实力是主讲人需要做的；第二个是 Why，即告诉观众你们为什么做，也就是说明企业成立的原因或产品生产设计的原因，让观众看到市场的需求和痛点；第三个是 Which，即告诉观众你们的目标客户是谁，谁将为你们的产品"买单"，这部分市场的规模如何；第四个是 Where，即告诉观众你们的发展方向是什么，企业的核心产品与竞品在什么地方存在区别，你们的优势在哪里；第五个是 How much，即你们需要多少钱，将出让多少股份，这些钱将用在哪里，投资回报率是多少。这 5 个问题是路演观众普遍希望了解的，也是路演内容的重点。

（4）准备好 1 个展品或若干试用品。为了能够说服观众，使观众对企业、对产品产生兴趣和信任感，路演期间，主讲人可以根据情况将企业产品展示给观众，或派发一些产品的试用装给观众，这也是让观众直观了解产品的有效方法。需要注意的是，路演中展示的样品应该具有现场演示效果好、功能便于体现、携带较为方便等特征，派发的试用产品应该具备携带方便、效果显著、普遍适用等特点。并且在产品展示前，需要做好充分的调试和准备工作，避免现场出现意外问题。试想，如果在产品展示期间，并不能呈现出主讲人表述的效果，那将极大地打消观众对产品的兴趣，甚至产生对公司产品质量的怀疑，这对企业是极为不利的。

（5）组织好 1 个团队。路演的主讲人通常只有一个，但是整个路演环节的完成需要组建一个强大团队，这也是路演设计安排的重点。通常，路演设计团队需要进行合理化分工，有人负责文案撰写，有人负责演示文稿制作，有人负责道具（包括电脑、翻页笔、产品样品、产品试用装等）准备，有条不紊的人员分工可以达到事半功倍的效果。当然，正如前面在路演环节中提到的，路演登台的人员可以不止一人。路演的主讲人通常是企业的负责人，掌控企业全局，把握企业发展方向的宏观问题，而有关技术研发、财务分析、市场营销等专业性问题的作答，可以组建一支路演团队，科学设计好团队分工、入场顺序、站台位置等，以便随时应对观众提出的问题。

子任务 14.3　做好商业路演

【考核指标】

❖ 理论指标：
（1）掌握商业路演主讲人的 6 个方面要求；
（2）了解商业路演过程中的 5 个注意事项；
（3）明确商业路演结束后的 3 项重点工作。

❖ 实践指标：能够按照路演主讲人的基本要求在小组内完成 1 次商业路演。

14.3.1　路演主讲人的基本要求

【箴言警句】成功的企业经营所需具备的要素是：热衷于货品的产出，确切熟知产出成品、责任感以及有效地派任职务。经理人员必须能让部属充分发挥自我才能，独立作业以担负分内完全职责；也必须将企业组织内每一个人视为追寻共同目标的一分子。——洛德福特

事实上，主讲人是整个路演环节的"控场人"。企业路演成功与否很大程度上取决于主讲人在台上的 5~10 分钟。有时尽管项目市场前景很好，但是主讲人表述不清也会导致路演目标无法达成。因此，主讲人肩负着很大的责任，也承担着很大的压力。通常情况下，路演的主讲人会是企业的负责人。一方面，负责人对企业的实际运营情况了解深入，能够掌握企业的全局；另一方面，企业负责人路演也体现了企业的重视和对观众的尊重。而对于路演的主讲人普遍有以下 6 个方面的要求：

（1）得体的着装。需要注意的是，这里所说的得体着装并不一定就是"正装"。穿着正装是一种商务礼仪，也可以说是一种商务往来习惯。所以，正装对于路演主讲人来说是不会错的选择。如果企业没有统一的服饰，产品不属于特定的行业，着正装是相对合适的。不过，正装有时也会给人比较拘谨的感觉，如果企业有统一定制的工服，可以选择穿着印有企业 Logo 的服装。或者，在路演场合并不是十分正式的情况下，主讲人也可以穿着衬衫等商务休闲服饰。

（2）流利的演说。主讲人对演说文本应该十分熟悉，可以达到背诵的程度。在路演期间，主讲人切记不要持稿上台，更不能照稿宣读，这不仅是对观众不够尊重，也会侧面反映出主讲人对企业情况不够熟悉。当然，流利的演说不是流利背诵，而是能够带有情感、轻松自如地陈述内容。

（3）精熟的业务。主讲人在路演台上就代表了企业的形象和专业性，因此，在整个路演的过程中应表现出业务熟练、精湛，这样才能提升观众对企业和产品的信任度。主讲人要特别注意不要犯技术性的错误，对一些专有名词特别是产品核心技术的专业词汇应熟记、熟知，否则会给观众留下不专业、不懂行的不良印象。

（4）真诚的态度。无论参加路演是带着融资目标，还是合作目标，抑或是销售目标，真诚一直都是投资人、合作伙伴、消费者所看重的。一些主讲人可能不善于言辞，也不具备优秀的台风，但如果在表述过程中能够给人一种踏实、淳朴、真实的感受，也会为路演加分。因此，主讲人需要通过言辞表述将企业的诚意传递给观众，以真心诚意打动投资人、合作伙伴和消费者等观众群体。

（5）幽默的谈吐。在严肃的路演氛围下，主讲人如果能有效地活跃现场气氛，使观众放松神经，则会将观众的注意力集中到台上，增强路演的实效。主讲人幽默的谈吐很重要，但这并不等于可以在台上"耍宝"，而是要求主讲人在适当的时机用幽默诙谐的话语带动观众的情绪，让观众喜欢主讲人的表达方式，愿意听主讲人陈述，自然也就达到了将企业和产品的相关信息传递给观众的目的。

（6）自信的表现。在路演中，主讲人自信的表现不仅代表了个人的自信，也代表了企业的自信、产品的自信。正是源于对企业未来充满希望，对产品质量充满信心，主讲人才能有足够的底气将企业和产品展示给观众。所以，主讲人的自信表现很重要，它传递给观众的是企业发展的信号和产品质量的信心。试想，企业的负责人对公司的未来和产品的市场都没有信心，投资人又怎么会把钱浪费在企业身上，消费者又怎么会为产品买单呢？

【引入案例】对待陌生人，情商高的马化腾这样做

很少有人知道，常被人看作理工男的马化腾，在年轻时就是一个和陌生人打交道的高手。马化腾大学毕业以后并没有创业的想法，而是找了一份工作，因为很轻松就能胜任，于是在网络上兼职了一个站长职务。站长是什么人？一定要是个热心人，是个善于交际的人。马化腾作为第一代中国站长堪称称职，他对网友提出的问题都会认真解答。当然，有网友提出见面的要求，马化腾有时间也一定会去见。

有一次，浙江宁波的一个网友提出了见面的要求，马化腾欣然同意。本来作为站长，马化腾是来帮助这个人的，但是，没有想到这个人对马化腾影响巨大。正是受到此人的影响，马化腾才决定辞职创业。因为《王者荣耀》游戏出尽了风头，腾讯已经成为当今世界游戏产业绝对的霸主，而腾讯之所以会做游戏，也是马化腾受到此人的启发。这个人，就是网易的丁磊。"助人者，天助之"，帮别人其实就是在帮助自己、成全自己。如果当时马化腾不是热心肠地帮助丁磊这个来自虚拟网络上的陌生人，也许中国互联网就没有网易，也不会有腾讯。

（以上文字摘编自新浪财经，2017年11月27日）

❖ **案例分析**：案例是马化腾创业前担任网站站长的故事。看完案例后，相信读者不由得会庆幸马化腾的热心肠和善于交际，不然就不会有那次与丁磊的网友见面，也就不会有今天的腾讯和网易了。

❖ **思考感悟**：什么是企业家精神？它是企业家在处理每一件事情上持有的态度，也是对待每一个人的方式。作为企业的管理者，必须培养自身的情商，因为这是管理好企业、领

导好团队的关键。

14.3.2 路演过程中的注意事项

【箴言警句】你要宣扬你的一切，不必用你的语言，要用你的本来面目。——卢梭

这里，再次回到商业路演的作用上。商业路演的目的是让观众更好地了解企业运营情况和未来发展预期，将企业的理念、团队、产品等介绍给投资人、消费者和可能的合作伙伴。而为了达到这些目标，商业路演过程中还需要注意以下 5 个方面：

（1）莫念讲稿，直面台下观众。商业路演在某种程度上也是对主讲人语言表达能力和舞台表现能力的双重考验。在商业路演中，主讲人切忌只看屏幕，与台下观众"零交流"。一方面，这会给观众带来不被尊重的感受，降低观众对企业和产品的好感；另一方面，主讲人没有与观众的交流，便无法根据观众的面部表情和肢体语言判断其对演讲内容的接受情况，进而无法对讲授内容和方式做出及时的调整。因此，路演期间，主讲人既需要将事先准备的陈述文案流利地表述出来，也需要注意与台下观众的眼神交流，使用肢体语言和面部表情语言进一步辅助内容的表述。

（2）突出优势，避免盲目自信。为了能够拿到投资，找到合作伙伴，让消费者信赖产品，企业在路演过程中需要尽可能地突出产品的独特性、不可替代性，特别是基于竞品的分析，将产品的优势最大化展示给观众。但是在凸显产品优势，特别是强调产品的独特性或工艺流程的创新性时，企业应做好市场调研，确定市场上确实没有同类企业采用此工艺或没有同类产品具有此功效，并且应以数据说话，提供实事佐证，加大说服力。系统的市场调研与科学的数据分析能够更为有效地说明企业和产品的核心竞争力，进而使观众更加信赖企业和产品，强化路演效果。

（3）化繁为简，使用通俗语言。商业路演的一项重要作用是，对创业计划书内容进行强调和补充，现场的讲解演说能够有效地把创业计划书中一些难以理解或理论性过强的内容进行通俗化，而口头语言的表述比书面语言更容易为人们所理解。因此，商业路演过程中需要注意把握专业性的尺度，路演的主讲人应该更为关注观众群体的专业程度，根据观众的情况调整演说的内容。如若台下都是行业专业领域专家，那么，行业的情况、专利技术原理则无须分析过细，只讲企业产品在领域内实现的创新即可；而如果台下主要是消费者群体，并不知晓行业专业领域知识，则需要用通俗易懂的语言进行解释，以便于观众理解。此外，商业路演还需要避免出现这样一种情况，即台下既有投资商又有竞争企业，而企业的专利技术和商业模式没有让投资商理解却为竞争企业学走，所以，技术专利等的保密工作也是路演中需要做好的。

（4）做好准备，应对突发情况。商业路演创造了企业代表与投资人、消费者、合作伙伴直接交流的机会，搭建了企业展示与商品推广的平台。特别是线下路演，是难得的投融双方面对面对接的时机。因此，路演的主讲人应该做好充足的准备，把握好机会，争取把企业、产品最好的一面呈现给观众。除了前面已经提及的陈述文案、演示文稿和设计安排准备外，还需要做好一些突发情况的准备工作，如演示文稿无法播放、观众突如其来的提问、超出预期的融资机会等。只有对突发情况做好预案，想好应对策略，才能更好地完成路演。

【引入案例】 一瓶水无法浇灭百度 AI 发展的热情

2019 年 7 月 3 日，百度 AI 开发者大会在北京举行。这是百度一年里最重要的大会，也是百度在为 AI 进展情况提交上年度的答卷。在会议开场，董事长、CEO 李彦宏向观众演示 AI 自主泊车，然而当他讲到"最后一公里的自由"时，一位不知名男士冲上台，手持矿泉水瓶向李彦宏泼水，顿时，李彦宏衣服湿透，场面一度陷入尴尬。事发突然，很多人本认为是主办方安排的特殊环节，直到李彦宏问道"What's your problem？"大家才反应过来有突发情况。不过，突如其来的状况并没有影响李彦宏的发挥，很快他便调整了状态，并且淡定地说："在 AI 前进的道路上就是会有各种各样的事情发生，但是前进的决心不会改变，AI 会改变每一个人的生活。"随即，会场响起掌声，还有人高呼"李彦宏加油"。

（以上文字摘编自凤凰网科技频道，2019 年 7 月 3 日）

❖ **案例分析**：AI 开发者大会对于百度的重要程度不言而喻，相信百度在事先已经做好了充分准备。但是，出现不知名男士上台泼水恐怕是会议组织者所始料未及的。面对突发性事件，我们不得不佩服李彦宏的沉着冷静。作为知名企业家，李彦宏用个人的风度和快速的反应缓解了现场的尴尬，也赢得了观众的尊重和掌声。

❖ **思考感悟**：在路演台上，可能面临各种突如其来的事件或始料未及的变化，主讲人要做的就是"兵来将挡，水来土掩"，冷静地做出处理。事实上，企业的发展也会遇到大风大浪，企业的领导者也只有练就处变不惊的胆魄，才能把稳船舵，从容面对风浪，带领企业稳步前行。

（5）据实回答，不要含糊其词。商业路演一般包含现场陈述和现场答辩两个环节，也就是说，路演不仅仅是按照既定的内容将企业和产品展示给观众，还要应对观众的提问。通常投资人、合作伙伴、消费者等观众会根据自身所关注的信息点以及路演陈述文案、创业计划书呈现不够清楚的内容向路演者进行提问。在一些路演活动特别是竞赛活动中，观众或评委提出的问题有时会比较尖锐甚至比较犀利，而面对提问，路演者要做的就是根据企业的真实情况做出回答，切忌随口编造内容或数据。而对于确实没有考虑到、不知道如何回答的问题或者当前还没有关注到的要点，路演主讲人也要真诚回复，不能含糊其词，以期蒙混过关。应注意虚心接受投资人或专家的意见，进而给人留下谦虚好学的良好印象。

14.3.3 路演结束后的重点工作

【箴言警句】抓住时机并快速决策是现代企业成功的关键。——艾森·哈特

在路演基本环节的知识讲解中已经提及，现场陈述和现场答辩环节完成后，并不意味着路演就此结束，企业代表还需要做好跟进工作。而路演的后续工作主要包括以下 3 个方面：

（1）主动联系观众，了解实际效果。商业路演结束后，企业代表需要走下台，深入观众当中，了解路演的实际效果如何。主动联系观众了解情况是必要的。首先，通过观众的反馈，企业能够知道路演环节中的优点和不足，为后续的路演工作积累经验；其次，通过与观众交流，能够进一步就路演陈述未尽的内容做出补充，帮助观众更好地了解企业和产品的情况；

再次，主动联系观众，调研路演情况，能够加深观众对企业的印象，并且让观众感受到企业的真诚和谦逊，有利于提高合作的可能性。

（2）反思存在的问题，及时做出调整。商业路演结束后，企业内部需要召开一次会议，就路演的情况进行总结。参加路演相关准备工作的成员应该对实施过程中出现的问题做出梳理，查找问题出现的原因，提出改进的方法和措施。企业的管理层需要针对路演中投资人、合作伙伴、消费者等观众提出的意见和建议进行梳理，及时对企业管理、商业模式、产品生产营销等方面欠缺的地方做出调整和重新部署。路演成功，企业的主要负责人需要对路演环节中做出贡献的人员进行鼓励和奖励；路演失败，企业的主要负责人也要做好成员的心理辅导工作，为团队成员打气加油，进而提升团队成员的组织归属感和组织忠诚度，增强企业的凝聚力和战斗力。

（3）快速促成协议，把握发展良机。商业路演结束后，对于有投资意向的投资人、有合作意向的企业、有购买意向的客户，企业需要指派专人抓住机会准确记录信息，及时与对方取得联系，并快速准备相关资料，促成协议的签订。同时，一次商业路演可能给企业运营带来重大调整和巨大变化。例如，成功得到投资后企业需要扩大生产；再如，拓宽销售渠道后面临产品升级；又如，创新合作领域后需要拓展分支业务等。面对这些情况，企业管理层需要冷静思考，做出战略规划，进行科学部署。企业各个部门也需要协同配合，根据要求调整本部门的工作计划，上下一条心把握良机，推动企业更快、更好发展。

【引入案例】把鸡蛋放在一个篮子里并看好它

马克·吐温是美国著名的作家，写的许多文章为人们所称颂。其实，马克·吐温曾经尝试过做生意。当时，由于作品非常畅销，马克·吐温便想到自己写书、出版和销售，根据推算，他乐观估计自己能够成为产、供、销一体的大书商，两年便能拥有百万财富。但是，很快因为并不具备经商的才能，马克·吐温的生意难以维持，一度还负债累累。更重要的是，分心放在经营上，使他荒废了写作。此时，马克·吐温意识到问题，决定放弃生意，专心文学创作，最终取得了成功。在回顾这段往事时，马克·吐温提醒人们，"不要把鸡蛋放在一个篮子里。这句名言在告诫人们要分散风险、实施多元化策略时有一定的道理。因为把所有的鸡蛋放在一个篮子里，如果这个篮子被打翻了，你就可能一无所获了，这对于某些人或事来说是对的。但对于我来说，还是把所有的鸡蛋放在一个篮子里，然后认真地看好这个篮子是再合适不过的。"

（以上文字摘编自360个人图书馆，2020年3月30日）

❖ **案例分析：** 马克·吐温在写作方面具有极强的天赋，但是做生意却并不擅长，为了不擅长的生意而荒废自己的"主业"，只能以失败而告终。所以，人们在规避风险时经常用到的"不把鸡蛋放在一个篮子里"的理论是有效的，但是对于人的特长和专长来说，只有"把鸡蛋放在一个篮子里，并看好它，保证不打碎"才是长久之计。

❖ **思考感悟：** 每个人都会在某方面有专长，而只有不断地将专长和天赋扩展，才可能成为这一方面的专家企业亦然，每个企业都有自己的核心业务，在决定开展其他分支业务前，企业要做好充分的分析和充足的准备，更不能荒废了自己的"主业"。

实践训练

【实践训练】绘制企业的商业画布。

【训练要求】以小组为单位,在如图 5-6 所示的商业画布模板中绘制你们项目的商业画布。在绘制画布前,小组成员需经过认真的讨论和思考,给出科学合理的答案。同时,根据画布内容,撰写一段不少于 300 字的介绍。

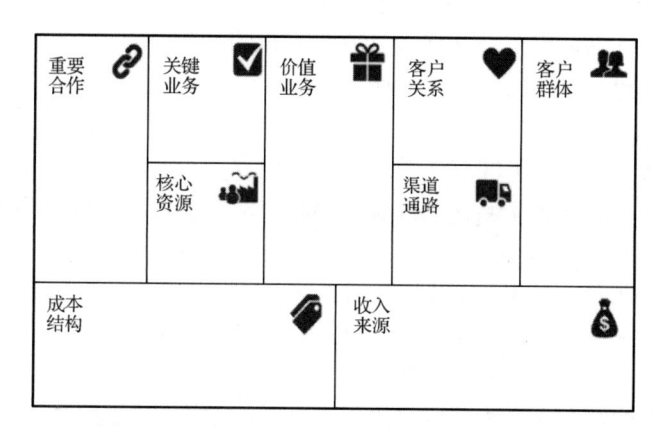

图 5-6 商业画布模板

【范例】雀巢咖啡业务的商业模式组合(如图 5-7 所示)。

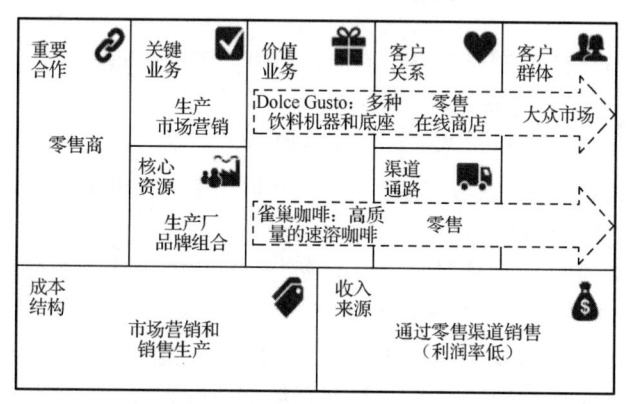

图 5-7 雀巢咖啡业务的商业模式组合

课后习题

一、多项选择题

1. 根据形式进行区分,商业路演可划分为( )。
   A. 线下路演　　　　B. 开放式路演　　　　C. 线上路演　　　　D. 融资性路演
2. 以下属于商业路演需要准备的材料的是( )。
   A. 路演陈述文案及与文案相对应的电子演示文稿即路演 PPT
   B. 具有重要价值的销售资质证明材料或销售授权证明材料
   C. 企业宣传片或产品介绍片

D. 企业产品的技术专利和权威机构的相关证明材料以及企业获得的荣誉奖励

3. 路演演示文稿背景模板设计需要注意的是（　　）。

A. 演示文稿背景模板的图片和色调应该与企业类型或主营产品相适应

B. 演示文稿背景模板应该注意形式多元化，具有视觉冲击力

C. 演示文稿背景模板的结构框架应该清晰明了

D. 演示文稿的自动翻页、背景音乐或页面和字体动画效果等应该慎用

4. 路演排练过程中，需要注意的问题包括（　　）。

A. 根据时间要求确定每一张 PPT 文稿对应的演讲内容

B. 确定企业宣传片或产品介绍片的播放时间，以及企业产品实物的呈现方式或样品发放的时间节点和形式

C. 明确参加路演全部人员的登台顺序和站台位置

D. 思考可能面临的问题和回答的内容，预测防范演讲台上可能发生的意外情况并做好预案

5. 以下关于商业路演主讲人说法正确的是（　　）。

A. 商业路演的主讲人必须是 1 个人，并且只能是企业的负责人

B. 主讲人是整个路演环节的"控场人"，肩负着很大的责任，也承担着很大的压力

C. 主讲人应该始终在台上表现出严肃的态度，以便给观众留下严谨、庄重的印象

D. 主讲人自信的表现不仅代表了个人的自信，也代表了企业的自信、产品的自信

二、判断题

1. 以融资为目标的路演侧重于介绍产品，主讲人需要重点进行产品优劣势分析、竞争产品比较分析、产品性价比分析。（　　）

2. 能够代表企业在台上进行路演的人应该是组织内部的核心成员，最好是企业的负责人，应该对企业相关情况足够熟悉，对企业产品足够了解，能够就企业运营发展的方向性问题和细节性问题都做出明确回答。（　　）

3. 商业路演就是把创业计划书中的内容变为口头语言讲述给观众，因此，商业路演陈述的内容与创业计划书内容是完全一致的。（　　）

4. 贴近生活的素材、有跌宕起伏的情节、有感人肺腑的情谊的故事会给人留下深刻的印象。因此，在商业路演过程中，应该尽量对路演陈述内容进行戏剧化加工，甚至虚构一些故事情节，以带动观众的情绪。（　　）

5. 独特性、不可替代性等优势会提高投资人、合作伙伴以及消费者对企业和产品的兴趣，这就要求路演主讲人表现出充分的自信，并在字里行间尽可能打压其他竞争企业和竞争产品，以凸显自身优势，赢得观众好感。（　　）

三、简答题

1. 请简要叙述商业路演的基本环节。

2. 请简要叙述商业路演设计安排需要注意的方面。

3. 请简要叙述路演结束后需要开展的工作。

延伸阅读 大学生如何做好创新创业项目路演

大学生如何做好创新创业项目路演（节选）
（罗亮　西南大学外国语学院团委书记，博士、讲师）

项目路演要求在有限的时间里传递最有效的价值。有效与否的关键，其实是你能否得到评委或投资人的青睐，让他们"刻骨铭心"，想要认可你，或者直接用钱"砸"你。因此，你需要用提问思维来做好项目路演。提问思维，意味着你能够换到评委或投资人的立场去回答他心中的疑问。因此，项目路演前，你应该模仿投资人向自己发问，最本质和最基础的问题是：什么人？做什么事？卖什么产品？卖得怎么样？能否持续卖下去？

做什么事？

一句话讲清楚你在做什么事。通常的格式是：为某个精细群体，提供某种服务或解决方案或产品。有很多创业者，在 10 分钟的路演时间里，一直喋喋不休分析创业所在领域里全球上万亿市场空间、全国上千亿空间。然后口头禅是："由于今天时间不够，所以想要了解更多详情，可以去我们公司看看。"其实一个连时间都无法掌控的人，是无法掌控好创业的。西方创新创业教育界流行的一种方式是：60s（秒）电梯演讲。假设你在电梯里遇到投资人，60s 你得说服他为你投资。这个训练极端但有效地表明：在最短的时间里，回答清楚你做什么事至关重要。值得学习的是，有很多项目，能清楚表达在做什么事。

卖什么产品？

这个世界永远不缺情怀，这个世界也永远不缺想法，这个世界缺的是极致的产品。现实中，或许驾驶理论知识能考满分，但实际操作需要调动整个身体，达到人车融合的过程，便是一个发掘"微观体感"的过程。大学生创业者不缺乏宏观战略的表达、中观套路的演绎，但缺的是战略的细化、套路的落地，最终聚焦到你卖的产品到底是什么。

从某种程度上说，项目路演甚至可以一句话都不说，展示你的产品，标上价格，评委和投资人便已心中有数、了然于胸。例如，大学生如果从事的是无人机制造的创新创业项目，最好直接在路演中展示你的无人机，并清晰描述它与市场上其他类别的无人机相比最大的优势在哪里。产品是大学生在项目路演中最佳的沟通利器。

卖得怎么样？

各类路演的评委及投资人早已看过无数项目，练就"火眼金睛"。大学生创新创业的故事很动人，但最终他们想知道，产品卖得怎么样？有哪些渠道？现在有哪些数据？用事实说话。如果大学生已经开始产生销售数据，尽管不怎么样，但也表明已经在接受市场检验的过程中。当然，任何一个评委或者投资人不可能了解每一个行业，必然存在知识盲区。这个时候说服他最好的方式就是告诉他"现在卖得怎么样"。不要大谈特谈市场有多大，投资人想知道的是：市场再大，跟你有啥关系？你已经占据了多大的市场？回答"卖得怎么样"这个问题，最忌讳的是基本的财务数据都很模糊，基本的销售渠道都理不清，核心的盈利点都搞不明白。创业应该具备基本的成本意识，清楚掌握基础数据，才有可能清醒评估自己的项目。

能否持续卖下去？

大学生创新创业毕竟不是一次大赛、一次融资就能够铸就成功的。评委或投资人也一定会评估项目的可持续发展和项目的竞争壁垒。如果是一个好的创意、产品、模式，但是别人能够轻易抄袭"山寨"，那就说明创业项目本身就是在"裸泳"：没有任何衣物来抵御别人的觊觎。这样的项目势必难以持久。比如有的大学生是做少儿编程的创业项目，如果课程能轻易被别人模仿、抄袭，那必定无法持续经营下去。因此，在路演时，一定要清楚展示项目的核心竞争力以及竞争壁垒所在。告诉评委及投资人，或者依托专利发明，或者依托独特的服务体系，或者依托专业知识技术，已经建成了"永恒的护城河"，能够保证项目永续经营、可持续发展。

（以上摘编自《中国大学生就业》，2019 年 05 期）

❖ **思考与讨论**：以小组为单位，按照做什么事、卖什么产品、卖得怎么样、能否持续卖下去这四个问题讨论你们的项目，并根据西方创新创业教育界流行的 60 秒电梯演讲要求，撰写一份 60 秒的讲稿。

附录 A 课后习题参考答案

第 1 单元

【任务 1】

一、多项选择题

1．ABC   2．ACD   3．AB   4．ABCD   5．ABCD

二、判断题

1．√   2．×   3．×   4．√   5．√

三、简答题

1．答案要点：

定义：创新就是以新思维、新发明和新描述为特征的一种概念化过程。它以现有的思维模式为基础，提出有别于常规或常人思路的见解。在特定的环境里，利用固有的知识和物质，为理想化需要和满足社会需求服务，改进或创造新的事物、元素、方法、路径和环境，效果显著的行为都可以归结为创新。

特征：目的性；变革性；新颖性；超前性；价值性。

2．答案要点：

（1）培养求知欲；（2）培养好奇欲；（3）培养创造欲；（4）培养质疑欲。

3．答案要点：

（1）试错法；（2）六项思考帽法；（3）头脑风暴法；（4）六西格玛法；（5）TRIZ 法。

【任务 2】

一、单项选择题

1．B   2．B   3．B   4．C

二、判断题

1．×   2．√   3．√   4．√   5．√

三、简答题

1．答案要点：

要素：（1）创业机会；（2）创业资源；（3）创业团队。

类型：（1）按照创业主体可分为智慧型、勤奋型、机会型、关系型、冒险型。（2）按照创业动机可分为生存型、机会型、变现型、赚钱型、主动型、被动型。

2. 答案要点：
（1）开设创业思想教育课程；（2）建设有利于创业的环境；（3）树立创业榜样进行引导；（4）提供创业实践锻炼的机会；（5）创业心理指导。

3. 答案要点：
（1）课堂、图书馆和社团；（2）与商界人士交流；（3）曲线创业；（4）媒体资讯；（5）创业实践。

【任务3】

一、单项选择题

1. D 2. D 3. B 4. D 5. A

二、判断题

1. √ 2. × 3. √ 4. × 5. √

三、简答题

1. 答案要点：

内涵：创新性思维是指打破固有的思维模式，在陈旧的思维方式基础上，运用跨领域或可行的思维方式对对象进行新的思考，并得出富有创造性的、指导性的意见或具体实施方案。

种类：（1）延伸式思维；（2）联想式思维；（3）运用式思维；（4）扩展式思维；（5）幻想式思维；（6）逆向式思维；（7）综合式思维；（8）奇异式思维。

2. 答案要点：

内涵：（1）机会意识；（2）进取意识；（3）自信心；（4）事业心；（5）责任意识。

类型：（1）忧患意识，不进则退；（2）反向行走；（3）学会借力；（4）改变自己；（5）周边思维；（6）包装营销；（7）用户思维；（8）抱团取暖。

3. 答案要点：

（1）进取、奉献、担当的可贵品质；（2）坚守、坚持、不气馁的坚韧意志；（3）敏锐、深刻、见微知著的洞察力；（4）有广度、有深度、博专结合的知识面；（5）严谨、求实、知行合一的探索实践。

第2单元

【任务4】

一、单项选择题

1. D 2. A 3. D 4. A 5. A

二、判断题

1. √ 2. √ 3. √ 4. × 5. ×

三、简答题

1. 答案要点：

有长远的目标和思维的高度；具有梦想；工作完成度；思维方式；是否具有责任；是否具有成本概念；定势思维和创新思维。

2. 答案要点：

(1) 生存型、主动性（含盲目型、冷静型、实现理想型）；(2) 独立型、主导型、跟随型、依附型。

3. 答案要点：

生存、就业、积累、自由、财富、自我实现等。

【任务5】

一、多项选择题

1．ABC　　2．ABC　　3．ABCDE　　4．BC　　5．ABCD

二、判断题

1．×　　2．√　　3．×　　4．√　　5．√

三、简答题

1. 答案要点：

(1) 目标明确合理原则；(2) 互补原则；(3) 精减高效原则；(4) 动态开放原则。

2. 答案要点：

(1) 明确创业目标；(2) 制订创业计划；(3) 招募合适的成员；(4) 职权划分；(5) 构建创业团队制度体系；(6) 团队的调整融合。

3. 答案要点：

战略管理者、技术主管、生产主管、营销主管、财务主管。

(1) 战略意识强的人；(2) 激情四射的人；(3) 执行力强的人；(4) 沟通力强的人；(5) 凝聚力强的人；(6) 不同思维方式的人；(7) 思维缜密的人；(8) 坚毅勇敢的人。

【任务6】

一、多项选择题

1．ABCD　　2．ABCD　　3．ACD　　4．ACD　　5．ABC

二、判断题

1．√　　2．×　　3．√　　4．√　　5．√

三、简答题

1. 答案要点：

(1) 选择合理的团队成员；(2) 确定清晰的创业目标；(3) 制定有效的激励机制。

2. 答案要点：

设计原则：(1) 设计组织结构要合理、适用；(2) 依据部门的重要性来设置组织结构；(3) 组织内部分工明确；(4) 组织架构考虑管理单位和内控的要求。

影响因素：一是结构系统的影响；二是企业文化的影响；三是社会文化的影响；四是企业组织自身演变历史的影响；五是其他企业组织结构模式的影响。

3. 答案要点：

(1) 选择有凝聚力的领导；(2) 规划一个共同的远景展望；(3) 保证有效的沟通交流渠道；(4) 采取有效的激励方式；(5) 制定有效的团队规范；(6) 工作合理化、丰富化。

第 3 单元

【任务 7】

一、单项选择题
1. D   2. D   3. D   4. D   5. A

二、判断题
1. √   2. ×   3. √   4. ×   5. ×

三、简答题
1. 答案要点：
S（Strengths）：优势，指内部环境中的优势部分；
W（Weaknesses）：劣势，指内部环境中的劣势部分；
O（Opportunities）：机会，指外部环境中的机会因素；
T（Threats）：威胁，指外部环境中的威胁因素。
2. 答案要点：
熟知原则、需求原则、适合原则。
3. 答案要点：
有稳定收入的创业者；小商品个体工商户；代理销售。

【任务 8】

一、单项选择题
1. D   2. A   3. D   4. D   5. C

二、判断题
1. √   2. ×   3. √   4. √   5. √

三、简答题
1. 答案要点：
一般特征：普遍性；偶然性；消逝性。
其他特征：有吸引力；持久性；及时性；可实现性。
2. 答案要点：
相关经验；专业知识；社会关系网；创造性。
3. 答案要点：
机会搜索；机会识别；机会评价。

【任务 9】

一、单项选择题
1. C   2. A   3. D   4. A   5. A

二、判断题
1. ×   2. ×   3. √   4. ×   5. ×

三、简答题

1．答案要点：

注重商品的外表，注重商品的实用性和细节设计；注重商品的便利性和生活的创造性；消费的攀比心理；消费的犹豫心理。

2．答案要点：

多样性；发展性；伸缩性；层次性；可诱导性；联系性；时代性。

3．答案要点：

4P、4C、4R、4I。

【任务 10】

一、多项选择题

1．ABC 2．ABCD

二、单项选择题

1．C 2．A 3．B

三、判断题

1．√ 2．√ 3．√ 4．× 5．×

四、简答题

1．答案要点：

创业政策是指政府部门在支持和鼓励大学生创新创业的基础上，出台了一系列相对应的政策，旨在减少大学生创业所遇到的困难和麻烦，为大学生的创业旅程保驾护航。

2．答案要点：

我国创业政策的出台可以大致划分为两个阶段：第一阶段属于创业政策的指导阶段，中央和地方相继出台了一系列的创业政策，对大学生的创业活动进行有效的支持和引导；第二阶段是加强创业政策的落实和创业理论的实践阶段。

3．答案要点：

（1）利用创业政策，做好企业的筹备工作；（2）利用创业政策，启动创业项目；（3）利用创业政策，更好地运营创业企业。

【任务 11】

一、多项选择题

1．ABCD 2．ABC 3．ACD 4．ABCD 5．ABCD

二、判断题

1．× 2．√ 3．× 4．√ 5．√

三、简答题

1．答案要点：

商业模式选择的价值可以体现为以下几个方面：

首先，有效的商业模式有助于提高创业成功率，促进企业健康成长。

其次，有效的商业模式有利于整合企业资源和能力，形成企业竞争优势。

再次，有效的商业模式有利于企业适应内外环境变革，发现并把握市场机会。

最后，有效的商业模式有利于实现企业、客户及企业网络中相关利益成员的多方共赢。

2. 答案要点：
（1）可操作性原则；（2）创新性原则；（3）盈利性原则；（4）竞争性原则；（5）可持续性原则。

3. 答案要点：
税制改革后，我国企业缴纳的税金主要有增值税、营业税、消费税、所得税、城市维护建设税、城镇土地使用税、印花税、关税等。各种税金的课税对象、计税依据和方法不尽相同。

【任务12】

一、多项选择题
1. ABCD　　2. ABC　　3. ACD　　4. ABC　　5. ABCD

二、判断题
1. ×　　2. √　　3. ×　　4. √　　5. ×

三、简答题
1. 答案要点：
在企业创建阶段，创业者面临的法律问题包括确定企业的形式、设立适当的税收记录、协调租赁和融资问题、起草合同以及申请专利、商标和版权保护。在每一个创建活动中，都有特定的法律和规定决定创业者能做什么和不能做什么，创业者必须熟悉相关的法律法规。但是法律环境对企业的影响并没有到此为止。当新企业创建起来并开始运营后，仍然会有与经营相关的法律问题。例如，人力资源或劳工法规可能会影响员工的雇佣、报酬以及工作评定的确定；安全法规可能会影响产品的设计和包装、工作场所和机器设备的设计及使用，对环境污染的控制以及物种的保护。尽管许多影响可能在某一企业达到一定规模时才产生，但事实上，新企业都追求发展，这意味着创业者都会面临这些问题。尤其重要的是，一定要明确认识到，无论企业涉及的法律问题有多少，依法纳税都贯穿于企业发展的始终。

2. 答案要点：
所谓创业风险，一是指风险因素，即创业过程中有可能遇到某些风险因素的干扰；二是一旦某些风险因素真正发生，创业者即会阶段性遇到很难克服的困难，导致创业活动很难推进，甚至导致创业的失败。创业风险的基本特征主要有客观性、不确定性、相关性、损益双重性、可变性、可测性。

3. 答案要点：
（1）充分做好创业准备；（2）科学、合理筹措、管理资金；（3）组成最大合力的合作团队；（4）塑造专而精的创业技能；（5）努力丰富社会经验；（6）极力提升心理素质。

【任务13】

一、多项选择题
1. AB　　2. ABCD　　3. ACD　　4. ABC　　5. ABCD

二、判断题
1. ×　　2. √　　3. ×　　4. √　　5. ×

三、简答题
1. 答案要点：
企业使命是指企业在社会进步和社会经济发展中所应担当的角色及责任，是企业的根本性质和存在的理由，能够用于说明企业的经营领域、经营思想，为企业目标的确立与战略的制定提供依据。企业使命是企业形象的直接描述，是企业生产经营的哲学定位。确定的使命为企业确立了一个经营的基本指导思想、原则、方向、经营哲学等，能够影响经营者的决策和思维。

2．答案要点：

创业计划书目标的制定应该遵循"SMART原则"，也就是要具体的（Specific）、可以衡量的（Measurable）、可以达到的（Attainable）、具有一定的相关性（Relevant）、具有明确的时限（Time-bound）。

3．答案要点：

（1）企业内部成员：明确发展规划、项目实施流程，更好地为企业或项目做出个人贡献。

（2）投资人：判断企业和项目是否具备市场价值，是否有发展前景，是否有升值空间，投资回报率是多少。

（3）竞赛评委：评判创业计划书撰写的专业性和项目实施的可行性，着重考察创业团队特别是领衔人物的创新意识和创业能力。

（4）消费者：判断企业或项目的产品能否满足自身需要，是否具有其他商品不能替代的价值。

【任务14】

一、多项选择题

1．AC   2．ABCD   3．ACD   4．ABCD   5．BD

二、判断题

1．×   2．√   3．×   4．×   5．×

三、简答题

1．答案要点：

一般情况下，参加商业路演需要经过以下7个环节：

（1）明确路演的情境；（2）选择路演的人员；（3）设计路演的文案；（4）准备路演的材料；（5）排练路演的环节；（6）进入路演的状态；（7）做好路演的跟进。

2．答案要点：

通常，商业路演设计离不开以下5个方面：

（1）准备好1个视频；（2）讲好1个故事；（3）回答好5个问题；（4）准备好1个展品或若干试用品；（5）组织好1个团队。

3．答案要点：

现场陈述和答辩环节完成后，并不意味着路演就此结束，企业代表还需要做好跟进工作。路演的后续工作主要包括以下3个方面：

（1）主动联系观众，了解实际效果；（2）反思存在的问题，及时做出调整；（3）快速促成协议，把握发展良机。

参 考 文 献

[1] 安杰. 一本书读懂 24 种互联网思维[M]. 北京：台海出版社，2015.

[2] 周三多. 管理学：原理与方法[M]. 上海：复旦大学出版社，2018.

[3] 知乎. 创业时，我们在知乎聊什么[M]. 北京：中信出版社，2014.

[4] 〔美〕埃里克·莱斯. 精益创业：新创企业的成长思维[M]. 吴彤译. 北京：中信出版社，2012.

[5] 〔美〕布鲁斯 R. 巴林格（Bruce R. Barringer），〔美〕R. 杜安·爱尔兰（R. Duane Ireland）. 创业管理：成功创建新企业（第 3 版）[M]. 杨俊，薛红志，等译. 北京：机械工业出版社，2010.

[6] 〔美〕本·霍洛维茨（Ben Horowitz）. 创业维艰：如何完成比难更难的事[M]. 杨晓红，钟莉婷译. 北京：中信出版社，2015.

[7] 〔美〕彼得·德鲁克（Peter F. Drucker）. 创新与企业家精神[M]. 蔡文燕译. 北京：机械工业出版社，2018.

[8] 〔美〕彼得·德鲁克（Peter F. Drucker）. 卓有成效的管理者[M]. 许是祥译. 北京：机械工业出版社，2019.

[9] 郑翔洲. 新商业模式创新设计：当资本插上"互联网+"的翅膀[M]. 北京：电子工业出版社，2015.

[10] 张香兰等. 大学生创新创业基础[M]. 北京：清华大学出版社，2018.

[11] 〔美〕詹姆斯 G. 马奇，〔美〕蒂里·韦尔. 论领导力[M]. 张晓军，郑娴婧，席酉民译. 北京：机械工业出版社，2018.

[12] 〔美〕彼得·蒂尔（Peter Thiel），〔美〕布莱克·马斯特斯（Blake Masters）. 从 0 到 1：开启商业与未来的秘密[M]. 高玉芳译. 北京：中信出版社，2015.

[13] 周航. 重新理解创业：一个创业者的途中思考[M]. 北京：中信出版社，2018.

[14] 〔美〕巴里 J. 巴宾（Barry J. Babin），〔美〕威廉 G. 齐克芒德（William G. Zikmund）. 营销调研精要（第 6 版）[M]. 北京：清华大学出版社，2016.

[15] 陈正侠. 李嘉诚创业启示录[M]. 北京：人民邮电出版社，2010.

[16] 陈向东. 做最好的创业团队：打造团队的九大黄金法则[M]. 北京：中信出版社，2010.

[17] 蔡剑，吴戈，王陈慧子. 创业基础与创新实践[M]. 北京：北京大学出版社，2015.

[18] 〔美〕戴尔·卡耐基. 卡耐基魅力口才与演讲的艺术[M]. 王红星译. 北京：中国华侨出版社，2011.

[19] 邓超明，刘杨，代腾飞. 赢道：成功创业者的 28 条戒律[M]. 北京：清华大学出版社，2009.

[20] 大前研一. 创新者的思考：发现创业与创意的源头[M]. 北京：机械工业出版社，2013.

[21] 〔美〕戴维·迈尔斯（David Myers）. 社会心理学（第 11 版）[M]. 张智勇，乐国安，侯玉波译. 北京：人民邮电出版社，2016.

[22]〔美〕道娜·马尔科娃（Dawna Markova），〔美〕安吉·麦克阿瑟（Angle McArthur）. 协同的力量：与思维方式不同的人共同思考[M]. 胡晓姣，陈志超，熊华杰译. 北京：中信出版社，2017.

[23] 付岩. 社群思维：精神商业时代的创新创业法则[M]. 北京：中信出版社，2017.

[24]〔阿〕费洛迪（Claudio Fernández-Aráoz）. 合伙人：如何发掘高潜力人才[M]. 高玉芳译. 北京：中信出版社，2015.

[25] 李东临. 新媒体运营[M]. 天津：天津科学技术出版社，2018.

[26] 陈承欢，杨利军，高峰. 创新创业指导与训练[M]. 北京：电子工业出版社，2017.

[27] 龚焱. 精益创业方法论：新创企业的成长模式[M]. 北京：机械工业出版社，2015.

[28] 郭晓宏，段秀红，陈浩. 从0到1学创业[M]. 天津：天津科学技术出版社，2016.

[29] 张玉利. 创业管理（第4版）[M]. 北京：机械工业出版社，2016.

[30] 任向晖. 高绩效团队的三个秘密[M]. 北京：电子工业出版社，2016.

[31] 腾飞，冉春秋. 创新创业管理[M]. 北京：首都经济贸易大学出版社，2018.

[32] 王紫上. 云管理：互联网+时代的组织管理革命[M]. 北京：人民邮电出版社，2016.

[33] 肖祥银. 从零开始学项目管理[M]. 北京：中国华侨出版社，2018.

[34] 谢德荪，张力军. 源创新小典：未来企业的成长密码[M]. 北京：中信出版社，2018.

[35] 于勇毅. 大数据营销：如何利用数据精准定位客户及重构商业模式[M]. 北京：电子工业出版社，2017.

[36] 刘志阳. 创业画布：创业者需要跨越的12个陷阱[M]. 北京：机械工业出版社，2018.

[37] 李利威. 一本书看透股权架构[M]. 北京：机械工业出版社，2019.

[38] 李丹，肖彧，麻树强. 中关村：一部创业创新史[M]. 北京：化学工业出版社，2019.

[39] 李宇，高良谋. 技术管理创新[M]. 北京：清华大学出版社，2016.

[40] 杨雪梅，王文亮. 大学生创新创业教程[M]. 北京：清华大学出版社，2017.

[41] 阳飞扬. 从零开始学创业大全集[M]. 北京：中国华侨出版社，2011.

[42] 王世渝. 创事记：致年轻创业者[M]. 广州：广东人民出版社，2019.

[43] 王滨. 创新创业十二讲[M]. 上海：同济大学出版社，2019.

[44] 苗苗，沈火明. 创新创业创青春[M]. 北京：机械工业出版社，2019.

[45] 苗月新. 营销伦理分析与管理思维变革[M]. 北京：经济科学出版社，2014.

[46] 李振勇. 合伙制：互联网时代的高效企业组织模式[M]. 北京：人民邮电出版社，2016.

[47] 倪云华. 合伙人与合伙制：创业公司第一课[M]. 北京：人民邮电出版社，2019.

[48]〔美〕潘卡基·马斯卡拉（Pankaj Maskara）. 为创业而生：写给创业者的创业书（干货版）[M]. 陈耿宣译. 北京：中国人民大学出版社，2017.

[49]〔美〕提姆·德瑞普（Tim Draper）. 如何成为超级创业英雄：硅谷神话推手写给创业者的教科书[M]. 李文远译. 杭州：浙江大学出版社，2019.

[50] 宋志平. 问道创新[M]. 北京：中国财富出版社，2019.

[51] 罗亮. 大学生如何做好创新创业项目路演[J]. 中国大学生就业，2019（05）.

[52] 宋要武. 大学生创新创业导论（第三版）[M]. 北京：高等教育出版社，2018.

[53] 刘胜辉，陆根书. 大学生创新创业基础[M]. 北京：北京理工大学出版社，2017.

[54] 屈振辉，夏新斌. 大学生创业基础[M]. 成都：电子科技大学出版社，2015.

[55] 孔维新. 企业经营管理通识教程[M]. 北京：企业管理出版社，2015.

[56] 朱松满. 奖我一台别克君威[M]. 广州：广东旅游出版社，2011.

[57] 李爱卿等. 大学生创业基础[M]. 北京：清华大学出版社，2015.

[58] 陈麒宇. 创业是一种信仰：大学生必上的十堂创业课[M]. 北京：中国财富出版社，2014.

[59] 李肖鸣. 大学生创业基础（第4版）[M]. 北京：清华大学出版社，2018.

[60] 孙德林. 网上创业理论与技能[M]. 北京：电子工业出版社，2011.

反侵权盗版声明

电子工业出版社依法对本作品享有专有出版权。任何未经权利人书面许可,复制、销售或通过信息网络传播本作品的行为,歪曲、篡改、剽窃本作品的行为,均违反《中华人民共和国著作权法》,其行为人应承担相应的民事责任和行政责任,构成犯罪的,将被依法追究刑事责任。

为了维护市场秩序,保护权利人的合法权益,我社将依法查处和打击侵权盗版的单位和个人。欢迎社会各界人士积极举报侵权盗版行为,本社将奖励举报有功人员,并保证举报人的信息不被泄露。

举报电话:(010)88254396;(010)88258888
传　　真:(010)88254397
E-mail:　dbqq@phei.com.cn
通信地址:北京市海淀区万寿路173信箱
　　　　　电子工业出版社总编办公室
邮　　编:100036